Oliver Multhaup (Hg.)
Das isst der Pott

KLARTEXT

Oliver Multhaup (Hg.)

DAS ISST DER POTT

mit einem Vorwort von
Nelson Müller

INHALT

Küchen
Nelson

Guten Tag liebe Leserinnen und Leser!

Ist Ihnen schon einmal aufgefallen, wie viele Ihrer Kindheitserinnerungen sich um das Essen drehen? Sicher werden Sie sich erinnern, welche Dinge Sie nicht gemocht haben, sicher werden Sie sich an viele leckere Dinge erinnern. Und ganz sicher an ein Leibgericht! Wahrscheinlich schmeckt Ihnen das noch heute. Und oft besteht die Erinnerung an „sein" Leibgericht nicht nur aus „das hat immer so lecker geschmeckt", sondern auch aus Bildern von Situationen, in denen das Gericht genossen wurde, aus Gerüchen, aus Erinnerungen an die Menschen, die dabei waren. Oft schöne Erinnerungen, die dann auf einmal wieder da sind.

Uns wird wohlig, wenn wir an unser persönliches Leibgericht denken, und das ist gut so. Dieses wohlige Gefühl ist mir bei meiner Arbeit besonders wichtig. Für mich gibt es kaum etwas schöneres, als aus guten Zutaten und frischen Produkten ein köstliches Gericht zu zaubern, das auf dem Teller toll aussieht und auf der Zunge zergeht. Und das nach seinem Verzehr ein wohliges Gefühl und Zufriedenheit im ganzen Körper hinterlässt. Das können viele verschiedene Gerichte sein, aus aller Herren Länder, mit ganz vielen Wurzeln, schön facettenreich!

So fühle auch ich mich, geboren in Ghana, aufgewachsen in Schwaben, Lehrjahre im hohen Norden und nun seit vielen Jahren verwurzelt im „Revier", in Essen, mitten im Ruhrgebiet, dass genauso vielfältig und spannend ist wie gute Küche. Ich lebe und arbeite gerne hier, nah am Puls, nah an den Menschen im „Pott". So war ich auch gespannt auf die Aktion „So isst der Pott" der WAZ, das Leibgericht des „Ruhrpotts" zu finden. Ich habe mich gefragt, ob die Klassiker der „Pottküche" dabei sein werden, ob sie kreativ oder klassisch zubereitet werden, wie viele Einflüsse der verschiedenen Menschen mit verschiedensten Wurzeln in dieser schönen Region dabei sind.

Das die „Top Drei" dann alle wirklich klassische Komponenten hatten, hat mich schließlich trotzdem überrascht und auch gefreut. Blutwurststrudel! Dicke Bohnen! Mettwurst-Quiche! Es hat mir große Freude gemacht, sie mit den Gewinnern zusammen auf der Bühne der großen Abschlussveranstaltung in Oberhausen zu kochen, Tipps geben zu können und gemeinsam die frisch zubereiteten Kreationen zu kosten.

In diesem Buch sehen Sie aber viel mehr! Drei Gewinnergerichte und 117 weitere Gerichte mit großer Vielfalt, die die Vielfalt in unserer schöne Region wiederspiegeln!

Ich wünsche Ihnen viel Spaß beim Nachkochen und Stöbern in diesem Buch!

Ihr

Nelson Müller

VORWORT

Liebe Leserinnen und Leser,

es war ein grauer Tag im November 2014, als wir mit einer kleinen Gruppe von Kolleginnen und Kollegen in der Chefredaktion zusammen saßen und uns überlegt haben, mit welchen Aktionen und Geschichten wir das tolle Lebensgefühl im Ruhrgebiet, liebevoll und in Anlehnung an die Bergbau- und Stahlerzeugungstradition gern auch „Pott" oder „Revier" genannt, noch besser transportieren können. Das Ruhrgebiet, weitestgehend identisch mit dem Verbreitungsgebiet der WAZ, das sind über 5 Millionen Menschen auf nur 4.500 Quadratkilometern, eine der am dichtesten besiedelten Regionen Europas. Mit Menschen unterschiedlichster Herkunft, mit vielen Wurzeln, mit tollen Geschichten. Strukturwandel prägt die Region. Von der ehemaligen Montanregion entwickelt sich das Ruhrgebiet immer mehr zu einer innovativen, starken und vielfältigen Region mit viel Dienstleistung, Verwaltung, Kreativwirtschaft, Forschung und Innovation. Es entsteht ein neues Lebensgefühl. Wir wollten wissen: Wie leben die Menschen im Revier heute, was prägt sie, was interessiert sie? Daraus entstand die Serie „Leben im Revier", die Sie im Jahre 2015 und in den folgenden Jahren an vielen Stellen in Ihrer Zeitung begleitet und weiter begleiten wird.

Zum Leben gehört natürlich auch das Essen. Und essen heißt kochen. Kochen ist kommunikativ, sagt man. Oft wird mit Familie und Freunden gemeinsam gekocht und genossen. Kochen ist für viele heutzutage mehr als bloße Nahrungszubereitung. Kochen ist aktive Freizeit, Kochen ist kreativ und verbindet. Auch Köche aus dem Ruhrgebiet wurden zu Stars, in den Küchen im „Revier" werden viele ihrer Rezepte nachgekocht. Und auch wenn man nicht selber am Herd aktiv werden will, locken zahlreiche Restaurants und Cafés in der Region mit vielfältigsten Angeboten – von der einfachen „Currywurst, Pommes" bis hin zur gehobenen Sternegastronomie. Längst sind die Zeiten vorbei, in denen man das Ruhrgebiet nur mit „Panhas am Schwenkmast" und „Steckrübeneintopf mit Mettwurst" verbunden hat. „Aber was isst der ‚Pott' dann heute?", haben wir uns gefragt. Und so endete der erwähnte graue Novembertag mit der Idee zur Serie „Das isst der Pott".

Und die war eine echte Herausforderung. Spannend sollte sie sein, unterhaltend, informativ. Die Idee war, Sie als Leserinnen und Leser umfassend einzubinden. Sie nach Ihren besten und beliebtesten Rezepten zu fragen, nach Ihren Erinnerungen und Geschichten dazu. Einfach zu kochen sollten sie sein, die Gerichte. Mit möglichst überschaubarem Zeitbedarf und Produkten, die in der Region frisch zu haben sind. Und wir wollten die Gerichte mit Ihnen zusammen kochen, Ihr Lieblingsgericht auch den vielen anderen Leserinnen und Lesern präsentieren. Mit lokalen Jurys, besetzt mit prominenten Köchen und Repräsentanten aus den Städten unserer zwölf Lokalredaktionen von Oberhausen bis Witten, haben wir dann aus den zahlreichen Einsendungen jeweils zehn Gerichte ausgewählt. Die haben wir Ihnen, liebe Leserinnen und Leser, dann wöchentlich auf einer ganzen Seite in Ihrem Lokalteil und mit großer Online-Begleitung schmackhaft gemacht.

Dahinter stand eine logistische Meisterleistung unserer Redaktionen. Stellen Sie sich vor, zwölf Städte mit je zehn Gerichten, das sind 120 Termine, an denen unsere Lokalredaktionen zusammen mit Fotograf und Kamerateam mit Ihnen zusammen geschält, geschnitten, gewaschen, gekocht, probiert und bewertet haben. Und 120 mal haben unsere Profiköche dazu Tipps abgegeben, 120 mal wollten eine ganze Lokalseite und zahlreiche Online Artikel mit spannendem Lesestoff und tollen Fotos und Filmen versorgt werden, 120 Videos mit insgesamt rund 100 Stunden Rohmaterial mussten gesichtet und geschnitten werden, rund 5.000 Fotos wurden begutachtet und ausgewählt. Für Sie, unsere Leserinnen und Leser.

Die Resonanz war überwältigend. Sie hat uns in den Redaktionen bestätigt und gefreut. Kochen ist ein emotionales Thema, berührt, animiert, steckt an. So war es uns eine große Freude, Sie nach der zehnwöchigen Serie die jeweiligen Städtesieger küren zu lassen. Die Chance haben Sie gern genutzt. Uns erreichten unzählige Stimmen über Online, die sozialen Netzwerke, per Mail und per Post. Ebenso zahlreich war anschließend die Resonanz auf unseren Aufruf auf der Seite 3 und über das Onlineportal Ihrer WAZ, aus den zwölf Städtesiegern nun die drei beliebtesten Gerichte im „Pott" zu küren. Das Ergebnis haben wir Ihnen zusammen mit dem bekannten Sternekoch Nelson Müller (Schote, Essen) dann im August 2015 in einer großen Finalshow im Oberhausener Centr.O präsentiert, in der die drei Erstplatzierten ihre Gerichte nochmal „live" vorkochen mussten. Mit viel Charme, mit viel Spaß und mit tollem Publikum.

Ehrlich gesagt, das Ergebnis hat uns überrascht. Und uns auch gezeigt, dass der „Pott" eben doch noch viele Traditionen birgt, auch wenn sie heute gern modern interpretiert werden. Ein gutes Beispiel dafür ist Ihr Lieblingsgericht der Serie, der „Blutwurststrudel", erdacht und gekocht von Karla Wesche-Thomas aus Essen. Hier wird eine sehr traditionelle und für das Ruhrgebiet auch typische Zutat, die Blutwurst, modern interpretiert und mit süßen Äpfeln und Zwiebeln in einen Strudelteig gerollt, gebacken und mit frischem Salat und selbst aromatisiertem Essig genossen. Tradition und Moderne vereint, ganz im Sinne des modernen „Reviers". Die Blutwurst im Rezept wird übrigens seit über 100 Jahren unverändert in einer kleinen Metzgerei im Familienbesitz in Essen hergestellt. Und Zeitung macht noch immer berühmt: Ihren Sieger-Strudel hat Frau Wesche-Thomas mittlerweile schon auf zahlreichen kulinarischen Festen im Revier präsentiert.

Auf den Rängen landeten zwei Gerichte mit nicht weniger traditionellem Antlitz. Platz drei belegte Tine Grasmann aus Bochum mit einer „Quiche mit Spinat und Mettwurst", Frankreich meets Ruhrpott. Platz zwei belegte der Kochkurs für Bedürftige der Evangelischen Sozialberatung aus Bottrop mit dem Klassiker „Dicke Bohnen mit Mettwurst", ein unangefochtener Stadtsieg war dem vorausgegangen.

Diese drei und alle anderen 117 Gerichte finden Sie nun in diesem Buch. Und nicht nur das. Sie finden auch all die tollen Geschichten wieder, die in den Wochen der Serie in unseren zwölf Städten im „Pott" erschienen sind. Übersichtlich nach Städten sortiert, mit allen Tipps und Kniffen, mit Zutaten und Anleitungen. Mir jedenfalls läuft beim Schreiben dieser Zeilen schon das Wasser im Munde zusammen, wir vom Team der WAZ hoffen, Ihnen nun bei der Lektüre auch. Ich wünsche Ihnen jetzt viel Spaß beim Stöbern, Lesen und Nachkochen!

Glückauf,
Ihr

Oliver Multhaup
Geschäftsführender Redakteur, WAZ

BOCHUM

QUICHE MIT SPINAT UND METTWURST

DAS SAGT DER PROFI

Foto: © J. Theobald

Jürgen Engelhardt

HEFETEIG ZWEIMAL GEHEN LASSEN

Dieses Gericht ist schon optisch prima gelungen, wenngleich der Quiche-Teig in diesem Gericht ein Hefeteig ist (Quiche-Teig ist klassisch ein Mürbeteig). Aber Hefeteig geht natürlich auch. Ich empfehle, den Hefeteig nach dem ersten Mal Gehen und Kneten ein zweites Mal gehen zu lassen und dann ohne zu kneten weiter zu verarbeiten. Er wird dann richtig gleichmäßig locker und luftig. Spinat entwickelt beim Garen eine leichte Süße, und die ist der perfekte Partner in diesem Gericht für die rauchige und salzige Mettwurst, deshalb sollte man vorsichtig würzen, sonst schießt man schnell über das Ziel hinaus. Beim Salat harmoniert der Holunderblütenessig mit der Walnuss. Holunderblüten nachhaltig als Essig herzustellen ist auch lobenswert, da die Blüten eine kurze Saison haben.

SÜNDENFAKTOR

HOCH

Engelhardt: „Man sollte einen Weißwein dazu trinken, vor allem um die Kalorien zu vergessen. Fett in Käse, Crème fraîche, Öl, die Wurst und dann noch Hefeteig – da gehen die Kalorien durch die Decke. Aber lecker ist das."

Tine Wiegleb und WAZ-Mitarbeiterin Nadja Juskowiak (r.) genießen die Kochakti

OMAS METTWURST BLEIBT KLASSIKER

Auch nach langen Arbeitstagen entspannt Tine Wiegleb in der Küche. Sie sagt: „Eine Quiche ist alltagstauglich u trotzdem etwas Besonderes."

Die fertige Quiche

Schon als Kind verbrachte Tine Wiegleb gerne Zeit in der Küche. Als einziges Mädchen unter vier Geschwistern schaute sie ihrer Mutter viel über die Schulter. „Meine Mutter hat nicht so gerne gebacken. Ich habe dann mit sieben meine ersten Plätzchen gemacht. Das kam natürlich gut an", schildert die Küchenfee.

Die 31-Jährige wechselte als Kind mit ihren Eltern häufig den Wohnort, zog von Hessen nach Bayern, wieder zurück und dann ins Sauerland. Doch die Freude am Ruhrgebiet erwachte früh: Immer wieder besuchte sie die Heimatregion ihrer Eltern. „Meine Großmutter in Recklinghausen war ein wichtiger Angelpunkt für mich", berichtet sie. „Omma" Margarete servierte der Enkelin gerne Eintöpfe wie Linsensuppe oder Grünkohl mit Mettwurst. Und genau deshalb schätzt Tine Wiegleb bis heute die geräucherte Fleischspezialität. In Erinnerung an ihre Großmutter serviert sie bei „Das isst der Pott" eine moderne Variante mit französischem Touch – Mettwurst als Quiche-Belag. „Den Spinat habe ich dazu gewählt, weil er gut passt und gerade Saison hat. Ich achte darauf, regional und saisonal einzukaufen", erläutert sie.

Mit 18 Jahren hielt Tine Wiegleb nichts mehr im Sauerland und sie zog nach Dortmund. Seit vier Jahren nun ist sie in Bochum-Ehrenfeld zu Hause.

KULINARISCHE AUSFLÜGE IM INTERNET

Ihr Faible für das Ruhrgebiet und gutes Essen verbindet die IT-Projektmanagerin seit Sommer letzten Jahres in ihrem Internet-Blog „Pottlecker.de". Kulinarische Ausflüge, eigene Rezepte und fantasievolle Koch- und Backideen garniert sie mit appetitanregenden Fotos. „Ich brauchte einfach einen kreativen Ausgleich zu meinem Job", sagt Wiegleb, die als Informatikerin für Bundesbehörden deutschlandweit im Einsatz ist. Trotz langer Arbeitstage lässt sie sich das kulinarische Erlebnis am Abend nur ungern entgehen. Dann erfreut sie sich auch an ihrer edlen Küchenmaschine, die ihr zum Beispiel das Teigkneten abnimmt. Obwohl Kochen natürlich trotzdem Arbeit ist, steht für Tine Wiegleb der Spaß im Mittelpunkt. Ihr Motto „Kochen ist Liebe" schmückt die elegante Einrichtung. Dabei ist die Küchenfee stets bereit für kulinarische Abenteuer. Während sie an manchem Wochenende „klassische Oma-Rezepte wie Rouladen oder Hühnerfrikassee" serviert, steht an anderen Tagen selbst gerolltes Sushi auf dem Speiseplan.

UND SO GEHT'S

QUICHE MIT SPINAT UND METTWURST

Milch erwärmen (lauwarm). Hefe darin auflösen. Restliche Zutaten und die Hefemilch zu glattem Teig kneten. Zugedeckt an warmem Ort 30 Minuten gehen lassen. Zwiebeln und Knoblauch in Butter anschwitzen. Spinat hinzugeben, mit Salz, Pfeffer und Muskatnuss würzen. Milch, Eier und Cremè fraîche verrühren und mit Salz, Pfeffer, Muskatnuss würzen. Parallel Kartoffeln kochen. Form (28 Ø) fetten, Teig dünn ausrollen und in die Form legen, Rand andrücken und mit einer Gabel mehrmals einstechen. Mit Spinat, Mettwurst- und Kartoffelscheiben befüllen. Eiermilch darüber gießen und leicht andrücken, nach Bedarf Käse drüberstreuen. Quiche 30–35 Minuten backen (E-Herd: 200 °C/Umluft: 175 °C/Gas: Stufe 3).

REINGESCHMECKT

FÜR ANFÄNGER BEDINGT GEEIGNET:

Bis die Quiche im Ofen ist, dauert es eine gute Stunde und der Hefeteig könnte für Anfänger etwas schwierig sein. Doch wer sich Zeit nimmt, bekommt für einen erschwinglichen Preis ein raffiniertes Gericht, das auch Gäste beglücken dürfte.

Zeitaufwand: ★★★★☆
Schwierigkeitsgrad: ★★★☆☆
Preis: ★★★☆☆

Tine Wiegleb schneidet frische Mettwurst vom Metzger – Zutaten von guter Qualität sind für die Hobbyköchin selbstverständlich.

MEINE ZUTATENLISTE

Teig: 1/8 l Milch, 250 g Mehl, 1/2 Würfel Hefe, Salz
Füllung: 6 EL Öl, 3 Zwiebeln, 2 Knoblauchzehen, 600 g Spinat, 1/8 l Milch, 3 Eier, 1 EL Crème fraîche, 3 Mettwürste, 3 Kartoffeln, Käse (nach Bedarf)

Ein frischer Gartensalat rundet das Gericht mit einer säuerlichen Note ab.

JÄGERKOHL

DAS SAGT DER PROFI

Foto: © J. Theobald

Jürgen Engelhardt

REZEPT KREATIV INTERPRETIEREN

Wirsing ist zu dieser Jahreszeit mild und fein, deshalb bietet sich eine kürzere Garzeit an, was die Inhaltsstoffe schont. Ein altes Rezept kann man neu interpretieren und ich als kreativer Koch „muss" das auch. Grundlage wäre ein kräftiger, am besten selbst hergestellter Gemüsefond oder ein hefefreier Gemüsebouillonwürfel. Anstatt Mehl würde ich Brötchen vom Vortag in Wasser oder Milch einweichen und unter das Mett mischen, das macht die Masse locker. Dazu etwas Majoran und daraus Klößchen formen und diese mit gewürfelten Kartoffeln 15 Minuten in der Brühe vorgaren. Alle Zutaten im Topf schichten, aufkochen lassen und circa 15 Minuten ziehen lassen. Ich empfehle, Blattpetersilie in Butter anzuschwitzen und das Gericht damit zu überziehen.

SÜNDENFAKTOR

GERING

Es ist quasi ein Diät-Rezept und gesund. Die Zutaten enthalten gute Kohlenhydrate, Vitamine und Mineralstoffe, sogar Wirsing enthält Eiweiß – gut zu wissen für Veganer und Vegetarier, die auf Mett verzichten möchten.

Gabriele Hedberg (links) und Nadja Juskowiak kochen mit Wirsing.

WEIL DER WIRSING IM GARTEN WUCHS

Ihre Bergmannsfamilie aß schon vor einhundert Jahren Jägerkohl. Bis heute begeistert und kocht Gabriele Hed[...] das traditionelle Rezept ihrer Großmutter

Der Reviersteiger Wilhelm Hedberg heiratete 1913 Alma Stucht. Die Bergmannsfamilie lebte in einem Haus in Witten-Stockum. Sein Sohn Wilhelm junior wohnte mit seiner Frau und Tochter erst bei seinen Eltern. „Einmal am Tag trafen sich alle bei Oma in der Küche. Sie hat immer in einem großen Topf gekocht", erinnert sich Tochter Gabriele Hedberg. Auch später, als sie mit ihren Eltern auszog, blieb die Erinnerung an Omas Küche lebendig: „Wenn meine Mutter mich gefragt hat, was ich essen möchte, habe ich oft gesagt: das Grüne, das geschichtet wird."

KOHL GEHÖRTE ZUM KOHLENPOTT
somit ein Gericht, das seit rund einhundert Jahren die Familie nährt. „Wir kochen das Rezept gerne zwischendurch, nicht zu einem besonderen Anlass. Aber wir sind nach so vielen Jahren immer noch und immer wieder begeistert davon", schrieb Gabriele Hedberg der WAZ-Redaktion. Ein Kohlrezept, das gehört zum Ruhrgebiet wie die Currywurst, denn früher wuchsen die Kohlköpfe in vielen Gärten. Die 58-jährige Hobbyköchin aus Langendreer hält die Tradition in ihrer modernen Küche lebendig. Ihr Schwerpunkt liegt auf gutbürgerlichen Gerichten, die sie sich gemeinsam mit ihrem Lebensgefährten schmecken lässt: Achim Grundhöfer, der von der Kochleidenschaft seiner Liebsten profitiert, überlässt ihr die Küche gerne. „Manchmal ist es besser, wenn ich nicht dabei bin", sagt der 50-Jährige schmunzelnd. Noch hat die voll berufstätige Sekretärin nur begrenzt Zeit, täglich zu kochen. Doch für ihren Ruhestand, der bald beginnt, kann sie sich besondere Aktionen vorstellen: „Im Sommer selbst Erdbeeren zu pflücken und daraus Marmelade zu kochen, dazu hätte ich schon Lust."

Auch der Genuss süßer Leckereien liegt in der Familie. Ihr Vater war früher Konditormeister im Restaurant bei Kortum. Von Hand geschriebene Rezepte von Wilhelm Hedberg gehören zum Familienerbe. So kommt „Willis Spritzgebäck" alle Jahre wieder auf den Plätzchenteller.

Übrigens ist es nicht das erste Mal, dass Gabriele Hedberg ein Rezept aus ihrem Repertoire öffentlich vorstellt. 2007 kochte sie bei „Lecker essen mit Luger" mit Joachim Hermann Luger für die Aktuelle Stunde des WDR. Dem Bochumer Schauspieler, als Hans Beimer in der Lindenstraße bundesweit bekannt geworden, servierte sie Hähnchen im Knallbonbon, das in einem Kochbuch verewigt ist. „Mir macht es Spaß, für Publikum zu kochen, auch wenn ich immer mächtig aufgeregt bin", sagt Hedberg. Für die WAZ-Aktion „Das isst der Pott" öffnete sie darum gerne wieder ihren großen Topf und servierte ihren Jägerkohl. Danke dafür.

UND SO GEHT'S

JÄGERKOHL – ALLES IN EINEM TOPF

Wirsing oder Weißkohl in Streifen schneiden und waschen. Kartoffeln und Zwiebeln schälen und in dünne Scheiben schneiden. Das Mett mit einem Ei, einer klein gewürfelten Zwiebel und Mehl vermischen, mit Pfeffer und Salz würzen. Die Hälfte der Kartoffeln in einem großen Topf schichten, salzen und darauf die Hälfte des Wirsings geben, dann darauf die Hälfte des Metts mit der Hand verstreichen, als Letztes die Hälfte der Zwiebeln dazugeben. Das Ganze noch einmal schichten. Zum Schluss mit einem Kochlöffel in die Mitte der Masse ein Loch machen und mit etwas Wasser auffüllen. Das Ganze auf dem Herd zum Kochen bringen und dann zehn bis 30 Minuten bei niedriger Temperatur garen. Sollte etwas übrig bleiben, lässt sich das Gericht wunderbar aufwärmen.

REINGESCHMECKT

EINFACH UND SCHMACKHAFT:

Auf einfache und unkomplizierte Weise überzeugt der Jägerkohl mit zünftigem Geschmack und gutem Preis-Leistungs-Verhältnis. Die Zutaten für einen ganzen Topf für mindestens vier Personen kosten nur 10 Euro.

Zeitaufwand: ★★☆☆☆
Schwierigkeitsgrad: ★☆☆☆☆
Preis: ★☆☆☆☆

Wirsing ist ein Geschmacksgarant.

MEINE ZUTATENLISTE

1 Wirsing oder Weißkohl,
10 mehlige Kartoffeln,
4 Zwiebeln,
1 Pfund Mett, 1 Ei, 1 Zwiebel,
2 TL Mehl,
Salz und Pfeffer

Mett hat im Ruhrgebiet Tradition.

BOCHUM

SCHWEIZER KÄSEKUCHEN

Letizia Füssenich (rechts) und Nadja Juskowiak freuen sich auf den Käsekuche

KÄSEKUCHEN AUS DEM ALPENLAND

Letizia Füssenich serviert echte Schweizer Küche – „ächti Schwizer Chuchi". Exportschlager Käse wird im Backofen zu einem fluffigen Gaumenschmeichler

DAS SAGT DER PROFI

Foto: © J. Theobald

Jürgen Engelhardt

ETWAS LEICHTER MIT WEISSWEIN

Beim ersten Blick in das Rezept dachte ich: sehr lecker, wie ein Käsefondue. Aber mir fehlt etwas Säure, damit dieser Kuchen an Leichtigkeit gewinnt. Ich empfehle hier, die Zwiebeln anstatt in Fett zu garen lieber in etwas reduziertem Weißwein anzudünsten und eventuell einen kleinen Schuss Obstbrand oder Birnengeist hinzuzufügen. Um das Gericht sommertauglich zu machen, kann man den Teig mit etwas angegarten Zucchini, braunen Champignons oder mit etwas grünem und weißem Spargel belegen. Hier sind dem Geschmack keine Grenzen gesetzt. Auch Kräuter passen, zum Beispiel Schnittlauch oder etwas Thymian. Als Beilage schmeckt auf alle Fälle Salat mit Bitterstoffen, da diese die Verdauung anregen, als da wären Chicorée, Endiviensalat oder etwas Löwenzahn.

SÜNDENFAKTOR

HOCH

Blätterteig, Käse, Sahne – dazu sagt Jürgen Engelhardt: „Schon beim Lesen der Rezepturbestandteile habe ich ein Kilo zugenommen. Eine Kapsel Beifuß aus dem Reformhaus bringt Magen und Darm wieder in Schwung."

Jeden Tag um 18 Uhr hat Letizia Füssenich ein Rendezvous. Dann trifft sie ihren Mann Winand zu einem Apéro. „Das heißt, dass man vor dem Essen ein Glas trinkt und kleine Häppchen zu sich nimmt", erläutert die 76-Jährige den typisch schweizerischen Brauch.

Die Liebe traf den Bochumer und die Schweizerin in deren Heimatort Engelberg. Es funkte gewaltig und schon bald webte das Liebespaar ein festes Band zwischen den Familien. Eines Abends war der Verlobte bei Tante Liesi zum Abendessen eingeladen und machte Bekanntschaft mit dem Schweizer Käsekuchen. „Mein Verlobter schaute mich fragend an: Käsekuchen zum Abendessen? Allerdings hat ihm dann der Schweizer Käsekuchen sehr gut geschmeckt", erzählt sie. Mittlerweile schätzt Letizia Füssenich auch den deutschen, süßen Käsekuchen. Für die WAZ-Serie „Das isst der Pott" sollte es dann aber doch der herzhafte aus dem Alpenland sein.

GEWÜRZKREATION FÜR DEN LETZTEN PFIFF

Das Allerwichtigste überhaupt ist dabei natürlich der Schweizer Käse, den die Hobbyköchin gerne auf dem Markt einkauft. „Ich lege Wert auf gute Zutaten. Ohne gute Zutaten kann man nicht gut kochen", sagt sie und öffnet ein Metalldöschen, reicht es zum Schnuppern – es folgt eine Aromenexplosion von weißem Pfeffer, Koriander, Orangenschale – Zutaten der „Mélange Blanc", mit der Letizia Füssenich ihren Käsekuchen verfeinert. „Das braucht es aber nicht", sagt sie und verweist auf normalen weißen Pfeffer. Wer allerdings das Aha-Erlebnis in der Küche liebt, kann nach besonderen Gewürzkreationen Ausschau halten.

Vor allem Tante Liesi prägte die Schweizerin in der Küche. „Meine Tante hat jedes Gericht so gekocht, als wäre es das erste Mal, mit ganz viel Liebe, es darf nicht zur Routine werden", sagt Füssenich. Neben der Leidenschaft hilft ihr auch eine beachtliche Portion Struktur. Sie zeigt einen Aktenordner, prall gefüllt mit Menüfolgen und Rezepten, die sie festgehalten und gesammelt hat. Füssenich dokumentiert jedes Essen, das sie für Gäste zubereitet hat.

Nicht nur Freunde profitieren von ihrem Hobby. Die Schweizerin, die mit sechs Geschwistern groß geworden ist, hat mit ihrem Mann Winand drei Kinder und sieben Enkel um sich versammelt. „Meine Taktik ist, sich nie anmerken zu lassen, wie viel Arbeit dahinter steckt. Man sollte immer so kalkulieren, dass man, bevor die Gäste kommen, noch einmal in die Badewanne steigen kann", rät sie.

Ihr effektives Zeitmanagement kam der Schweizerin 2010 auch bei der ZDF-„Küchenschlacht" zugute. In der Fernsehhow kochte sie in 35 Minuten Hauptspeise und Nachspeise. Letizia Füssenich schaffte es bis ins Finale.

UND SO GEHT'S

SCHWEIZER KÄSEKUCHEN

Backofen auf 220 °C vorheizen. Backform mit etwas Wasser ausspülen und Backpapier hineinlegen. Dann den Blätterteig in die Backform legen, Rand hochziehen und Teig mit der Gabel mehrmals einstechen. Die Zwiebeln schälen, in Streifen schneiden und in Butter weich dünsten, ohne dass sie Farbe annehmen, abkühlen lassen. Dann den geriebenen Käse und die Zwiebeln mit dem Mehl vermischen und auf dem Kuchenboden verteilen. Sahne, Eier und Milch verquirlen, aber nicht zu schaumig werden lassen. Das Ganze mit Pfeffer, Muskat, wenig Paprika und Salz würzen. Die Milch-Sahne-Ei-Mischung über den Käse gießen. Den Käsekuchen circa 30 Minuten in der unteren Hälfte des Backofens backen.

REINGESCHMECKT

GÄSTEGERICHT MIT ERFOLGSGARANTIE:

Sehr lecker, unkompliziert und vegetarisch – das Rezept ist eine Überraschung, weil die Schweizer Küche nicht so bekannt ist. Für Käseliebhaber ist der Kuchen ein echtes Schmankerl.

Zeitaufwand: ★★☆☆☆
Schwierigkeitsgrad: ★★☆☆☆
Preis: ★★★☆☆

Die Käsemischung wird auf dem Blätterteig verteilt. Vorher wird der Teig mehrmals mit der Gabel eingestochen.

MEINE ZUTATENLISTE

2 Zwiebeln, 1 EL Butter, je 150 g geriebener Greyerzer und Emmentaler, 1 EL Mehl, 200 ml Sahne, 100 ml Milch, 3 Eier, Pfeffer, Muskat, Paprika, wenig Salz, 1 frischer Blätterteig

Die Zwiebeln sollen weich, aber nicht braun werden.

MÖHREN-EINTOPF

DAS SAGT DER PROFI

Foto: © J. Theobald

Jürgen Engelhardt

GEKOCHTE BRÜHE BRINGT AROMA

Ein schönes Gericht – in der Rezeptur befindet sich Gemüsebrühe, die man auf Vorrat gut selbst herstellen kann. Sie werden einen riesigen Unterschied zu einer gekauften feststellen und können variieren, wohin die Geschmacksreise gehen soll. Dafür schwitzen Sie Gemüse kurz an, löschen mit Weißwein ab, reduzieren und füllen anschließend mit Wasser auf, geben Kräuter und Gewürze hinzu, kochen alles einmal auf und lassen die Brühe mit wenig Hitze ziehen. Man verwendet üblicherweise Möhren, Sellerie, Lauch und Zwiebeln. Ableitungen können Sie mit fast jedem Gemüse machen. Bei Kohlarten sollten Sie allerdings wegen des starken Eigengeschmacks vorsichtig sein. Mein Tipp zum Gericht und zu allen Suppen mit Kartoffeln: Ab und zu durchrühren – das setzt Stärke aus der Kartoffel frei. Die Suppe wird etwas sämiger.

SÜNDENFAKTOR

MITTEL

Möhren, Kartoffeln, Gehacktes, Kräuter – die Kalorien halten sich bei diesem Gericht in Grenzen, dafür punktet es mit Nährstoffen. Jürgen Engelhardt sagt: „Alles sehr gesund, nur der Schmand bringt zusätzliche Fette."

Heide Aufermann (rechts) überzeugte mit dem Möhreneintopf Nadja Juskowiak

MÖHRENEINTOPF LOCKT TÖCHTER AN

Ehemalige Küsterin der Kirchengemeinde Querenburg kochte mittags für drei Mädchen. Der Familie schmeckt Klassiker aus Heide Aufermanns Kindheit

Eltern kennen die Situation. Es gibt Mittagessen und das Kind stellt sich quer. „Das esse ich nicht. Ich mag das nicht." Mit der Zeit werden Mütter erfinderisch und servieren ihren Sprösslingen die Speisen mit Tricks und siehe da: Das Kind isst die Suppe.

KETCHUP WAR DER KNACKPUNKT

Genauso war es auch bei Heide Aufermann. Als kleines Mädchen mochte die heute 70-Jährige partout keine Möhren essen. „Mutter hat probiert, gemacht und getan und am Ende zwei Esslöffel Ketchup hineingetan. Das war der Knackpunkt. So hat es nicht mehr nach Möhren geschmeckt", erzählt Heide Aufermann. Auch ihre Großmama in Wanne-Eickel kochte täglich. Bei der Oma verbrachte die aus Werther im Kreis Gütersloh stammende Heide Aufermann viel Zeit, weil die Mutter voll berufstätig war. Der Vater fiel 1944, als die Mutter mit ihr schwanger war. Bis heute erfreut der Möhreneintopf die Familie. Mit Ehemann Gerd hat Heide Aufermann drei Töchter großgezogen. Bei unserer Kochaktion für die WAZ-Aktion „Das isst der Pott" bereitet sie darum einen großen Schnellkochtopf voll mit Eintopf zu: „Meine Kinder holen sich morgen etwas ab, weil er nach einem Tag noch besser schmeckt." Trotz ihrer Berufstätigkeit kochte die Mutter immer gerne. Die gelernte Kinderpflegerin wohnte mit ihrer Familie lange in einer Dienstwohnung der Evangelischen Kirchengemeinde Querenburg. Als Küsterin kümmerte sie sich 32 Jahre lang um Veranstaltungen in der Kirche und bereitete Gottesdienste vor. Ehemann Gerd Aufermann arbeitete 44 Jahre bei Opel, zuletzt als Werksmeister. Das Leben in Steinkuhl war für die Familie ein Segen. Die dritte, adoptierte Tochter hatte es hier mit ihrer dunkleren Hautfarbe leicht. In dem multikulturellen Stadtteil sei das Mädchen mit den Afro-Locken eine unter vielen gewesen, so Heide Aufermann.

EHEMANN KOCHT UND BACKT MIT

Der Kirchengemeinde ist das Ehepaar bis heute verbunden. Wöchentlich betreuen sie die Kleiderkammer im Thomaszentrum. „Wir backen jede Woche einen Kuchen für das Team", sagt Heide Aufermann. Allerdings backt nicht nur die Frau in diesem Haushalt. „Seit Gerd in Rente ist, habe ich ihn mit in die Küche genommen", schmunzelt seine Ehefrau. Mittlerweile gibt es sogar Frikadellen à la Gerd: „Ich mache sie mit etwas Senf", verrät er ein Geheimnis seiner persönlichen Rezeptur.

UND SO GEHT'S

MÖHRENEINTOPF MIT DEM GEWISSEN ETWAS

Die Zwiebeln in kleine Würfel schneiden, Gehacktes mit Salz und Pfeffer würzen. Beides zusammen in etwas Gemüsebrühe andünsten. Kartoffeln und Möhren in kleine Würfel schneiden, Rest der Brühe angießen und Kartoffeln und Möhren in die Suppe geben, das Ganze etwa 25 Minuten köcheln lassen, bis das Gemüse gar ist. Gegen Ende mit Ketchup, Basilikum, Oregano und Thymian abschmecken und Schmand nach Bedarf unterrühren. Die Suppe schließlich mit frischem, klein gehacktem Maggikraut bestreuen und servieren. Heide Aufermann kocht fast immer mit einem Schnellkochtopf, wodurch sich die Kochzeit erheblich reduziert. Statt 25 Minuten kocht ihr Eintopf nur sieben Minuten.

REINGESCHMECKT

SEHR LECKER UND ABSOLUT ALLTAGSTAUGLICH:

Wenig Zeit, wenig Geld – der Aufwand für das Gericht ist wirklich überschaubar und das Resultat umso erfreulicher, da es sich um einen sehr schmackhaften Eintopf handelt, der zufrieden und satt macht.

Zeitaufwand: ★★☆☆☆
Schwierigkeitsgrad: ★☆☆☆☆
Preis: ★☆☆☆☆

Ketchup in die Suppe: Damit überzeugte Heide Aufermanns Mutter ihre Tochter vom Möhreneintopf.

MEINE ZUTATENLISTE

Für vier Personen:
500 g Möhren,
500 g Kartoffeln,
500 g Gehacktes,
2 Zwiebeln,
5 EL Ketchup,
Salz, Pfeffer, Gemüsebrühe,
Basilikum, Oregano,
Thymian, Schmand

Liebstöckel, bekannt als Maggikraut, dient als Farbtupfer

BOCHUM

SPARGEL-HÄHNCHEN-WOK

Foto: © J. Theobald

Jürgen Engelhardt

DAS SAGT DER PROFI

BILLIGES FLEISCH SETZT WASSER FREI

Knackig und frisch – so kommen Wok-Gerichte gut an. Grüner Spargel muss nicht geschält werden, das spart Zeit. **Tipp:** Einfach das untere Drittel zwischen die Hände nehmen und abbrechen, der Spargel bricht dann über der holzigen Stelle ab. Rote Paprika ist ein großer Lieferant von Vitamin C und Flavonoiden, die als so genannte Radikalfänger dienen und so zur Zellerhaltung beitragen, quasi Anti-Aging-Food. Vorsicht ist bei Ingwer geboten, er ist gesund, aber auch intensiv und scharf. Wer Ingwer nicht so geballt mag, kann ihn grob schneiden, anbraten und dann wieder entfernen, der Geschmack bleibt im Öl. Kaufen Sie möglichst kein billiges Fleisch aus dem Supermarkt, geschmacklich wird man da enttäuscht und es bleibt viel Wasser im Essen.

SÜNDENFAKTOR

GERING

Jürgen Engelhardt gibt grünes Licht bei diesem Essen: „Das ist ein tolles, sehr ausgewogenes Gericht, nur die Mie-Nudeln bringen Kohlenhydrate, aber die braucht der Mensch ja nun einmal auch."

Conny Doberstein hat nach dem Kochen Freude am Essen.

WO DER POTT AUF DEN WOK TRIFFT

Längst ist die multikulturelle Gesellschaft auch in Ruhrgebietsküchen angekommen. Conny Doberstein kocht regionale Zutaten in asiatischem Gewand

Leidenschaft gehört bei Conny Doberstein zum Leben dazu. Ohne Herzblut geht es nicht. Die gebürtige Wattenscheiderin tanzt mit ihrem Lebenspartner Standard und Latein. Sie arbeiten gemeinsam und selbstständig als Hausverwalter. Im Urlaub erkundet das Paar per Kreuzfahrtschiff die Welt auch von ihren kulinarischen Seiten. „Der Markt in Barcelona ist fantastisch. Dort gibt es wirklich alles", schwärmt Conny Doberstein.

Auch in ihrer eigenen Küche geht es multikulturell zu. Sie scheut weder selbstgemachte Nudeln noch Tapas oder Asien-Ausflüge. Zertifikate von Kochkursen schmücken ihre Küche. Der Wok hat es ihr besonders angetan. Dieser „Pott" passt einfach gut in ihren Alltag: „Leider habe ich selten Zeit, stundenlang in der Küche zu stehen, aber frisch gekocht wird bei uns fast jeden Tag. Weil es schnell geht und sehr vitaminreich ist, trifft bei mir der Pott auf den Wok." Heute spielt der grüne Spargel hier die Hauptrolle, kombiniert mit weiteren Gemüsesorten und Hähnchen. „Es kommt auch darauf an, wie die Zutaten geschnitten werden. Feine Möhrenstifte verbinden sich ganz anders mit dem Aroma als runde Scheiben", erklärt die Hobbyköchin.

Schnibbeln, waschen, würzen – die Handgriffe gehen der 49-Jährigen leicht von der Hand. Sie ist in einer Siedlergemeinschaft in der Südfeldmark groß geworden. Gemüseanbau und Obstbäume im Garten der Großeltern gehörten zum Alltag ihrer Kindheit. „Mich hat geprägt, dass in meiner Familie immer viel selbst gemacht wurde. Wenn zum Beispiel die ersten Erdbeeren kommen, koche ich auch Marmelade", sagt sie.

Außer ihrem Lebensgefährten profitieren zwei erwachsene Söhne von der vitaminreichen Küche. Auch weil beide Jungs Eishockey spielen, sei gesunde Ernährung enorm wichtig, sagt Doberstein. Von Diät spricht sie jedoch nie und serviert zum Nachtisch einen Himbeertraum, der vom kalorienbewussten Wok-Gericht wirklich nur noch träumen lässt. Wir schlemmen das Dessert natürlich trotzdem und bereuen nichts.

REINGESCHMECKT

LECKER UND LEICHT:

Schnibbeln bleibt nicht aus, darum braucht es etwas Zeit. Sind die Zutaten erst im Wok, steht das leckere Essen ratzfatz auf dem Tisch. Es enthält viele Zutaten – das läppert sich, darum ist das Gericht nicht ganz so günstig.

Zeitaufwand: ★★☆☆☆
Schwierigkeitsgrad: ★★☆☆☆
Preis: ★★★☆☆

Frische Hähnchenbrust wird unter kaltem Wasser gewaschen.

MEINE ZUTATENLISTE

350 g Hähnchenbrust,
3 EL Teriyaki-Sauce,
500 g grüner Spargel,
1 rote Paprika, 200 g Möhren,
6 Frühlingszwiebeln, 1 Lauch,
1 walnussgroßes Stück Ingwer,
2 EL Öl, 200 ml Gemüsebrühe,
3 EL Sojasauce,
100 g Mie-Nudeln

UND SO GEHT'S

GRÜNER SPARGEL-HÄHNCHEN-WOK

Die Hähnchenbrust waschen, trocken tupfen und in dünne Streifen schneiden. In 3 EL Teriyaki-Sauce mischen und zur Seite stellen. Das Gemüse putzen, waschen und schräg in Stifte schneiden. Die Frühlingszwiebeln und den Lauch in dünne Ringe schneiden. Ingwer schälen und fein hacken. Dann im Wok 2 EL Öl erhitzen, Hähnchenfleisch zwei bis drei Minuten hellbraun braten, danach warmstellen. Gemüse in zwei Portionen mit Ingwer im Wok etwa vier Minuten anbraten, Spargelköpfe etwas später dazugeben, weil sie sonst zerfallen. Das Gemüse wieder zusammenfügen und dann Gemüsebrühe sowie dunkle Sojasauce dazugeben. Am Ende das Fleisch und die vorgekochten Mie-Nudeln unterheben.

Gesünder geht es kaum: Gemüse in verschiedenen Farben ist die Grundlage für das Wok-Gericht von Conny Doberstein.

BOCHUM

KARTOFFEL-SUPPE MIT KLÖSSCHEN

DAS SAGT DER PROFI

Foto: © J. Theobald

Jürgen Engelhardt

MAJORAN UND MUSKAT ALS PFIFF

Als gelernter Koch müsste ich jetzt mit vielen Varianten um die Ecke kommen, aber dieses alte Rezept passt wunderbar in unsere schnelllebige Zeit und ist noch immer tausendmal besser als Tütensuppe. Auf was man verzichten sollte, ist Maggi. Dann lieber Liebstöckel (Maggikraut). Und es fehlt etwas frischer Muskat und Majoran. Majoran und Kartoffelsuppe sind gute Freunde. Majoran kann man auch gut zur Herstellung der Fleischklößchen verwenden. Majoran ist fast in jeder deutschen Bratwurst enthalten, sei sie grob oder fein. Das Kraut gilt auch als verdauungsfördernd und beruhigend. Karotte würde das Gericht aufwerten und eine gewisse Süße bringen, ebenso Zwiebel und Sellerie, dann schmeckt es runder.

SÜNDENFAKTOR

GERING

Kein Grund zur Reue: zugreifen, genießen und satt essen. Es gibt Lauch, Kartoffeln und mageres Rinderhack. Jürgen Engelhardts Fazit dazu lautet: „Hochwertige Kohlenhydrate, die sättigen und gleichzeitig leicht sind."

Ulla Goldschmidt (rechts) lud Nadja Juskowiak zu Kartoffelsuppe ein.

KARTOFFELSUPPE GEHT IMMER!

Traditionsgericht der Großmutter schmeckt der Familie von Wattenscheid bis Wolfsburg. Einfachheit ist hier Trun es gibt aber auch eine Deluxe-Version

Ulla Goldschmidt (62) hält ihr Hackebeil in die Höhe und lächelt: „Das ist mein Haarmann." Ihr geschätzter Helfer in der Küche ist benannt nach Serienmörder Fritz Haarmann, der etliche Jungs auf dem Gewissen hatte. Ups, da dreht sich doch kurz der Magen um, aber wer Spaß versteht, ist hier klar im Vorteil. Die Wattenscheiderin hat einen Hang zur düsteren Seite des Menschen. Thriller der brutalen Gangart sind ihre liebste Lektüre. Ganz ernst meint sie die Drohung mit dem Beil hoffentlich nicht, denn eigentlich lädt sie heute zum Essen und gemütlichen Beisammensein ein.

Es gibt Kartoffelsuppe – schlicht und ergreifend. Ulla Goldschmidt kocht sie manchmal auf Wunsch ihrer Mutter in Wolfsburg auf einem uralten Herd der Traditionsfirma Neff. „Dieser Herd ist eine echte Aufgabe", sagt sie schmunzelnd. Das Rezept für die Kartoffelsuppe kennt sie allerdings schon von ihrer Großmutter.

„Diese Suppe gab es bei uns, wenn Waschtag war. Das war nicht so einfach wie heute, indem man einen Knopf drückt, sondern das funktionierte mit einer Kurbel. Zu der Suppe machte meine Großmutter auch noch Reibeplätzchen. Ich weiß nicht, wie sie das hinbekommen hat."

ROASTBEEF LIEGT IN DER MARINADE

Heute geht es auch in der Küche moderner zu. Gemeinsam mit ihrem Ehemann Heinz, der 43 Jahre bei der Bochumer Polizei tätig war, kocht Ulla Goldschmidt jeden Tag. „Mein Mann ist eher für die feinere Küche zuständig und ich für die Alltagsküche", sagt sie.

Das aktuelle Projekt, ein frisches Roastbeef, liegt schon in der Marinade aus Rotwein, Rosmarin und Thymian. Morgen wird es angebraten und eineinhalb Stunden bei 100 Grad gegart. Am Ende sticht Heinz Goldschmidt mit einem Messgerät in den Braten. „Bei 55 Grad ist das Roastbeef innen zartrosa", lässt er wissen. Apropos feinere Küche – von der Kartoffelsuppe gibt es auch vornehmere Varianten: „Dann wird die Suppe ohne Klößchen, dafür mit Lachs, Aal oder Flusskrebsen zubereitet. Oder aber man püriert die Kartoffeln, gibt etwas Sahnemeerrettich dazu und schäumt eventuell alles auf", schreibt Ulla Goldschmidt in ihr Rezept.

Wenn die beiden Pensionäre nicht gerade in der Küche zaubern, sind sie viel zu Fuß unterwegs. Sie laufen gerne gemeinsam stundenlang sportiv durch Bochum und Wattenscheid – bis der Appetit sich meldet.

REINGESCHMECKT

GESUND, GÜNSTIG UND GUT:

Die Kartoffelsuppe mit Rinderklößchen ist ein Gericht, das ideal in den Alltag passt. Die Zutaten sind günstig, die Zubereitung ist unkompliziert und das Ergebnis macht satt, zufrieden und enthält wertvolle Nährstoffe.

Zeitaufwand: ★★☆☆☆
Schwierigkeitsgrad: ★☆☆☆☆
Preis: ★☆☆☆☆

Der „Haarmann" ist prädestiniert für grobe Hackarbeit, bei der es nicht auf schöne Form ankommt.

MEINE ZUTATENLISTE

Für vier Personen:
800 g Kartoffeln,
1 große Stange Lauch,
1,2 l Gemüsebrühe,
200–300 g Rinderhack,
1 EL Senf,
Pfeffer und Salz,
Schnittlauch

UND SO GEHT'S

KARTOFFELSUPPE MIT RINDERKLÖSSCHEN

Die mehligen Kartoffeln schälen, waschen und in mittelgroße Stücke schneiden. Den Porree putzen, waschen und in Ringe schneiden, dann noch etwas durchhacken. Zusammen in der Gemüsebrühe (Würzwürfel) circa 15 Minuten kochen. Anschließend die Suppe stampfen, aber nicht pürieren. Mit Salz und Pfeffer abschmecken. Das Rinderhack mit Salz, Pfeffer und Senf würzen und in kleine Bällchen formen, die nicht größer als Walnüsse sein sollten. Die Klößchen werden auf die heiße Suppe gelegt und ziehen dann bei geringer Hitzezufuhr durch, bis sie gar sind. Auf dem Teller wird die Suppe mit gehacktem Schnittlauch dekoriert. Die Zubereitung dauert eine knappe Stunde. Guten Appetit!

Auch roh ein appetitlicher Anblick – die Rinderklößchen.

BOCHUM

DAS SCHNELLSTE HUHN

DAS SAGT DER PROFI

Foto: © J. Theobald

Jürgen Engelhardt

HÄHNCHEN SOLLTE NICHT TROCKEN SEIN

Gebt dem Huhn eine Chance – das hat Alfred Biolek selbst über dieses Gericht gesagt und er bezog sich damit auf die Garzeit des Huhnes. Er meinte die Angst vor Salmonellen und das dementsprechende „Totgaren", also bis das Fleisch trocken ist. Das muss nicht sein: Kontrollieren Sie, nachdem alle Zutaten im Topf sind und nach dem Aufkochen des Ganzen, ob das Fleisch fest ist – im Zweifel einmal durchschneiden. Ist das Fleisch in der Mitte warm, aber nicht durch, nehmen Sie es heraus, kochen die Sauce zu Ende, legen dann das Fleisch wieder hinein und lassen es gar ziehen. Wie immer gilt: Nehmen Sie kein Billigfleisch, sondern kaufen vom Metzger des Vertrauens, Bio oder bei einer von einem Metzgermeister betreuten Fleischtheke. Im Sommer reicht als Beilage ein mit Vinaigrette marinierter Salat. Vermeiden Sie hier Joghurtdressing – das könnte „stopfen". Dazu reichen Sie ein schönes Baguette.

SÜNDENFAKTOR

HOCH

Machen wir uns nichts vor: Sahne ist die Sünde. Wir bewegen uns im roten Bereich. Engelhardt: „Das Gericht ist superlecker, aber enthält viel Fett in Form von Sahne und Schmand – ohne Sättigungsbeilage wäre es gelb."

Bettina „Betty" Dietz (vorne) und Carina Jaeschke kochen für die „Hühner".

DAS SCHNELLSTE HUHN MIT SCHWIPS

Freundinnen treffen sich jede Woche zum Kochen, Essen und Quatschen. Ein Geflügelrezept nach Alfred Biolek g dem Treffen seinen Namen

Betty Dietz war im Wald und hat Bärlauch gesammelt. Jetzt steht grüne Butter auf dem Tisch – lecker, lecker auf Baguette. Neulich servierte sie eine Suppe mit Wildkräutern aus ihrem eigenen Garten. „Du bist bei uns eigentlich die Oberköchin", merkt Carina Jaeschke an. Denn Dietz, die 46-jährige Kräuterkönigin aus Wanne,steht sehr häufig in der Küche. Als Mutter von drei Söhnen bereitet sie so gut wie jeden Tag ein frisches Essen zu. „Ich koche gar nicht mehr nach Kochbuch, sondern nur mit Inspiration", sagt sie.

ZEIT SCHWEISST FRAUEN ZUSAMMEN

Allerdings ist heute gar kein Alltag. Heute ist „der Hühnerabend" in Bochum-Ehrenfeld: ein paar Stunden ohne Kindergeschnatter, nur gepflegte Gespräche unter Frauen. Seit über zwanzig Jahren versammeln sich vier Freundinnen einmal in der Woche, um vom täglichen Einerlei zu entspannen. Eine schöne Sitte, die in der Wohngemeinschaft von Jule Schlichtkorte (41) und Carina Jaeschke (44) in Herne begann. Die Verbindung entstand durch die gemeinsame Ausbildung zur Zahntechnikerin. Nicht nur die Arbeit teilten die Frauen miteinander, ebenso die Feten, die Freuden und die Sorgen. Diese Zeit, sie schweißte zusammen und so feierte das Gespann, zu dem später noch Sabine Tiedchen (44) stieß, im vergangenen Winter den 20-jährigen Geburtstag des „Hühnerabends". Gemeinsam brachen sie auf zu einer Wandertour ins Sauerland in einem Waldhotel mit kulinarischen Höhenflügen.

So lässt es sich leben, auch als Mutter von drei Söhnen, wie Betty Dietz. Sie hält sich gerne mit Lachyoga bei Laune und geht dreimal in der Woche joggen. „Ich nenne das meinen Befreiungslauf", sagt sie schmunzelnd. Kinder haben alle vier Frauen mittlerweile und die wilde WG-Zeit Mitte der 90er Jahre ist dem Familienleben gewichen – einer anderen Art von Chaos. Da hilft der „Hühnerabend", die Nerven zu behalten. Ja, klar – er kann die Rettung sein, wenn die Mama eine Auszeit braucht. „Auf den Hühnerabend lasse ich nichts kommen. Sogar mein Mann richtet sich danach", sagt Betty.

Für „Das isst der Pott" besinnen sich die Freundinnen auf die Anfänge und kochen das Gericht der allerersten Stunde. „Das schnellste Huhn der Welt" nach einem Rezept von TV-Legende Alfred Biolek. Es hat einen Wermut-Schwips und begeistert die Frauen noch immer. Ganz zu Recht gab der Gaumenschmaus dem „Hühnerabend" seinen Namen.

UND SO GEHT'S

DAS SCHNELLSTE HUHN DER WELT

Knoblauchzehen pellen und grob hacken. Hähnchenbrustfilet waschen, trocknen und in mittelgroße Streifen schneiden. Die Butter in einer großen Pfanne mit Deckel schmelzen (nicht zu heiß). Dann das Hähnchenfleisch bei starker Hitze kurz scharf anbraten. Temperatur wieder verringern und das Fleisch mit Salz, Cayennepfeffer und Paprikapulver würzen. Tomaten, Knoblauch und Wermut hinzugeben und das Ganze etwa 20 Minuten zugedeckt schmoren lassen. Abschließend Thymian, Sahne, Crème fraîche unterrühren und alles weiter einköcheln lassen. Mit Salz abschmecken. Dazu passt frisches Weißbrot zum Tunken oder körniger Reis. Herrlich dazu schmeckt ein guter Weißwein.

REINGESCHMECKT

FÜR SOSSENFANS EINE SÜNDE WERT:

Ist die Sahnesoße gut gewürzt, möchte man sich nach dem ersten Bissen am liebsten reinlegen. Das Gericht ist ruckzuck fertig, sprich: In einer guten halben Stunde steht der Schlemmertopf auf dem Tisch.

Zeitaufwand: ★☆☆☆☆
Schwierigkeitsgrad: ★☆☆☆☆
Preis: ★★★☆☆

Tomatensoße mit Thymian umschließt das Huhn – „mmmh".

MEINE ZUTATENLISTE

Für vier Personen:
3 doppelte Hähnchenbrüste, 1 große Dose Tomaten, Wermut, 2–3 Knoblauchzehen, 75 g Butter, Salz, eine Prise Cayennepfeffer, 3–4 TL Paprika, Thymian, 1 Becher Sahne und Crème fraîche

Hier geht es lustig zu: Jule Schlichtkorte, Carina Jaeschke, Sabine Tiedchen und Bettina Dietz (von links) bei den Jaeschkes in Bochum-Ehrenfeld.

LINSEN-FRIKADELLEN

DAS SAGT DER PROFI

Foto: © J. Theobald

Jürgen Engelhardt

HOCHWERTIGES ÖL VERWENDEN

Ideal für das aktive Sommerpicknick – nach Freizeitaktivitäten ist das eine gesunde Fleisch-Alternative und sehr interessant für Veganer und Vegetarier. Rote Linsen und Bulgur bringen viel Eiweiß und nachhaltige Kohlenhydrate. Gerade rote Linsen haben einen hohen Anteil an Ballaststoffen, die langsam verdaut werden und so den Blutzuckerspiegel stabil halten – sehr gut nach Sport oder langen Wanderungen. Der Römersalat bringt Frische und ein knackiges Mundgefühl.

Der Bulgur ist ein Getreide, meist Weizen, das so viel „Klebeeigenschaften“ mit sich bringt, das nicht einmal ein Ei vonnöten ist, also gut für Veganer. Das einzig Negative im Rezept sind die 150 Milliliter Pflanzenöl, wovon 100 Milliliter zum Braten verwendet werden. Für die restlichen 50 Milliliter für die Masse sollte ein nicht raffiniertes, hochwertiges Öl (zum Beispiel Raps- oder Olivenöl) verwendet werden.

SÜNDENFAKTOR

MITTEL

Es sind wertvolle Zutaten enthalten. Was den Kaloriengehalt betrifft, gibt Jürgen Engelhardt aber nur Gelb: „Bulgur hat einen relativ hohen Gehalt an Kohlenhydraten, die in Verbindung mit dem Öl etwas zu Buche schlagen.“

Remziye Mertol (links) empfiehlt Linsenfrikadellen gebettet auf Römersalat.

„KÖFTE“ MIT LINSEN AUCH FÜR VEGANER

Remziye Mertol kocht für Gäste gerne Spezialitäten aus der Türkei. Grundzutaten der türkischen Küche verrät si[e] beim WAZ-Besuch in Gerthe

Die Oma ist ihr eine gute Beraterin und im Geiste hilft die 85-jährige Kevser Kaygisiz wohl immer ein wenig mit, wenn Remziye Mertol heute türkisch kocht. Dabei ist die heimatliche Küche ihrer Eltern und Großeltern für die 34-Jährige nicht unbedingt Alltag. „Als ich ausgezogen bin, habe ich mich eigentlich von der türkischen Küche distanziert und mich für andere Gerichte interessiert. Heute ist unser Speiseplan zuhause international. Es gibt auch mal Stampfkartoffeln mit Spiegelei und Spinat", erzählt die Erzieherin. Gäste allerdings begeistert die zweifache Mutter immer wieder gerne mit Speisen aus der Türkei. Das Land in Südosteuropa kennt sie selbst auch nur von Reisen.

Remziye Mertol wurde in Hagen geboren und kam 2006 berufsbedingt nach Bochum. Mit ihrem Ehemann und zwei Kindern ließ sie sich dauerhaft hier nieder. Bei dem WAZ-Besuch in Gerthe begrüßt sie uns in einem schnuckeligen Eigenheim. Nach aufwendigen Renovierungsarbeiten fängt die Familie jetzt an, die neue Bleibe zu genießen. Wir gehen in Mertols Küche in Weiß mit Holzelementen. Die neue Küche rund um Herd und Kühlschrank hat Remziye Mertol ganz nach ihren Wünschen eingerichtet – schick und freundlich. „Die wollte ich mir einfach gönnen, weil ich ja auch jeden Tag koche", so die berufstätige Mutter. Für die Aktion „Das isst der Pott" stellt sie ein traditionelles Gericht aus Zentralanatolien vor: „Mercimek Köftesi", das heißt „Linsenfrikadellen". Auch mit diesem Gericht verbindet Remziye Mertol Kindheitserinnerungen. Zusammen mit ihrer Oma formte sie die Linsen-Bulgur-Bällchen häufiger für Fußballturniere ihrer beiden Brüder. In diesem Rezept kommen Zutaten zum Tragen, die typisch sind für die türkische Küche: „Tomatenmark und Olivenöl fehlen fast nie", so Mertol. Vor allem an Öl und Wasser solle bei diesem Gericht nicht gespart werden, rät sie, damit die Bällchen hinterher gut zusammenhalten.

Die Linsenfrikadellen sind traditionell und trotzdem passen sie wunderbar in die heutige Zeit. Viele Menschen sind eines übermäßigen Fleischkonsums überdrüssig und manche bevorzugen sogar eine Lebensweise frei von jeglichen tierischen Produkten, sprich: Sie leben vegan. Auch für diese Gruppe dürften die Linsen-Bulgur-Bällchen nicht nur geschmacklich ein Zugewinn sein. Der Nährstoffgehalt ist beachtlich. Linsen sind Spender von Eisen und Eiweiß und somit ein idealer Fleischersatz.

REINGESCHMECKT

VEGETARISCH, FRISCH, LECKER:

Die Linsenfrikadellen auf dem knackigen Römersalat schmecken würzig und aus der Hand direkt mit dem Salat gegessen am allerbesten. Bis die Bällchen servierbereit sind, braucht es etwas mehr als eine Stunde.

Zeitaufwand: ★★★☆☆
Schwierigkeitsgrad: ★★☆☆☆
Preis: ★☆☆☆☆

Glatte Petersilie – das grüne Kraut gibt es besonders frisch und günstig in türkischen Läden.

MEINE ZUTATENLISTE

170 g rote Linsen, 210 g feiner Bulgur, 1 Zwiebel, 150 ml Öl, 3 EL Tomatenmark, 1 TL Salz, Pfeffer, 3–4 Frühlingszwiebeln, 1 Bd. glatte Petersilie, 4–5 Knoblauchzehen, 5 TL Paprika, 1 Zitrone, Römersalat

Rote Linsen sind schnell gar und haben eine hübsche Farbe.

UND SO GEHT'S

LINSENFRIKADELLEN – „MERCIMEK KÖFTESI"

Linsen kalt waschen, in 0,5 Liter Wasser 15 bis 20 Minuten kochen, vom Herd nehmen und feinen Bulgur dazu geben, zehn Minuten ruhen lassen. Zwiebel schälen, sehr fein hacken. 100 ml. Öl in einer Pfanne erhitzen, Zwiebeln und Tomatenmark anschwitzen. Zur Linsen-Bulgur-Masse geben, salzen, pfeffern und verkneten. Frühlingszwiebeln, Petersilie und Knoblauch fein hacken und untermengen, mit restlichem Öl und Wasser kneten. Zuletzt mit Paprika bestäuben und Zitronensaft beträufeln. Frikadellen formen und auf Römersalat anrichten. Die Linsenfrikadellen werden in dem Salat aus der Hand gegessen. Dazu schmeckt ein Joghurt-Dip z. B. mit: Gurke, Knoblauch, Salz, Minze, Öl, Essig und Paprikapulver.

BOCHUM

RUSSISCHER HERINGSSALAT

DAS SAGT DER PROFI

Foto: © J. Theobald

Jürgen Engelhardt

ROTE BETE WIRKT WIE WUNDERKNOLLE

Ein edles Katerfrühstück, das bestimmt geschmacklich gut ankommt. Im Rezept sind einige Hinweise darauf, was am besten am Vortag zu erledigen ist. Als Koch kann ich Ihnen sagen: Das muss nicht sein. Rote Bete können Sie einkochen, anschließend in kaltem Wasser oder Eiswasser abschrecken, so dass sie noch warm ist. Einweghandschuhe anziehen und los geht das entspannte Pellen. Die Handschuhe schützen vor Restwärme, aber vor allem vor der Farbe. Wer mal die Farbe von roter Bete an den Händen hatte und versucht hat diese abzuwaschen, weiß warum. Ähnlich kann man mit Kartoffeln verfahren. Rote Bete hilft bei der Fettverbrennung gar nicht mal so schlecht, wenn man sich die Mayonnaise in diesem Gericht anguckt. Im Übrigen schützt die Bete auch vor Herzinfarkt und Bluthochdruck und das Krebsrisiko sinkt. Sie wird deshalb auch Wunderknolle genannt.

SÜNDENFAKTOR

MITTEL

Die Mayonnaise ist hier die einzige wirklich schwerwiegende Zutat. Jürgen Engelhardt sagt dazu: „Wertvolle Kohlenhydrate aus der Kartoffel und Mayonnaise in Verbindung mit roter Bete, damit kann man klarkommen."

Ilona Hofeisen (links) und Nadja Juskowiak standen gemeinsam in der Küche.

WO DER HERING UNTER DEM PELZ LIEGT

Russen servieren Spezialität traditionell zum Neujahrsta Ilona Hofeisen aus Grumme zeigt, wie der geschichtete Fischsalat mit roter Bete gelingt

Wenn die rote Bete bis zum Hering durchgezogen ist und die Aromen sich mit der Mayonnaise verbunden haben – dann ist er gut. Der „Hering unter dem Pelz“ muss am besten 24, mindestens aber fünf Stunden ziehen, damit er so köstlich schmeckt, wie Ilona Hofeisen voraussagt. Die russische Spezialität steht oft bei Familienfeiern auf dem Tisch und ist ein traditionelles Neujahrsgericht. „Russen machen einen Tisch voller Vorspeisen, aber auf den Heringssalat freue ich mich immer am meisten“, sagt die Bochumerin.

ZWEISPRACHIGKEIT BLEIBT WICHTIG

Mit zwei Jahren zog die Russin mit ihren Eltern aus St. Petersburg nach Deutschland. „Unser Vater wollte uns gerne in einem freieren Land großziehen“, berichtet die 41-Jährige. Trotz der vielen Jahre in Deutschland spielt die russische Sprache und Küche noch immer eine wichtige Rolle in der Familie. Auch Ilona Hofeisens zwei kleine Töchter wachsen zweisprachig auf. Für den Besuch der WAZ-Redaktion in ihrer Küche hat sie darum auch ihr liebstes Gericht aus dem Heimatland gewählt und sogar in einem russischen Supermarkt in Querenburg eingekauft. Dort bekommt sie die Zutaten oft günstiger: Ilona Hofeisen hält eine Knolle rote Bete in die Höhe. Für mehr als ein Kilo hat sie nur 71 Cent bezahlt. Die rote Bete ist ein wichtiges Gemüse in Russland und nicht zuletzt die Basis der traditionellen Suppe „Borschtsch“. „Es gibt sie auch in einer kalten Version für den Sommer. In Russland gibt es jeden Tag Suppe“, schildert sie. Suppe folgt im russischen Menü nach den kalten Vorspeisen, dann wird ein warmes Gericht serviert, zum Beispiel „Plov“, eine Fleisch-Reis-Speise mit Knoblauchzehen und Möhren. Abschließend genießen Russen eine „süße Runde“, bei der ein schwarzer Tee nicht fehlen darf: „Im Moment ist in Russland schwarzer Tee mit Thymian angesagt. Allerdings ist Earl Grey eigentlich das Klassische“, erzählt Hofeisen.

GRILLEN IM GRÜNEN AN DER DATSCHA

Eine Besonderheit der russischen Küche seien ihre Querverbindungen in andere Kulturen wie die Aserbaidschans oder Koreas: „Es gibt auch Überschneidungen mit der finnischen Küche, zum Beispiel Fischsuppe und Quark- und Joghurtsorten“, erläutert Hofeisen. Und wie der Deutsche seinen Kleingarten liebt, so zieht es die russische Bevölkerung zum Grillen ins Grüne an ihr Sommerhaus, an die so genannte Datscha.

REINGESCHMECKT

ZEIT UND ETWAS MÜHE LOHNEN SICH:

Der russische Heringssalat ist eher etwas für besondere Tage, denn er ist nicht mal eben so gemacht. Kompliziert ist die Zubereitung aber nicht und wenn er fertig ist, beschert er perfekten Genuss.

Zeitaufwand: ★★★☆☆
Schwierigkeitsgrad: ★★☆☆☆
Preis: ★★☆☆☆

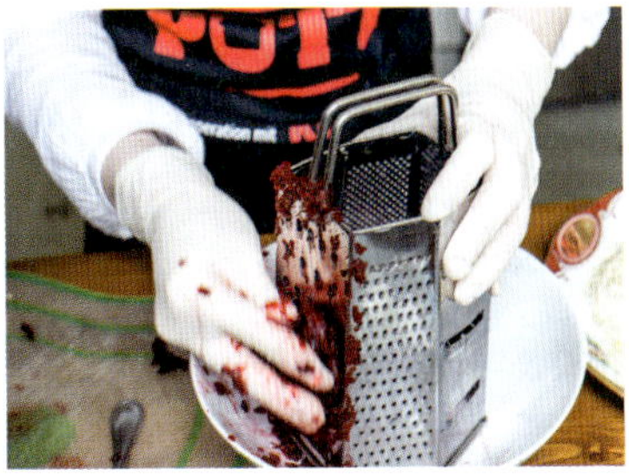

Vorsicht Farbe – die rote Bete wird fein gerieben.

MEINE ZUTATENLISTE

4–6 Personen:
4 Matjes in Öl, 3–4 große frische rote Bete, 3–4 große mittelfest kochende Kartoffeln, 4 Eier Größe M, 1–2 kleine Zwiebeln, 1 Bund Frühlingszwiebeln, einige EL Mayonnaise

UND SO GEHT'S

RUSSISCHER HERINGSSALAT

Kartoffeln, Eier, rote Bete am Vortag getrennt kochen. Rote Bete benötigt, je nach Größe, 40 bis 60 Minuten. Bei Raumtemperatur erkalten lassen. Matjes in feine Streifen schneiden und auf einer Platte verteilen. Zwiebel in dünne Streifen schneiden, auf den Matjes legen. Kartoffeln schälen und reiben. Prise Salz hinzugeben. Die Kartoffelmasse vorsichtig auf den Zwiebeln verteilen. 2 bis 3 EL Mayonnaise auf der Kartoffelschicht glatt verstreichen. Rote Bete schälen, wie die Kartoffeln reiben und auf der Kartoffelschicht verteilen, dünn mit Mayonnaise bestreichen. Eier schälen, zu Bröseln stampfen und auf rote Bete streuen, nicht glatt streichen. Mit klein gehackter Frühlingszwiebel dekorieren. Einige Stunden ziehen lassen.

Ilona Hofeisen drapiert Matjesstreifen, die zuvor in Öl eingelegt waren, auf russischem Porzellan – der Fisch ist die Basis des Gerichts.

SPARGEL MIT PFEFFER-RAHMSOSSE

DAS SAGT DER PROFI

Foto: © J. Theobald

Jürgen Engelhardt

ANSTATT WEISS GEHT AUCH GRÜN

Dieses Gericht können Sie auch gut mit grünem Spargel zubereiten: entweder gekocht oder kleingeschnitten und in Olivenöl gebraten. Beim Braten kann man zum Schluss noch ein paar frische Tomatenwürfelchen zugeben. Das Rucolapesto kann man gut selber herstellen. Ein Bund Rucola waschen und kurz blanchieren (in kochendes Salzwasser kurz eingeben und in Eiswasser abschrecken); so bleibt der Rucola farbstabil und hält sich länger. 25 g Pinienkerne, 25 g Parmesan, 150 g Olivenöl und 10 g Salz, alles gut durchpürieren, hält sich abgedeckt gute vier Wochen im Kühlschrank.

SÜNDENFAKTOR

GERING

Leichtes Gericht mit wenig Fett durch Frischkäse. Noch ein Tipp von Jürgen Engelhardt: „Wenn Sie weißen Spargel verwenden, geben Sie etwas Zitronensaft zum Kochwasser hinzu. Spargel und Zitrone verstehen sich gut und bringen eine frische Note.“

Anke Röhnisch, Ralf Baumanns, Nadja Juskowiak (v. r.) und ein Salz-Schwein (r

PFEFFERRAHMSOSSE FÜR ALLE FÄLLE

Anke Röhnisch und Ralf Baumanns kochen gerne saisonal. Sie servieren Spargel mit Kartoffeln, aber ohn Sauce Hollandaise. Ihr Rezept ist vielseitig einsetzbar

Mittwochs kommt der Bauer aus dem Münsterland vorbei und bringt der „Kleinen Zuckerbäckerei" hunderte frische Eier. Er verkauft auch frisches Gemüse und Fleisch. Da greifen die Zuckerbäckerin Anke Röhnisch und ihr Mann Ralf Baumanns immer wieder gerne zu – vor allem zur Spargel- und Erdbeerzeit. „Ich finde es einfach schön, so einzukaufen. Es ist viel persönlicher und frischer", sagt Anke Röhnisch. „Wir haben neulich Erdbeeren gekauft, die haben eine Woche lang gehalten", ergänzt ihr Mann Ralf Baumanns.

PATCHWORKFAMILIE MIT DREI KINDERN

Die WAZ-Redaktion ist eingeladen zum Spargeltag. Das „weiße Gold", wie es mancher nennt, ist glücklicherweise vom Bauern schon geschält worden. Dem eigentlichen Kochvergnügen in Wiemelhausen steht somit nichts im Wege. „Der einzige Nachteil ist: Du kannst dann von den Schalen keine Spargelcremesuppe mehr kochen", merkt Ralf Baumanns an. Was wirklich schade ist, denn hier im Haus gibt es einige hungrige Bäuche. Das Ehepaar lebt in einer Patchworkfamilie mit zwei jugendlichen Kindern aus einer früheren Beziehung von Anke Röhnisch und einer gemeinsamen kleinen Tochter, die bald in die Schule kommt.

FRISCHKÄSE STATT MEHLSCHWITZE

Gekocht wird hier mit Leidenschaft und vor allem auch mit Fantasie. „Ralf ist unser Soßengott", scherzt Anke Röhnisch. So ganz übertrieben ist das aber nicht, denn der gelernte Hufschmied folgt dabei seiner Inspiration, er ist ein wahrer Schöpfergeist. „Meist gucke ich einfach in den Kühlschrank und schaue, was hineinpasst. Eins ist aber nie drin: Mehlschwitze." Sein Tipp für sämige Soßen lautet: Frischkäse. Für die Würze greift er gern zu Pesto.

Anke Röhnisch wiederum schwört auf Bio-Kokosfett, um Fleisch knusprig anzubraten. „Es ist sehr hoch erhitzbar und spritzt weniger als Öl", erläutert sie. Es gibt einige Dinge in dieser Küche, die sich Hobbyköche merken sollten. Da wäre zum Beispiel das köstliche Kräutersalz aus der Rudolf-Steiner-Schule in Langendreer. „Es ist komplett selbst gemacht, die Kräuter sind aus dem schuleigenen Garten", weiß Anke Röhnisch.

Zum Schluss hält Ralf Baumanns noch ein Salz-Schwein in die Höhe. Der offene Keramiktopf stamme aus Frankreich, stehe immer direkt neben dem Herd und halte das Salz trocken und körnig, erläutert er.

UND SO GEHT'S

SPARGEL MIT PFEFFERRAHMSOSSE

Kartoffeln schälen und mit etwas Salz ca. 20 Minuten kochen. Spargel ggf. schälen und mit etwas Zucker und Salz ebenfalls gar kochen. In der Zwischenzeit Hähnchenfleisch waschen und in Kokosfett kurz knusprig anbraten. Dabei mit Kräutersalz und Geflügelgewürz würzen. Die Medaillons in eine Auflaufform geben und im Backofen bei 150 Grad/Umluft 15 bis 20 Minuten nachgaren. Im Bratfond klein gehackte Zwiebeln glasieren und mit etwas Wasser ablöschen. Mit vier Esslöffeln Kräuterfrischkäse, Rucolapesto, Sahne und Gewürzen eine Soße zubereiten und bei geringer Hitze so weit reduzieren, dass sie eine sämige Konsistenz hat. Alles zusammen auf Tellern anrichten, etwas Petersilie darüber streuen – fertig.

REINGESCHMECKT

REGIONAL UND KÖSTLICH:

Gut, der Spargel ist natürlich ein Highlight. Aber die Soße und Kartoffeln passen zu allerlei Gemüse, ideal für die Improvisation im Alltag. Das Hähnchen war so lecker knusprig, das lag wohl auch am Kokosfett.

Zeitaufwand: ★★☆☆☆
Schwierigkeitsgrad: ★★☆☆☆
Preis: ★★★☆☆

Die Hähnchen-Medaillons werden in Kokosfett angebraten und ziehen danach im Backofen gar.

MEINE ZUTATENLISTE

Für Vier:
1 kg Spargel, Zucker, Salz, 800 g Hähnchenfilet, Kokosfett, Kräutersalz, Geflügelgewürz (z. B. Koriander, Knoblauch), 1 kg Kartoffeln, 2 Zwiebeln, Kräuterfrischkäse, 2 EL Rucolapesto, 1 Becher Sahne, Salz, Pfeffer, grüne Pfefferkörner

Petersilie gibt dem klassischen Gericht den letzten Pfiff.

BOTTROP

HACK-LAUCH-NUDELTOPF

DAS SAGT DER PROFI

Foto: © Tim Schulz

Stefan Bertelwick

GANZ WICHTIG: EINE GUTE BRÜHE

Dieses Gericht lebt natürlich im Wesentlichen von der Qualität der Brühe. Vielfach wird aber noch auf Convenienceprodukte zurückgegriffen, die Mononatriumglutamat enthalten, wogegen einige allergisch sind. Hier kann man das Angenehme mit dem Nützlichen verbinden, indem man für seine Lieben zum Beispiel einen Klassiker wie gekochten Tafelspitz zubereitet. Die hierbei entstandene Brühe lässt sich prima portionsweise einfrieren. So hat man auch kurzfristig eine exzellente Grundbrühe ohne Zusatzstoffe zur Hand. Wer ganz auf Geschmackverstärker verzichten möchte, kann den „Schuss Maggi" durch Liebstöckel ersetzen, wobei das für Maggi-Liebhaber nicht das Gleiche sein dürfte, da Maggi, trotz gewisser Geschmacksähnlichkeit, keinen Liebstöckel enthält, obwohl es auch „Maggikraut" heißt.

SÜNDENFAKTOR

GERING

Gemischtes Hack hat 224 kcal und mehr Protein (19,4 g) als Fett (16,4) pro 100 Gramm. Und Lauch schätzten schon die Pharaonen. Kaiser Nero glaubte, Lauch macht die Stimme schön.

Schmeckt und macht satt: Berthold van Oepen mit dem Hack-Lauch-Nudeltopf

WÄRMT MAGEN UND HERZ

Berthold van Oepen aus Grafenwald macht Eintopf nach Familienrezept

Es gibt Gerichte, die wärmen nicht nur im Magen, sondern auch das Herz. Weil sie nach Zuhause schmecken. Für Berthold van Oepen ist dieser Eintopf aus Hackfleisch, Lauch, Nudeln und Brühe so ein Gericht.

Seine Mutter hat es mit solchem Erfolg gekocht, dass ihre vier Jungs es in ihren jeweiligen Familien ebenfalls zu einem Lieblingsgericht gemacht haben, selbst wenn Sohn Martin eigentlich überhaupt keinen Lauch mag.

„Das Rezept stammt von meiner Mutter, die es immer und besonders mit diesem Gericht schaffte, Ehemann und vier Jungs auch in ihren verfressensten Phasen satt zu bekommen", sagt Berthold van Oepen, hauptberuflich tätig bei den Caritas-Werkstätten in Gladbeck und im selbst auferlegten Ehrenamt als „Prinz Paul Brodnenschewski" ein Motor des Karnevals, der in Grafenwald alle zwei Jahre groß im Festzelt gefeiert wird. Außerdem hat er in der heimeligen Kneipe „Wöller Storwe" das Kleinkunst-Format „Paules Nacht" aus der Taufe gehoben, die Version 3.0 ist in Arbeit.

Aber das wird später ein Thema sein beim Tischgespräch, derzeit sind wir noch beim Rezept, das Mutter Maria so um 1957 aufgeschnappt hat, nach ihrer Erinnerung in Bocholt bei einem Kochkurs für die frisch gebackene Ehefrau. Ihr Sohn schwärmt weiter: „Und wenn mal was übrig blieb, wurde es spätestens am Abend nach dem Fußballtraining verputzt. In der Pfanne gebraten schmeckt es noch mal so gut." Glauben wir gerne, haben wir aber nicht überprüft beim Testessen im gemütlichen Wohn-Esszimmer am Wiesengrund. Wir halten uns an das Grundrezept, das schnell auf den Tisch findet: Hack anbraten, geschnippelten Lauch drauf, Nudeln darüber schichten, Brühe angießen und bissfest kochen lassen. Idealerweise haben die Nudeln exakt zu diesem Zeitpunkt auch die Brühe komplett geschluckt. Sparsam würzen, sagt Berthold van Oepen: „Das Fleisch soll man rausschmecken." Höchstens eine halbe Stunde dauert es, bis das Gericht auf dem Tisch steht. Und es schmeckt wie versprochen: zum Reinlegen. Mit entsprechend größeren Mengen kann in dieser Zubereitungszeit notfalls eine ganze Fußballmannschaft abgefüttert werden. Berthold van Oepen hat auch das selbst ausprobiert. Als er sich einmal auf einer Skifreizeit mit einer Sportverletzung selbst zum Küchendienst verdonnerte, hat er seinen Eintopf für die zwölf Kollegen gekocht. Ergebnis: „Die Männer sind vor Begeisterung ganz narrisch geworden."

REINGESCHMECKT

EIN KLASSISCHES EIN-TOPF-WUNDER:

Geht ruckzuck mit wenigen Zutaten, macht ordentlich satt und schmeckt am Abend oder am nächsten Tag auch noch.

Zeitaufwand: ★☆☆☆☆
Schwierigkeitsgrad: ★☆☆☆☆
Preis: ★☆☆☆☆

Die Lauchstangen werden in Scheiben geschnitten und dann entweder halbiert oder ganz klein geschnippelt.

MEINE ZUTATENLISTE

500 g Hack halb und halb,
4 bis 5 Stangen Lauch,
500 g Spiralnudeln,
1 l Gemüsebrühe,
3 EL Öl zum Anbraten,
Maggi oder Liebstöckel

UND SO GEHT'S

HACK-LAUCHTOPF MIT NUDELN

Das Gehackte in einem hohen Topf in Öl anbraten, bis es grau ist (nicht braun). Den in Ringe (ca. 1 cm) geschnittenen Lauch zum Gehackten geben und ca. 3 Minuten mitbraten. Leicht salzen und pfeffern. Dann die Nudeln dazugeben und das Ganze soweit mit Gemüsebrühe auffüllen, dass die Nudeln leicht bedeckt sind. Das Ganze ca.20 Minuten bei mittlerer Hitze und geschlossenem Deckel garen lassen. Darauf achten, dass genug Flüssigkeit im Topf ist. Eventuell etwas Brühe nachfüllen. Das Gericht in eine Schüssel umfüllen, vermischen und servieren. Bei mir gehört ein Schuss Maggi dazu. Dazu passen Apfelkompott oder grüner Salat – und „nen lecker Pils" ist auch nicht verkehrt.

Brühe angießen, bis die Nudeln leicht bedeckt sind.

BOTTROP

HEALTH NUT BURGER

DAS SAGT DER PROFI

Foto: © Tim Schulz

Stefan Bertelwick

EINE FRAGE DES FLEISCHES

Gute Burger sind derzeit ein Trendgericht. In Großstädten wie Essen haben schon mehrere Läden aufgemacht und sind erfolgreich, die sich darauf spezialisiert haben. Wichtig beim Selbermachen: In den Burger kommen nur Rindfleisch, Salz und Pfeffer, alles andere sind Frikadellen. Auf das gute Fleisch kommt es an. Und, wenn man nicht wie hier Ananas als Verpackung nutzt, auf gute Brötchen. Das Beiwerk dazu ist eigentlich völlig wurst. Die Paste aus Roter Bete und Meerrettich ist in der Tat eine polnische Spezialität: Solche scharf-sauren Sachen lieben die Polen. Und das schmeckt: So eine Meerrettich-Variante wie im Rezept mache ich in unserer Küche gern zu Lachs.

SÜNDENFAKTOR

GERING

Das Fleisch ist Bio, dazu gibt es im Wesentlichen Obst und Gemüse. Passt zu Molitors Ess-Philosophie: „Zucker ist tabu, wenig Kohlenhydrate, viel Eiweiß. Kein Geschmacksverstärker, keine Fertigprodukte."

„Wichtig ist, nur einmal umzudrehen": Daniel Molitor beim Wenden.

GUTE BURGER MACHEN GLÜCKLICH

Daniel Molitor, Bergmann und Bottroper mit Leib und Seele, kocht seit Ende 2013 auf Facebook für Menschen die satt und fit werden wollen

REINGESCHMECKT

VIEL SCHNELLER

lässt sich eine Mahlzeit mit frischen Zutaten kaum auf den Tisch zaubern: Geübte schaffen's in 20 Minuten. Bioqualität hat ihren Preis, doch Koch und Experte sind sich einig: Das lohnt sich!

Zeitaufwand: ★☆☆☆☆
Schwierigkeitsgrad: ★☆☆☆☆
Preis: ★★★☆☆

Mehr Pott geht nicht", sagt Daniel Molitor über sich selbst: Der Mann ist bekennender Bottroper und Bergmann auf Prosper-Haniel, Elektriker unter Tage. Außerdem ist er leidenschaftlicher Hobbykoch und Betreiber der Facebookseite „Health Nut", deren Ziel er so beschreibt: „Ich habe es mir zur Aufgabe gemacht, die Leute zum Kochen zu animieren und sie weg von Fast Food und Co. zu bringen." Molitors Regeln sind einfach: Weniger Kohlenhydrate, mehr Eiweiß. Wenn Kohlenhydrate, dann nur komplexe. Zucker ist tabu. Keine Fertigprodukte, keine Geschmacksverstärker. Doch keine Regel ohne Ausnahme: Einmal die Woche, am „Cheat Day", darf gesündigt werden.

Der „Health Nut Burger" ist keineswegs eine Sünde, wenn auch eine Sünde wert. Der Clou: Das Hack wird nicht zwischen Brötchenhälften gepackt, sondern zwischen zwei Ananas-Scheiben. Wie kommt er auf solch eine Idee? „Ich gar nicht. Ein Kumpel hat mir ein Bild geschickt." Die Ananas sollte möglichst wenig gezuckert sein, die aus der Dose neigen zum Schlappmachen. Der zweite Clou heißt „Ćwikla". So nennen die Polen eine Paste aus Meerrettich und Roter Bete, die sehr gut zu Fleisch geht. Könnte man auch selbst machen, will Molitor in diesem speziellen Fall aber nicht empfehlen: Frisch geriebener Meerrettich beißt kräftig, und das Schälen und Schneiden von Roter Bete ist ohne Handschuhe so gar kein Vergnügen.

Ansonsten würzt Molitor seinen Burger sparsam: Salz, Pfeffer, Knoblauch, Rucola, etwas Cheddar („einfach, weil es zusätzlich Geschmack gibt"). Ansonsten gilt: Scharf anbraten, aber Pfanne nicht zu heiß werden lassen: „Wenn der Knoblauch zu heiß wird, wird er braun und bitter." Deshalb schon vor dem Wenden Hitze herunterschalten und den Cheddarkäse auf die frisch gewendete Fleischseite legen: Sie ist noch heiß genug, um den Käse schön verlaufen zu lassen.

Eine letzte Probe mit der Gabel, ob noch Fleischsaft austritt, dann wird angerichtet. Auf die Ananas-Scheibe kommt das Patty ohne Cheddar, die Rote-Bete-Paste, die Tomatenscheibe, dazwischen ein wenig Rucola, das Patty mit Cheddar, „Ananas drüber und fertig. Voila, sehr lecker." In der Tat: Der Burger kommt im Handling, sagen wir, ein wenig sperrig rüber, aber der Geschmack ist eine Klasse für sich. Dem Koch gebührt das Schlusswort: „Gutes Fleisch muss man herausschmecken können."

Vorbereitung ist alles: Während die Patties noch in der Pfanne brutzeln, sind die Teller schon dekoriert und die Zutaten griffbereit.

MEINE ZUTATENLISTE

600 g Bio-Rinderhack,
250 g Tomaten,
500 g Ananas in Scheiben,
250 g Rucola-Salat,
Knoblauch,
Paste aus Meerrettich und Roter Bete,
200 g Cheddar-Käse

UND SO GEHT'S

DANIEL MOLITORS „HEALTH NUT BURGER"

Knoblauch schnippeln (oder pressen, ist für Molitor in Ordnung) und mit dem Öl verrühren. Tomaten in Scheiben schneiden. Hack mit Küchenwaage (75 Gramm pro Scheibe) und Serviettenring in acht Patties portionieren. Patties mit dem Knoblauchöl auf einer Seite bestreichen. Pfanne heiß werden lassen, das Öl kommt mit den Patties in die Pfanne. Die Patties mit der eingeölten Seite nach unten in die heiße Pfanne setzen. Vier Minuten anbraten, derweil die obere Seite mit Knoblauchöl bestreichen, salzen. Vor dem Wenden Hitze reduzieren. Umdrehen, die Hälfte der Patties mit Cheddar belegen. Dann Türmchen bauen: Ananas, Pattie ohne Cheddar, Gewürzpaste, Tomate, Rucola, Pattie mit Cheddar, Ananas.

Schicht-Arbeit: Daniel Molitor richtet den Burger an.

BOTTROP

HIMMEL UND ERDE

DAS SAGT DER PROFI

Foto: © Tim Schulz

Stefan Bertelwick

DER KLASSIKER SCHLECHTHIN

Himmel & Erde ist in vielen deutschen Regionen ein Klassiker. Ob mit Blutwurst, Flöns oder Pinkel – das ergibt mit Kartoffel & Apfel eine tolle Geschmacksbreite. Eine geniale Kombination ist auch Himmel & Erde erweitert durch ein gebratenes Makrelenfilet, da dies mit den Aromen der Blutwurst wunderbar zusammen geht. Weiterhin kann man noch als interessante Apfelvariante den Weirouge verwenden, eine Kreuzung der Obstforscher in Weihenstephan. Der ist außen und innen rot – und das Fruchtfleisch bleibt auch nach dem Kochen rot. Der Weirouge ist prinzipiell nur im Rohzustand sauer. Gebraten oder verkocht schmeckt er ähnlich wie Boskop. Wer eine feinere Version bevorzugt, kann das Gericht mit Kartoffelschaum und Apfelwürfeln machen. Einen zusätzlichen Geschmacksaspekt bringt reduziertes, also eingekochtes Malzbier.

SÜNDENFAKTOR

GERING

Speck, Blutwurst, Butter: Das Rezept liest sich deftiger, als es ist mit 381 kcal pro Portion nach Nährwerttabelle. Wer keine Blutwurst mag, kann Hack nehmen, Bratwurst oder Bratenreste.

Pfanne und Töpfe im Blick: Johanna Schäfer-Brand kocht „Himmel und Erde".

EIN GERICHT VERBINDET GENERATIONEN

In der Senioreneinrichtung St. Johannes der Caritas kocht Johanna Schäfer-Brand

So beginnen Bewerbungen, die neugierig machen. „Hiermit möchten wir Sie einladen, in unseren Kochtopf zu gucken", schrieben Stefka Pirc und Magdalene Witt. Und der steht in einer der acht Hausgemeinschaften der Senioreneinrichtung an der Kirchhellener Gartenstraße, in denen die Bewohner noch selbst kochen. Und zwar im besten Fall jeden Tag. Das wollen wir sehen.

Johanna Schäfer-Brand sitzt schon am Tisch der Gemeinschaftsküche der Hausgemeinschaft. Die Bewohner haben sich entschieden, „Himmel und Erde" zu kochen, ein seit Jahrhunderten im Rheinland bekanntes Gericht, das jedem Bewohner im Alter zwischen 80 und 95 Jahren ein Begriff ist. Abwandlungen kamen nicht in Frage, das Original muss es sein.

„Können Sie die Äpfel gleich in die Schüssel schneiden?", fragt Magdalene Witt, Ehrenamtskoordinatorin im Haus St. Johannes. Die Antwort kommt schnell und entschieden: „Selbstverständlich. Das hatte ich vor." Johanna Schäfer-Brand ist auf dem Bauernhof aufgewachsen („Wir waren zuhause sieben, dazu Schweine, Kühe und Hühner"), war 40 Jahre lang Kneipenwirtin in Gelsenkirchen-Buer und macht in Sachen Geschicklichkeit mit dem Pittermesser vielen Jüngeren etwas vor. Sie schält Kartoffeln und Zwiebeln in der Hand, ohne hinzusehen oder die Erzählung zu unterbrechen. Während die Schalen nur so rieseln, erzählt sie von ihrer Kindheit, als Kirchhellen wirklich noch ein Dorf war: „Es war so schön gemütlich bäuerlich", und von später, „als die Straßenbahnlinie 17 über die Hauptstraße nach Gladbeck fuhr". Über solchem Schnack geht das Schälen schnell. Kartoffeln und Äpfel kochen schon, jetzt werden Zwiebeln geschnippelt und die Blutwurst aus der Pelle geholt und in Scheiben geschnitten. „Hoffentlich ist da Buchweizen drin, sonst zerläuft die Wurst, bevor sie eine schöne Kruste kriegt."

Während Magdalene Witt Kartoffeln mit Milch stampft und die Äpfel abschmeckt, wendet Johanna Schäfer-Brand die Blutwurstscheiben, deren Duft schon Heißhunger weckt. Nur der Buchweizenanteil war wohl nicht hoch genug, die Scheiben zerlaufen doch etwas in der Pfanne. Macht nichts, schmecken tun sie allemal. Dann nimmt sich die Seniorin den Löffel und testet die „Himmel-und-Erde"-Mischung aus Kartoffeln und Äpfeln. „Süßer darf das aber nicht mehr werden", wehrt sie streng den Vorschlag ab, doch noch ein wenig Zucker nachzulegen. Und findet, während sich die Plätze um den Esstisch füllen: „Die Blutwurst ist genau richtig geworden. Schön kross." Finden die anderen Bewohner auch und nehmen noch eine Portion nach, während Magdalene Witt schon den Nachtisch aufträgt: Rhabarber mit Vanillesauce.

REINGESCHMECKT

WENN MAN SO SCHNELL

schnippeln kann wie Johanna Schäfer-Brand und Annemarie Mauermann, sind die Vorarbeiten rasch erledigt. Kartoffeln und Äpfel brauchen etwa gleich lang (20 Minuten), das Blutwurstbraten ist Minutensache.

Zeitaufwand: ★★★☆☆
Schwierigkeitsgrad: ★★☆☆☆
Preis: ★☆☆☆☆

Gelernt ist gelernt: Kartoffelschälen kann Johanna Schäfer-Brand ohne hinzusehen. Da kommt die gelernte Wirtin durch.

MEINE ZUTATENLISTE

800 g Kartoffeln,
800 g Äpfel,
50 g Speck, durchwachsen,
400 g Zwiebeln,
400 g Blutwurst,
0,2 l Milch, Butter, Muskat

UND SO GEHT'S

HIMMEL UND ERDE AUS ST. JOHANNES

Kartoffeln schälen, waschen, schneiden und in Salzwasser garen. Äpfel schälen, vierteln, entkernen und mit Zucker und Zitronensaft auf kleiner Flamme gar dämpfen (evtl. Wasser zugeben, damit es nicht ansetzt). Zwiebeln schälen und in Streifen schneiden. Speck fein würfeln, knusprig ausbraten und die Zwiebeln in dem Fett unter Wenden hellbraun braten. Kartoffeln abgießen und zerstampfen. Erhitzte Milch mit Muskat und Butter hinzufügen, verschlagen, mit Salz abschmecken. Äpfel zufügen und verrühren. Zwiebeln und Speck aus dem Bratfett nehmen, die Blutwurstscheiben hinein legen und pro Seite 2 Min. braten. „Himmel und Erde" anrichten, die Blutwurst darauf legen und mit den Zwiebeln bedecken.

Magdalene Witt stampft Kartoffeln mit Milch.

BOTTROP

DICKE BOHNEN

DAS SAGT DER PROFI

Foto: © Tim Schulz

Stefan Bertelwick

SCHMECKT GUT, SCHONT DIE KASSE

Dicke Bohnen oder Graute Bohnen mit Speck ist einer der Klassiker rheinisch-westfälischer Küche. Ein sehr schmackhaftes, vollwertiges Gericht mit schonenden Auswirkungen für die Haushaltskasse. Was auf den ersten Blick als deftige cholesterinreiche Kost daherkommen mag, ist in dieser Kombination halb so wild. Hülsenfrüchte wie Erbsen, Bohnen oder Linsen enthalten Saponine, einen sekundären Pflanzenstoff mit cholesterinbindender Wirkung. Wichtig ist, das Kochwasser mit zu verwenden, da die Saponine beim Kochen dorthin gelangen. Wer aus gesundheitlichen oder aus religiösen Gründen auf Schweinefleisch verzichten muss, dem empfehle ich Lamm. Geschmorte Lammschulter und Dicke Bohnen, das geht auch richtig gut.

SÜNDENFAKTOR

GERING

Wie der Chef schon sagt: Speck und Mettwurst klingen mächtig, aber Hülsenfrüchte binden Cholesterin. Das Ergebnis schmeckt deftig, ist aber leichter verdaulich, als es daherkommt.

2. GESAMTSIEGER

Hier schwingt Chef Klaus den Kochlöffel in der Küche im Martinszentrum.

„FREITAGS MUSS ICH KOCHEN“

Im Kochkurs lernen Bedürftige, sich gesund und günstig zu ernähren

STADTSIEGER

Kochkurse geben Lebenshilfe. Dieser Kurs gibt Überlebenshilfe. Im Winter kocht die Evangelische Sozialberatung (ESB) seit 1993 im „Bottroper Restaurant der Herzen" täglich für bis zu 100 Bedürftige und Wohnungslose. Seit dem Frühjahr lässt die ESB kochen: Bedürftige und Wohnungslose lernen im Martinszentrum gesund und günstig kochen. Von Chef Klaus. Seine Kochlehre hat Klaus im Grand Hotel Nürnberg absolviert, sich danach quer durch Süddeutschland gekocht und ist schließlich gelandet bei der Metro in Essen-Vogelheim. Dort hat er die Küche von Platz 43 im Konzernvergleich auf Platz 2 hochgeschossen. Und was sagte sein Chef dazu, ein Neffe des Unternehmensgründers Otto Beisheim? „Da ist noch Luft nach oben."

Klaus tickt ganz anders. Er lobt, wo er nur kann. Absichtlich lässt er bei den dicken Bohnen den Pfeffer weg, damit beim Abschmecken einer der Kochschüler sagen kann: „Da fehlt Pfeffer!" Woraufhin Klaus ihm feierlich die Hand schüttelt und ihn „Kollege" nennt.

Den Anstoß zum Koch-Projekt lieferte Daniel. Er kam eines Tages zurück von der Essensausgabe der Bottroper Tafel, jede Menge Lauch und Weißkohl in der Tüte und Fragezeichen im Blick: „Was mache ich denn damit? Das kann ich doch alles in die Tonne hauen!" Oder lernen, etwas damit zu kochen: Das war die Geburtsstunde der „Koch- und Ernährungsberatung" der ESB: „Menschen in schwierigen sozialen Lebenslagen verfügen häufig weder über die Mittel noch über die Kompetenzen, sich gesund zu ernähren", sagt Sozialarbeiterin Claudia Kretschmer. Deshalb bringt Chef Klaus seit April Bedürftigen, auch Teilnehmern aus dem Methadon-Programm, das Kalkulieren und das Kochen bei.

Für das Dicke-Bohnen-Rezept sind die Teilnehmer in drei Gruppen losgezogen und haben Preise verglichen. Hartz IV zu beziehen heißt, fürs Essen 4,72 Euro am Tag zur Verfügung zu haben. Deshalb war die Vorgabe: maximal 2,48 pro Portion. Ergebnis: 2,12 Euro für Dicke Bohnen, Speck, Kartoffeln, Mettwurst und Fruchtsalat.

Jetzt wird geschnippelt, und Chef Klaus zeigt, dass er auch schimpfen kann: „Wer hat denn diese Zwiebel vergewaltigt?" Um dann geduldig noch mal zu zeigen, wie es richtig geht. „Und nicht vergessen zu rühren", feuert er den Mann mit der großen Kelle am Bohnen-Topf an.

So lernen die Teilnehmer, sich günstig und gesund zu versorgen. Nicht alle kochen mit. Trotzdem sind sie herzlich eingeladen: Die Sozialberater freuen sich auch darüber, dass der Kurs den Menschen Struktur in ein unsortiertes Leben bringt. „Freitags", sagen die Menschen jetzt, „kann ich nicht. Freitags muss ich kochen."

REINGESCHMECKT

WAS HABEN Saubohnen mit Risotto gemein? Diese Variante einer Mehlschwitze will ständig gerührt werden. Der Rest, Fruchtsalat einbegriffen, ist vergleichsweise einfach. Und vor allem günstig, wenn so scharf die Preise verglichen werden.

Zeitaufwand: ★★★☆☆
Schwierigkeitsgrad: ★★☆☆☆
Preis: ★☆☆☆☆

Kochen ist eine Haltungsfrage, findet Chef Klaus.

MEINE ZUTATENLISTE

2 Gläser dicke Bohnen,
100 g Speck, durchwachsen,
500 g Kartoffeln,
4 Mettwürstchen,
2 mittlere Zwiebeln,
Petersilie, Bohnenkraut, Mehl

UND SO GEHT'S

DICKE BOHNEN MIT SPECK UND METTWURST

Die Bohnen abtropfen lassen und das Wasser auffangen. Speck und Zwiebeln in Würfel schneiden. Erst den Speck in einen Topf geben, anbraten und dann die Zwiebeln dazu geben. Mit Mehl bestäuben, gut umrühren und mit dem Bohnenwasser auffüllen. Unter ständigem Rühren durchkochen lassen und ggf. nachschmecken. Die Kartoffeln garen, abschütten und die Petersilie unterheben. Die Mettwürstchen in heißem Salzwasser garen. Für den Fruchtsalat (Zutaten für 4 Personen) 1 Apfel, 1 Birne, 1 Banane, 1 Kiwi und 250 g Erdbeeren waschen, schälen und entkernen, in kleine Stücke bzw. Scheiben schneiden und mit frischer Zitrone beträufeln. Mit Natreen oder Zucker abschmecken.

Anderswo in Deutschland als Schweinefutter geschmäht, im Rheinland geschätzter Klassiker der deftigen Küche: dicke Bohnen.

BOTTROP

MUTTIS KARTOFFEL-SUPPE

DAS SAGT DER PROFI

Foto: © Tim Schulz

Stefan Bertelwick

KRÄUTER SIND HIER DAS I-TÜPFELCHEN

Eintöpfe habe ich in meiner Kindheit schon gerne gegessen. Und auch mit diesem Rezept kann man die Herzen des Nachwuchses sicherlich erobern. Die Vegeta-Gemüsebrühe sollte auf jeden Fall durch eigene Brühe ersetzt werden. Sie kann kinderleicht selbst gekocht werden. Das Gericht wird so gleich natürlicher. Zu dem leckeren Gericht empfehle ich zudem frische Kräuter. Ein Mix aus Petersilie, Schnittlauch, gehacktem Dill und Liebstöckel bietet sich hervorragend an, um die Kartoffelsuppe zu verfeinern. Unter Crème fraîche verrührt, sollte der Kräuter-Mix als Topping auf die Suppenteller gegeben werden. Vor dem Servieren verpassen Sie so dem Gericht die gewisse Portion extra – ein i-Tüpfelchen für den gelungenen Eintopf.

SÜNDENFAKTOR

GERING

Die Kartoffelsuppe mit magerem Speck, reichlich Möhren und Lauch ist ein ausgewogenes Gericht, das in normaler Teller-Portion satt macht, ohne die schlanke Linie zu belasten.

Anneliese Rathcke kocht mit Kartoffeln eine raffinierte Suppe.

BÄRENSTARKER REVIER-KLASSIKER

Anneliese Rathcke begeistert ihre Töchter bis heute mit Muttis Kartoffelsuppe

Mütter, die als Familienmanagerinnen gut eingespannt sind, kennen das: Oft ist die Zeit für großartige Küchenzaubereien knapp – was dem hungrigen Nachwuchs indes völlig wurscht ist, wenn die lieben Kleinen vom Kindergarten oder der Schule mit knurrenden Bäuchen heimkehren. Anneliese Rathcke hat als Lösung einige schnelle und schmackhafte Magenfüller in ihrem Rezeptbuch gesammelt. Darunter eines mit dem Titel: Muttis Kartoffelsuppe – „Bärenstark".

Was das an sich unspektakulär klingende Gericht besonders mache, sei eine raffinierte und würzige Zutat, erklärt die gelernte Bankkauffrau. Die simple Zubereitung sei auch absolut junggesellengeeignet und mit Erfolgsgarantie vielfach erprobt, verspricht Anneliese Rathcke. Zum einen seien ihre beide Töchter Patricia (25) und Julia (27) „damit groß geworden. Und obgleich beide längst erwachsen sind, ist es bis heute eines ihrer Lieblingsgerichte und wirklich schnell gemacht", erzählt die 65-Jährige. Zum anderen habe sie damals in der Minigruppe, als der Nachwuchs noch klein war, mit den Müttern Rezepte ausgetauscht, „und alle waren von der bärenstarken Kartoffelsuppe begeistert".

VON DER MUTTER GELERNT

Das Grundrezept habe sie von ihrer Mutter gelernt, berichtet die gebürtige Butendorferin, die heute an der Stadtgrenze in Kirchhellen wohnt. Ihre Kartoffelsuppe ist ohne Frage ein richtiger Revier-Klassiker, da der Großteil der Zutaten wie Möhren, Lauch und Kartoffeln ja einst direkt in vielen Gärten hinterm Zechenhaus angebaut wurde. „Mein Vater war Bergmann auf Moltke 3/4", erzählt Anneliese Rathcke, derweil sie routiniert Kartoffeln schält und die Möhren raspelt, denn Letzteres gebe auf dem Teller später „ein schöneres Bild". Für den herzhaften Geschmack sei freilich eine weitere wichtige Zutat nötig: Suppenspeck. Sie achte darauf, dass der schön mager ist, der dann gewürfelt in die Suppe wandert. „Die Schwarte trenne ich zuvor am Stück ab, damit sie nach dem Kochen wieder aus der Suppe genommen werden kann." Salz verwende sie auch nur verhalten, „da ja der Speck selbst Würze an das Gericht abgibt". Apropos würzen. Hier kommt die „geheime", bärenstarke Zutat ins Spiel. „Ich verwende als Zutat Vegeta-Würzmischung. Eine Gemüsebrühe, die aus Kroatien stammt, aber auch hier in großen Supermärkten erhältlich ist." Glatte Petersilie wird vor dem Auftragen auf die fertige, pürierte Suppe gestreut, die mit leckerem Bauernbrot serviert wird.

Schon klingelt es an der Tür. Tochter Patricia schaut mit ihrem Freund im Schlepptau vorbei. Ihre für die WAZ-Serie zubereitete Lieblingssuppe wollte sich die Studentin nicht entgehen lassen.

REINGESCHMECKT

STANDARDREPERTOIRE:

Die Kartoffelsuppe ist ein Rezept, das wohl in jeder deutschen Bergmannsfamilie in Gladbeck zum Standardrepertoire gehörte, da die Hauptzutaten oft direkt hinterm Zechenhaus im privaten Nutzgarten wuchsen.

Zeitaufwand: ★★☆☆☆
Schwierigkeitsgrad: ★☆☆☆☆
Preis: ★★☆☆☆

Die Hauptzutaten wuchsen einst im Nutzgarten hinter fast jedem Zechenhaus: Kartoffeln, Möhren und Lauch.

MEINE ZUTATENLISTE

1,5 kg Kartoffeln,
1–2 Stangen Lauch,
250 g Möhren,
2 Streifen Räucherspeck,
Vegeta Gemüsebrühe,
6–8 Bockwürstchen

UND SO GEHT'S

MUTTIS KARTOFFELSUPPE „BÄRENSTARK"

Kartoffeln schälen, klein schneiden und gar kochen. Den kleingewürfelten Speck in der Pfanne mit etwas Öl auslassen (Schwarte mitbraten). Lauch waschen, fein schneiden, zum Speck geben und einige Minuten weiter dünsten. Mit etwas (Vegeta) Brühe ablöschen. Die Möhren waschen, fein raspeln und in der Pfanne mitgaren. Das Kartoffelwasser in ein Gefäß abschütten. Dabei etwas Wasser zum Pürieren (Handmixer, Pürierstab) der Kartoffeln zurückbehalten. Das Gemüse in den Topf zu den pürierten Kartoffeln geben, mit Kartoffelwasser auffüllen und vermischen. Die Bockwürstchen in dünne Scheiben schneiden und alles im Topf noch etwas köcheln lassen. Suppe im Teller mit Petersilie servieren.

Die kleingeschnittenen Zutaten wandern in den Kochtopf.

BOTTROP

QUARK-KEULCHEN

DAS SAGT DER PROFI

Foto: © Tim Schulz

Stefan Bertelwick

SCHLICHT, EINFACH, SUPERLECKER

Quarkkeulchen sind ein Klassiker der sächsischen Küche, werden aber auch bei den langen Theaternächten im thüringischen Weimar gern genommen. Die süßen Kartoffelpuffer haben zudem einen engen Verwandten, der an der Bergischen Kaffeetafel sitzt: den Pillekuchen. Den essen wiederum viele gerne mit „Westfälischem Rübenkraut" – auch lecker. Eine echte Alternative für den Sommer zu den süßen Puffern: Beerensoße mit Zimteis, das ist Geschmackskirmes auf der Zunge. Es muss heute übrigens nicht mehr die Zimtstange sein. Es gibt schon gutes Zimtpulver, etwa von Ex-Sternekoch Ingo Holland aus Klingenberg.

SÜNDENFAKTOR

MITTEL

Die Zutaten Kartoffeln, Eier, Quark, Mehl und Zucker sind wirklich keine Kalorienbomben. Aber: Diese perfekte Resteverwertung hat einen hohen Suchtfaktor, so dass man gerne mal mehr davon isst.

Der Teig darf nicht mehr kleben: Sonja Steffensen macht „Quarkkeulchen".

FÜNF GENERATIONEN, EINE MEINUNG

Oma Inge hat das Rezept aus Thüringen nach Bayern gebracht, wo Enkelin Sonja es in den Ferien lieben lernt Eigentlich stammt der Puffer wohl aus Sachsen

Wenn Sonja Steffensen findet, ihre Tochter könnte sich mal wieder zu Hause sehen lassen, greift sie zu einem unfehlbaren Mittel: Sie kocht Quarkkeulchen. Ein Bild von den süßen Puffern der Tochter aufs Smartphone gesendet: „Schon ist sie nach der Arbeit da, um sich welche abzuholen."

Sachsen und Thüringer streiten sich um die geistige Urheberschaft an den „Kwarggäulschen", die im Vogtland gerne als Nachtisch serviert werden und dort auch „Gebackene Kließ oder Quarkkließl" heißen. Im Thüringischen sind sie eine Hauptspeise, an der Bergischen Kaffeetafel haben sie einen Verwandten (siehe „Das sagt der Profi"). Oma Inge kam aus Thüringen nach Bayern, und dort hat Sonja Steffensen als Kind in den Ferien die Puffer lieben gelernt, in der Hauptspeisen-Version.

Die Speise hat nicht nur Fans in inzwischen fünf Familiengenerationen, sie ist auch eine ideale Resteverwertung, findet Sonja Steffensen: Gekochte Kartoffeln bleiben in der Küche öfter mal übrig – oder man kocht gleich mehr davon und freut sich auf die Resteverwertung am nächsten Tag in Form von Bratkartoffeln für den Ehemann und Keulchen für Frau und Kinder („ist halt ein Mädchenessen").

Mit den Generationen gewechselt hat die Wahl des Küchengerätes. Oma Inge hat die Kartoffeln noch durch die gusseiserne Kartoffelpresse gequetscht, die Mutter durch die Flotte Lotte gedreht, Sonja Steffensen kurbelt sie über der Küchenreibe. Vom Mixer oder Pürierstab sollten Nachkocher allerdings dringend die Finger lassen: Das Ergebnis ist, sagen wir: schleimig. Mehl bindet den Teig, Eier binden später das Keulchen in der Pfanne. Drei Stück sollten in eine große Pfanne passen, sagt Sonja Steffensen. Für abwägende Köche: Ein Keulchen wiegt um die 150 Gramm.

Rosinen und Zucker kommen nach Geschmack in den Teig. Stichwort Geschmack: Die Beigaben dazu sind Glaubenssache. Bei Steffensens steht Zucker auf dem Tisch. Sonja Steffensen räumt aber ein, dass es wohl auch mit Zimt schmecken würde. Dazu geht außerdem Apfelmus oder, im Bergischen, Rübenkraut.

Gebraten werden die Keulchen rund drei Minuten auf jeder Seite, nach dem ersten Wenden kann die Hitze herunter geschaltet werden. „Die Kartoffeln sind ja schon gar", sagt Sonja Steffensen, „also kommt es nur noch auf den Bräunungsgrad an." Sollte etwas übrig bleiben: „Schmeckt auch aufgewärmt prima."

REINGESCHMECKT

DAS PERFEKTE RESTE-ESSEN:

Mit Kartoffeln vom Vortag und dem geeigneten Küchengerät sind die süßen Puffer blitzschnell und kostengünstig gemacht und schmecken sogar aufgewärmt.

Zeitaufwand: ★☆☆☆☆
Schwierigkeitsgrad: ★☆☆☆☆
Preis: ★☆☆☆☆

Die Puffer werden mit bemehlten Händen geformt.

MEINE ZUTATENLISTE

650 g Pellkartoffeln,
2 Eier,
500 g Magerquark,
2–3 Esslöffel Mehl,
Zucker und
Rosinen nach Belieben

UND SO GEHT'S

QUARKKEULCHEN

Einen kleinen Topf Pellkartoffeln kochen, pellen und durch die flotte Lotte drücken. Geht auch sehr gut mit Kartoffelresten vom Vortag. 2 Eier, 500 Gramm Magerquark, etwas Zucker, einige Esslöffel Mehl hinzufügen und mischen. Zum Schluss noch nach Geschmack Rosinen unterkneten. Der Teig sollte nicht mehr allzu sehr kleben und sich gut mit bemehlten Händen zu Quarkkeulchen (haben die Form von großen Reibekuchen) formen lassen. Die Quarkkeulchen in heißem Öl in der Pfanne von beiden Seiten ausbacken. Sie sollten goldgelb bis hellbraun sein. Achtung, vor allem die ersten werden schnell zu dunkel. Dazu isst man bei Steffensens Zucker!

Drei Stück sind schon eine sehr erwachsene Portion: Sonja Steffensen mit den fertigen Quarkkeulchen.

PAPRIKA-REISPFANNE

DAS SAGT DER PROFI

Foto: © Tim Schulz

Stefan Bertelwick

VIEL FREIRAUM FÜR VARIATIONEN

Wenn es mal etwas schneller gehen muss, man aber auf Fertiggerichte verzichten möchte, sind solche Gerichte genial. Frisch, schnell, preiswert und gesund. Paprika enthalten kaum Fett und Kohlenhydrate, aber dafür ganz viel Vitamin C und Carotin, welche zu den Antioxidantien gehören und später im Körper zu Vitamin A umgewandelt werden. Dieses Gericht, welches ein wenig in Richtung Djuvec-Reis, dem Klassiker der südosteuropäischen Küche, geht, bietet viele Variationsmöglichkeiten. Wer es etwas pikanter mag, kann Tomatenmark durch Ajvar ersetzen und mit geräuchertem Paprikapulver arbeiten. Ananas als süßer, fruchtiger „Gegenspieler" zur Schärfe rundet das Ganze dann auf sommerliche und frische Weise ab.

SÜNDENFAKTOR

GERING

Ein leichtes Gericht für die Strandfigur. Wer dabei auch noch darauf achtet, dass der Schinken mager ist und nicht in Fett schwimmt, hat rein gar nichts zu befürchten.

Auch das Shirt strahlt blau – Renate Gohr-Malinowski (61) ist Vollblut-Schalkeri

KNACKIGES GEMÜSE VOM BALKON

Die Zutaten für Renate Gohr-Malinowskis Reispfanne kommen aus eigenem Anbau

Die Eieruhr in der Küche: blauweiß. Das Windspiel an der Balkonbrüstung: blau-weiß. Der Gartenzwerg neben dem kleinen Gewächshäuschen: natürlich königsblau-weiß. Selbst ein Blinder wüsste, dass er sich bei Renate Gohr-Malinowski im Haushalt einer waschechten Schalkerin befindet – spätestens wenn aus der Eieruhr das Schalker Vereinslied ertönt. Stadion-Futter kommt bei der gebürtigen Gelsenkirchenerin jedoch selten auf den Tisch. „Es muss schmecken, als würde es aus dem Biogarten kommen", sagt sie. Und der befindet sich schließlich direkt auf ihrem Balkon.

Seit die 61-Jährige nicht mehr als Pflegedienstleiterin im Bottroper Marienhospital arbeitet, hat sie genügend Zeit, ihr eigenes Frische-Sortiment – von Tabasco bis Tomaten – anzupflanzen. Natürlich wachsen auf dem Bio-Balkon der seit 20 Jahren in Bottrop lebenden Hobby-Köchin auch die Zutaten für das Lieblingsgericht von ihr und ihrem Mann, ihre Paprika-Reispfanne mit zweierlei Schinken in würziger Tomatensoße. „Das Rezept habe ich von meiner Schwester, die in Oldenburg auf dem Land lebt", verrät sie. Von ihr hat Gohr-Malinowski auch jegliche Tipps für den eigenen Anbau. „Sie hat einen grünen Daumen und ist eine Künstlerin in der Küche."

ALTERNATIVE ZUR GEFÜLLTEN PAPRIKA

Ihre Schwester lebt zusammen mit Ehemann, Tochter, Schwiegersohn und drei Enkeln – und kocht oft für alle mit. „Da muss es schnell gehen." Die Reispfanne kommt da wie gerufen. In rund 25 Minuten steht sie auf dem Tisch. Geboren wurde das Rezept als Alternative zur gefüllten Paprika. „Ihr Enkel isst die nicht gerne. Da hat meine Schwester die Paprika einfach klein geschnitten", erzählt Gohr-Malinowski. „Dann mochte er es."

Auch ihr selbst schmeckt das Gemüse lieber geschnippelt. „Im Ofen werden gefüllte Paprika schnell labbrig. Bei mir muss es immer bissfest und knackig sein." Auch klumpiger Reis muss bei ihr nicht sein, was nicht zu lange kocht, schmeckt ja schließlich auch nach mehr. Fatal wäre es, würde der Schinken seinen rauchigen Geschmack beim Brutzeln verlieren statt auf den Reis ausbreiten.

Außerdem eine Regel der Küchenchefin: Nur eine Sorte Paprika ist verboten. „Es soll schön bunt sein", sagt sie. Als Hobby-Fotografin isst das Auge bei Gohr-Malinowski stets mit. Ein Gericht kann optisch aber noch so viel hermachen, wenn ihr Mann beim Kosten nicht anerkennend den Daumen hebt. Allerdings fällt bei ihm selten etwas durch. „Ich habe einen Heidenspaß, wenn er sagt: Das war wieder etwas!" Bei der Reispfanne reibt „Gourmet" Malinowski seinen Bauch auch am Folgetag – dann schmeckt sie auch wunderbar kalt als Salat.

UND SO GEHT'S

PAPRIKA-REISPFANNE (FÜR VIER PERSONEN)

Wasser für den Reis aufsetzen und Paprika, Zwiebeln und Schinken in Würfel schneiden. Erst die Zwiebeln in eine Pfanne geben und anbraten. Nicht braun und glasig werden lassen. Reis in kochendes Wasser geben und nach Anleitung abkochen. Zweiten Topf mit 250 ml Wasser für die Soße aufsetzen. Zwei Gemüsebrühewürfel ins kochende Wasser geben. Tomatenmark dazu und mit Salz, Pfeffer und Edelsüßpaprika nach Geschmack würzen. Schinken zu den Zwiebeln in die Pfanne geben und maximal fünf Minuten auf Herdstufe vier braten lassen. Paprika dazu geben. Wasser vom Reistopf abgießen und Reis in die Pfanne kippen. Soße drübergießen und nach Bedarf Petersilie hinzugeben.

REINGESCHMECKT

SCHONEND FÜR MAGEN UND KONTO:

Nicht umsonst greift Gohr-Malinowskis Schwester oft auf die Reispfanne zurück, wenn sie ihre hungrige Großfamilie zu versorgen hat. In weniger als 30 Minuten fertig und kriegt auch ein Grünhorn in der Küche hin.

Zeitaufwand: ★★☆☆☆
Schwierigkeitsgrad: ★☆☆☆☆
Preis: ★☆☆☆☆

Die Zwiebeln kommen als erstes in die Pfanne.

MEINE ZUTATENLISTE

1 Zwiebel,
2 große Paprika, rot/grün,
3 Scheiben Kochschinken,
3 Scheiben Schwarzwälder,
2 Beutel Reis,
2 EL Gemüsebrühe,
3–4 EL Tomatenmark,
Petersilie nach Belieben

Bei unserer Ankunft sind die Zutaten hergerichtet wie ein Stillleben – als Hobby-Fotografin hat Gohr-Malinowski Sinn für das Optische.

BOTTROP

NUDELN MIT LACHS UND SPINAT

DAS SAGT DER PROFI

Foto: © Tim Schulz

Stefan Bertelwick

KLASSE KOMBINIERT

Ein schönes sommerliches Pastagericht – die Kombination ist klasse. Ich würde allerdings etwas anders vorgehen. Statt TK-Spinat kann man zur Zeit wunderbar frischen Babyspinat auf dem Markt bekommen. Ins Nudelwasser zum Kochen eine Knoblauchzehe und ein Lorbeerblatt geben, dann kann man das hinterher für die leichte Schmandsauce mit verwenden, die ich separat und mit etwas Limonenabrieb kochen würde. Danach kann man wie folgt vorgehen: In einer großen Pfanne Zwiebel, Knoblauch & Pinienkerne leicht andünsten, dann Nudeln & Babyspinatblätter (roh, nicht vorkochen) hinzugeben, alles ständig durchschwenken, zum Schluss dann die Rauchlachsstreifen und löffelweise die Schmandsauce hinzugeben und wieder schwenken, bis alles leicht sämig ist.

SÜNDENFAKTOR

GERING

Spinat bringt Vitamine mit (wenn auch nicht so viel Eisen, wie man früher glaubte), Lachs die guten ungesättigten Fettsäuren. Gudrun Wölke kocht zudem mit Schmand ohne Lactose.

Gudrun Wölke serviert auf dem Kalten Eigen Nudeln mit Lachs und Spinat.

KEIN FLEISCH, VIEL GESCHMACK

Gesucht: Gesundes für eine vegetarische Fisch-Esserin. Ergebnis: sehr lecker

Diese Küche ist die Wucht. In der Mitte steht der Herd, in der Höhe genau bemessen auf Gudrun Wölke. Rundum ist Stauraum, Stauraum und noch mal Stauraum. Hier lässt es sich gut kochen, in dem Anfang der 90er Jahre bezogenen Haus am Middeweg auf dem Kalten Eigen, und hier kocht Gudrun Wölke auch gern und gut. Zum Beispiel Nudeln mit Lachs und Spinat. Wenig Nudeln mit viel Lachs und sehr viel Spinat.

„Das hier war bei unserem Einzug eine dunkle Höhle", erzählt die Köchin beim Zwiebelschneiden. Heute fällt viel Licht in den angebauten Wintergarten. Und wo die Wölkes – er ist Musikdozent, sie arbeitet im Personaldezernat der Stadt Essen – schon mal dabei waren, haben sie die alte Küche komplett auf links gedreht.

Gudrun Wölke kocht ausgesprochen effizient. Das Rezept liegt griffbereit auf einem beleuchteten Lesepult („Habe ich schon ewig und drei Tage."). Das Nudelwasser erhitzt sie nicht auf dem Herd, sondern im elektrischen Wasserkocher: „Geht schneller und verbraucht weniger Strom." Die Herdplatte unter dem Nudeltopf wird ausgeschaltet, bevor die Tagliatelle bissfest gar sind: „Die letzten fünf Minuten schaffen sie alleine." Und das Gemüse wird angeschwitzt in einer beschichteten Pfanne. Ohne Fett. Ohne Fett? „Man kann auch ein wenig Butter dazutun für den Geschmack. Aber nötig ist das nicht. Der Lachs hat Fett genug."

Das Rezept hat erkennbar italienische Wurzeln. Wo Gudrun Wölke es her hat, weiß sie nicht mehr genau. „Unsere Tochter war halt Vegetarierin, die Fisch gegessen hat. Da musste ich etwas Passendes finden." Vermutlich stammt es aus einem ihrer vielen Kochbücher, die fast einen ganzen Schrank füllen. Ihr erklärter Liebling unter den TV-Köchen ist Helmut Gote, der gebürtige Bottroper. Natürlich hat sie seine Kochbücher (mit Widmung, versteht sich), natürlich ist sie dabei, wenn er in der Region live kocht. Ein Souvenir davon ist die Kochschürze aus Dorsten (mit Autogramm, versteht sich).

Zwiebeln, Knoblauch und Fisch sind angedünstet, Gudrun Wölke löscht ab mit dem aufgetauten Blattspinat („hat immer noch genug Flüssigkeit") und ein wenig Brühe, in die sie Speisestärke für die Bindung rührt. Für noch mehr Cremigkeit in der Soße sorgt Schmand. „Ist noch einen Tick zu flüssig", sagt sie und lässt noch einige Stäubchen Stärke in die Pfanne rieseln. Dann die abgetropften Nudeln untermischen, anrichten und servieren. Am Tisch reibt sie Muskatnuss über die dampfenden Teller. Ein Gericht ganz ohne Röstaromen und Bratfette, die der Schreiber dieser Zeilen eigentlich für die einzig wahren Geschmacksträger hält. Und was soll ich sagen? Sehr günstig, sehr gut. Sollte doch was überbleiben: einfach aufwärmen.

REINGESCHMECKT

IM PREIS-/ LEISTUNGSVERHÄLTNIS

ist dieses Gericht schwer zu schlagen. Mit Tiefkühlware kostet das Gericht knapp zwei Euro pro Nase und ist, Auftauzeit nicht mitgerechnet, in spätestens 40 Minuten auf den Tisch gebracht.

Zeitaufwand: ★★★☆☆
Schwierigkeitsgrad: ★★☆☆☆
Preis: ★☆☆☆☆

Vorbereitungshandlungen: Nudelwasser erhitzen, Blattspinat auftauen, Lachs in Würfel schneiden.

MEINE ZUTATENLISTE

300 g Tagliatelle,
400 g Räucherlachs,
1000 g Blattspinat,
Zwiebeln und Knoblauch,
Muskat, Pfeffer, Salz,
100 ml Brühe

UND SO GEHT'S

TAGLIATELLE MIT LACHS UND SPINAT

Tagliatelle oder andere Bandnudeln (nur nicht zu breit) nach Packungsanweisung kochen, abgießen. Aufgetauten Blattspinat (vorbereiten!), Zwiebeln und Knoblauch in einer beschichteten Pfanne ohne Zugabe von Fett andünsten, mit etwas Brühe ablöschen. Zerkleinerten Lachs dazugeben, als Alternative schmeckt auch Stremellachs sehr gut. 1–2 TL Speisestärke in heißer Brühe auflösen, mit Schmand dazugeben, falls nötig, mit etwas Brühe verdünnen. Würzen mit Pfeffer, Muskat und eventuell Salz (Achtung, ist schon in der Brühe). Nudeln untermischen, nach Geschmack mit Pinienkernen bestreuen und servieren.

I-Tüpfelchen: Frisch geriebene Muskatnuss.

BOTTROP

KÖNIGSBERGER KLOPSE

Das isst der Pott, Tina Aziri kocht Königsberger Klopse mit Kapernsauce und Petersilienkartoffeln.

GUT SO: HIER KOCHT NICHT DER CHEF

Der zweite Besuch im Kochkurs der Evangelischen Sozialberatung

DAS SAGT DER PROFI

Foto: © Tim Schulz

Stefan Bertelwick

DIE KLEINEN SALZIGEN MOMENTE

Wieder so ein Gericht aus der Kategorie „saulecker“. Die sanft gegarten Hackbällchen zusammen mit der cremigen Sauce, die durch die Kapern immer wieder diese kleinen salzigen Momente bietet – wunderbar! Kapern sind übrigens die Blütenknospen des Kapernstrauchs, der im gesamten Mittelmeerraum heimisch ist. Roh sind diese Blütenknospen völlig ungenießbar. Erst durch das Einlegen in Salzlake und Essig werden sie zu diesen kleinen geschmacklichen Highlights. Beim Rote-Bete-Salat mag ich persönlich gerne einen Apfel der Sorte Elstar als fruchtigen Gegenspieler. Den Apfel einfach mit Schale in kleine Würfel schneiden und unter den Salat heben. Dies kann ruhig am Vortag geschehen, damit alles schön durchziehen kann und sich noch mehr Aromen frei setzen können.

SÜNDENFAKTOR

GERING

Eine große Portion Klopse (325 Gramm) hat einen Brennwert von 451 Kilokalorien. Die Sauce ist keineswegs so mächtig, wie sie aussieht – und Rohkost ist sowieso gesund.

Dies ist eine Erfolgsgeschichte. In der vierten Folge dieser Serie waren wir im Martinszentrum an der Osterfelder Straße. Dort lernen Bedürftige und Wohnungslose, sich auch auf Hartz IV-Niveau preiswert und gesund mit Mittagessen zu versorgen. Sie lernen es von der Evangelischen Sozialberatung und von Chef Klaus, der in Folge 4 den Kochlöffel schwang (S. 34/35). Diesmal kocht Kursteilnehmerin Tina Aziri. Chef Klaus hält sich raus: „Das kann die Tina ohne mich." Kann sie auch. Aber Chef Klaus hat trotzdem noch einen großen Auftritt.

Natürlich hat Tina Aziri Helfer. Schließlich sollen am Ende des Kochkurses 30 Essen auf dem Tisch stehen; also sind die Kurs-Kollegen zuständig fürs Kartoffelkochen. Mit den geplanten vier Varianten der Königsberger Klopse hat Tina Aziri schließlich genug zu tun: Klopse mit und ohne Sardellen, Sauce mit und ohne Kapern. Und sie muss reichlich Zwiebeln schneiden, für die Klopse und für die Sauce. Deshalb muss sie zwischendurch mal aussetzen: „Eine Zwiebel hat mich gebissen", sagt sie mit tränenden Augen.

Nach kurzer Erholungspause geht es an die Klopse. Zutaten ordentlich verkneten und immer wieder die Konsistenz prüfen. Werden sie auch nicht auseinanderfallen? Tina Aziri kocht zur Vorsicht einen Testklops, die Kollegen beobachten und melden: „Klops hält!" Und später: „Klops kommt!", als der gegarte Ball nach oben schwimmt.

Jetzt aber an den Saucenansatz, mahnt Chef Klaus, schließlich muss der vor der Weiterverarbeitung noch abkühlen: „Wir gießen ja mit heißer Flüssigkeit auf, da muss der Ansatz kalt sein, sonst gibt es Klümpchen." Gut, dass wenigstens der Rote-Bete-Salat schnell geht. Die Rote Bete ist vorgeschält (sonst gäbe es an den Händen und im Zweifel auch in der Küche haltbare Flecken), die anderen Zutaten sind schnell zusammen gemischt.

Jetzt also hinein ins kochende Wasser mit den Klöpsen. Chef Klaus muss jetzt Tina Aziri fragen: „Wo kocht jetzt was?" Die behält den Überblick und zeigt: „Mit Sardellen – ohne Sardellen. Mit Kapern – ohne Kapern." Die Frau hat ihre Küche im Griff.

Um es vorweg zu nehmen: Die Klöpse waren auf den Punkt gegart, in der Sauce schmeckten die Kapern nicht vor und das Mehl überhaupt nicht mehr. So soll's sein. Und Chef Klaus muss zwischendurch doch noch mal eine Ansprache halten. Er war nämlich in Köln bei einer Aufzeichnung der WDR-Talkshow „Kölner Treff". Da war auch Sterne-Kochkollege Johann Lafer. Zu dem hat er sich durchgekämpft, vorbei an Sicherheitsleuten und Journalisten. Und jetzt stellt er im Martinszentrum ein Foto mit Autogramm auf den Tisch. Und mit Widmung: „Für die evangelische Sozialberatung." Mit schönen Grüßen vom Sternekoch.

REINGESCHMECKT

30 PORTIONEN

wie im Kurs im Martinszentrum dauern natürlich ihre Zeit. Die Zubereitung von vier Portionen schätzen wir auf etwa 40 Minuten. Der Preis liegt bei 2,10 Euro pro Portion: Die Evangelische Sozialberatung hat Hartz IV-Kunden.

Zeitaufwand: ★★★☆☆
Schwierigkeitsgrad: ★★☆☆☆
Preis: ★☆☆☆☆

Ein Klops wird vorgekocht: Fällt er auch nicht auseinander?

MEINE ZUTATENLISTE

400 g Hack halb und halb, 1 Brötchen, 2 Zwiebeln, (Klopse und Sud), 1 Ei, 1 Sardellenfilet.

Für die Sauce: Butterschmalz, 50 g Mehl, 1 kleines Glas Kapern, 0,1 l Sahne und Brühe.

Fasst an, alle Mann: Beim Kartoffelschälen für 30 Personen haben natürlich die Kollegen aus dem Kurs mitgeholfen.

UND SO GEHT'S

KÖNIGSBERGER KLOPSE MIT KARTOFFELN

Brötchen einweichen und ausdrücken, Zwiebel in Würfel schneiden und in der Pfanne andünsten. Kartoffeln schälen und kochen. Sardelle und Petersilie kleinhacken. Alles mit dem Hackfleisch und dem Ei gut vermengen und die Klopse mit nassen Händen formen. Für den Sud: 1 Zwiebel mit Lorbeerblatt und 2 Nelken spicken und in Salzwasser aufkochen. Die Klopse einlegen und etwa 20 Minuten ziehen lassen. Kapernsauce: Achtung! Den Saucenansatz mit Butterschmalz, Zwiebel und Mehl schon vorher machen und kalt stellen. Nach dem Aufgießen kräftig rühren und dann die Sahne und die Kapern mit Flüssigkeit und Zitrone beimengen. Mit Salz und Pfeffer würzen.

KOCHEN MIT HONIG

DAS SAGT DER PROFI

Foto: © Tim Schulz

Stefan Bertelwick

HONIG GEHT DEN GANZEN TAG

Beim Honig handelt es sich wohl um eines der ältesten Lebensmittel der Welt. Die Ägypter gaben ihren Pharaonen einen Honigtopf mit ins Grab. Für sie war es die Speise der Götter – und das zu Recht. Honig zum Süßen anstatt Zucker bietet, neben Mineralstoffen und Vitamin C, eine viel schönere Geschmacksbreite. Wie die Rezepte von Frau Klümper zeigen, geht Honig vom Frühstück über ein mehrgängiges Menü bis hin zum Honig-Whisky. Mein Favorit: Honig und Teriyakisauce 1:1 verrühren, gehackten Ingwer und einen Spritzer Limettensaft hinzu und damit ein schönes Stück Lachsfilet „lackieren", mit Sesam bestreuen und im Ofen bei niedriger Temperatur wachsweich backen.

SÜNDENFAKTOR

GERING

Viel gesünder geht's kaum: Obst und Salat aus dem eigenen Garten. 100 Gramm Hähnchenbrust enthalten etwa 20 Gramm Eiweiß und haben den überschaubaren Brennwert von 107 Kilokalorien.

Es ist angerichtet: Auf dem Salatbett liegen Reibeplätzchen und Hühnerbrüste

DIE HAUPTROLLE AM HERD SPIELT HONIG

Hobby-Imkerin Dorothea Klümper hat Bienenvölker am Ottenschlag, im Pinntal und in der Eifel. Deshalb kommt ihr Rezept honigsüß daher

Für den Foto- und Videokollegen Thomas Gödde war der Fall klar: „Von mir gibt es volle Punktzahl", lobt er nach der Verkostung Köchin Dorothea Klümper. Pluspunkte gab er vor allem für die Zutat, die nicht sehr viele Köche im Rezeptbuch stehen haben: Honig. Selbst geschleuderter Honig.

Viele Köche verachten Geflügelgerichte nach dem Motto: „Echtes Fleisch muss rot sein." Die indische Küche allerdings beweist seit langem, wie man auch weißem Fleisch Würze verleihen kann. Und die Hobby-Imkerin Dorothea Klümper, Vize-Vorsitzende des Bottroper Imkervereins, kann zu diesem Thema gleich zwei Beiträge leisten: Honig als Marinade und als Dressing.

Für das sommerliche Kochen am Ottenschlag in Grafenwald hat Dorothea Klümper ihr im Winter eingereichtes Drei-Gänge-Menü leicht abgewandelt in eine sommerliche Salatvariation. Die Grundidee aber ist gebliebern. Die Hähnchenbrüste werden in Honig (Akazie) und Senf (mittelscharf) eingelegt. „Mindestens zwei bis drei Stunden, am besten über Nacht im Kühlschrank", sagt die Köchin. Honig ist auch die Grundlage des Dressings. Dafür muss er allerdings flüssig sein. Wer nur festen hat: im Wasserbad erwärmen. Dazu kommt ebenfalls Honig und beim Anrichten Petersilie, Schnittlauch und Sauerampfer, ebenso aus dem eigenen Garten wie die Salate. Dort hätte Dorothea Klümper gern auch die Erdbeeren für den Nachtisch gepflückt, aber: „Dieses Jahr waren die Drosseln schneller."

Zucker kommt im Rezept der Imkerin überhaupt nur an einer Stelle vor: beim Karamellisieren der Walnüsse, die sowohl dem Salat als auch dem Nachtisch den „Crunch" geben, von dem TV-Koch Tim Mälzer gerne schwärmt: Das Schmelzen und spätere Erstarren klappt mit Honig einfach nicht.

Die Walnüsse gehen ebenso in die (beschichtete) Pfanne wie die Hähnchenbrüste im Schinkenmantel (Steakpfanne) und der Teig aus Kartoffeln, Ei, Mehl und Salz. Die geriebenen Kartoffeln bleiben ein Weilchen stehen. Das Wasser oben wird abgeschöpft. Angebraten wird mit reichlich Öl. Denn: Wir sind im bergbaugeschädigten Grafenwald, die Pfanne hat Schlagseite. Und schon kann angerichtet werden: Salat unten, dann Dressing und oben die Hähnchenbrüste und die Reibeplätzchen, damit sie nicht matschig werden, ganz oben den zerbröselten Walnuss-Karamell. Ganz ehrlich? Der Honig macht den Unterschied. Und wie!

REINGESCHMECKT

WER SO GUT

organisiert ist wie Dorothea Klümper und Multitasking in der Küche beherrscht, schickt das Gericht in 50 Minuten auf die Teller. Wer eins nach dem anderen macht, braucht entsprechend länger.

Zeitaufwand: ★★★☆☆
Schwierigkeitsgrad: ★★★☆☆
Preis: ★★☆☆☆

Drei Reibeplätzchen sind eine Pfannen-Portion.

MEINE ZUTATENLISTE

Salat, ca. 4 EL Honig, 1–2 TL Senf, Brühe, Kräuter, Walnüsse, Zucker. Hähnchenbrust, Honig, Senf, Schinken.
Reibekuchen:
8 Kartoffeln, 2 Eier, Mehl, Salz, Öl.

In einer Schinken-Schutzhülle brät Dorothea Klümper die marinierten Hähnchenbrüste in der Steakpfanne.

UND SO GEHT'S

SALAT MIT REIBEPLÄTZCHEN UND HUHN

Vorbereitung: Hähnchenbrust schneiden, mit Honig und Senf marinieren und in Schinkenstreifen wickeln. Für den Salat in einer beschichteten Pfanne Karamell aus Zucker und Walnüssen zubereiten, auf Alufolie abkühlen lassen. Fürs Dressing flüssigen Honig mit 1–2 TL Senf vermischen und mit etwas Brühe verfeinern. Kartoffeln reiben, absetzen lassen und Flüssigkeit abgießen. Mit den Eiern und etwas Mehl verrühren, salzen und in viel Öl kleine Kartoffelplätzchen ausbacken. Hähnchenbrust scharf anbraten und nachgaren lassen. Salat mit Dressing, Hähnchenbrust, Kartoffelplätzchen und Walnuss-Karamell anrichten.

DUISBURG

ENTEN-
EINTOPF

DAS SAGT DER PROFI

Foto: © Jörg Schimmel

Dirk Brendel

EINE SCHÖNE VARIANTE

Sommerlicher Enteneintopf. Das ist eine wunderbare Idee von Christel Brinkmann. Normalerweise ist das ein französischer Klassiker, der zusätzlich mit Bohnen und Wurst zubereitet wird. Mit den frischen regionalen Gemüsen vom Markt wie Kohlrabi oder dem Staudensellerie ist das Gericht eine schöne Ruhrgebiet-Variante, die sich die Köchin da ausgedacht hat. Bei dem Gericht und der Zubereitung gibt es eigentlich kaum etwas zu ergänzen. Man könnte die Entenbrüste auch durch Entenkeulen ersetzen. Somit werden die geschmorten Entenkeulen in Stücken in den Eintopf integriert. Als Farbakzent könnte man noch dicke Bohnen am Ende der Garzeit zugeben. Besonders gut gefällt mir natürlich, dass der Geflügelfond nicht aus dem Glas kommt, sondern selbst zubereitet wurde.

SÜNDENFAKTOR

GERING

Viel frisches Gemüse ist gesund und hat wenig Kalorien. Und die Entenbrust kommt beim Braten praktisch mit dem Fett der eigenen Haut aus, das dann auch anschließend zum Andünsten des Gemüses ausreicht.

Christel Brinkmann genießt das Kochen in ihrer offenen Küche und hat auch b
Anbraten Zeit, mit WAZ-Gast Oliver Schmeer zu plaudern.

DIE „EINTOPFKÖNIGIN"

Christel Brinkmann beeindruckte mit ihrem sommerlich Enteneintopf schon vor knapp 20 Jahren Sterneköche

Es sind die kleinen Dinge, die spüren lassen, dass Christel Brinkmann mit Leidenschaft kocht: die frisch abgeriebene Muskatnuss, das abgezuppelte Thymianzweigchen. Und vor allem der Hühnerfond für ihren sommerlichen Enteneintopf, den sie nicht aus dem Glas gießt oder gar als Trockenextrakt hineinbröselt, sondern tags zuvor selbst zubereitet hat.

Christel und ihr Mann Walter Brinkmann, sie 71, er 75, genießen ihren Ruhestand, den auch die gemeinsame Liebe zum Kochen und Essen prägt. Jeden Tag wird in der schönen offenen Küche mit Koch-Block in der Mitte und Blick auf Wohnzimmer und Garten gekocht, zur „Happy Hour" ab 18 Uhr. „Wir kochen einfach gern und essen dabei nicht viel, aber fein", sagen beide nahezu gleichzeitig. Da dürfen auch mal Austern auf den Tisch, genauso gerne aber deftige Blutwurst oder ein herrliches geschmortes Ossobuco oder zur richtigen Zeit Wild, Hase besonders gern, oder oder oder. Frisch müssen die Zutaten sein. Man sieht es dem Gemüse im Korb an. Gerne essen die Brinkmanns auch mit Freunden – zum stilvollen Abendessen mit stets passendem Geschirr und einem guten Tropfen oder beim selbst gemachten Festbüffet, zuweilen auch zu traditionellen Runden etwa mit selbst zubereiteten und eingelegten Bratheringen.

Der sommerliche Enteneintopf für das WAZ-Kochen „Das isst der Pott" hat seine Vorgeschichte: Vor knapp 20 Jahren hat Christel Brinkmann ihn kreiert. Und die pfiffige Idee, Gemüseeintopf eben mal mit der würzigen Entenbrust zu kombinieren, wurde zum Rezept-Hit: 1997 suchten WAZ und Messe Essen eine Eintopfkönigin. Christel Brinkmann bewarb sich und gewann unter 600 Teilnehmern damals den ersten Preis. Auch den Sterneköchen in der Jury schmeckte ihr Eintopf. „Es sollte mal etwas Anderes sein als Eintopf mit Rind, Fleisch oder Hack. Das kennt man ja", erklärt sie ihre kulinarische Komposition, die es als winterliche Variante auch gerne dann etwa mit Rosenkohl gibt.

Der „Eintopfkönigin" gelingt das Gericht nach einer gelassen-gekonnt erledigten Küchenstunde auch dieses Mal. Auf die Minute und auf den Punkt sind Gemüse wie Fleisch gleichzeitig gar, zart das Fleisch, das Gatte Walter mit gekonnt schräg angesetzten Schnitten und noch kurz zuvor entgratetem Messer in dünne Scheiben schneidet und auf dem Tellerrand drapiert.

Die wenigen frisch eingestreuten Thymianblätter aus dem Gartentopf sind dabei nicht allein Dekoration, sondern willkommener Gaumenkitzler der besonderen Geschmacksnote. Und im Hause Brinkmann isst auch das Auge mit: Die Serviettenringe erweisen sich passend zum Gericht als kleine Enten aus Messing.

REINGESCHMECKT

LEICHT UND LECKER:

Gemüse geschnitten und Brusthaut eingeschnitten, das geht schnell, und Gemüse und Ente (leicht rosa!) sind nach 25 Minuten zeitgleich fertig. Mit dem Fond stimmt die Würze, die Ente gibt die besondere Note.

Zeitaufwand: ★★☆☆☆
Schwierigkeitsgrad: ★★☆☆☆
Preis: ★★☆☆☆

Ein Prise Muskatnuss rundet den Gemüseeintopf ab.

MEINE ZUTATENLISTE

Zwei Entenbrüste,
200 g Kohlrabi,
200 g Spitzkohl,
200 g Möhren,
200 g Kartoffeln,
200 g Staudensellerie,
1 l Geflügelfond

UND SO GEHT'S

ENTENBRUST GART ZEITGLEICH IM OFEN

Die mit Olivenöl eingeriebenen Entenbrüste werden mit Salz und Pfeffer gewürzt und auf beiden Seiten mit einem kleinen Stich Butter (nicht zu große Hitze!) einige Minuten goldbraun angebraten, zunächst die eingeritzte Hautseite. Dann kommen die Entenbrüste in den auf 100 Grad vorgewärmten Ofen. Das Gemüse wird in gleich große Stückchen geschnitten und in dem Bratenfett angedünstet. Anschließend die Pfanne mit dem Geflügelfond auffüllen und rund 25 Minuten leicht köcheln lassen. Dann mit einer Prise frisch abgeriebener Muskatnuss würzen. Den Eintopf auf tiefe Teller füllen, die dünn aufgeschnittene Entenbrust auf dem Tellerrand drapieren und frisch abgerupfte Thymianblätter einstreuen.

Ab in den Ofen: Nach dem Anbraten garen die Entenbrüste bei 100 Grad im Ofen. In der Zeit köchelt der Gemüseeintopf oben auf dem Herd.

DUISBURG

MÖHREN-EINTOPF MIT PFIFF

DAS SAGT DER PROFI

Foto: © Jörg Schimmel

Dirk Brendel

UNGEWÖHNLICH, ABER GUT

Möhren untereinander ist ein echter Klassiker hier in der Region. Wir kochen den Eintopf übrigens komplett in einem Topf. Das spart Platz auf dem Herd. Aber das nur nebenbei. Nun zu dieser Variante mit Pfannekuchen: Das ist ein bisschen ungewöhnlich, aber ich finde die Idee trotzdem gut. Ich kann mir auch gut vorstellen, dieses Gericht vegetarisch zuzubereiten. Anstelle des Specks würde ich Rosmarin, Thymian und Salbei verwenden. Die Pfannkuchen könnten mit Kräuterschmand gefüllt werden. Und anstelle von Kartoffeln sind Pastinaken denkbar. Zum Schluss noch ein Hinweis zu den Möhren: Es gibt mittlerweile auch gelbe und violette Möhren, die eine gewisse Farbe in dieses Gericht bringen können.

SÜNDENFAKTOR

MITTEL

Die Möhren an sich haben wenig Kalorien, aber die weiteren Zutaten es dann doch in sich. Da mag das Kasseler noch so zart sein, Mettwürstchen und (ausgelassener) Speck sorgen für Hüftgold. Das ist es aber wert.

Reichlich Möhren bugsiert Elke Schwedmann in den Topf.

KLASSIKER MIT DEM GEWISSEN ETWAS

Elke Schwedmann präsentiert Möhren untereinander mit Pfannekuchen. Ein Gericht, das ihre Mutter während des Krieges auf einem Bauernhof kennen lernte

Möhren untereinander kennt im Ruhrgebiet fast jeder. Aber mit Pfannekuchen? Da ziehen sicher einige erstaunt die Augenbrauen hoch. Bei Ludger Schwedmann war das damals, als er von der Mutter seiner heutigen Frau Elke bekocht wurde, nicht anders – um es mal vorsichtig zu formulieren. Er glaubte einfach nicht, dass ihm diese Möhren-untereinander-Variante schmecken würde. Wie man sich täuschen kann: Längst ist er genau so begeistert wie seine Gattin, die mit dem Gericht groß geworden ist. „Meine Mutter war während des Krieges auf einem westfälischen Bauernhof untergebracht und hat es dort kennen gelernt", erzählt Elke Schwedmann.

Die 52-Jährige sitzt im Wintergarten ihrer Meidericher Wohnung und schnibbelt erst einmal fleißig Möhren, die sie dann in einen großen Topf gibt und Wasser drüber gießt. Schon mal ein bisschen Salz und Pfeffer dazu, dann wird wieder geschnibbelt, eine Stange Lauch, ein gutes Stück Sellerie, drei Zwiebeln und zwei Knoblauchzehen („Mögen wir sehr") werden zerkleinert und kommen zu den Möhren, dazu Fondor, Brühwürfel und ein Teil vom Geräucherten: Kasseler, Mettwürstchen und durchwachsener Speck.

Bereits kurze Zeit später zieht ein wunderbarer Duft durch die Küche. Elke Schwedmann hat etwas Zeit zu plaudern, erzählt, dass sie aus einer Arbeiterfamilie stammt, der Vater auf der Zeche Lohberg malocht hat – zusammen mit vielen italienischen Gastarbeitern. „Einer davon hieß Alfonso. Mein Vater hat ihm geholfen, ein bisschen Deutsch beigebracht. Als Dank dafür hat Alfonso Spaghetti Bolognese gekocht. Wir Kinder haben ihn geliebt", erzählt die heutige Direktorin einer Essener Bank.

Die Liebe zu Italien ist bis heute geblieben. 1990 hat Elke Schwedmann mit ihrem Mann ein Ferienhaus im Hinterland von Rimini gekauft und auch die mediterrane Küche noch stärker schätzen gelernt. „Es ist eine Trüffelgegend …"

In der Meidericher Küche werden derweil die Kartoffeln gewürfelt, separat gekocht und anschließend mit dem Mixstab so lange bearbeitet, bis ein Brei entsteht – verfeinert mit ein bisschen Möhrenbrühe. Mittlerweile sind auch die Möhren schön weich. Die 52-Jährige nimmt das Geräucherte aus dem Topf, greift wieder zum Mixstab und gibt die Kartoffelmasse dazu. Der Speck wird in einer Pfanne ausgelassen und zu den Möhren gegossen. Sie gibt noch etwas Salz und Pfeffer dazu, das restliche Geräucherte in den Topf und bereitet den ersten Pfannekuchen zu, der später auf dem Teller Gesellschaft von Möhrengemüse, Kasseler und Würstchen bekommt.

UND SO GEHT'S

EIN WENIG MÖHRENBRÜHE ZU DEN KARTOFFELN

Gemüse klein schneiden und in einen großen Topf geben. Mit Wasser aufgießen und mit Brühwürfel und den Gewürzen kochen. Teile des Geräucherten mit hinein. Kartoffelstücke separat kochen, dann abgießen, ein bisschen Möhrenbrühe dazu und zu einem Brei vermixen. Wenn die Möhren weich sind, das Geräucherte herausnehmen, ein wenig mixen und die Kartoffelmasse mit hinein. Speck in einer Pfanne auslassen und dazugießen. Mit Salz und Pfeffer abschmecken. Zu den fertigen Möhren noch den Rest des Geräucherten geben und ziehen lassen. Dann den Pfannekuchen vorbereiten, anschließend auf einen Teller legen, die Möhren darauf und ein Stückchen Geräuchertes aus dem Topf dazu.

REINGESCHMECKT

MÄCHTIG LECKER:

Die Schnibbelei mag etwas mühsam sein, doch wenn erst einmal alles im Topf ist, ist der Rest ein Kinderspiel. Nach etwa einer Stunde steht alles auf dem Tisch. Und auch die Kosten halten sich im Rahmen. Das Gericht schmeckt auch aufgewärmt hervorragend.

Zeitaufwand: ★★★☆☆
Schwierigkeitsgrad: ★☆☆☆☆
Preis: ★☆☆☆☆

Vor dem Genuss kommt das große (Möhren-) Schnibbeln – auch für die Meidericherin Elke Schwedmann.

MEINE ZUTATENLISTE

5 Pfund schöne Möhren,
2 Pfund mehlige Kartoffeln,
1 gutes Stück Sellerie,
Knoblauch, Zwiebeln,
Lauch, Speck,
Geräuchertes,
Salz, Pfeffer,
Fondor, Brühwürfel

Diese Farben und dann dieser Duft, der schon bald durch die Küche weht …

DUISBURG

ENDIVIEN UNTER-EINANDER

DAS SAGT DER PROFI

Foto: © Jörg Schimmel

Dirk Brendel

ES KANN NUR DER ENDIVIENSALAT SEIN

Patschanna, den Namen für Endivien untereinander habe ich auch noch nicht gehört, aber das Gericht ist einer meiner Lieblingsklassiker vom Niederrhein und ein Muss auf unserer Karte. Wir geben noch frisch geschmorte Zwiebelringe zum Schluss auf die Blutwurst. Endiviensalat ist dabei ein unbedingtes „Muss" für dieses Gericht. Andere Salate erreichen nicht den gewünschten Erfolg in Verbindung mit dem warmen Kartoffelpüree. Bei der Wahl der Blutwurst sollte man darauf achten, dass die Blutwurst bratfähig ist und nicht beim Anbraten zerfällt und matschig wird. Wir beziehen unsere Blutwurst von einer Manufaktur aus Berlin, die immer frisch angeliefert wird.

SÜNDENFAKTOR

MITTEL

Das Gericht ist zwar von einer gewissen Deftigkeit, aber die Kalorienzahl dürfte sich in Grenzen halten. Ausnahme ist dabei sicherlich die Blutwurst, aber man muss ja nicht gleich Unmengen dazu reichen. Bei allen Zutaten wird auf Qualität Wert gelegt. Und außerdem: Kann denn Genuss Sünde sein?

Die Blutwurst für Patschanna präsentiert Ferdinand Travnitschek.

TRADITION VOM NIEDERRHEIN

Ferdinand Travnitschek serviert Kartoffelpüree gemischt mit Endivie. Gute Hausmannskost, aber mit Pfiff. Dafür sorgt beispielsweise ein bisschen Kokosöl

Patschanna? Nie gehört? Macht nichts, denn Ferdinand Travnitschek weiß nicht nur, dass es sich dabei um ein traditionelles niederrheinisches Gericht handelt, sondern er kann es auch noch vorzüglich zubereiten. Und: Nachkochen dürfte auch Ab-und-zu-Köche vor keine allzu großen Probleme stellen.

Seit zehn Jahren steht Travnitschek am Herd – und zwar gerne. „Ich habe angefangen, als ich in Rente ging", sagt er. Zu Weihnachten gab's damals ein Kochbuch von der Tochter, zwei Kurse mit einem Männerkochkreis bei einem Familienbildungswerk sorgten für das nötige Basiskönnen: „Wenn man die Grundkenntnisse hat, geht's fast von allein", erklärt der im Sudentenland geborene Friemersheimer. Hausmannskost schätzt er ebenso wie seine Frau Anita. Sauerkraut mit Leberkäse, Bohnen-, Erbsen- und Linseneintöpfe, im Sommer gerne Tomaten mit Mozzarella und Basilikum, zweimal in der Woche kommt Fisch auf den Tisch, im Frühlings gibt's ganz viel Spargel und zum Nachtisch am liebsten Erdbeeren. „Im Großen und Ganzen koche ich gesund." Alles wird frisch und selbst gemacht, und über Vitamine und Mineralstoffe weiß der passionierte Freizeitkoch auch Bescheid.

Auch Patschanna enthalte alles, was der Körper braucht, sagt Travnitschek und legt los. Einen halben Endiviensalat hat er geputzt und in feine Streifen geschnitten. Ein Stück fetter Speck wird gewürfelt und im Topf bei milder Hitze ausgelassen. Geschälte vorwiegend festkochende Kartoffeln setzt er in Salzwasser zum Kochen auf. Aus Zwiebelwürfeln, Essig, Salz und Pfeffer entsteht ein Dressing, das wiederum mit dem Salat gründlich vermischt wird. Die Blutwurst wird in zwei Zentimeter dicke Scheiben geschnitten und rundum in Mehl gewälzt. So wird sie später in der Pfanne kross und fällt nicht auseinander.

Die Pfanne reibt er übrigens mit einem Stück Speckschwarte aus, dann gibt er einen Teelöffel festes Kokosöl (gibt's im Reformhaus) zu. Darin werden die Wurstscheiben nun angebraten.

Wenn die Kartoffeln gar sind, werden sie abgeschüttet. Das Kochwasser „rettet" Travnitschek, um damit später das Püree „fluffig" zu machen. Eine Alternative zur oft verwendeten Milch. Mit dem Stampfer geht's an die Erdäpfel, aber zuvor gibt's noch eine gehörige Prise frisch gemahlener Muskatnuss. „Die gehört unbedingt dazu."

Inzwischen ist die Blutwurst leicht kross rundum, und das Finale beginnt. Speckgrieben kommen zum Püree, auch etwas vom Speckfett. Gut unterrühren und den Salat zugeben. Gründlich vermischen, mit Pfeffer, Salz und Essig noch mal abschmecken und auf Tellern anrichten. Die Blutwurstscheiben drumherum anrichten – fertig!

REINGESCHMECKT

LECKER UND SÄTTIGEND:

Salat putzen und schneiden, Dressing anrühren, Blutwurst in Mehl wälzen – das lässt sich bestens vorbereiten. Gut eine Stunde dauert die Zubereitung insgesamt. Die Kosten halten sich im Rahmen: 13,30 Euro für vier Personen, sagt Travnitschek.

Zeitaufwand: ★★★☆☆
Schwierigkeitsgrad: ★☆☆☆☆
Preis: ★☆☆☆☆

Die Mischung macht's beim typisch rheinischen Gericht.

MEINE ZUTATENLISTE

Halber Endiviensalat,
1 kg Kartoffeln,
1 kg Blutwurst,
150 g fetter Speck,
Zwiebel, Kokosöl,
Muskat,
Essig, Salz, Pfeffer,
Schwarte

UND SO GEHT'S

DIE BLUTWURST IN MEHL WÄLZEN

Kartoffeln kochen. Salat putzen, in feine Streifen schneiden. Aus einer gewürfelten Zwiebel und 3 EL Essig sowie Salz und Pfeffer ein Dressing anmischen. Salat mit Dressing gut vermischen. Fetten Speck würfeln und bei milder Hitze auslassen. Muskatnuss reiben. Blutwurst in Scheiben schneiden und in Mehl wälzen. Pfanne mit Schwarte und Kokosöl fetten. Wurst bei kräftiger Hitze anbraten, dann zurückschalten. Deckel auflegen. Fertig gekochte Kartoffeln sorgfältig stampfen. Muskat, etwas Speckfett und die Grieben zugeben. Vom Kochwasser so viel zugießen, dass die gewünschte Konsistenz entsteht. Salat untermischen, abschmecken und mit der Wurst auf Tellern anrichten.

Zufriedene Gesichter beim Essen: Man sieht, dass Ferdinand Travnitschek (r.) aus WAZ-Redakteur Willi Mohrs einen Patschanna-Fan gemacht hat.

DUISBURG

BEECKER WIRSING

Foto: © Jörg Schimmel

Dirk Brendel

DAS SAGT DER PROFI

WIE DER EINTOPF ZUR LASAGNE WIRD

Ich persönlich halte eine klassische Wirsingroulade optisch für interessanter. Sicherlich ist dieser Eintopf aber schnell zuzubereiten und wird sich geschmacklich nicht übermäßig von einer Wirsingroulade unterscheiden. Alternativ kann man auch Weißkohl verwenden. Man könnte auch diesen Eintopf ähnlich einer Lasagne übrigens zwischen frisch blanchierten Wirsingblättern schichten. Dazu noch eine kleine Anregung: Eine schnell leicht selbst gemachte Schnittlauchcreme könnte dieses Gericht noch mit einem kleinen, frischen Pfiff aufpeppen. Ansonsten sicherlich ein guter, schneller und leckerer Eintopf. Und der Gemüsetrick ist schon clever.

SÜNDENFAKTOR

MITTEL

Auf den ersten Blick ist der Mix aus Hack/Wirsing/Nudeln keine besonders schwere Kost, aber – wie so oft – ist es eine Frage der Menge, die auf den Tisch kommt. Wer beim kräftigen Eintopf zweimal kräftig zulangt, hat sein Kaloriensoll erreicht.

Mit vollen Händen packt Uwe Hennig den Wirsing in den Topf.

DIE ROULADE WIRD ZUM EINTOPF

Uwe Henning kocht den „Beecker Wirsing", mit dem die Schwiegermutter einst ihren Kindern das Gemüse schmackhaft machte

Uwe Hennigs Schwiegermutter war schlau: Weil deren Kinder und damit auch Hennigs jetzige Gattin früher bei Wirsingrouladen immer den Wirsing ausrollten, sich nur auf das Gehackte stürzten und das Gemüse verschmähten, schnibbelte sie dereinst den Wirsing klein und machte aus den Rouladen einen Eintopf. Und siehe da: Der Kohl ward gegessen.

Und weil die Schwiegermutter aus Beeck stammt, hieß das Gericht fürderhin Beecker Wirsing. Der kommt jetzt auch in Großenbaum immer wieder bei Hennigs auf den Tisch und wird auch von Uwe Hennigs Kindern genüsslich verspeist. Und ebenso beim Pott-Kochen mit der WAZ.

Der 49-jährige Großenbaumer mag Eintöpfe. Kocht sie auch gerne in großen Töpfen und vorzugsweise am Sonntag, dass es am Montag noch mal eine Portion gibt, was dem berufstätigen Ehepaar mit zwei hungrigen Kindern (15 und 18 Jahre) gut zupass kommt – mal abgesehen davon, dass Eintöpfe am zweiten Tag fast noch besser schmecken.

Für den eigentlich winterlichen Wirsing musste der Großenbaumer jetzt im Frühling schon ein wenig Ausschau halten, fand ihn bei dem Gemüsehändler seines Vertrauens. Diesmal wusste Uwe Hennig ja genau, was er kochen wollte. Oft lässt er sich aber auch leiten: „Ah, Fenchel, damit könnte man was machen", sieht er die Knolle und kauft sie. Gelesene Rezepte werden nach Gusto und Geschmack abgewandelt – und ausprobiert. „Misslungene Fischrouladen sind da auch schon mal im Mülleimer gelandet", lacht der passionierte Koch – Kochen macht ihm halt auch Spaß.

Vor gut zehn Jahren sind die Hennigs in das schmucke alte Bauernhaus aus dem Jahre 1904 eingezogen – nach umfänglicher Kernsanierung. Dabei wurde aus dem einstigen Wohnzimmer auch die große Küche mit dem glänzenden Dielenboden. „Hier spielt sich bei uns auch das Leben ab", erzählt der Unternehmer und Geschäftsführer einer Software-Firma. Familie, Freunde – man sitzt um den großen Holztisch herum. Einen Traum gab's beim Einzug dazu: Endlich auch den Gasherd. „Gerade für Fleisch ist die schnelle Hitze super", erklärt Hennig, der bei Tim Mälzer in einem Kochkurs das Steak braten lernte.

Heute gibt's den deftigen Revier-Wirsing, den Uwe Hennig mit dem Brotmesser flugs klein schnibbelt und zu dem angebratenen Hack schüttet, auf dem Induktionsfeld nebenan köcheln schon die Nudeln. Dabei sieht die Küche weiter blitzblank aus. Von wegen Männer hinterlassen ein Chaos in der Küche: „Ich mag's, wenn es aufgeräumt ist, und wische immer zwischendurch alles weg." Sagt's, tut's und bringt die üppig gefüllten Teller hinaus an den Gartentisch.

REINGESCHMECKT

DER WIRSINGEINTOPF

ist was aus der schnellen, einfachen Küche für hungrige Familien, die dann auch am nächsten Tag noch mal einen Nachschlag haben wollen. Die Nudeln geben dem würzigen Eintopf eine sättigende Grundlage.

Zeitaufwand: ★☆☆☆☆
Schwierigkeitsgrad: ★☆☆☆☆
Preis: ★☆☆☆☆

Mit einem Brotmesser schnibbelt Uwe Hennig den Wirsing klein.

MEINE ZUTATENLISTE

Zwei kleine Wirsingköpfe,
zwei Zwiebeln,
750 g Rindergehacktes,
500 g Spiralnudeln,
300 ml Gemüsebrühe,
Stich Butter,
Öl, Pfeffer, Salz

UND SO GEHT'S

SPIRALNUDELN GEBEN DEM EINTOPF HALT

Die kleingeschnittenen Zwiebeln werden in Öl und etwas Butter angedünstet, dann kommt das Rinder-Gehackte hinzu. Das wird beim Anbraten mit dem Kochlöffel zerkleinert, bis es schön „grisselig" ist, rät Uwe Hennig. Dann wird der klein geschnittene Wirsing hinzugefügt und mit angedünstet. Rund 300 ml Gemüsebrühe – ruhig aus dem Glas – hinzufügen, es soll aber ein Eintopf, keine Suppe werden. Deckel drauf und rund 20, 25 Minuten garen lassen, bis der Wirsing noch etwas bissfest ist. Zeitgleich die Nudeln kochen. Der Großenbaumer rät zu Spiralnudeln, weil sie dem Wirsing-Eintopf einen schönen Halt geben. Mit Pfeffer und Salz nach Belieben würzen.

Das Rinder-Gehackte wird mit den in Öl und Butter angedünsteten Zwiebeln angebraten.

DUISBURG

KANINCHEN-FILETS

DAS SAGT DER PROFI

Foto: © Jörg Schimmel

Dirk Brendel

EIN SCHÖNES, SCHNELLES GERICHT

Ein sehr schönes, schnelles Gericht. Kaninchen haben in der Geschichte der Rezepte der Pottküche eine alte Tradition. Leider sieht man diese immer seltener auf unseren Tischen. Da Kaninchen relativ schwierig zuzubereiten ist, weil es schnell trocken wird, gibt es nur noch wenige Menschen, die sich an diesen Rezepten versuchen. Wein, Sahne oder Brühe helfen da schon schnell weiter. Saisonal gesehen, könnte man auch Stängelkohl verwenden. Das ist der Kohl mit den langen Stielen und mit den wie Brokkoli aussehenden Knospen. Diese werden geschmort und mit Brühe, Fenchelsamen (wegen der Bekömmlichkeit), Schalotten, Salz und Pfeffer gewürzt. Die Kaninchenfilets könnte man auch in Pancetta (italienischer Bauchspeck) einrollen und dann vorsichtig braten. So bleibt das Fleisch saftiger. Die Nudeln finde ich gut, sie bilden eine gute Grundlage für dieses Gericht. Ein paar halbierte Kirschtomaten könnten dem Ganzen noch etwas Saftigkeit bringen.

SÜNDENFAKTOR

GERING

Kaninchenfilet ist ausgesprochen mager, auch in der Kombination mit dem bisschen Speck, der den Geschmack aber sehr effektiv abrundet. Und letztlich ist ein wenig Fett als Geschmacksträger auch erwünscht.

Wolfgang Brandt kochte für uns Ruhrpott-Pasta mit Kaninchen.

KANINCHEN IST ANWALTS LIEBLING

Der Hobbykoch aus Bergheim ist mit seinen Rezepten auch im Internet zu finden, ebenso schöne Fotos von seinen gelungenen Gerichten

Saisonal, regional, von einfach bis Sterneküche – Wolfgang Brandt kann allen Facetten des Kochens etwas abgewinnen. „Ich koche jeden Tag, das entspannt mich", sagt der Anwalt mit Kanzlei in Walsum und Küche in Bergheim. Und legt los mit seiner „Ruhrpott-Pasta". Hört sich deftig an, schmeckt aber ganz fein.

„Das liegt in der Familie bei uns", blickt Brandt zurück auf die Anfänge am Herd: „Mein Vater hat schon gerne gekocht", und damit alle drei Kinder inspiriert. Einen Koch-Blog im Internet (kaquus-hausmannskost. blogspot.com) füttert der Bergheimer inzwischen mit reizvollen Rezepten und überaus appetitlichen Fotos, und eine umfangreiche Kochbuch-Bibliothek hat er auch beisammen.

Was sich hinter „Ruhrpott-Pasta" verbirgt, sind selbstgemachte Bandnudeln mit Kaninchen und Wirsing. „Wir essen gerne Kaninchen", begründet Brandt die Rezeptwahl, und dass es dabei keine Nudeln aus der Fabrik sein sollen, hat auch seinen Grund: Schon seine heute 86 Jahre alte Mutter hat die Teigwaren selbst gemacht und deren Mutter ebenso. Und zwar so: Aus 200 g normalem Pastamehl, 50 g 1030er Mehl (etwas dunkler als gewohntes Mehl), 2 Eiern, 2 bis 3 Eigelb einen relativ festen Teig machen und zweimal durch eine Nudelmaschine drehen, zwischendurch um 90 ° drehen, falten und in Streifen schneiden.

Weiter geht's mit Gemüse (das Rezept ist für zwei Personen). 4 bis 5 Blätter Wirsing (ohne Strunk) in feine Streifen schneiden. 1 Möhre fein würfeln, ebenso etwas Sellerie und 1 Schalotte. Nun zum Fleisch: 50 g durchwachsenen geräucherten Speck würfeln und mit einem Stück Butter in der Pfanne bräunen, dabei häufiger rühren, damit er knusprig, aber nicht hart wird. Kaninchenrückenfilets auslösen, die Silberhaut entfernen, in mundgerechte Stücke schneiden, bei höherer Hitze im Speck kurz anbraten, dass sie eine schöne Farbe bekommen. Zum Würzen nimmt Brandt Salz und eine spezielle Pfeffermischung.

Fleisch aus der Pfanne nehmen, Schalotte, Sellerie, Möhre darin mit etwas Fett anschwitzen, Wirsing zugeben und zusammenfallen lassen. 100 ml Sahne angießen und mit 1 gehäuften TL körniger Senf gut durchrühren.

Nudeln für höchstens drei Minuten in kochendes Salzwasser und das Fleisch zum Wirsing geben. Nudeln und Fleisch auf Tellern anrichten. Brandt reibt anschließend etwas „sehr alten" Rohmilch-Gouda darüber – perfekt!

UND SO GEHT'S

RUHRPOTT-PASTA MIT STALLHASE

4 bis 5 Wirsingblätter in feine Streifen schneiden. 1 Möhre fein würfeln, ebenso etwas Sellerie und 1 Schalotte. 50 g Speck würfeln und mit Butter in der Pfanne bräunen, dabei häufiger rühren, damit er schön knusprig wird. Kaninchenrückenfilets auslösen, Silberhaut entfernen, in mundgerechte Stücke schneiden, bei höherer Hitze im Speck kurz anbraten, bis sie eine schöne Farbe bekommen. Salzen und würzen (Brandt empfiehlt eine Mischung „Mélange Blanc", findet sich im Internet). Fleisch aus der Pfanne nehmen, Schalotte, Sellerie, Möhre mit etwas Fett anschwitzen, Wirsing zugeben, zusammenfallen lassen. 100 ml Sahne angießen und 1 TL Senf unterrühren.

REINGESCHMECKT

MEHR ALS HAUSMANNSKOST:

Das Rezept nachzukochen ist nicht allzu schwierig, zumal sich einiges vorbereiten lässt. Beispielsweise die Nudelherstellung. Auch die Kosten halten sich durchaus in Grenzen. Also: nachkochen lohnt sich.

Zeitaufwand: ★★★★☆
Schwierigkeitsgrad: ★★☆☆☆
Preis: ★★☆☆☆

Die selbstgemachten Nudeln sind die Arbeit wert.

MEINE ZUTATENLISTE

4–5 Blätter Wirsing, 1 Möhre, etwas Sellerie, 1 Schalotte, 50 g durchwachsener geräucherter Speck, Butter, Sahne, körniger Senf, 2 Kaninchenrückenfilets

Dass es schmeckt, verraten die Mienen: WAZ-Redakteur Willi Mohrs (links) und Wolfgang Brandt genießen Pasta und Kaninchen.

PILLEKUCHEN MIT SPECK

DAS SAGT DER PROFI

Foto: © Jörg Schimmel

Dirk Brendel

PILLEKUCHEN AUCH ALS „MANTEL“

Pillekuchen ist ein absoluter Klassiker im Ruhrgebiet und im Rheinland. In Spanien ist er auch als Tortilla bekannt. Hier verwendet man ebenfalls Kartoffeln, jedoch werden sie in Scheiben geschnitten. Der Speck wird durch Schinken ersetzt, welchen man auf den fertigen Kuchen auflegt. Sehr gerne wird auch Käse mit in den Teig gegeben, was ich persönlich sehr gerne mag. In unserer Küche verwenden wir die Pillekuchen, um sie als „Mantel“ einzusetzen. Probieren Sie mal Kalbs- oder Schweinefilet im Pillekuchenmantel. Hervorragend! Ein Salat als Beilage ist wichtig, da er die Schwere des Gerichts deutlich reduziert und die fehlende Säure ergänzt. Wer es vegetarisch mag, lässt den Speck weg und würzt mit Koriander, Cumin und Senfsaat. Ein wenig Kurkuma kräftigt den gelben Farbton.

SÜNDENFAKTOR

MITTEL

Der geräucherte Speck und die Sahne machen das Gericht nicht gerade kalorienärmer, ansonsten halten sich die Hüftgoldverstärker in Grenzen.

Mit einer Küchenmaschine stiftelt Margit Dewald-Fink die Kartoffeln.

PILLEKUCHEN – DER STEIGER KOMMT

Margit Dewald-Fink aus Neumühl kocht das Leibgericht ihres Großvaters, der als Bergmann „immer ordentlich w[...] auf die Rippen brauchte“

Ihr Großvater war Steiger. „Und so ein Bergmann brauchte nach getaner Arbeit immer ordentlich was auf die Rippen“, erzählt Margit Dewald-Fink (66) mit einem Schmunzeln. Dafür hat ihre Oma früher dann auch gesorgt. Etwa durch Pillekuchen mit Speck – früher ein Arme-Leute-Essen, gehört das Gericht heute zu den Klassikern im Ruhrgebiet. Und deshalb verwundert es auch nicht, dass die Neumühlerin sich mit ihrem Pillekuchen für die WAZ-Serie „Das isst der Pott“ erfolgreich beworben hat.

Die frühere Lehrerin am Hamborner Abtei-Gymnasium ist vor allem im Duisburger Norden keine Unbekannte, was gute Rezepte betrifft. Die hat sie schon vor 20 Jahren zum 90. Geburtstag ihrer Schule bei Eltern gesammelt, in einem Kochbuch mit dem Titel „Kochen wie Gott in Hamborn“ zusammengestellt und für den guten Zweck verkauft. Vier weitere Bücher hat sie seitdem gestaltet, darunter auch Rezepte von Prominenten wie dem Kabarettisten Wilfried Schmickler oder Gerburg Jahnke. „Sie liegen noch in einigen Duisburger Büchereien aus“, erzählt Margit Dewald-Fink, während sie den Pillekuchen zubereitet – so wie sie das Gericht von ihrer Großmutter kennen gelernt hat.

Die Eier hat sie bereits mit Mehl, der Milch und der sauren Sahne verquirlt. Petersilie und Schnittlauch sind untergerührt, die Kartoffeln geschält. Jetzt gibt sie ein bisschen Rapsöl mit Buttergeschmack in die Pfanne. „Man kann auch jedes andere Öl nehmen“, sagt die Neumühlerin. „Es schmeckt dann aber natürlich immer ein bisschen anders.“

Margit Dewald-Fink stellt den Herd höher, Zwiebeln und Speck werden kurz und kräftig angebraten. Und wenig später, als die Rentnerin die Kartoffeln mit einer Maschine stiftelt und mit in die Pfanne gibt, riecht es in der Küche schon richtig lecker. Kein Wunder, dass auch die Kinder der 66-Jährigen und auch ihre Enkel das Gericht lieben.

Schließlich kommen noch die verquirlten Eier dazu, sie streicht die Masse mit einem Spatel glatt und bringt sie in die runde Form. Noch ein paar Mal wenden, dann ist der Pillekuchen auch schon fertig.

Ein Salat passt wunderbar dazu – ebenso wie ein zünftiges Bier, das der Großvater von Margit Dewald-Fink früher nach der Schicht sicher auch dazu getrunken hat.

REINGESCHMECKT

SAFTIG UND LECKER:

Pillekuchen mit Speck ist schnell gemacht, die Zutaten schonen das Portmonee und wer das Gericht richtig zubereitet, wird überrascht sein: saftig und gar nicht so deftig wie erwartet.

Zeitaufwand: ★☆☆☆☆
Schwierigkeitsgrad: ★☆☆☆☆
Preis: ★☆☆☆☆

Zwiebeln und Speck werden kurz, aber kräftig angebraten.

MEINE ZUTATENLISTE

600 g Kartoffeln,
150 g durchwachs. Speck,
3 Eier, 2,5 EL Mehl,
1 geh. EL saure Sahne,
ein Schuss Milch,
je 2 EL Schnittlauch
und Petersilie

UND SO GEHT'S

MIT SPATEL IMMER WIEDER UNTERHEBEN

Zuerst die Eier mit dem Mehl, der Milch und der sauren Sahne verquirlen, salzen und pfeffern, Petersilie und Schnittlauch unterrühren und quellen lassen. Dann die Kartoffeln schälen, im Wasser zur Seite stellen. Öl in einer Pfanne erhitzen, Zwiebeln in Ringe schneiden, den Speck würfeln und alles zusammen kurz, aber kräftig unter Bewegung anbraten. Nebenbei die Kartoffeln stifteln, salzen, pfeffern, abschmecken und über das Speck-Zwiebel-Gemisch legen. Mit dem Pfannenheber alles unterheben, etwa 7 Minuten garen. Immer wieder mit einem Spatel die Kartoffelstifte unterheben. Zuletzt die verquirlten Eier untermischen, glatt streichen, stocken lassen und wenden oder in einer geschlossenen Pfanne rund 6 Minuten garen.

Zum Pillekuchen reichte Margit Dewald-Fink einen Salat mit Buttermilchdressing, den WAZ-Redakteur Daniel Wiberny ebenfalls richtig lecker fand.

DUISBURG

LINSENSUPPE MIT PFANNKUCHEN

DAS SAGT DER PROFI

Foto: © Jörg Schimmel

Dirk Brendel

LOB FÜR DIESE LINSENSUPPE

So kocht man Linsensuppe! Ein schönes Gericht und eine nette Idee, Pfannkuchen dabei zu reichen. Die selbst gemachte Fleischbrühe ist dabei schon ein wichtiger Garant für den Erfolg dieses Gerichtes. Ich könnte mir aber durchaus auch vorstellen, die Bratwurstbrätkugeln schon beim Ansatz mit dazu zu geben. In Frankreich ist das nämlich ein absoluter Bistroklassiker: Lyoner Wurst auf Rotweinlinsen. Das Arganöl ist sehr teuer und auch schwer zu bekommen. Ich denke, hier könnte man durchaus auch ein Traubenkernöl verwenden. Der Balsamico-Essig ist jedoch wichtig. Er verleiht dem Gericht eine gewisse Süße und auch Säure, was diese Linsensuppe braucht. Hier am Niederrhein darf es auch schon mal ein guter Schuss Maggi sein, aber das ist natürlich Geschmackssache. Noch ein Tipp: Hin und wieder koche ich schon mal eine Linsensuppe nach ayurvedischem Vorbild. Für diese Variante verwende ich dann Chili, Apfelessig, Äpfel und Rosinen. Das ergibt ein interessantes Süß-Sauer-Spiel.

SÜNDENFAKTOR

GERING

Wer bei einem guten Essen von Sünde spricht, liegt eh falsch. Die paar Kalorien, die mit dieser Linsensuppe auf den Tisch kommen, werden mehr als wettgemacht durch die Freude an einem gelungenen Mahl.

Claudia Coester bereitet ihre Linsensuppe nach einem Traditionsrezept zu.

ÜBERRASCHUNGSKUCHEN ZUR SUPPE

Claudia Coester aus Meiderich servierte ein altes Familiengericht: Linsensuppe mit Pfannkuchen. Für Pfi sorgen Details wie ein Schuss Arganöl und Balsamico

Tränen der Rührung und der Freude standen Michael Schillings in den Augen, als seine Lebensgefährtin Claudia Coester diese Linsensuppe erstmals auftischte. Am unbestreitbar herausragenden Geschmack lag's nicht so sehr, viel mehr an der Vorgeschichte.

Denn das Rezept stammt von Schillings verstorbener Mutter, und Claudia Coester nutzte seine Abwesenheit wegen eines Kegelabends zum Tüfteln am alten Rezept für Linsensuppe mit einer außergewöhnlichen Beilage, nämlich einem Pfannkuchen. Das Ergebnis: Besagte Tränen und ein überschwängliches Lob: „Du hast die Linsensuppe getroffen!" Was gar nicht so einfach gewesen sein dürfte, denn von Eintopfschlichtheit ist das Gericht weit entfernt. Glücklicherweise.

Dabei fängt's weitgehend unspektakulär an: Porree, Möhren, Staudensellerie, Zwiebeln und Knoblauchzehen werden gewürfelt und angebraten. Aber: in Gänseschmalz. Das Ganze wird anschließend aufgegossen mit Wasser und selbstgemachter (!) Brühe, dazu kommen eine Beinscheibe und Markknochen vom Rind sowie Pardina-Linsen (ohne Einweichen) und eventuell eine halbe Chilischote. Das Ganze wird eine Stunde gekocht. 500 Gramm gewürfelte Kartoffeln werden mit Wasser und Salz aufgesetzt. Claudia Coester nimmt Meersalz.

Während sie Bratwurstbrät zu Kugeln formt, verrät die Hobby-Köchin aus Meiderich: „Ich liebe Kochen." Ein Fan der italienischen Küche sei sie, lade aber auch gerne ihren „netten Freundeskreis" zum Tapas-Essen ein. Schillings liebt die bürgerliche Küche, hat sich aber längst auch von mediterranen Leckerbissen überzeugen lassen.

Nun zu den Pfannkuchen. Sechs Eier, eine Prise Zucker, wieder Meersalz („Daran wird nicht gespart" und beim Pfeffer ist's gerne einer aus Madagaskar) und Mehl „frei nach Schnauze", bis ein zäher Teig entsteht, noch etwas Milch zugeben und eine dreiviertel Stunde ruhen lassen.

Nun zum Finale: Für die Suppe werden noch 350 g geräucherter Speck in der Pfanne angeschwitzt. Aus dem Brät von drei Bratwürsten formt die Zahnmedizinische Fachassistentin Kugeln, die eine viertel Stunde vor Ende der Garzeit in die Suppe kommen. Die Beinscheibe wird klein geschnitten und wieder in den Topf gegeben, ebenso je ein Esslöffel Arganöl und Balsamico und das Grün vom Staudensellerie. Dann noch etwas gehackte Petersilie darüber – und dazu gibt's die frisch gebackenen Pfannkuchen.

REINGESCHMECKT

LINSENSUPPE KLINGT zunächst alltäglich, ist aber in dieser Zubereitungsart durchaus reizvoll. Die Kombination mit den Pfannkuchen ist gelungen, und für geschmacklichen Pfiff sorgen Beinscheibe wie auch Brätbällchen, Balsamico und Arganöl.

Zeitaufwand: ★★★★☆
Schwierigkeitsgrad: ★☆☆☆☆
Preis: ★☆☆☆☆

Sieht der nicht lecker aus? Ein frischer und perfekter Pfannkuchen.

MEINE ZUTATENLISTE

Röstgemüse, Brühe, Beinscheibe, Markknochen, Speck, Linsen, Kartoffeln, Bratwurstbrät, Mehl, Milch, Arganöl, Balsamico, Petersilie, Selleriegrün

UND SO GEHT'S

BRÄTKUGELN ALS LECKERES EXTRA

Ganz wichtige Zutat ist Zeit. Denn 4 Stangen Porree, 2 dicke Möhren, 3 Stangen Sellerie, 3 Zwiebeln und 2 Knoblauchzehen sind zu würfeln und in Gänseschmalz anzubraten. Mit Brühe und Wasser aufgießen, Beinscheibe, Knochen und 500 g Linsen zugeben und eine Stunde kochen. Ein Pfund Kartoffeln würfeln und kochen. Bratwurstbrät zu Kugeln formen (3 cm Durchmesser). 350 g geräucherten durchwachsenen Speck würfeln und in der Pfanne anbraten und zur Suppe geben, ebenso die Brätkugeln eine Viertelstunde vorm Servieren. Beinscheibe klein schneiden, je 1 EL Arganöl und Balsamico zugeben sowie Selleriegrün. Mit Petersilie bestreuen (Pfannkuchen siehe oben).

Eine unerwartet perfekte Kombination: Linsensuppe mit Pfannkuchen, zubereitet von Claudia Coester und genossen von WAZ-Redakteur Willi Mohrs.

DUISBURG

SAUERKRAUT-SUPPE

DAS SAGT DER PROFI

Foto: © Jörg Schimmel

Dirk Brendel

AUCH ENTE PASST ZUM SAUERKRAUT

Großartig! Wer setzt schon heutzutage noch selber Sauerkraut an. Respekt! Eine andere Variante für die Sauerkrautsuppe wäre in der Tat auch, mit Entenfleisch zu arbeiten. Hierbei würde ich das Sauerkraut mit Gänseschmalz und viel Zwiebeln anschwitzen. Die eingeweichten und dazu auch noch selbst gesammelten Pilze sind ebenfalls eine gute Idee. Wir würden frische, der Jahreszeit entsprechende Pilze verwenden und sie mit dem Entenfleisch in einer Pfanne mit Zwiebeln anbraten. Wenn die Suppe zum Schluss mit geriebenen Kartoffeln abgebunden wird, würde ich das Entenragout in einem großen tiefen Teller in der Mitte anrichten. Reichlich frische Kräuter drüber geben und die Suppe um das Ragout angießen. Man könnte auch Schmand und Crème fraîche mit zu der Suppe reichen. Es lässt die Suppe ein wenig frischer erscheinen. Zum Sauerkraut passt auch ein Stück kross gebratener Zander, eines meiner Lieblingsrezepte.

SÜNDENFAKTOR

MITTEL

„Ach, wir schauen nicht so auf die Kalorien", sagt Inge Gogolla lachend und ergänzt: „Es soll schließlich schmecken." So gibt's bei Gogollas auch oft Fleisch. Und Fisch – wen wundert's bei den Hobbys von Horst Gogolla.

Bei Inge Gogolla sitzt jeder Handgriff in der kleinen Küche.

DAS KRAUT AUS DEM EIGENEN TOPF

Inge Gogolla hat es gut: Sie kocht gerne, und ihr Mann liefert die Zutaten von der Jagd oder vom Angeln. Oder steuert die gesammelten Pilze bei

Inge und Horst Gogolla führen seit 53 Jahren eine perfekte Ehe. Das hat auch viel mit Küche und Kochen zu tun. Sie kocht für ihr Leben gerne und er ist ein wahrer Jäger und Sammler. Das füllt Truhen und Töpfe. Nur das Schwein zur Sauerkrautsuppe, das hat Horst Gogalla nicht selbst erlegt.

Dafür sind die Pilze selbst gesammelt und getrocknet und auch das Sauerkraut hat der 76-Jährige selbst in dem großen 20-Liter Steingut-Topf angesetzt. Zutaten, mit denen Gattin Inge trefflich in der kleinen Küche werkeln kann. Mit flinker Hand und großer Erfahrung. Da braucht sie keinen Blick ins Kochbuch. Welches Kochbuch? „Ich habe gar keins, alle Rezepte habe ich im Kopf", lacht die 72-jährige, die im elterlichen Haus in Bergheim aus dem Vollen schöpfen kann, was Gatte Horst von der Jagd oder vom Angeln im Toeppersee herbeischafft.

Pünktlich mittags steht bei Gogollas das Essen auf dem Tisch. Diesmal sind es nur wir vier, die beiden Gastgeber, dazu Texter und Bildmann der WAZ. Wenn's bei der Oma Sauerkrautsuppe gibt, sitzt schnell ein Dutzend am Tisch, wenn die beiden Söhne anrücken, die vier Enkel und vier Urenkel. Dann kocht Inge Gogolla eben größere Portionen. Und wenn sie mehr Platz in der kleinen Küche braucht, wird halt die gute alte Dinette aufgeklappt.

Da sitzt jeder Handgriff für die Sauerkrautsuppe. Die getrockneten Pilze, Maronen und Steinpilze, hat sie eine halbe Stunde eingeweicht und schüttet sie mit dem würzigen Sud zum Sauerkraut. „Das ist viel leckerer als Gekauftes", lobt sie ihren Mann fürs Kraut. Eine Stunde köchelt das Sauerkraut, dann kommen die gewürfelten und gekochten Kartoffeln mit dem Kochwasser hinzu. Während Horst Gogolla kurz in den Garten-Anbauten den Blick gewährt in die erlegten und geangelten Vorratsbestände von Wildente bis Karpfen, brät Inge Gogolla das Schweinegulasch kräftig an. Der Duft lockt zurück in die Küche, wo das Fleisch gerade in das Sauerkraut geschüttet wird. Kurz kocht die Suppe auf und kommt dampfend auf den Tisch.

„Als Wildentensuppe ist das auch lecker", schwärmen beide. Aber für die WAZ-Suche nach Duisburgs Leibgericht hat sich Inge Gogolla für die Gulasch-Variante entschieden. Schließlich hat sie damit vor 40 Jahren beim Koch-Wettbewerb der Bayer-Kantine schon mal eine Kaffeemaschine gewonnen. Kein Wunder, bei dem herzhaft-säuerlichen Gericht.

UND SO GEHT'S

SAUERKRAUT LÄSST SICH AUCH GUT EINFRIEREN

Eine gute Stunde müssen das Sauerkraut und die eingeweichten Pilze in einem Liter Wasser köcheln, bis das angebratene Schweinefleisch dazu kommt. In das Gulasch kommt noch eine klein gewürfelte Zwiebel, die zuletzt mit dem Fleisch glasig braun angebraten wird. Die Röststoffe löscht Inge Gogolla mit ein wenig Wasser ab. Pfeffer und Salz genügen ihr für die Würze, auf zusätzliche Brühe verzichtet sie. Unter Umständen kann man die Sauerkrautsuppe mit ein wenig Mondamin andicken. Aber es soll ja eine Suppe sein und kein Eintopf. Das selbst gemachte Sauerkraut lässt sich übrigens hervorragend in kleineren Portionen einfrieren und auch die getrockneten Pilze halten gut verpackt eine ganze Saison.

REINGESCHMECKT

DIE SAUERKRAUTSUPPE

selbst ist leicht gekocht, wenn auch etwas zeitaufwendig. Mit dem selbst gemachten Sauerkraut steigen natürlich Zeit und Schwierigkeitsfaktor. Da braucht's auch Erfahrung.

Zeitaufwand: ★★☆☆☆
Schwierigkeitsgrad: ★★☆☆☆
Preis: ★☆☆☆☆

Die getrockneten und eingeweichten Pilze geben der Sauerkrautsuppe ihr würziges Aroma.

MEINE ZUTATENLISTE

1 kg Sauerkraut,
200 g getrocknete und eingeweichte Pilze,
1 dicke Zwiebel,
5 dicke Kartoffeln,
1 kg Schweinegulasch,
Salz, etwas Butter

Das selbst eingelegte Sauerkraut kommt aus dem Fass.

NIEDERRHEINISCHER JÄGERKOHL

DAS SAGT DER PROFI

Foto: © Jörg Schimmel

Dirk Brendel

KALBSLEBER PASST GUT DAZU

Der Eintopf ist klassisch und gut. Ich würde auf den Speck verzichten und ihn durch Wildschweinsalami ersetzen. Dadurch bekommt das Gericht eine andere Richtung. Anstelle des Hacks kann man sich beim Metzger eine Wildschweinkeule durch den Wolf drehen lassen. Somit hat man gleichzeitig ein Bio-Gericht. Gut dazu passt eine Kalbsleber in kleine Stücke geschnitten, die mit ein paar Apfelstückchen angebraten dazu gereicht werden. Man kann den ganzen Eintopf über einem Sieb abtropfen lassen und in einen Frühlingsrollenteig eindrehen und knusprig ausfrittieren, dabei könnte man Hühnerfleisch oder Entenfleisch in Szene setzen. Ein wenig Ingwer, Soja und Kukuma geben dem Ganzen dann eine asiatische Richtung. Der Bärlauch ist eine gute Idee und passt zu der jetzigen Jahreszeit. Ansonsten aber auch durch Schnittlauch zu ersetzen.

SÜNDENFAKTOR

MITTEL

Der Kohl hat nicht viele Kalorien und enthält zudem viel Vitamin C. Die Kartoffeln treiben den Sündenfaktor auch nicht nach oben. Beim ausgelassenen Speck und Hackfleisch sieht das schon etwas anders aus.

Der Topf dampft, der Kohl gart: WAZ-Gast Daniel Wiberny darf Ute Hilgert beir über die Schulter schauen.

KOHL ZUM MÜHLEN-GEBURTSTAG

Als die Bergheimer Mühle 1994 200 Jahre alt wurde, schrieb Ute Hilgert mit ihrer Freundin ein Kochbuch. Ei ihrer Lieblingsrezepte daraus kocht sie für die WAZ

Dass der Niederrheinische Jägerkohl längst zu Ute Hilgerts Lieblingsgerichten zählt – daran ist die Bergheimer Mühle schuld. Als die Mühle 1994 200 Jahre alt und das im Ortsteil groß gefeiert wurde, waren es die Rheinhausenerin und ihre Freundin, die sich zu diesem runden Geburtstag etwas Besonderes einfallen ließen. Die beiden schrieben das Mühlenkochbuch. Und eines der rund 60 handfesten Rezepte, die das Duo zusammentrug, war eben der Niederrheinische Jägerkohl.

Den genießt Ute Hilgert am liebsten in den Wintermonaten, er passt aber auch wunderbar in den Frühling. Kochen, erzählt die 54-Jährige, während sie zunächst durchwachsenen Speck in einem großen Topf ganz langsam auslässt, könne in ihrer Familie jeder. „Wer lesen kann, kann auch kochen, sag ich immer." Das gilt auch für ihre beiden Kinder, die bereits im Teenageralter die Eltern immer einmal im Monat an einem Wochenende mit einem Gericht überraschen mussten – beziehungsweise durften. „Das hat sich bezahlt gemacht. Wir alle lieben das Kochen", erzählt Ute Hilgert, während sie nun kleine Zwiebelwürfel zum Speck in den Topf gibt und das Hackfleisch krümelig anbrät.

SPITZKOHL IST ANGENEHM MILD

Dann greift sie sich den Kohl. Sie nimmt am liebsten und auch diesmal Spitzkohl. „Der lässt sich gut verarbeiten, ist angenehm mild, hat nicht diesen ganz so intensiven kohligen Geschmack", erklärt die Rheinhausenerin. „Man kann aber auch jeden anderen Kohl nehmen – oder Wirsing."

Ihren Lieblingskohl lässt die 54-Jährige nun in Streifen in den Topf wandern, Brühe dazu und das Ganze 20 Minuten garen. Währenddessen schält und schnibbelt sie Kartoffeln, die sie später mit auf den Kohl gibt. Danach muss Ute Hilgert nur noch einmal 20 Minuten warten, ehe das Gericht schon so gut wie fertig ist.

Zeit für einen Abstecher in ihren wunderschönen Garten, aus dem die Rheinhausenerin Bärlauch geerntet hat – für eine leckere, Vinaigrette. Sie ist bestimmt für einen knackig-kunterbunten Frühlingssalat, den sie als Vorspeise serviert. Anschließend steht ein dampfender Topf mit frisch vermengtem Niederrheinischen Jägerkohl auf dem Tisch. Ein bisschen Petersilie hat die Hobby-Köchin noch dazugegeben. „Muss aber nicht", sagt die 54-Jährige, die auch gerne italienisch oder türkisch isst, vor allem aber diese niederrheinischen Eintöpfe.

UND SO GEHT'S

KOHL GAREN, KARTOFFELN SCHÄLEN

Der durchwachsene Speck wird gewürfelt und in einem großen Topf bei niedriger Hitze ganz langsam bis zu 30 Minuten lang ausgelassen. Danach eine Zwiebel würfeln und im Speckfett glasig braten. Anschließend kommt das gemischte Hackfleisch in den Topf, bräunen und mit Salz und Pfeffer kräftig würzen. Der Kohl wird geputzt, gewaschen und in Streifen geschnitten dazugegeben – danach die Brühe. Den Topf dann verschließen und das Ganze bei milder Hitze 20 Minuten lang garen. In dieser Zeit die Kartoffeln schälen, in rund 2 Millimeter breite Scheiben schneiden und nach den 20 Minuten auf den Kohl geben. Noch mal 20 Minuten garen, anschließend alles gut vermengen und bei Bedarf ein wenig Petersilie dazu.

REINGESCHMECKT

ZU JEDER JAHRESZEIT LECKER:

Die Zubereitung ist ein Kinderspiel. Wenn der Speck ganz langsam ausgelassen wird, braucht man auch kein zusätzliches Fett. Und das Gericht ist nicht zu deftig, schmeckt deshalb nicht nur im Winter.

Zeitaufwand: ★★☆☆☆
Schwierigkeitsgrad: ★☆☆☆☆
Preis: ★☆☆☆☆

Der Kohl wird geputzt, gewaschen und anschließend in Streifen geschnitten mit in den Topf gegeben.

MEINE ZUTATENLISTE

750 g Kohl nach Wahl,
750 g Kartoffeln,
350 g gem. Hackfleisch,
150 g Speck,
250 ml Brühe,
1 Zwiebel

Das Mühlenkochbuch mit rund 60 handfesten Rezepten.

DUISBURG

SAIBLING MIT SEITLINGEN

DAS SAGT DER PROFI

Foto: © Jörg Schimmel

Dirk Brendel

GROSSES LOB FÜR ENGAGIERTEN KOCH

Ein tolles, sehr engagiertes Rezept. Die lange in Vergessenheit geratene Macaire-Kartoffel – ein ganz großer Genuss! Die Tomaten sind nicht nur farbliche Komponente, sondern geben dem Gericht eine leichte Süße. Ich könnte mir vorstellen, die halbierten Tomaten mit zu der Marinade des Saiblings zu geben. Sie erhalten so noch mehr Geschmack. In unserer Küche legen wir die marinierten Saiblingsfilets auf einen Porzellanteller, decken ihn mit Klarsichtfolie ab und garen den Fisch bei 74 Grad im vorgeheizten Backofen. So bleibt er herrlich saftig. Dazu die gebratenen Seitlinge, die gebratenen Macaire-Kartoffeln, die marinierten Tomaten und die frischen Kräuter mit der schaumigen Sauce kann ich mir sehr gut vorstellen. Ein großes Lob für dieses Gericht!

SÜNDENFAKTOR

GERING

Fisch geht sogar in Fastenzeiten, also immer. Pilze sind auch keine Kalorienbomben, und etwas Fett ist unverzichtbar, wenn's schmecken soll.

Walter Frings aus Neudorf in seiner maßgeschneiderten Küche.

SAIBLING MIT SEITLINGEN

Ruheständler aus Neudorf hat die Küche zu seinem Revier gemacht. Er kombiniert einen nicht alltäglichen Pilz mit einem nicht alltäglichen Fisch

Ich koche, ich kaufe ein, ich spüle ab – das hat Walter Frings vor rund einem Jahrzehnt zu seiner Frau gesagt, als er in den Ruhestand ging. Nur auf der Couch liegen wollte er auf keinen Fall. Sein Fazit: „Das hat die ganzen Jahre gut geklappt." Zum Beweis tischt er Saiblingsfilets auf mit Kräuterseitlingen und Macaire-Kartoffeln.

Seine Küche hat sich der Neudorfer vom Küchenspezialisten auf den Leib schneidern lassen. Koch- und Backbereich getrennt anzuordnen war ein Wunsch dabei, damit auch zu zweit gearbeitet werden kann. Beim Saibling, den er zuvor filetiert hat, kommt Frings aber gut allein zurecht.

Aus der Karkasse des Fischs hat der frühere Inhaber eines Haushaltswarengeschäfts mit Wasser und Weißwein schon einen Fond gekocht, die Filets in Olivenöl mit Majoran, Salbei, Rosmarin und Dill zwei Stunden mariniert, den Backofen auf 180 ° vorgeheizt.

Dann werden drei Zwiebeln fein gewürfelt. Die Hälfte der Zwiebeln wird mit gewürfeltem Speck in der Pfanne angeschwitzt. Ein Pfund gekochte Kartoffeln werden gestampft, zwei Eier, Muskat, Schnittlauch und ein Stich Butter darunter gerührt, bei Bedarf etwas Stärke. Dazu kommt jetzt die Zwiebel-Speck-Mischung.

Für den Fisch die Schale von einer unbehandelten Zitrone abreiben (Vorsicht: Das Weiße darunter ist bitter!). Drei Kräuterseitlinge längs in dünne Scheiben schneiden (Tipp: Bei den Köpfen anfangen, dann bleiben sie heil).

Ein Löffel Butterschmalz in eine Pfanne geben, dazu ein Schuss Olivenöl. Die Pilze portionsweise mit den restlichen Zwiebelwürfeln anbraten, dabei salzen. Dazu nimmt Frings eine Prise einer Gewürzmischung für Gemüsepfanne.

Fische aus der Marinade holen. Einen Löffel Butter in derselben Pfanne vorsichtig erhitzen. Fischfilets mit Zitronensaft einpinseln und mit Bratfischwürze einreiben, durch Mehl ziehen und auf der Haut zwei Minuten braten, einmal wenden. Zitronenabrieb darüber geben. Mit Fischfond ablöschen, einmal aufkochen.

Feuerfeste Form mit Öl auspinseln, Seitlinge hineinlegen, darauf Rosmarinzweige, dann die Filets mit der Haut nach oben. Mit Butterflöckchen belegen und für 15 Minuten in den Ofen geben. Zum simmernden Fischfond 100 ml Hühnerbrühe geben sowie 200 ml Sahne, etwas Zitronensaft, Weißwein und Noilly Prat (Wermut). Zuletzt hellen Soßenbinder zugeben, leicht andicken lassen. Mit Sojasauce abschmecken.

UND SO GEHT'S

EIN GENUSS: MACAIRE-KARTOFFELN

Kartoffel-Eier-Teig mit Löffeln zu drei flachen Buletten (sofern drei Esser bekocht werden, sonst müsste man die Teigmenge natürlich entsprechend anpassen) formen und in einer Pfanne mit Disteloder Rapsöl etwa 10 Minuten bei mittlerer Hitze braten, die letzten 5 Minuten zusammen mit zwölf halbierten Cocktail-Tomaten (Schnittfläche nach unten), bis der Buletten-Teig von beiden Seiten leicht gebräunt ist. Mit einem Vorspeisenring (den gibt's in guten Haushaltswarenläden) und einem Stampfer jeweils einen Kartoffel-Klops auf den Tellern anrichten, Seitlinge am Tellerrand anrichten, Saiblinge in der Mitte, Tomaten rundum. Die Sauce angießen und alles schön mit gehackter Petersilie bestreuen.

REINGESCHMECKT

ES IST SCHON ETWAS

anspruchsvoller, dieses Rezept nachzuvollziehen, weil einiges gleichzeitig geschehen muss und bei der Dosierung der Herdhitze auch etwas Vorsicht angeraten ist. Aber es lohnt sich allemal.

Zeitaufwand: ★★★★☆
Schwierigkeitsgrad: ★★★★☆
Preis: ★★★☆☆

WAZ-Redakteur Willi Mohrs durfte dem Hobby-Koch über die Schulter schauen und anschließend kosten. Und war absolut überzeugt.

MEINE ZUTATENLISTE

Die meisten Zutaten finden sich in jeder gut sortierten Küche.

Was zu kaufen ist:
Saiblinge (pro Person einen) oder Saiblingsfilets, Kräuterseitlinge, Cocktailtomaten, Noilly Prat (Wermut)

Frischgepresster Zitronensaft kommt an den Fisch.

BLUTWURST-STRUDEL

Karla Wesche-Thomas serviert zum „Blutwurststrudel" ein Essener Pils, ihre Ta
hat sie reviertypisch dekoriert. Links: Gerd Niewerth (WAZ).

BLUTWURST, KOHLE UND LÖWENZAHN

Hobbyköchin Karla Wesche-Thomas aus Kray schätzt die regionale Küche. Zu einer gelungenen Tafel gehört für sie unbedingt eine passende Deko mit Pfiff

DAS SAGT DER PROFI

Foto: © Stefan Arend

Thomas Stolle

EIN KLASSIKER DES RUHRGEBIETS

Der Blutwurststrudel zeigt, wie gut man einem absoluten Klassiker aus dem Ruhrgebiet – der Blutwurst eben – durch eine etwas andere Zubereitung einen modernen Touch verleihen kann. Zur Abwechselung empfehle ich mal dies: Der Wurst-Apfel-Füllung Majoran-Blätter und frischen Thymian als Würze zugeben, sie verleihen dem Strudel eine leichte Kräuter-Note. Dieses Leibgericht eignet sich auch für die warme Jahreszeit. Gerade jetzt zum Sommer hin kann ich mir zum Blutwurststrudel außerdem auch sehr gut einen bunten Salat aus Sojasprossen mit Chili, Mango-Chutney und Sesam vorstellen. Guten Appetit!

SÜNDENFAKTOR

MITTEL

Wegen der Speckwürfel in der Blutwurst springt die Ampel auf Gelb. Blut enthält überwiegend Eiweiß, das eher kalorienarm ist. Die Schwarte ist entfettet. Den Aufschnitt nennen Metzger übrigens Rotwurst.

Aufgewachsen ist Karla Wesche-Thomas in Velbert, aber im „Pott" – genauer gesagt in Kray – hat sie nach mittlerweile 37 Jahren längst Wurzeln geschlagen. Auch bei der Wahl ihres Leibgerichts kokettiert die Übersetzerin und Dolmetscherin für Englisch und Französisch mit dem rauen, vom Bergbau geprägten Charme dieses Landstrichs. „So schwarz wie die Kohle, so deftig wie der Ruhrpottler" umschreibt sie ihren „Blutwurststrudel". Ein Leibgericht, das sie in der TV-Show „Das perfekte Dinner" entdeckt und nach eigenem Gusto verfeinert hat.

„Ich schiebe es erst in den Ofen, wenn die Gäste eingetrudelt sind", verrät die 59 Jahre alte Hobbyköchin. Die Vorliebe für gutes Essen prägten ihre Eltern. „Sie besaßen eine Bäckerei und Konditorei."

Das Wandtattoo in der schicken Küche im Reihenhaus auf dem Tübbingweg gibt ihre Feinschmecker-Philosophie wieder. „Essen ist ein Bedürfnis. Genießen ist eine Kunst" steht dort – ein Ausspruch des Moralisten La Rochefoucauld. Den Genuss auf dem Teller steigert die Krayerin, indem sie großen Wert auf die Wahl der Zutaten legt. Auf ihrem Einkaufszettel stehen bevorzugt regionale Produkte sowie saisonales Gemüse und Obst – gerne vom Wochenmarkt. „Ich käme nie auf die Idee, im Dezember Erdbeeren zu kaufen."

Auf die komfortable Arbeitsfläche aus geschliffenem Granit hat sie eine dekorative Komposition aus verschiedenen Sorten Öl und Essig gestellt. Zu den Highlights zählt zweifelsohne der hausgemachte Brombeer-Essig. Die Wildfrüchte erntet sie vor der Haustür. Als begeisterte Walkerin und Waldläuferin weiß sie, wo entlang der Strecke die beste Brombeere gedeiht. Die gewaschenen, in Balsamico gelegten Früchte werden zerstampft, nach drei bis vier Tagen püriert und gesiebt. Kurz mit Rohrzucker sieden lassen und in eine schöne Flasche abfüllen – fertig ist die feine Essigkreation à la Karla.

Die Hobbyköchin stöbert gerne in Kochbüchern, hat sich aber auch durch Reisen insbesondere in Mittelmeerländer oder nach Fernost inspirieren lassen.

Die Leidenschaft für gutes Essen und Kochen teilt Karla Wesche-Thomas seit jeher mit anderen. „Ich habe gerne Gäste und bewirte gerne." Unverzichtbar für eine gelungene Tafel ist eine pfiffige, dem jeweiligen Anlass entsprechende Deko. Passend zum herzhaften „Ruhrpott"-Gericht hat sie glänzende Kohlenstücke und frisch gepflückten Löwenzahn auf die blütenweiße Tischdecke gelegt. Neben der kohlenschwarzen Serviette liegt ein handgeschriebenes Kärtchen mit dem freundlichen Gruß „Das isst der Pott – Glückauf". Als das Gericht endlich serviert ist, schenkt sie frisches Essener Pils ins Tulpenglas. „Was denn sonst?", sagt sie augenzwinkernd.

UND SO GEHT'S

BLUTWURSTSTRUDEL – AUF KRAYER ART

Blätterteig ausrollen; Zwiebeln in kleine Würfel schneiden und im Schmalz glasig braten. In Würfel geschnittene Äpfel beifügen, mit Salz und geschrotetem Pfeffer abschmecken. Äpfel fünf Minuten mit den Zwiebeln dünsten. Blutwurst in Würfel schneiden. Hälfte der Äpfel-Zwiebel-Mischung in der Mitte auf den Blätterteig legen, darüber die Schicht Blutwurst geben und zuletzt die restlichen Äpfel und Zwiebeln. Blätterteig zuklappen. Wer mag, kann den Strudel mit einem Blätterteig-Gitter verzieren. Mit Eigelb einpinseln, 25 Minuten in den Ofen bei 180 Grad Umluft. Zubereitung: ca. 30 Minuten. Für drei Personen als Haupt-, für sechs als Vorspeise.

REINGESCHMECKT

EIN ECHTER SCHMACKOFATZ:

Die herzhafte Blutwurst und die süß-sauren Äpfel ergeben geschmacklich einen herrlichen Kontrast. Ein einfaches Rezept – und lecker dazu!

Zeitaufwand: ★★☆☆☆
Schwierigkeitsgrad: ★★☆☆☆
Preis: ★★☆☆☆

Wichtig: Teig mit Eigelb einpinseln.

MEINE ZUTATENLISTE

1 Paket Blätterteig,
500 g gute Blutwurst,
200 g Zwiebeln,
2 Äpfel (z. B. Boskop),
Salz,
geschroteter Pfeffer,
Butterschmalz,
1 Eigelb

Blutwurststrudel an Feldsalat mit Brombeer-Balsamico-Dressing.

RUSSISCHER HACKFLEISCH-TOPF

DAS SAGT DER PROFI

Foto: © Stefan Arend

Thomas Stolle

FRISCHE FARBE UND NOCH MEHR BISS

Wählt man die vegetarische Variante des Hackfleischtopfs, kann man das Sojagranulat nach dem Einweichen noch mit etwas Öl und Gyrosgewürz ziehen lassen. Dann wird es insgesamt noch herzhafter und würziger. Und anstelle von Tomatenmark kann auch Ayvar verwendet werden. Fügt man dann gegen Ende des Kochvorgangs eine fein gewürfelte rote Paprikaschote hinzu, gibt das dem Gericht eine frische Farbe – und verleiht dem Eintopf zudem ein wenig mehr Biss. Paprika nicht zu lange mitköcheln lassen. Aus dem vegetarischen Hackfleischtopf wird ein veganer, wenn man die saure Sahne durch Sojasahne ersetzt. Guten Appetit!

SÜNDENFAKTOR

GERING

Tofu-Produkte sind fester Bestandteil der pflanzlichen Küche. Auch Tofu-Gehacktes enthält reichlich Ballaststoffe und wertvolles Eiweiß. Die Deutsche Gesellschaft für Ernährung wirbt für vegetarische Lebensweise.

Schon als Kind hat sich Almuth Schierwater auf den „Russischen Hackfleische
gefreut – heute kocht sie ihn allerdings mit Tofu-Gehacktem.

DAS LEIBGERICHT AUS DER KINDHEIT

Almuth Schierwater ist auf dem Land nahe Hannover aufgewachsen und 1992 nach Essen gezogen. Das Koch hat sie von ihrer Mutter erlernt

Es ist angerichtet: Zu ihrem Eintopf-Essen mag die Köchin am liebsten Rosé-Sekt. Pfiffig sind die Serviettenringe aus Tomatenmark-Dosen.

Als Almuth Schierwater vor gut zwanzig Jahren vom Dorf Fuhrberg bei Hannover zum Lehramtsstudium ins Ruhrgebiet zog, sparten ihre Freundinnen nicht mit Sticheleien. Einige lachten sie sogar aus. „Essen war damals ja auch ziemlich grau", sagt die 44-Jährige, „aber in der Zwischenzeit hat sich hier viel verbessert."

In der Neubausiedlung Herbrüggenhof in Schönebeck ist die Gymnasiallehrerin für Deutsch und Kunst mit ihrem Mann Klaus und den Kindern Peer (11) und Mena (8) längst heimisch geworden. „In unserer Nachbarschaft kennt jeder jeden", lächelt sie. Fast ist es Landleben mitten in der Großstadt. Das Kochen erlernte sie sehr früh von ihrer Mutter. „Sie hat meine Schwester und mich viel rumfrickeln lassen." Und den Töchtern einen kostbaren Rat gegeben: nämlich keine Lebensmittel in die Mülltonne zu werfen. Eine Tugend, die die durch Hunger und Knappheit traumatisierte Kriegsgeneration tief verinnerlicht hat. Auch ihre Vorliebe für saisonales Gemüse und Obst kommt nicht von ungefähr. „Unser Garten war ein Traum", schwärmt sie. „Kartoffeln, Erbsen und Karotten gab's frisch auf den Tisch, ebenso Äpfel, Birnen, Erdbeeren und Quitten." An der Koch-Leidenschaft hat sich im Laufe der Zeit nichts geändert, wohl aber an der Einstellung zu Fleisch. „Als ich nach Essen zog, bin ich Vegetarierin geworden." Nicht, weil sie die Welt verbessern wollte oder sich über einen Fleischskandal ärgerte, nein, es war der Anblick der toten Kreatur. Der geliebte Dackel war gestorben. „Als ich unseren Pontus sah, ist mir der Appetit auf Fleisch vergangen."

Mit dem „Russischen Hackfleischeintopf" verbindet sie nostalgische Erinnerungen an die wohlbehütete Kindheit im dörflichen Idyll. „Früher habe ich mich wahnsinnig gefreut, wenn ich aus der Schule kam und meine Mutter dieses Gericht gekocht hatte." Die oft benutzte Original-Rezeptkarte besitzt sie übrigens immer noch.

Wenn sich ihre eigene Familie im schmucken Schönebecker Reihenhaus zum Mittagessen versammelt, steht das Leibgericht aus Kindheitstagen immer häufiger auf dem Tisch – jetzt allerdings mit veganem Hackfleisch. „Der Clou dieses Eintopfs ist der Senf, ich nehme mittelscharfen französischen." Wenn Almuth Schierwater genug Zeit hat, kocht sie gerne aufwändig – mit Vor- und Nachspeisen und für eine große, gesellige Runde. Ihr Mann Klaus steht ebenfalls gerne am Herd und Tochter Mena schickt sich an, es Mutter und Großmutter gleich zu tun. „Ich bin in der Koch-AG", sagt die Schülerin der Eichendorffschule.

REINGESCHMECKT

VOLL IM TREND:

Vegetarisch bzw. vegan kochen ist voll angesagt. Almuth Schierwaters Russischer Hackfleischtopf mit Tofu-Gehacktem ist einfach, leicht und bekömmlich.

Zeitaufwand: ★★☆☆☆
Schwierigkeitsgrad: ★★☆☆☆
Preis: ★★☆☆☆

Russischer Hackfleischtopf

Arbeitszeit: 15-20 Minuten, simpel!
Kosten: etwa 5 €

Zutaten:
* 2 große Zwiebeln
* 1 EL Öl
* 1 EL Butter
* 500 g Gehacktes (Rind), bzw. vegetarisches/veganes Hack
* 1 Stange Porree
* 5 EL Tomaten-Püree
* 250 ml Brühe (Gemüsebrühe)
* 1-2 EL Senf
* 1 TL Paprikapulver (mild)
* 1 TL Salz
* 250 ml saure Sahne

Zubereitung:
Zwiebeln in Öl und Butter dünsten. Hitze erhöhen, Hackfleisch anbraten. Lauch, Püree, Brühe, Senf und Gewürze zugeben, etwa 15 Minuten köcheln lassen. Saure Sahne kurz vor dem Servieren darüber gießen. Mit Bandnudeln/Reis servieren!

Der Zutatenzettel – handgeschrieben und bunt illustriert.

MEINE ZUTATENLISTE

500 g Tofu Gehacktes bzw. Rindergehacktes, 2 große Zwiebeln, 1 Stange Porree, 250 ml Gemüsebrühe, 250 ml saure Sahne, 5 EL Tomaten-Püree, je 1 EL Öl und Butter, je 1 TL Salz und Paprika mild, 1–2 EL Senf

UND SO GEHT'S

RUSSISCHER HACKFLEISCHTOPF VEGETARISCH

In der Pfanne Öl und Butter erhitzen. Die gewürfelten Zwiebeln bei milder Hitze dazugeben und dünsten. Die Hitze erhöhen und das Tofu-Gehackte kräftig anbraten. Den in dünne Streifen geschnittenen Lauch zusammen mit dem Tomatenpüree, der Gemüsebrühe und dem Senf zugeben. Mit Paprika würzen und Salz zufügen. Deckel drauf und etwa 15 Minuten köcheln lassen. Den fertigen Hackfleischtopf in eine (vorgewärmte) Schüssel oder direkt auf den Teller geben. Die saure Sahne erst unmittelbar vor dem Servieren über den Eintopf gießen. Als Beilage eignen sich Reis und Bandnudeln. Zubereitungszeit: etwa 15 bis 20 Minuten.

STECKRÜBEN-EINTOPF

DAS SAGT DER PROFI

Foto: © Stefan Arend

Thomas Stolle

GERNE AUCH MAL MIT OCHSENBRUST

Nichts geht über einen deftigen Eintopf. Und das eigentlich zu jeder Jahreszeit. Die Steckrübe ist sehr kalorienarm – und dennoch äußerst wohlschmeckend. Für die Zubereitung würde ich empfehlen, einmal das Mehl weg zu lassen und stattdessen die Kartoffeln etwas länger kochen zu lassen. Das bringt auch Bindung. Karottenwürfel würden dem Gericht ein wenig Farbe verleihen. Außerdem würde ich frischen Estragon verwenden – und vielleicht noch frischen Majoran hinzufügen. Frische Kräuter sind einfach immer schöner als getrocknete. Wer mag, kann auch einmal das Kasseler durch grobe Bratwurst ersetzen. Oder eine Ochsenbrust mitköcheln lassen, das gibt dem Eintopf einen ganz feinen Bouillon-Geschmack. Guten Appetit!

SÜNDENFAKTOR

MITTEL

Durch ihren hohen Wassergehalt sind Steckrüben an sich kalorienarm. Außerdem enthalten sie Traubenzucker, Eiweiß, Fett und Vitamine. Monika Behrendt bietet auch eine leichtere Variante ihres Steckrübeneintopfs an – mit Räuchertofu statt Kasseler und Gemüsebrühe statt Kalbsfond.

Beste Freundinnen: Monika Behrendt (l.) und Lisa Mies kochen jeden Freitag zusan „nicht selten experimentell, aber immer köstlich".

„JEDES MAL IST DAS KOCHEN EIN FEST"

Monika Behrendt aus Bedingrade kocht jeden Freitag m ihrer Freundin. Zunehmend schwärmt sie für „vergessen Gemüse – wie etwa die Steckrübe

Ein Farbenspiel: Grün mit Apricot, Gelb mit Rotbraun.

Kennengelernt haben sich Monika Behrendt und Lisa Mies, als ihre Kinder gemeinsam die Schulbank drückten. Darüber kamen sie zum gemeinsamen Kochen. Bald ein Vierteljahrhundert ist seitdem durchs Land gegangen – eine kleine Ewigkeit. Die ungewöhnliche Koch-Freundschaft pflegen die beiden wie ein Bauer, der jahraus jahrein liebevoll sein Feld bestellt. „Wir haben jeden Freitag eine Verabredung und bekochen uns gegenseitig", erzählt Monika Behrendt.

Leicht abgewandelt darf es durchaus heißen: Auch Freundschaft geht durch den Magen – und über duftende Töpfe und Teller hinweg. Bekannte und Nachbarn, Freunde und Familien der beiden Bedingrader Feinschmeckerinnen versuchen freitags schon gar nicht mehr, sie zu erreichen. Denn dann wird gekocht. „Einmal kocht sie für mich, dann wieder lade ich zum Essen ein", sagt Monika Behrendt, „jedes Mal ist es ein Fest."

Allein schon wenn die 65-Jährige blumig über die gemeinsame Kochleidenschaft spricht, läuft dem Zuhörer das Wasser im Gaumen zusammen. Eine Kostprobe gefällig? „Der Speiseplan ist wunderbar, die Gerichte sind zunehmend vegetarisch, oft traditionell, aber nicht selten auch sehr experimentell und immer köstlich."

Absolut traditionell und typisch Ruhrpott – das ist der Steckrübeneintopf, den sie der „lieben Leibgerichtsredaktion der WAZ" für die Kochaktion vorgeschlagen hat. Steckrübe – das klingt nach Hungerwinter und Hamstern, nach Schmalhans Küchenmeister und Gürtel-enger-Schnallen. Irgendwann in den Wirtschaftswunderjahren hat die Fresswelle die Rübe vom Esstisch gespült.

Doch mit der Renaissance, die Großmutters Gemüsesorten wie Stielmus, Pastinake und Rote Bete erleben, feiert auch die zu Unrecht verschrieene Steckrübe ihr Comeback. Monika Behrendt findet sie auf dem Borbecker Wochenmarkt. Wenn sie vom Balkon ihrer großartig gelegenen Wohnung den Blick schweifen lässt, erblickt sie am Horizont den Gasometer und ganz unten das Hexbachtal. „Dort gibt's einen kleinen Hofladen, der saisonales Gemüse anbietet und Möhren auch einzeln verkauft."

Aufgewachsen ist Monika Behrendt in Recklinghausen-Hillerheide. „Familie, essen, kochen – das ist Heimat, und das habe ich auch meinen Kindern mitgegeben." Familie und Freunde, die sich um ihren Tisch versammeln – das schätzt sie sehr. „Ich bin eine Versorgerin", sagt sie über sich selbst. Seitdem sie Rentnerin ist, kocht Monika Behrendt jeden Mittag daheim – auch weil es dem Tag eine feste Struktur verleiht. „Ein leckerer Nachtisch, der darf nie fehlen."

UND SO GEHT'S

STECKRÜBENEINTOPF – FRISCH VOM MARKT

Steckrübe schälen, von holzigen Stellen befreien, in Würfel (ca 1,5 cm) schneiden. Die gleiche Menge an Kartoffeln würfeln. Butter in Topf oder Wok-Pfanne schmelzen lassen, Gemüsewürfel zufügen, mit Mehl bestäuben und etwas anschwitzen lassen. Kalbsfond und Sahne zugeben; gut umrühren. Mit Muskat und Estragon würzen. Zugedeckt bei milder Hitze ca. 20 Minuten garen lassen, immer mal umrühren. Kasseler in kleine Würfel schneiden und in Öl anbraten, bis es Farbe angenommen hat. Frühlingszwiebeln in feine Ringe schneiden, zum Fleisch geben und kurz mitdünsten. Fünf Minuten vor Ende der Garzeit alles zusammen mit dem Bratensatz zum Gemüse geben. Mit Salz, Pfeffer, Zitronensaft und geriebener Zitronenschale abschmecken. Zubereitung: ca. 25 min.

REINGESCHMECKT

WIE BEI MUTTERN:

Die Rüben- und Kartoffelwürfel, in eine gemüsig-sahnige Soße getaucht, dazu das knusprige Kasseler – einen Nachschlag, bitte!

Zeitaufwand: ★★☆☆☆
Schwierigkeitsgrad: ★★☆☆☆
Preis: ★★☆☆☆

Das ist das Kasseler in der Pfanne.

MEINE ZUTATENLISTE

600 g Kartoffeln,
600 g Steckrüben,
etwas Butter, 2 EL Mehl,
1 Glas Kalbsfond,
150 ml Sahne,
1 Bund Frühlingszwiebeln,
4 Scheiben Kasseler (ohne Knochen), Salz, Pfeffer,
Muskat, Zitronenschale & -saft, Estragon getrocknet

Zutaten auf einen Blick: Links oben wartet die Steckrübe darauf, gewürfelt zu werden. Statt Kasseler geht auch die vegetarische Variante mit Räucher-Tofu.

ESSEN

RISOTTO VON GRAUPEN

DAS SAGT DER PROFI

Foto: © Stefan Arend

Thomas Stolle

GRAUPEN KURZ IN KOCHENDES WASSER

Graupen sind besonders bekömmlich und leicht verdaulich. Es empfiehlt sich, sie vor der Zubereitung kurz in kochendem Salzwasser zu waschen. Graupen können sonst leicht schleimig werden, das wird durch das Waschen verhindert, und man kann dann bei der Risotto-Zubereitung noch etwas mehr Hartkäse zugeben. Kleiner Tipp: Erhöhen Sie doch mal den Gemüseanteil im Risotto und schon hat man ein sehr leckeres vegetarisches Gericht. Ersetzt man den Wein durch etwas mehr Brühe, ist so ein Graupenrisotto auch eine tolle Mahlzeit für Kinder. Und für alle Spargel-Fans: Ganz kurz in feine Scheiben geschnittenen grünen Spargel in dem Risotto mitgaren lassen. Der Spargel muss aber bissfest bleiben. Sieht toll aus und schmeckt noch besser. Guten Appetit!

SÜNDENFAKTOR

MITTEL

Die feinen Perlgraupen, die aus geschälten Gerstenkörnern hergestellt werden, sind leicht verdaulich und bekömmlich. Durch den hohen Gemüseanteil und die Zugabe von Gemüsebrühe ist das Gericht zudem vitaminreich. Die Zugabe von Sahne, Crème fraîche, Käse und Wein ergibt unterm Strich die Farbe Gelb.

Spätberufener am Herd: Wolfgang Küppers (73) hat vor 20 Jahren das Hobby Koch entdeckt.

EIN HOCH AUF DIE GRAUPE

Die Koch-Leidenschaft hat Wolfgang Küppers vor zwanzig Jahren ergriffen. Der Burgaltendorfer schätzt frische Zutaten, gutes Fleisch – und scharfe Messer

Die ersten 53 Jahre seines Lebens hatte Wolfgang Küppers mit der Zubereitung von Speisen – von Spiegelei, Butterbroten und Bratkartoffeln einmal abgesehen – herzlich wenig am Hut. „Ich hatte eine Dachdeckerfirma und war ja den ganzen Tag unterwegs", erzählt er. Doch eines Tages – zwanzig Jahre ist es her – da fuhr es durch ihn. „Meine Frau kam aus dem Urlaub zurück und ich wollte sie mit einem Essen überraschen."

Die Überraschung – sie ist dem Spätberufenen wirklich gelungen. Längst hat sich der 73 Jahre alte Burgaltendorfer zu einem versierten und ambitionierten Herdkünstler hochgekocht. Zu einem, der neue Inspirationen, Herausforderungen und Rezepte sucht. „Ich schaue mir gerne Kochsendungen mit Alfons Schuhbeck an."

Gemütlich ist's in der modernen Küche mit dem geräumigen Wohn-Essbereich. Die akkurate und übersichtliche Anordnung der Zutaten und Töpfe, der Messer und Küchenhelfer sagt viel über den Hobbykoch aus. Er ist bei aller Kochkunst stets auch Handwerker – und auf sympathische Weise Perfektionist. „Vorsicht, die Messer sind sehr scharf", sagt er augenzwinkernd und schenkt einen guten Schluck Küchenwein ins längst bereitstehende Glas. Gehört er zu jenen, die sich streng an die Mengenangaben im Kochbuch halten? „Am Anfang war's so", gesteht Küppers, „aber jetzt koche ich frei Schnauze."

Und schon ist er in seinem Element. Für den „Risotto von Graupen und einheimischem Gemüse" wird geschnibbelt und gewürfelt, gerieben und gedünstet. Im großen Topf wartet die selbstzubereitete, fein abgeschmeckte Gemüsebrühe auf ihren großen Einsatz. Sie ist es, die der Graupe erst zu ihrer vollen geschmacklichen Entfaltung verhilft. Küppers taucht die Kelle in die dampfende Brühe und zapft zwei Gläser voll ab. „Hmm, köstlich, probieren Sie mal", sagt er. Sobald die Brühe in die Graupen eingekocht ist, gießt er geduldig neue nach. Es dauert eine Weile, dann ist sie endlich in der Graupe drin: die feine Würze aus dem Gemüse.

Es scheint – auch für Amateure am Herd – eine Art kulinarisches Naturgesetz zu sein: Wer immer tiefer eindringt in die abenteuerliche Welt des guten Geschmacks, der legt zunehmend gesteigerten Wert auf beste Zutaten. „Fleisch kaufe ich gerne bei Burchhardt, da weiß ich, dass ich was Anständiges auf dem Teller habe."

Den auf Haut gebratenen Kabeljau legt er vorsichtig auf den fertigen, schlotzigen Risotto, die roten Möhrenscheiben aus der Brühe und die Petersilie sorgen für geschmackvolle Farbtupfer. Küppers: „Ich serviere dazu einen Chardonnay aus der Pfalz."

UND SO GEHT'S

RISOTTO VON GRAUPEN

Schalotte, Knoblauch, Möhren und Petersilienwurzeln schälen. Stangensellerie abfädeln. Alles in kleine Würfel schneiden. Den Lauch reinigen, den weißen und hellgrünen Teil in feine Ringe schneiden. Petersilienblätter abzupfen und grob hacken. Graupen in ein Sieb geben, mit kaltem Wasser abspülen und abtropfen lassen. Gemüsebrühe erhitzen. Einen großen Topf erhitzen, Zwiebeln, Knoblauch und Graupen in etwas Butter anschwitzen. Den Wein angießen und unter Rühren mit einem flachen Holzlöffel einkochen. Nach und nach die heiße Gemüsebrühe zugeben, so dass die Graupen bedeckt sind. Ab und zu rühren, damit die Graupen nicht ansetzen. Nach etwa 15 Minuten das Gemüse zugeben und unterrühren. Nach weiteren 15 Minuten sollten die Graupen weich sein und das Gemüse noch einen „weichen Biss" haben. Jetzt den Hartkäse einrühren und danach die Crème fraîche. Anschließend mit Salz, Pfeffer und Muskat abschmecken. Petersilie unterheben. Fertig! Zubereitung: ca. 1 Stunde.

REINGESCHMECKT

SCHLOTZIG:

Die selbst hergestellte Gemüsebrühe gibt dem Graupenrisotto viel Kraft und Geschmack, aber erst der Parmesan und die Crème fraîche machen ihn richtig schlotzig. Danke fürs Graupen-Comeback!

Zeitaufwand: ★★★☆☆
Schwierigkeitsgrad: ★★★☆☆
Preis: ★★☆☆☆

Erst die Gemüsebrühe bringt den Geschmack in die Graupen.

MEINE ZUTATENLISTE

200 g Perlgraupen,
je 150 g Möhren, Lauch,
Petersilienwurzeln,
Stangensellerie, 1 Schalotte,
etwas Butter, 1 Knoblauchzehe,
100 ml trockener Weißwein,
50 ml Crème fraîche,
50 g frisch geriebener Parmesan,
1 Bund glatte Petersilie,
1 l Gemüsebrühe,
Salz, Pfeffer, geriebener Muskat

Die Zutaten auf einen Blick: Links verschiedene Gemüsesorten, rechts die Schüssel mit den Perlgraupen.

RUHRPOTT-BURGER

DAS SAGT DER PROFI

Foto: © Stefan Arend

Thomas Stolle

REVIER-BURGER IST EINE SUPER IDEE

Der Burger hat den Fast Food-Makel schon lange abgelegt. Man muss nur kreativ mit ihm umgehen. Und da ist die Idee von Sabine Durdel-Hoffmann, den Burger durch die Bratwurst reviertypisch zu interpretieren, doch wirklich klasse. Man kann das Ganze auch noch weiter drehen. Nehmen Sie statt der normalen doch einmal eine Enten- oder Lammbratwurst. Das macht den Ruhrpott-Burger edel. Dazu passt dann ganz wunderbar als Belag ein schöner Wildkräuter-Salat. Ein süß-scharfes asiatisches Dressing geht sehr gut sowohl zum Enten- als auch zum Lammwurst-Patty. Dann kann man sogar die Mayonnaise weglassen – und so ein paar Kalorien „sparen“. Und noch ein Tipp: Zu einem Ruhrpott-Burger passt auch sehr gut ein kräftiges Vollkornbrot, das man natürlich auch selbst machen kann. Ja, und ein frisch gezapftes Pilsken, das schmeckt auf jeden Fall hervorragend zu einem solchen Burger. Guten Appetit!

SÜNDENFAKTOR

MITTEL

Tomate und Salat, Zwiebeln und Gurken – im Ruhrpott-Burger stecken zweifelsohne viele Vitamine. Allerdings werden beim Montieren auch Käse und üppige Frikadellen reingewhoppert sowie Fritten beigelegt.

Lecker und pfiffig: Sabine Durdel-Hoffmann mit ihrem Ruhrpott-Burger.

HEIMAT-BURGER UND EIN PILSKEN

Sabine Durdel-Hoffmann hat die Langsamkeit entdeckt und den Fast-Food-Klassiker auf reviertypische Weise veredelt: mit Hilfe der Currywurst

Im Mittelpunkt ihres beruflichen Schaffens steht das Buch. Sabine Durdel-Hoffmann aus Freisenbruch ist Lektorin, Redakteurin und Autorin. „Über meinen Job bin ich auch zum Kochen gekommen", erzählt die 54-Jährige. Als sie immer häufiger Kochbücher zu bearbeiten oder ins Deutsche zu übersetzen hatte, überkam sie eines Tages selbst die Lust zu kochen. „Ich habe die Gerichte aus den Büchern einfach ausprobiert." Ihre eigene Kreation – der „Ruhrpott-Burger" – ist eine Hommage ans Revier. „Dieser Burger könnte auch Heimat-Burger heißen", sagt sie augenzwinkernd, „denn seine wichtigsten Bestandteile sind Currywurst und Heimweh." Der kulinarische Weg zu ihrem Leibgerichts-Burger begann quasi im „Exil". „Mich, die Bochumerin, viele Freunde und Weggefährten hat es berufsbedingt vor Jahren in die Fremde getrieben: nach Bayern, nach Spanien, ja sogar ins Rheinland." Zurück auf Heimatbesuch, habe der Heißhunger auf eine gepflegte Currywurst-Pommes-Mayo die illustre Emigrantenschar jedes Mal schnurstracks in die nächste Pommesbude getrieben. „Die Currywurst wurde zum Synonym für die alte Heimat", philosophiert sie. Und jetzt zur Basis für ihr Leibgericht.

Da liegen sie auch schon auf der Arbeitsplatte ihrer Küche: frische Würste, die normalerweise zu Currywürsten veredelt werden wollen. Doch dazu wird's nicht kommen. Denn sie befreit das Wurstebrät aus dem Darm und vermengt es mit einem alten Brötchen, der Milch und den Gewürzen zu imposanten Frikadellen – in der Burger-Fachsprache „patty" genannt. Eingepackt werden sie auch nicht in Brötchen, sondern in „buns". Wobei auch einpacken unzutreffend ist. „Burger werden gebaut", sagt sie mit einem dozierenden Unterton – und lächelt.

Die Hobbyköchin legt nicht nur großen Wert auf die Auswahl gesunder Zutaten, sie stellt die meisten Komponenten auch selber her. Ihre Küche ist nicht Fast, sondern Slow Food. Auch der Ketchup stammt aus eigener Herstellung. Die Fritten gewinnt sie aus frischen Kartoffeln, die, in dicke Stifte geschnitten, zuerst bei 160 und dann bei 180 Grad goldbraun frittiert werden. Es gibt einen leckeren Gartensalat dazu. „Statt Tränen der Rührung dürfte auch ein Pilsken zum Rezept fließen", sagt sie.

UND SO GEHT'S

DER RUHRPOTT-BURGER

Brötchen würfeln und 10 Minuten in der Milch einweichen, gut ausdrücken. Alle Zutaten bis auf die Gewürze in eine Schüssel geben und gut vermengen. Mit Gewürzen und Worcestersauce abschmecken – schön scharf! Aus dem Teig 4 Frikadellen formen und von jeder Seite 3–4 Minuten braten. Die Brötchen halbieren und die Schnittflächen kurz in der Pfanne anbräunen. Jeweils auf die untere Brötchenhälfte nach Belieben dicke Tupfer Ketchup und Mayonnaise setzen. Mit je 1 Salatblatt belegen. Dieses mit je 1 Scheibe jungem und mittelaltem Gouda so versetzt belegen, dass die farblich unterschiedlichen Ecken des Käses zu sehen sind. Mit Currypulver bestreuen. Frikadelle und wieder je 1 Scheibe jungen und mittelalten Gouda versetzt darauflegen. Mit Currypulver bestreuen, mit Gurkenscheiben belegen und mit Zwiebelringen garnieren. Obere Brötchenhälfte aufsetzen. Dazu Ketchup und Mayonnaise servieren, als Beilage Pommes und Salat „aussen Gaaten". Zubereitung: ca. 35 Minuten.

REINGESCHMECKT

VON WEGEN FAST FOOD:

Sabine Durdel-Hoffmann holt den entschleunigten Burger mit einem Augenzwinkern ins Ruhrgebiet: als Bruder der Currywurst. Mit selbstgemachten Fritten und Salat lautet das Fazit: Dat is lecker.

Zeitaufwand: ★★☆☆☆
Schwierigkeitsgrad: ★★☆☆☆
Preis: ★★☆☆☆

In einer eckigen, beschichteten Grillpfanne werden die Frikadellen aus Wurstebrät bei starker Hitze goldbraun gebraten.

MEINE ZUTATENLISTE

Für die Frikadellen:
4 Weizenbrötchen, 1 trockenes Brötchen, ca. 120 ml lauwarme Milch, 800 g Wurstebrät, Chilipulver, Thymian und Rosmarin (getrocknet), Worcestersauce, Pfeffer, Currypulver, Salz

für den Belag:
4 große grüne Salatblätter, 2 eingelegte Gurken, je 8 Scheiben Gouda (jung und mittelalt), 1 rote Zwiebel, Curry-Ketchup, Mayonnaise

Der Gartensalat wird mit einer Vinaigrette aus Kürbisöl angemacht.

KOHLRABI-AUFLAUF MIT BRATWURST

DAS SAGT DER PROFI

Foto: © Stefan Arend

Thomas Stolle

ES GEHT AUCH OHNE TÜTEN-SAUCE

Ein tolles Rezept, das eines der Lieblingsgemüse der deutschen Küche in den Mittelpunkt stellt. Auf die helle Sauce aus der Packung würde ich verzichten. Stattdessen kann man das Kochwasser mit Roux – zu gut Deutsch Mehlschwitze genannt – zu einer Creme verrühren. Dann noch der Schmelzkäse dazu, schon hat man eine schöne Bindung und auch noch mehr Geschmack. Ich würde die Kartoffeln etwas länger garen als den Kohlrabi. Das kann aber durchaus im gleichen Wasser geschehen. Je nach Saison kann man den Kohlrabi auch mal durch ein anderes Gemüse ersetzen, das es gerade frisch auf dem Markt zu kaufen gibt. Vor dem Servieren etwas gehackte Petersilie oder Kerbel drüber streuen. Guten Appetit!

SÜNDENFAKTOR

MITTEL

Der Kohlrabi und die Kartoffel – beide Gemüsesorten enthalten wertvolle Mineralstoffe und Vitamine. In 100 Gramm Kohlrabi stecken fast 92 Gramm Wasser. Die Sahne, der Schmelzkäse und die Bratwurst trüben allerdings die Kalorien-Bilanz des Auflaufs.

Blau ist Hilde Bäckers Lieblingsfarbe – natürlich auch in ihrer neuen Küche.

LÄCHELN STATT TOBEN

Hilde Bäcker erlernte das Kochen erst, als ihr Sohn Axel auf die Welt kam. Ihre liebsten Rezepte bewahrt sie in einem handgeschriebenen Kochbuch auf

Die Geburt ihres Sohnes Axel vor 36 Jahren markiert auch einen kulinarischen Wendepunkt in Hilde Bäckers Leben. „Als der Junge da war, hörte ich sofort auf zu arbeiten und erlernte das Kochen", erzählt die 76 Jahre alte Haarzopferin. „Seitdem bereitet es mir große Freude, liebe Gäste zu bewirten."

Aus ihrer nagelneuen Küche fällt der Blick auf ein großes Grundstück, an dem sich der Ruhmbach, ein Nebenlauf der Ruhr, entlang schlängelt. „Ich war ein Büro- und Stadtmensch und habe früher gerne in der Kantine gegessen." Gemeint ist die der DMT-Niederlassung in Kray, in der sie als Sekretärin beschäftigt war. Als wertvolle Hilfe auf dem Weg zur Hobbyköchin erwies sich ihre inzwischen verstorbene Nachbarin Maria, die sie als „Höhere Tochter" aus einer wohlhabenden Altenessener Kaufmannsfamilie beschreibt. „Maria war wie eine Ersatzmutter für mich."

Das Rezept für den Kohlrabi- Auflauf hat ihr allerdings eine andere Nachbarin überlassen – „die Erika von gegenüber". Dieses und Dutzende andere Rezepte bewahrt sie in einem bald fünfzig Jahre alten Privat-Kochbuch auf, in das nur ihre Lieblingsrezepte aufgenommen werden – die meisten handgeschrieben, in so genannter Schönschrift: ein kleiner Schatz zwischen den blauen Leinendeckeln – mit viel gutbürgerlicher Küche, sauber unterteilt in Vorspeisen, Zwischen- und Hauptgerichte sowie Desserts und Kuchen. „Meine Lieblingstorte ist die Malakow-Torte mit Pistazien und Amaretto", sagt Hilde Bäcker. Zum Apfelkuchen à la Maria findet sich diese stolze Notiz: „Serviert 1967 kurz nach der Heirat zum Besuch der Schwiegermutter als erster selbstgebackener Kuchen."

Der Kohlrabi-Auflauf ist rasch zubereitet. Während das Leibgericht im Backofen allmählich die gewünschte goldbraune Farbe annimmt, deutet sie augenzwinkernd auf den Schutzengel über dem Herd und auf eine Dekofliese. Dort heißt es: „Wer lächelt statt zu toben, ist immer der Stärkere!"

Nach dem Tod ihres Mannes vor drei Jahren hat Hilde Bäcker wieder neuen Lebensmut gefunden. „Ich habe viele Freundinnen und auch einen guten Freund", berichtet sie. Mit Werner, dem leidenschaftlichen Hobbygärtner aus Kray, teilt sie auch die Freude am Kochen. „Meine Spezialität ist Quiche Lorraine", erzählt sie, „ich bereite sie klassisch zu mit Schinken, Speck und Käse, zunehmend aber auch vegetarisch mit grünem Spargel, Blattspinat und Knofi."

UND SO GEHT'S

KOHLRABI-AUFLAUF MIT BRATWURSTSCHNECKE

Kohlrabi schälen und in Scheiben schneiden. Kartoffeln schälen und in nicht zu große Scheiben schneiden. Mit Wasser und 1 Teelöffel Salz 10 Minuten al dente abkochen, auf ein Sieb abschütten. Eine große Auflaufform ausbuttern und die abgetropften Kohlrabi- und Kartoffelscheiben darin umfüllen und mit schwarzem Pfeffer (wer mag etwas Muskat) würzen. In einer kleinen Schöppe das Päckchen helle Soße in ½ Liter Wasser erhitzen, die Schmelzecke darin mit einem Schneebesen verrühren und die Sahne zufügen. Heiß über den Auflauf gießen, das Ganze bei 200 Grad im Backofen 15 Minuten überbacken. Heiß in der Auflaufform servieren. Dazu passt die Nürnberger Bratwurstschnecke, die in einer kleinen Bratpfanne zubereitet wird. Zubereitung: ca. ½ Stunde.

REINGESCHMECKT

EINFACH LECKER:

Hilde Bäckers Kohlrabi-Auflauf ist absolut alltagstauglich. Er ist leicht zuzubereiten zum kleinen Preis. Ein ehrliches Rezept – ideal für berufstätige Menschen mit knappem Zeitbudget.

Zeitaufwand: ★☆☆☆☆
Schwierigkeitsgrad: ★☆☆☆☆
Preis: ★☆☆☆☆

Frisches Gemüse wie den Kohlrabi und die Kartoffeln holt sich die Haarzopferin gerne beim nahe gelegenen Gemüsehof auf der Meisenburger Straße.

MEINE ZUTATENLISTE

2 große Kohlrabi,
4 mittelgroße Kartoffeln (festkochend),
1 Päckchen helle Soße,
½ Becher Sahne,
1 Schmelzkäse-Ecke,
gehobelte Mandelplättchen,
Bratwurstschnecke,
Pfeffer, Salz, Muskat

Voilà: Fertig ist Hilde Bäckers goldbrauner Kohlrabi-Auflauf.

Jürgen Schmitz (l.) schält Kartoffeln, Gerd Niewerth (WAZ) hilft mit.

GALIZISCHE KARTOFFELKLÖSSE

Typisch Ruhrgebiet: Jürgen Schmitz' Großmutter Juliane hat das Leibgericht der Familie einst von Lemberg via Posen mit nach Essen gebracht

DAS SAGT DER PROFI

Foto: © Stefan Arend

Thomas Stolle

TOLLE HANDARBEIT IN DER KÜCHE!

Hut ab vor so viel solider Handarbeit in der heimischen Küche! Ich bin mir sicher, dass es nicht mehr allzu viele Menschen gibt, die sich an eine selbst gemachte Kloßmasse oder ähnliches heran trauen. Dabei kann ich es jedem nur empfehlen. Es macht nicht nur Spaß – vor allem, wenn man Gesellschaft beim Kochen hat –, sondern es führt auch zu ganz neuen Geschmackserlebnissen. Die Specksoße macht die Kartoffelklöße allerdings nicht gerade zu einem leichten Gericht. Mein Tipp: Lassen Sie den Speck einfach mal weg. Wir reisen, küchentechnisch betrachtet, von Galizien über das Ruhrgebiet weiter nach Spanien und kombinieren die Klöße statt mit Apfelmus mit gegrillten Paprika, Oliven und Artischocken. So kommt das Leibgericht von Jürgen Schmitz vegetarisch daher. Und das Pils ersetzen wir durch einen schönen spanischen Rotwein. Guten Appetit!

SÜNDENFAKTOR

MITTEL

Die Kartoffel ist der Star unserer Küche – auch mit ihren Kohlenhydraten. Der Kloß mit Quarkfüllung ist praktisch sündenfrei. Allerdings haut der ausgelassene fette Speck ordentlich rein. Gerade noch gelb!

Gute Rezepte können Gold wert sein. Etwa wenn sie ausgezeichnet schmecken oder bloß eine anrührende Familiengeschichte erzählen. Auf Jürgen Schmitz' Kartoffelklöße trifft beides zu. „Kartoffelklöße bei Oma sind seit jeher das Leibgericht der ganzen Familie", sagt er.

Seine Rezeptgeschichte reicht weit zurück – in jene Zeit, als sich die inzwischen untergegangene Donaumonarchie mit ihrem Vielvölkerstaat bis nach Lemberg in die heutige Ukraine erstreckte. „Dort ist meine Großmutter Juliane aufgewachsen und dort arbeitete sie in einem Gutshaus in der Küche", erzählt der 64 Jahre alte Sozialwissenschaftler. Seine Kartoffelklöße erzählen eine ruhrgebietstypische Einwanderungsgeschichte: Von Galizien zogen seine Vorfahren zuerst nach Posen und von dort nach Essen – in die boomende Stadt der Kohle und des Stahls.

Kochen – das sei in seiner Familie schon immer ein großes Thema gewesen. Und eine Leidenschaft, die von einer Generation an die nächste weitergegeben werde. Was Omas Kartoffelklöße für Hobbykoch Schmitz so interessant macht: „Ich habe sie noch in keinem Kochbuch gefunden." Auch wenn sie galizischen Ursprungs sind, für ihn sind die Klöße typisch Ruhrgebiet. „Ein Arme-Leute-Essen, für das sich Pellkartoffel-Reste vom Vortag ausgezeichnet eignen."

Schlichte Zutaten bedeutet in diesem Fall überhaupt nicht, dass die Zubereitung einfach ist. „Die Masse ist das A und O", sagt Schmitz. „Die Fülle" in den Kartoffelmantel zu montieren sei „ein bisschen fummelig". Man spürt: Auch in diesem Fall erfordert Kochen handwerkliches Geschick. Ehe die großen Kugeln ins siedende Wasser gehen, muss der „Probe-Kloß" beweisen, ob die Masse hält.

Aus seinem Küchenfenster im grünen Schuir schaut der Hobbykoch auf einen Pferdestall, direkt vor der Tür gedeihen Kräuter wie glatte Petersilie und Rosmarin: eine Idylle wie auf dem Land. Seit einigen Jahren trifft sich Jürgen Schmitz mit Gleichgesinnten. „Unsere Kochgruppe besteht aus zwei Männern und zwei Frauen, es geht immer reihum." Stets müsse der jeweilige Gastgeber die Rezepte fürs Drei-Gänge-Menü festlegen. „Gekocht wird dann zusammen – arbeitsteilig und immer relaxt."

Die fummelige Arbeit an den Klößen hat sich gelohnt: Der weiche Mantel erweist sich als stabil. Als Jürgen Schmitz die heißen Speckgrieben mit einem lauten Zischgeräusch auf die angerichteten Klöße gießt, huscht ein zufriedenes Lächeln über sein Gesicht.

UND SO GEHT'S

KARTOFFELKLÖSSE MIT QUARKFÜLLUNG

Der Teig: Rohe Kartoffeln reiben, sehr gut mit einem Tuch auspressen und mit den durchgepressten Pellkartoffeln (z. B. vom Vortag) mischen; dabei die Stärke, die sich beim Ausdrücken der rohen Kartoffeln absetzt, wieder zufügen; wenn nötig noch zusätzlich Kartoffelmehl untermischen. Die Füllung: Zutaten (Schichtkäse, sehr fein geschnittene Zwiebel, Eigelb, reichlich Muskat) mischen und mit Pfeffer und Salz abschmecken. Für die Klöße ein faustgroßes Stück Teig mit 1–2 Esslöffeln Quarkmasse füllen und zu einem großen Kloß formen. Klöße vorsichtig in kochendes Salzwasser geben und ca. 30 Minuten ziehen lassen, bis sie nach oben steigen. Die Klöße müssen Platz haben und sich drehen können. Die Soße: Speck in grobe Stückchen schneiden und langsam zu knusprigen Grieben auslassen. Anrichten: Kloß auf den Teller legen, oben kreuzweise einstechen und mit den heißen Speckgrieben begießen. Dazu gibt's selbst gemachtes Apfelmus. Zubereitung: ca. 45 Minuten.

REINGESCHMECKT

TRADITION LEBT:
In unserer Wegwerfgesellschaft besitzen Omas Arme-Leute-Gerichte viel Charme. Reste vom Vortag zu einem leckeren Kloß verarbeiten – wie gut, dass solche Traditionen gepflegt werden!

Zeitaufwand: ★★☆☆☆
Schwierigkeitsgrad: ★★☆☆☆
Preis: ★☆☆☆☆

Die Zutaten: Rohe Kartoffeln und Pellkartoffeln, dazu Speck, Zwiebel, ein Ei, Quark für die Füllung, Pfeffer, Salz und Muskat. Ideale Ergänzung: Apfelmus.

MEINE ZUTATENLISTE

1 kg mehlige Kartoffeln (roh – gekocht), 200 g weißer Speck, 125 g Schicht- oder Frischkäse, 1 Zwiebel, 1 Eigelb, Muskat, Salz, Pfeffer, selbst gemachtes Apfelmus

Im großen Topf schwimmen die Klöße.

ESSEN

ENDIVIEN-POTT

DAS SAGT DER PROFI

Foto: © Stefan Arend

Thomas Stolle

TOLLE KOMBI AUF DEM TELLER

Die Endivie stammt ursprünglich aus der Mittelmeerregion und ist ein typischer Spätsommersalat. Die Idee dieses Rezeptes, die Endivie in einer Kombination aus Salat und Stampf zu präsentieren – einfach toll! Das reizt auf jeden Fall zum Nachkochen. Und wer, wie Renate Hannwacker, auf frische Produkte aus der Region und auf Fleisch und Wurst vom Metzger des Vertrauens setzt, der macht schon beim Einkauf alles richtig. Qualität zahlt sich aus. Grützwurst und Speck machen den „Endivienpott" deftig und deshalb eher zu einem Gericht, das in die Herbst- und Winterzeit passt. Für die leichtere Sommervariante würde ich die Grützwurst zum Beispiel durch Schollenfilets, den Speck durch Krabben ersetzen. Die Krabben mit etwas Chili, Salz und Pfeffer in der Pfanne braten – das gibt dem Gericht zusätzlich eine feine, asiatische Note. Dazu dann wieder, wie es sich bei uns im Pott gehört, ein Pils: Guten Appetit!

SÜNDENFAKTOR

MITTEL

Hier wird aus dem Vollen geschöpft: von Gemüse bis Speck, von Mineralwasser bis Zucker ... lauter Vitamine, Fette, Kohlenhydrate: ein warmes, wohliges Gelb!

Gemütlich, ja urig hat Renate Hannwacker ihre Küche eingerichtet. Gerne spie mit Ruhrpott-Klischees. Der Endivienpott gelingt ihr im Handumdrehen.

EIN DANKESCHÖN AN „OMMA" SOPHIE

Renate Hannwacker verneigt sich mit dem „Endivienpott" vor ihrer Großmutter. Die Hobbyköchin liebt leckeres Essen und schätzt gescheite Sprüche

Sich gesund und möglichst genussvoll ernähren und obendrein großen Spaß haben am Kochen – das sind zwei wichtige Zutaten in Renate Hannwackers Leben. Als gelernte Fleischerfachverkäuferin besitzt die sympathische Rüttenscheiderin seit jeher beides: einen geschulten Blick und ein geschicktes Händchen für Gebrühtes und Gebratenes, für Hausgemachtes und Hochwertiges, für Frisches und Feines.

Die gemütliche, geräumige und geschmackvoll eingerichtete Wohnküche ist Renate Hannwackers Reich. Als sie den gewürfelten Schinkenspeck im kleinen Töpfchen, einem Erbstück, auslässt und die mehligen Kartoffeln mit wenigen kräftigen Handgriffen zu einer geschmeidigen Masse stampft, treten kleine Perlen auf ihre Stirn. „Dass man beim Kochen schwitzt, ist nicht schlimm, es gehört dazu", lächelt sie. Und fügt hinzu, dass sie ein leidenschaftlicher „Sprüchemensch" sei. Schmackhafte Kostproben gibt's in der Küche reichlich. „Schenkt das Leben dir eine Zitrone, dann mach Sirup daraus", steht aufmunternd auf einer Tafel. Und gleich neben dem Herd etwas zum Schmunzeln: „Wer Brot und Wein und Schinken hat, der wird noch alle Tage satt."

Ganz Kind der traumatisierten Weltkriegsgeneration, käme die 75-Jährige niemals auf die Idee, Lebensmittel achtlos in den Abfalleimer zu befördern. Und gutes Fleisch, herzhafte Wurst und den feinen Tiroler Schinken besorgt sie selbstverständlich beim Metzger ihres Vertrauens oder an einer guten Fleischtheke. Geprägt wurde die Hobbyköchin von ihrem Vater Josef, der zum Geschäftsführer eines Hotels aufgestiegen und leidenschaftlicher Gastronom war. „Mädchen, bleib' am Herd stehen, wenn du kochst" – das war einer seiner typischen Ratschläge.

Es gibt Gitarrenspieler, Naturtalente, die keine einzige Note kennen und den Saiten auf Anhieb ein stimmiges Stückchen entlocken. Genauso kocht Renate Hannwacker: Der herzhafte und fein abgeschmeckte Endivienpott gelingt ihr mit schlafwandlerischer Sicherheit. Ein sehr regionales Gericht, mit dem sie sich tief vor „Ömmaken Sophie" verneigt. „Sie hat dieses Gericht oft für uns gekocht, vom Bauer direkt um die Ecke kamen die Kartoffeln, das Gemüse und der Salat", erzählt Renate Hannwacker. „Bis heute koche ich unser Leibgericht immer noch nach." Auch die Frauen ihres Stammtisches, der sich „Die lustigen Möhrchen" nennt, lieben Sophies Klassiker.

UND SO GEHT'S

„ÖMMAKEN SOPHIE IHR'N ENDIVIENPOTT"

Endiviensalat waschen und in feine Streifen schnibbeln. Zutaten für die Marinade miteinander vermengen, eventuell etwas Mineralwasser zugeben. Geschälte Kartoffeln in wenig Salzwasser ca. 25 Minuten garen, nach etwa 15 Minuten gut ein Drittel vom angemachten Endiviensalat dazugeben und mitgaren. Danach etwas Wasser abgießen, den Pott auf die heiße Platte zurückstellen. Milch, Sahne, Stich Butter etwas heiß werden lassen und zugeben, stampfen und mit Muskatnuss und Essig abschmecken. Während der Kochzeit etwas Speck und Zwiebeln auslassen, die Grützwurst braten. Den Endivienpott auf Tellern servieren, mit einem Löffel fächern und mit restlichem Endiviensalat belegen. Darüber den ausgelassenen Speck und Zwiebeln geben. Und die gebratene Grützwurst dazu.

REINGESCHMECKT

EIN SCHÖNES REZEPT:

Oma Sophie wäre stolz auf ihre Enkelin. Renate Hannwackers Endivienpott ist reich an Vitaminen, herzhaft und wunderbar regional. Der Clou: Die Vermählung von Stampf und Salat.

Zeitaufwand: ★★☆☆☆
Schwierigkeitsgrad: ★★☆☆☆
Preis: ★★☆☆☆

Die Grützwurst, scheibchenweise geschnitten, Zwiebeln und Speck.

MEINE ZUTATENLISTE

Stampf: 800 g mehlige Kartoffeln, Liter Milch, 2 EL Sahne, Stich Butter, Muskatnuss, 1 großer Kopf Endiviensalat, 200 g durchwachsener Speck, 1 mittlere Zwiebel, 1 Ring Grützwurst (ca. 800 g).
Marinade: 1 gekochte und gequetschte Kartoffel, 6 EL Rapsöl, 6 EL Essig, Saft einer ½ Zitrone, Salz, Pfeffer, 1 TL Senf, 1 ½ EL Zucker, Zwiebel, 1 kl. Tasse glatte gehackte Petersilie.

Kohleklümpkes, Pils und Korn zum Einpott. Renate Hannwacker hat beruflich viel gekocht, jetzt verwöhnt sie die Familie und die Freundinnen.

KARTOFFEL-SUPPE

DAS SAGT DER PROFI

Foto: © Stefan Arend

Thomas Stolle

PASST PERFEKT IN DIE RUHRGEBIETSKÜCHE

Von Brandenburg ins Ruhrgebiet: Es ist schön, wenn ein Gericht in einer Familie von Generation zu Generation weiter gereicht wird. Die Kartoffelsuppe von Ingrid Möhle hat es auf jeden Fall verdient, nicht in Vergessenheit zu geraten. Sie passt perfekt auch in die Ruhrgebietsküche. Mein Tipp für alle, die Spaß am Variieren haben: Nehmen Sie statt Kartoffeln doch einmal Süßkartoffeln. Die Süßkartoffel, oder auch Batate, ist zwar nur ganz entfernt mit der Kartoffel verwandt, kann aber in der Küche genauso vielfältig verwendet werden. Zudem ist sie auch noch sehr gesund, enthält extrem viele Nähr- und Vitalstoffe und ist reich an Antioxidantien. Sie verleiht der Suppe außerdem eine gute Bindung. Den Speck und das Rührei kann man im Sommer auch einmal weglassen. Die Suppe stattdessen mit gebratenen Hähnchenbruststreifen oder Garnelen garnieren. Das verleiht dem traditionellen Gericht einen leicht modernen Touch. Guten Appetit!

SÜNDENFAKTOR

MITTEL

In die Kartoffelsuppe gehört Gemüse je nach Saison: Karotten, Sellerie, Porree, Zwiebeln etc. Der durchwachsene Speck und die Brühe verleihen dem Gericht eine deftige Note. Ein absolutes Mittelgewicht.

Schwuppdiwupp, fertig ist die Kartoffelsupp! Ingrid Möhle ist stolz auf ihr Leib- das schon die Großmutter lecker zubereitete.

GESTAMPFT, NICHT PÜRIERT

Ingrid Möhle hat der DDR 1960 den Rücken gekehrt. Ihr Leibgericht – Omas Kartoffelsuppe – hat sie von Brandenburg mit ins Ruhrgebiet genommen

Dass Ingrid Möhle nach gut 55 Jahren im Ruhrgebiet längst heimisch geworden ist, verrät schon ihre Tischdekoration. In der Mitte ragt die prachtvolle Grubenlampe heraus, ihr zu Füßen liegen Kohlestücke und duftendes Gelb: Rosen und Margeriten. Ihr Leibgericht, die Kartoffelsuppe, ein Klassiker deutscher Hausmannskost, ist allerdings ein erinnerungssattes Stück brandenburgische Heimat. „Ein leckeres Familiengericht, das schon meine Mutter Irmgard und meine Großmutter Alwine gerne gekocht haben", erzählt sie.

Aufgewachsen ist Ingrid Möhle in Werbig, einem Nest bei Jüterbog nahe Berlin. Als mitten im Kalten Krieg schon Zehntausende aus der DDR gen Westen geflohen waren, stellten sich auch Ingrid Möhle und ihr Verlobter die existenzielle Frage: Freiheit oder Sozialismus? Und machten schließlich rüber. „Wir kamen zuerst ins Aufnahmelager Berlin-Marienfelde, seit 1960 lebe ich in Essen." Als der Begriff Kohlekrise im Wirtschaftswunderland noch ein Fremdwort war, legte sie im Deilbachtal auf Zeche Heinrich an. „Ich kam in der Hauptverwaltung in den Einkauf."

Kartoffeln schälen, Möhren raspeln, Speck vierteln, Zutaten zurechtlegen – schon oft hat sie die Kartoffelsuppe in ihrer Küche im Burgaltendorfer Appartement zubereitet. „Meine Schwester Christel und meine Freundin Christa schwören darauf – und nicht nur sie." Ingrid Möhle bereitet es eine große Freude, anderen Menschen auf geschmackvolle Weise eine Freude zu bereiten. „Ich koche und backe leidenschaftlich gerne, und ich mag es, Gäste zu bewirten." Neulich hat sie sieben Sorten Marmelade eingemacht – mit Him-, Erd- und Stachelbeeren. Ihr opulentes Weihnachtsmenü („drei Gänge mit allem drum und ran"), das stets am ersten Feiertag aufgetischt wird, hat einen festen Platz im Leben ihrer Familie. Als Beweis holt sie die beliebte Menükarte hervor, die in feste Folie eingeschweißt ist. „Meine beiden Töchter und die drei Enkelkinder sind mein Lebensinhalt", fügt sie hinzu. Dass diese Mutter- und Großmutterliebe gerne erwidert wird, davon zeugt in der Küche der Kaffeepott mit der liebevollen Aufschrift „Für die beste Oma der Welt".

Sich fithalten – das ist wichtig für die 74-Jährige. „Einmal in der Woche gehe ich schwimmen." Eine ausgewogene Ernährung ist dabei das A und O. Jeden Donnerstag geht sie deshalb zum nahen Wochenmarkt, um frische Lebensmittel zu kaufen. Sie sagt: „Ich esse viel Gemüse, am liebsten Brokkoli."

UND SO GEHT'S

KARTOFFELSUPPE À LA INGRID

Die Kartoffeln schälen und klein schneiden. Sellerie ebenfalls würfeln. Beides knapp mit Wasser bedeckt im Topf kochen. Eine Prise Salz zugeben. Geraspelte Möhren und fein geschnittenen Porree in Butter dünsten. Den durchwachsenen, ebenfalls in kleine Würfel geschnittenen Speck bei mittlerer Hitze auslassen. Darin die Zwiebel goldbraun anbraten. Die Kartoffeln werden nicht püriert, sondern unter Zugabe eines Stichs Butter mit einem Stampfer zerdrückt. Möhren-Porree-Mischung und Speck beigeben. Dann den Brühwürfel darin auflösen. In einer Pfanne Rührei mit Schnittlauch zubereiten und in den Stampf einrühren. Zum Schluss Sahne und Petersilie zufügen. Mit Pfeffer und Salz abschmecken.

REINGESCHMECKT

NOCH EIN SCHLAG:

Kartoffelsuppen werden gern mit dem Stabmixer cremig püriert, die gestampfte Variante hingegen hat viel mehr Biss. Rührei mit Schnittlauch ist eine leckere Zugabe. Einen Nachschlag, bitte!

Zeitaufwand: ★☆☆☆☆
Schwierigkeitsgrad: ★☆☆☆☆
Preis: ★★☆☆☆

Das Rührei ist schon untergezogen, jetzt wird der durchwachsene Speck in der Pfanne ausgelassen.

MEINE ZUTATENLISTE

1,5 kg mehlige Kartoffeln,
½ Sellerie-Knolle,
3 Möhren,
1 kleine Stange Porree,
Stich Butter,
200 g durchwachsener Speck,
1 große Zwiebel (gewürfelt),
1 Brühwürfel,
200 ml Sahne,
1 EL gehackte Petersilie,
5 Eier, 1 EL Schnittlauch,
Pfeffer, Salz

Für die Hobbyköchin der Clou: das Rührei mit Schnittlauch.

DAS SAGT DER PROFI

Thomas Stolle

BERGKÄSE MACHT DAS GANZE WÜRZIG

Sehr lecker der Schichtkohl und deshalb auch absolut zum Nachkochen empfohlen. Wer ab und an auf Fleisch verzichten möchte, der kann das Hackfleisch auch ersetzen. Einfach frische Pfifferlinge, Zwiebelwürfel und Streifen vom Lauch in Olivenöl anbraten. Wer mag, kann zum Schluss auch noch Würfel vom Schafskäse hinzufügen. Dann schichten, wie im Rezept vorgesehen. Gratinieren könnte man das Gericht zum Schluss auch noch mit ein wenig geriebenem Bergkäse. Das macht es schön würzig. Dem Kartoffelpüree kann man mit Rucola und klein geschnittenen, getrockneten Tomaten eine mediterrane Note verleihen. Das passt sehr gut zum Sommer. Dann noch ein leckeres Bier dazu – was will man mehr. Guten Appetit!

SÜNDENFAKTOR

MITTEL

In unserer schlankheitsfanatischen Welt werden Fette gerne verpönt. Dabei sind sie enorm wichtige Energielieferanten. Im Schichtkohl kommen sie neben dem Gemüse gut zur Geltung.

Im schweren roten Bräter aus Gussstahl hat Barbara Wittelsbach die Kartoffeln Püree aufgesetzt.

REISEN AUCH DURCH DEN KÜHLSCHRANK

Barbara Wittelsbach schaut im Urlaub gerne in fremde Töpfe und bringt allerlei mit nach Hause: neue Rezepte, besondere Mehle oder die „Baeckeoffe"-Tonform

Voilà – das isst der Pott: Neben der heißen Portion Schichtkohl aus dem Backo liegt ein Klacks Kartoffelpüree.

Kochsendungen schauen, in Kochbüchern stöbern und dann streng nach Rezept kochen – so steigen wohl die meisten Anfänger in die Kochkunst ein. „Ich bin in den neunziger Jahren über Bioleks Sendung „Alfredissimo“ zum Kochen gekommen“, erzählt Barbara Wittelsbach. Freimütig und stolz gesteht sie: „Ich bin Autodidaktin.“

Dass das eine kleine Ewigkeit her ist und die 59-Jährige am Herd längst mit sicherer, geschickter Hand in ihrer modernen und komfortablen Küche zu Werke geht, ist unübersehbar. „Heute koche ich gerne Rezepte, die ich Reise durch den Kühlschrank nenne“, fügt sie hinzu, „das sind Unikate, sie schmecken meistens sehr gut und sind obendrein eine sinnvolle Art der Resteverwertung.“

Stolz fügt die Hobbyköchin aus Rüttenscheid hinzu, dass sie längst auch eigene Gerichte komponiert hat. Eines nennt sie selbstbewusst „Lammbraten Wittelsbacher Art“. Außerdem backt sie gerne eigenes Brot, und in ihrer selbstgemachten Marmelade fängt sie die fruchtige Süße des Sommers ein.

Bei ihrem Leibgericht „Schichtkohl“, eigentlich ein klassisches Wintergericht, variiert sie gerne Weißkohl, Wirsing und Spitzkohl. Dieses Mal platziert sie das Püree separat auf dem Teller, als etwas aufwendiger erweist sich ihr zweiter Vorschlag: den Auflauf mit einer Kartoffelpüreekruste zuzubereiten. „Das Spitzkohl-Gericht schmeckt ähnlich wie Kohlrouladen“, findet Barbara Wittelsbach, „es ist aber einfacher und schneller in der Zubereitung, außerdem enthält es geschmacksintensive Röststoffe.“

Neben der Herdkunst pflegt die 59-Jährige noch weitere, quasi ergänzende Hobbys: das Gärtnern und das Reisen – letzteres am liebsten in Skandinavien und in Deutschland. Im Urlaub schaut sie neugierig in fremde Töpfe oder sucht in Gaststuben und auf Märkten nach Anregungen, Zutaten und Gewürzen für daheim. „Aus Süddeutschland bringe ich immer doppelgriffiges Mehl mit, mit dem sich richtig gute Spätzle zubereiten lassen“, erzählt sie. Und auf der anderen Rheinseite, im Elsass, findet sie jenes besondere Mehl, mit dem die Franzosen ihre einmalig knusprigen Baguettes herstellen. Zuletzt kaufte sie im Nord-Elsass eine Original „Baeckeoffe“-Tonform.

„Eine herzliche Freundschaft“ habe sich zu ehemaligen Mitschülerinnen entwickelt. Im letzten Oktober hat die gelernte Fremdsprachensekretärin sie nach dreißig Jahren wieder gesehen. Eliane, die jetzt in Perpignan (Südfrankreich) lebt, berichtete ihr neulich am Telefon, dass sie an einer Radiokochsendung mitgewirkt und mit ihrem Rezept einen Restaurantbesuch gewonnen habe. „Sie meinte, wir sollten ein gemeinsames Kochbuch schreiben“, sagt Barbara Wittelsbach – und schmunzelt.

UND SO GEHT'S

SCHICHTKOHL VOM SPITZKOHL

Hackfleisch in einer Pfanne in Fett (oder Alba-Öl) mit dem Speck knusprig anbraten. Mit Pfeffer, Salz und etwas Cayenne würzen – und schon liegt die erste Schicht in der Auflaufform. In derselben Pfanne fein geschnittene Zwiebel in Butterschmalz anbraten, Schichtkohl portionsweise zugeben und kräftig anbraten. Mit etwas Zucker karamellisieren. Der Spitzkohl darf ruhig ein bisschen braun werden. Auf das Hackfleisch schichten. Für die Eiermilch (Royale) Milch und Eier verquirlen, kräftig mit Gewürzen abschmecken und auf den Schichtkohl gießen. Im vorgeheizten Backofen etwa 25 Minuten bei Ober-/Unterhitze (180 Grad) garen. Wichtig: Die Eiermilch muss stocken. Als Beilage schmeckt Kartoffelpüree.

REINGESCHMECKT

DEFTIG, SCHNELL, EINFACH:

Ein bodenständiges Gericht mit klassischen Zutaten. Gewürze, Eiermilch und Zucker verleihen dem Schichtkohl Pfiff und Geschmack. Bier mundet dazu ebenso wie Riesling-Schorle.

Zeitaufwand: ★★☆☆☆
Schwierigkeitsgrad: ★★☆☆☆
Preis: ★★☆☆☆

MEINE ZUTATENLISTE

1 Spitzkohl, 1 Zwiebel, 100 g Speck oder Bacon, Butterschmalz oder Alba-Öl, 1 Prise Zucker, 500 g Hackfleisch gemischt, Salz, Pfeffer, Cayenne

Für die Royale: 2–3 Eier, ca. ½ l Milch, Salz, Pfeffer, Cayenne, Muskatnuss, Paprika edelsüß

Die Zutaten: Das Hackfleisch und darüber der Spitzkohl.

GELSENKIRCHEN

WÜRSTCHEN IM SCHLAFROCK

DAS SAGT DER PROFI

Foto: © Martin Möller

Kenneth O'Shaughnessy

VORTEIL FÜR DEN FRISCHEEFFEKT

Ich habe über 20 Jahre in verschiedenen Krankenhäusern als Küchenchef gekocht, schon in den 1980ern wurde dort umgestellt, rohe Eier für die Mayonnaise, Remoulade oder Desserts wurden da tabu, weil zu viel passieren kann, wenn die Kundschaft aus älteren Menschen besteht. Die Salmonellengefahr ist einfach zu groß. Aber für mich daheim mache ich meine Remoulade auch selbst, oder für unseren Mittagstisch frische ich fertige Produkte natürlich auch auf. Frische Kräuter, Eier, gekocht und gewürfelt, und Kapern gehören für mich unbedingt dazu. Gerne nehme ich auch Anchovis, die kann man klein hacken und unterheben, dadurch bekommt die Remoulade einen kräftigeren Salzgeschmack und wird insgesamt würziger. Fertig gekaufte Remoulade ist nicht unbedingt schlecht, aber frisch ist sie eben besser. Den Frischeeffekt, den merkt man beim Probieren sofort.

SÜNDENFAKTOR

GERING

Natürlich sind Blätterteig und Würstchen nicht ohne, aber die Remoulade mit Joghurt macht das wett – und außerdem gibt's ja noch ein paar Salatblätter dazu. Für das gute Gewissen.

Sieben auf einem Blech: Uwe Koch (r.) und WAZ-Redakteur Jörn Stender in Kochs

EIN FAMILIEN-KLASSIKER

Uwe Koch war früher „der Eventkoch" im Haushalt. Längst steht er nicht nur am Herd, wenn Gäste kommen Seine riesige Rezeptsammlung füllt Bände

Chinesisch kocht Uwe Koch ab und an, „gerne und viel auch italienisch“. Seine Rezeptsammlung füllt Ordner und, säuberlich handgeschrieben, eine alte Kladde. Mit der „Klammer-Strich-Methode“ hat er die Gerichte mit Zutaten und Zubereitung notiert. Das erleichtert die Abläufe. „Links stehen die Zutaten, rechts, wie viel ich davon nehmen muss und was ich damit mache“, erklärt Koch. Da kommt der alte Pädagoge in ihm durch. Systematik macht sich nicht nur bei Rezepten bezahlt und zeigt: In der Schule lernt man fürs Leben...

Herausgesucht hat der Erler für die WAZ ein Rezept, das er natürlich „im Kopf“ hat, ein Essen mit langer Familientradition von der „inzwischen 90-jährigen Oma. Das gab es früher zu besonderen Anlässen wie Kinder-Geburtstagen und auch Heiligabend“, sagt Koch. „Vor allem die Kinder freuten sich ‘n’ Pinn inn’ Bauch, wenn es das gab“ – die Würstchen im Schlafrock.

Eigentlich ein Klassiker, bei Uwe Koch wird er leicht abgewandelt, mit einer Remoulade, die mit viel frischem Joghurt angerührt in die Schüssel kommt und entsprechend wenig Kalorien aufs Hüftgold legt. Ansonsten ist das Gericht schnell gemacht. Ein wenig Vorplanung ist erforderlich. Der Tiefkühlblätterteig sollte gut angetaut sein. In der Zeit, in der die Würstchen im Ofen bräunen, lässt sich locker die Sauce anrühren. Frische Kräuter machen sich darin besonders gut. Koch holt sie gerne aus der Kräuterschnecke im eigenen Garten.

63 Jahre alt ist Koch. Der Vater von fünf Kindern hat die Gesamtschule Buer-Mitte mit auf den Weg gebracht und war als Lehrer, wie er sagt, „Allrounder“. Englisch, Deutsch und Erdkunde hat er unterrichtet, aber auch Hauswirtschaftslehre. Da ist einiges hängen geblieben für den Alltag. „Früher war ich nur der Eventkocher, wenn Gäste kamen. Aber nachdem ich die Berufstätigkeit aufgegeben habe, koche ich regelmäßig.“ Und ambitioniert in der geräumigen Küche im Erler Heim. „Wenn wir Freunde einladen, kann es schon mal sein, dass es zehn verschiedene kleine Gänge gibt. Ich kriege schon einiges auf die Reihe.“ Dann greift Koch auf Hunderte Rezepte zurück, die sich in Ordnern angesammelt haben. Gerne improvisiert er aber auch. „Dann gucke ich, was da ist und mache was draus.“

Seit die Kinder groß sind, haben die Würstchen zumindest Heiligabend ausgedient. „Meine Frau“, sagt Koch, „wünscht sich jetzt immer Steak mit Pfeffersauce und Spargel.“

UND SO GEHT'S

UWE KOCHS WÜRSTCHEN-VARIANTE

Aufgetaute Blätterteigscheiben mit dem Nudelholz ausrollen (Breite etwa 15 cm) und Würstchen darin einrollen. Eier trennen, mit dem Eigelb Teigende und die Oberfläche bepinseln. Backblech mit Backpapier auslegen, Teigrollen für 15 Minuten bei 180 Grad Umluft in den Backofen schieben. Für die Joghurt-Remoulade 2 Eier hart kochen und fein würfeln. Joghurt, Salat-Creme, Fruchtessig und Gurkensud in einer großen Schüssel verrühren, Eierwürfel zugeben. Zwiebeln, Gurke und Knoblauch sehr fein würfeln und zugeben, Kräuter dazu, mit Zucker, Salz, Pfeffer und Senf abschmecken. Gewaschene, abgezupfte Salatblätter auf einen flachen Teller legen. Blätterteig-Würstchen zum Servieren am Tisch mit (am liebsten viel!) Joghurt-Remoulade übergießen.

REINGESCHMECKT

DER WOPP-EFFEKT

hält sich bei der Remoulade von Uwe Koch in engen Grenzen. Sie kommt leicht daher, ist auch mit fettarmem Joghurt zu machen – und eignet sich so auch gut als Dipp für Gemüsesticks.

Zeitaufwand: ★★☆☆☆
Schwierigkeitsgrad: ★★☆☆☆
Preis: ★☆☆☆☆

Die Zutaten auf einen Blick. Für den WAZ-Besuch in seiner heimischen Küche hat Uwe Koch die doppelte Rezeptmenge bereit gestellt.

MEINE ZUTATENLISTE

8 Würstchen (50–80 g),
8 Scheiben TK Blätterteig,
2 Eier; für die Remoulade 2 Eier,
500 g Joghurt, 2 EL Salatcreme,
2 EL Essig (z. B. Himbeer),
2 EL Sud von Essiggurken,
2 kl. rote Zwiebeln, 2 Gewürzgurken,
1 Knoblauchzehe, 3 gehäufte Esslöffel Kräuter (TK oder frisch),
Zucker, Salz, Pfeffer,
½ TL scharfer Senf,
1 Kopfsalat

Pfeffer aus der Kaffeemühle. Der Hobbykoch aus Erle hat den Dreh raus ...

DAS SAGT DER PROFI

Foto: © Martin Möller

Kenneth O'Shaughnessy

AUF DIE RICHTIGE DOSIS KOMMT'S AN

Vor Curry habe ich immer großen Respekt beim Würzen. Nimmt man zu viel, schmeckt es nur noch danach. Und natürlich gilt das auch für Knoblauch. Einmal zu viel, dann ist alles vorbei. Knoblauch verstärkt den Geschmack immens, da pass ich immer gut auf. Überhaupt gilt bei Kräutern: Nicht zu viele verschiedene nehmen, sonst hebt sich der Geschmack gegenseitig auf. Gerade das Würzen von Fleisch ist ja ein Dauerthema und eine Glaubensfrage. Vorher, nachher, wenn die Poren noch offen oder schon geschlossen sind? Ich persönlich würze leicht mit Salz und Pfeffer vor dem Braten und auch leicht hinterher. Gerade Salz hebt das Produkt hinterher unheimlich, zum Beispiel bei Steaks oder anderem Kurzgebratenen. Schmorbarten sollte man vorher gut mit Salz einreiben. Und immer schön langsam schmoren ...

SÜNDENFAKTOR

HOCH

Ein leichter Snack geht anders, aber eine gute Currywurst ist die Sünde wert. Eine Portion mit ca. 170 Gramm bringt es auf 1.633 kJ / 393 kcal, 24 Gramm Eiweiß, 30 Gramm Fett und rund neun Gramm Kohlenhydrate.

Es ist angerichtet: Heinrich Wächter in seiner Küche mit seiner Wurst-Variante.

DIE CURRYWURST MIT COKE-SCHUSS

Schneller als zur Bude und zurück: Bei Heinrich Wächter ist der Imbiss-Klassiker flott frisch angerichtet. Mit Sterneköchen probt er die Edel-Variante

Die Currywurst – besungen und im Pott im steten Wettstreit mit der Hauptstadt! Als Ruhrstädter, sagt Heinrich Wächter, „kann man ohne sie nicht leben. Zumindest nicht für einen längeren Zeitraum." Wo es die beste Currywurst im Revier gibt, ist umstritten. Sie ist zwar nicht unbedingt ein Sonntagsessen, sondern eher was für zwischendurch, aber ein Kult im Revier ist sie allemal. Die von Heinrich Wächter kommt mit einer Besonderheit in der Sauce daher – er schmeckt Ketchup und Gewürze mit Cola ab. Und mit selbst zubereiteter Sauce statt süßer Tunke aus der Flasche hat die Currywurst allemal das Zeug zur geselligen Runde mit Familie oder Freunden.

Heinrich Wächter ist in Scholven zuhause. Beruflich ist der 65-Jährige seit Jahrzehnten dem Kochen verbunden – als Küchenmeister, Koch-Club-Gründer und Lehrer. Seinen Einsatz am Herd verbindet Wächter häufig mit Benefizaktionen. Gut essen und Gutes tun, das passt für ihn zusammen.

Wer so viel kocht, der bescheidet sich daheim. Wächters Küche ist, sagen wir mal, überschaubar. Herd, Küchenblock, Spüle, Mikrowelle, Espressomaschine, Kühlschrank. Für viel mehr bleibt kaum Platz. Wer hier größere Menüs zaubern möchte, muss Küchenlogistiker sein und penibel Ordnung halten. Hinter der Durchreiche steht der Esstisch im Wohnzimmer. Wächters Passion ist auch hier unübersehbar. Ein alter Kohle-Küchenherd steht als Schmuckstück vor dem Balkonfenster – und Kochkunst, wird deutlich, kann durchaus dekorativ die Wände schmücken. Ein Hingucker: Der von einem Bekannten gemalte Rock 'n' Rollmops.

Zurück in die Küche. Wächter hat Pfanne und Topf, Gewürze, Ketchup, Cola bereit gestellt. Die nötige Zwiebel ist schnell geschnibbelt, die Würstchen landen nicht minder schnell in der Pfanne. Seine Currywurst hat Wächter in Jugendtagen als „türkische" kennengelernt. Sie wurde in den 1960er Jahren ganz serviert, mit Paprikapulver nachgewürzt und mit Schaschlik-Soße übergossen.

In der Zeit, in der die Bratwürstchen der Vollendung entgegen rösten, ist die Soße fertig. Der Zeitaufwand fürs Gesamtgericht hält sich in engen Grenzen. Schneller zur Pommesbude ist es kaum zu schaffen. Und frischer ist die Soße dort sicher nicht ...

Mit einer feineren Wurstvariante misst sich Wächter übrigens im Oktober, wenn er – mit Sterneköchen – für Westlotto Currywurst anrichtet. Die Wurst wird dann aus Fleisch vom Wollschwein sein, angemacht mit Tomatenmarmelade und Curryschaum, angereichert mit Croûtons. Merke: Es geht auch edler.

Doch Kult ist das nicht, dazu braucht's eher den Klassiker. Wächter hat dafür stilecht Keramik-Schälchen und Holz-Picker bereit gestellt, pudert die Wurst noch mit Paprika und Curry, bettet noch ein halbes Brötchen als Beilage ins Schälchen – und lässt probieren. Einfach – lecker!

UND SO GEHT'S

WÄCHTERS KULT-CURRYWURST

Die Herausforderungen am Herd halten sich in engen Grenzen. Die Würstchen werden beidseitig in der Pfanne gebraten, zerschnitten und dann mit der Sauce begossen. Die lässt sich in der Zeit herstellen, in der die Würstchen in der Pfanne schmurgeln – und zwar so: Zwiebel in Würfel schneiden und im erhitzten Öl glasig schwitzen. Curry, Paprika und Cayennepfeffer zugeben und weiter schwitzen, ablöschen mit Coke oder Orangensaft. Aufkochen lassen, den Ketchup zugeben, richtig durchkochen lassen. Die gebratenen (oder auch gegrillten) Würste in Stücke schneiden und anrichten. Ein Schälchen muss nicht sein, ein Teller tut's natürlich auch. Wer mag, kann ja noch ein Brötchen dazu geben ...

REINGESCHMECKT

ZUGEGEBEN, DIE KONKURRENZ

von der Stamm-Pommesbude ist hart. Aber warum nicht mal die Currywurst selber machen, mit Zutaten und Schärfegraden experimentieren? Kinder können mitmachen. Und schmecken wird es ihnen ohnehin.

Zeitaufwand: ★☆☆☆☆
Schwierigkeitsgrad: ★☆☆☆☆
Preis: ★☆☆☆☆

MEINE ZUTATENLISTE

8 Bratwürstchen,
4 cl Öl,
1 Zwiebel,
5 g Currypulver,
5 g Rosenpaprika,
2 g Cayennepfeffer,
1 dl Coke oder Orangensaft,
300 g Ketchup

Würstchen, Gewürze, Ketchup, Öl, Zwiebeln, Brötchen – die Zutaten für die Kult-Currywurst – inklusive Cola für die Soße.

HÄHNCHEN-HAMBURGER

DAS SAGT DER PROFI

Foto: © Martin Möller

Kenneth O'Shaughnessy

IN FORM MIT DEM RICHTIGEN DRUCK

Die klassische Frikadelle haben wir hier im Café bei Kirchens natürlich in verschiedensten Varianten. Aber das Gefühl, einen Hamburger mit den Fingern zu essen, lag unseren Gästen wohl nicht. Für mich darf es aber gerne mal ein Burger sein. Nicht von den Fastfood-Ketten. Das sind für mich keine Hamburger, die sie dort anbieten, das ist ein Industrieprodukt. Ich verwende reines Rindfleisch und mache daraus Rinderhack, das ich mit Kräutern verfeinere. Zum Binden tue ich gar nichts rein. Es ist allein eine Frage des Drucks, damit das hält. Die Zwiebeln zum Burger brate ich vorher etwas an, dazu Salat, die frische Tomate, das ist herrlich. Der Burger muss für mich so dick sein, dass man ihn kaum noch in den Mund bekommt. Und er muss knackig sein, nicht so eine Matsche ...

SÜNDENFAKTOR

MITTEL

Burgerbrötchen, die Mayonnaise und die Sahne bleiben nicht ohne Ampel-Folgen. Aber insgesamt gilt: Wesentlich leichter kann man einen Hamburger kaum auf den Teller bringen ...

Deckel drauf: Clive Hüskens Hamburger mit mariniertem Hühnchenfleisch.

DER ETWAS ANDERE BURGER

Hamburger sind angesagt. Clive Hüsken serviert sie als angehender Koch-Profi

War gestern, Burger, so scheint es, ist heute. Aber bitteschön nicht der vom Großbräter, sondern lieber die vom Burger-Spezialisten, mit erwartet höherem Genussfaktor. Und die machen sich breit, finden ihr kau(f)kräftiges Publikum weit über Stadtgrenzen hinaus.

Da geht's schon mal für den fleischlichen Genuss nach Köln in die „Fette Kuh", ins „Piwy's" nach Oberhausen oder zu „Hans im Glück" nach Essen. In der Liga (gute Zutaten, möglichst regional bezogen, frisch zubereitet) köchelt auch das Bang Bang Burgers & Beer an der Weberstraße seit einiger Zeit mit. Kurzum: Die etwas anderen Burger sind derzeit Kult. Folgerichtig hat Clive Hüsken (20) seine Rezeptwahl getroffen. Jedoch füllt er keinen Fleischklops ins Brötchen, sondern „Pulled Chicken", mariniertes Hähnchenschenkel-Fleisch, das er nach dem Braten mit der Gabel vom Knochen gelöst hat. Am Herd ist Hüsken familiär „vorbelastet". Sein Vater Georg ist Patron auf Schloss Westerholt. „Ich bin mit der Gastronomie aufgewachsen und habe schon als Kind gerne hinter dem Tresen gestanden oder Salat geputzt. Die Arbeitszeiten haben mich nicht geschreckt. In der Schule habe ich dann ein Praktikum bei Frank Rosin gemacht." Spätestens danach stand für den 20-Jährigen fest: Kochen ist sein Ding.

Jetzt steht Hüsken am Ende seiner dreijährigen Ausbildung. Die theoretische Prüfung im Berufskolleg Königstraße hat er just am Kochtag für die WAZ-Aktion hinter sich gebracht. Danach legt er für seine Hühnchen-Hamburger eine kleine Zwischenschicht in der Schulküche ein, ehe es danach in den Betrieb geht: Hüsken lernt(e) im Restaurant Haus Lindemann in Bottrop sein Handwerk. Der Abschied ist absehbar: Nach bestandener Prüfung (die Praxis steht im Juni an) will er den Betrieb wechseln. „Ich habe mich schon beworben. Sobald ich die Prüfung bestanden habe, werde ich als Jungkoch in Hamburg in der ‚Bullerei' anfangen." Im Restaurant von TV-Koch Tim Mälzer hat er schon probeweise gearbeitet. „Ich wollte in eine andere Stadt, was anderes erleben. Man muss einfach viel Erfahrung sammeln, wenn man erfolgreich sein will", glaubt Hüsken und ist sicher: „Als Koch wird man immer Arbeit finden, wenn man einigermaßen was auf dem Kasten hat." Sein Ziel ist dabei „schon die Selbstständigkeit".

Die Hamburger sind belegt, das Fleisch schmeckt saftig, auch die Marinade kann punkten. Doch die heimliche Liebe geht beim 20-Jährigen in eine andere Richtung. „Süßspeisen mache ich gerne, auch mit meiner Freundin zusammen. In der Patisserie bringt man die Kreativität eher auf den Teller."

REINGESCHMECKT

AUF DEN INHALT, aber eben auch die Verpackung kommt es an – und da ist ein gescheites Burger-Brötchen nicht so einfach zu finden. Eine Alternative für alle mit etwas Küchenanspruch: selber backen. Gute Rezepte liefert das Internet.

Zeitaufwand: ★★☆☆☆
Schwierigkeitsgrad: ★☆☆☆☆
Preis: ★★☆☆☆

Übersichtlich: Die Zutaten für Clive Hüskens Hamburger. Wer variieren will, kann natürlich jederzeit seine Burger nach Belieben weiter „aufstocken".

MEINE ZUTATENLISTE

4 Hähnchenkeulen, 4 cl Orangensaft, Paprikapulver, Salz, Sardelle(n), 150 g Mayonnaise, 100 g Sahne, Senf, 2 cl Weinessig, ein Spritzer Worcestershiresauce, 4 Hamburgerbrötchen, 1 Romanosalat, 1 Tomate, 20 g Parmesan (gehobelt)

Nach dem Anbraten kommen die Schenkel bei 200 Grad ins Rohr.

UND SO GEHT'S

CLIVE HÜSKENS HÜHNCHEN-HAMBURGER

Die Hähnchenkeulen zunächst in Orangensaft, Paprikapulver und Salz marinieren und einige Zeit stehen lassen. Dann in der Pfanne goldgelb anbraten, danach im heißen Backofen bei 200 Grad rund 40 Minuten braten. Danach das Fleisch mit einer Gabel von den Hähnchenkeulen lösen, zerrupfen und mit dem ausgetretenen Bratensaft mischen. Für den marinierten Romanosalat Sardelle zerdrücken, Mayonnaise, Sahne, Senf, Essig, Salz und Worcestershiresauce verrühren. Die halbierten Hamburger-Brötchen kurz in der Pfanne anrösten, mit Salatblättern, Tomatenwürfeln und gehobelten Parmesanspänen sowie dem Pulled Chicken belegen. Deckel drauf und servieren.

GELSENKIRCHEN

KARTOFFELPÜREE MIT CHICORÉE DURCHEINANDER UND BLUTWURST

DAS SAGT DER PROFI

Foto: © Thomas Schmidtke

Sarah Geil

EIN REZEPT MIT SEHR VIEL GUTEM

In diesem Rezept steckt viel Gutes. Chicorée zum Beispiel hat nur 17 kcal je 100 g, liefert dabei aber viele Vitamine und Mineralstoffe, vor allem Vitamin C und Kalium. Die Bitterstoffe wirken sich positiv auf Magen und Darm aus, unterstützen die Verdauung und fördern eine gesunde Darmflora. Positiv sind auch die vielen „tollen Knollen". Kartoffeln sind besonders reich an Vitamin C und sogenannten sekundären Pflanzenstoffen. Sie wirken antioxidativ, entzündungshemmend, unterstützen das körpereigene Immunsystem und senken den Cholesterinspiegel. Nebenher liefern sie hochwertiges, pflanzliches Eiweiß, was in Kombination mit der Milch für den Körper besonders gut nutzbar ist. Ein Tipp gegen den Sündenfaktor: Eine „Light-Variante" mit magerem Rohschinken statt Speck und einer Scheibe Kasselerrücken statt Blutwurst schmeckt auch deftig, liefert aber nur 12 g Fett pro Portion. Aber wenn es am nächsten Tag eine leichte Mahlzeit gibt, darf es auch mal Blutwurst sein.

SÜNDENFAKTOR

HOCH

Der hohe Fettanteil und somit Kaloriengehalt ist ungünstig. Pro Portion liefert das Gericht knapp 90 g Fett (der durchschnittliche Tagesbedarf liegt bei 60 g) und 1000 kcal. Hauptschuld tragen der fette Speck und die Blutwurst.

Gertrud Moritz beim Schneiden des Chicorée an ihrem Klapptisch.

EINE SEHR LECKERE, DEFTIGE SÜNDE

Das Gericht hat Gertrud Moritz schon als Kind bei der Mama gern gegessen. Und noch heute arbeitet sie grundsätzlich mit Handstampfer

Kochen ist für Gertrud Moritz etwas ganz Selbstverständliches. Sie hat ländliches Hauswirtschaften gelernt, als Hauswirtschaftshilfe gearbeitet, später für ihren Mann und die vier Kinder stets frisch gekocht. „Dosenfutter" kam nicht auf den Tisch. Wie man gut und günstig kocht, ist ihr in Fleisch und Blut übergegangen. „Wir mussten ja unser Häuschen abbezahlen, da hieß es bei vier Kindern gut rechnen." Alle haben immer in der sieben Quadratmeter großen Küche gegessen, in der die 86-Jährige an diesem Tag für uns ein Gericht aus ihrer Kindheit kochen möchte: Selbstgemachtes Kartoffelpüree mit Chicorée, Speck und Zwiebeln durcheinander sowie gebratene Blutwurst.

PREISWERT UND GEHALTVOLL

Kosten für vier Personen: knapp elf Euro. Buchhaltung hatte Gertrud Moritz übrigens in ihrer zweiten Ausbildung auch noch gelernt. Sieben Kinder waren sie zuhause in Mülheim-Speldorf, da musste auch schon die Mutter gut organisiert sein.

Während Gertrud Moritz erzählt, wie sie 1954 über eine Anzeige in der WAZ ihren Mann kennengelernt hat, schält sie schon die Kartoffeln. Während diese in Salzwasser kochen, wird der Chicorée zubereitet. Den bitteren Kern schneidet sie gewissenhaft heraus, die Blätter werden sehr fein geschnitten. Das Salz für die Kartoffeln kam aus einer der 14 Schütten im Hängeschrank, „den hab ich von Anfang an, von Poggenpohl damals. Der ist noch gut", erklärt Gertrud Moritz. Er ist wirklich noch gut, und etwas „wegtun" was noch gut ist, das mag sie ohnehin nicht. Warum sollte sie auch.

Beim Marinade anrühren – mit sehr fein geschnittener Zwiebel – erzählt Gertrud Moritz von ihrem Mann, der im Dezember 2014 verstarb. Er hatte in der Lokwerkstatt der Zeche Alma gearbeitet, hatte damals die Anzeige aufgegeben, weil er nicht irgendeine Frau wollte. „Und ich war ja auch wählerisch", verrät sie verschmitzt.

Kartoffeln stampfen mit dem Handstampfer – das sieht ganz schön anstrengend aus. Als sie mit der Konsistenz des Pürees zufrieden ist, kommt der Deckel auf den Topf, damit der Brei warm bleibt, während die Blutwurst zubereitet wird. Zwischendurch muss sich Gertrud Moritz dann doch mal setzen. Sie zieht den Hocker unter dem kleinen Klapptisch hervor, auf dem alles zubereitet wird.

BLUTWURST LIEBER IM NATURDARM

Dass die Blutwurst in Plastik statt im Naturdarm steckt, gefällt ihr nicht. Auch, weil das Plastik ja nicht mitgebraten werden kann und die Wurst ohne Pelle zerfällt beim Braten. Schmecken tut es am Ende aber doch gut. Sehr gut sogar. Zugegeben, die Blutwurst ist nicht jedermanns Fall. Aber das Kartoffelpüree ist eine Sensation auf der Zunge. Cremig und knackig, bitter und süß zugleich. Sehr, sehr lecker.

UND SO GEHT'S

KARTOFFELPÜREE MIT CHICORÉE UND BLUTWURST

Kartoffeln schälen und in Salzwasser 20 Minuten garen. Unterdessen Chicorée waschen, halbieren, bittere Kerne keilförmig rausschneiden, Blätter in sehr feine Streifen schneiden. Aus Essig, Öl, Salz und Pfeffer (evtl. Zucker) eine Marinade bereiten, fein geschnittene Zwiebel untermengen, Chicoréestreifen unterheben. Die gegarten Kartoffeln abgießen, mit Milch und Butter stampfen, ausgelassenen Speck unterheben, mit Deckel abdecken. Die diagonal in dicke Scheiben geschnittene Blutwurst von beiden Seiten in Mehl wälzen, ggf. Plastikdarm vorher entfernen. In Margarine in einer Eisenpfanne von beiden Seiten in je fünf Minuten kross braten. Wenn die Blutwurst fertig ist, Chicorée unter Püree heben. Fertig!

REINGESCHMECKT

DAS ORIGINALREZEPT

wird mit Endivien statt mit Chicorée zubereitet; das ist etwas milder. Im Spätfrühling und Sommer gibt es aber keine Endivien, und da ist Chicorée die ideale Alternative. Etwas bitterer, aber schön knackig und vor allem sehr gesund.

Zeitaufwand: ★★☆☆☆
Schwierigkeitsgrad: ★☆☆☆☆
Preis: ★☆☆☆☆

Der Chicorée wird als Salat angemacht, bevor er ins Püree kommt.

MEINE ZUTATENLISTE

1 kg mehlige Kartoffeln,
4 Chicorée, 1 Zwiebel,
50 g fetter Speck,
1 Tasse Milch,
1 EL Butter, Salz,
Pfeffer, 2 EL Salatöl,
zwei TL Balsamico,
1 Ring Blutwurst,
2 EL Mehl,
2 EL Margarine zum Braten

Die letzten Handgriffe vor dem Servieren, auch die Blutwurst ist fertig.

GELSENKIRCHEN

BUNTE FLEISCHROLLE

DAS SAGT DER PROFI

Foto: © Thomas Schmidtke

Sarah Geil

VIEL VITAMIN C UND BALLASTSTOFFE

Hack als Rolle ... eine schöne Idee. In Gesellschaft von frischem Gemüse, Obst und Salat umso besser. Gerade in der Erdbeersaison ist Salat gut mit frischen Früchten zu ergänzen. Frisch vom Feld nebenan sind die kleinen Vitaminbomben dank kurzer Transportwege besonders aromatisch und gesund. Sie haben mehr Vitamin C als die meisten Zitrusfrüchte und liefern reichlich Ballaststoffe, die eine gesunde Verdauung fördern und sogar erhöhte Cholesterinspiegel senken können. Ihre Mineralstoffe wie Kalium und Magnesium unterstützen zudem die Muskel- und Herzleistung. Auch wenn es fettärmere Alternativen zur Fleischrolle gibt: Familie Seibel sollte ihr Rezept beibehalten, Lieblingsrezepte sollten es auch bleiben dürfen! Fett und Kalorien sparen geht auch später.

SÜNDENFAKTOR

HOCH

Blätterteig, Hackfleisch, Käse und Bratfett sorgen für eine ungünstige Fettbilanz. Blätterteig (27 g Fett je 100 g!) könnte durch Strudelteig (ein Fünftel Fett!), gemischtes durch reines Rinderhack ersetzt werden (minus 10 % Fett).

Heike Seibel aus Gelsenkirchen das Gericht präsentiert ihre „Bunte Fleischrolle".

EINFACH GUT: DIE BUNTE FLEISCHROLLE

Schon in der Schule und bei Muttern hat Heike Seibel das Kochen gelernt. Das Rezept für die Teigtasche aus den 1970er Jahren ist in der Familie beliebt

An ihr erstes Gericht, das Heike Seibel allein und ohne fremde Hilfe gekocht hat, kann sich die gebürtige Ückendorferin sehr gut erinnern: „Gekochte Kartoffeln mit einem gebratenen Schnitzel" waren es – damals, als sie gerade mit 18 Jahren die erste eigene Wohnung bezogen hatte, um auf eigenen Beinen zu stehen. 35 Jahre ist das her. Die Erinnerung an die Hektik seinerzeit, nicht den Überblick über mehrere Kochplatten, Topf und Pfanne zu verlieren, und auch nicht die Mutter für die eine oder andere Frage in Rufweite zu wissen, lässt sie schmunzeln. „Da hatte ich Schweiß auf der Stirn", erinnert sich die Gelsenkirchenerin, die heute in einem schmucken Zechenhaus in Buer zuhause ist.

Kochen hat sich die Justizangestellte – die 53-Jährige arbeitet in der Sozialtherapeutischen Anstalt an der Munckelstraße – von ihrer Mutter abgeschaut. Aber auch in der Schule brachte frau sie früh an den Herd. „Unsere Lehrerin an der Gertrud-Bäumer-Realschule hat uns Schüler 1978 diese Fleischrolle kochen lassen", erzählt Heike Seibel und präsentiert ein altes DINA5-Blatt, auf dem mit Tinte und jugendlicher Handschrift das Rezept für die gefüllte Teigtasche fein säuberlich notiert ist. „Wie man unschwer erkennt, wurde es schon oft nachgekocht, selbst nach Kanada zu meiner Schwester habe ich es geschickt", sagt die zweifache Mutter. „Unsere Familie isst es sehr gerne, die Zubereitung dauert nicht lange." Und ist einfach obendrein.

EINFACH, SELBST FÜR LAIEN, IN DER TAT.
Der eher rudimentär mit Kochwissen behaftete Redakteur hat keine Probleme, den Anweisungen der passionierten Köchin zu folgen. Während er Lauchzwiebeln, Porree und Champignons vorbereitet (siehe „Und so gehts"), kümmert sie sich um Zwiebel- und Goudawürfel und Weißkohl. Bis auf den Käse wird alles in der Pfanne gedünstet, kurz darauf kommen Gouda, das Hack mit Ei, Salz, Pfeffer und Sojasoße gewürzt im Bräter zusammen. Nur noch die Fleisch-/Gemüsemasse auf den Blätterteig geben und mit Eiweiß verkleben. Den Rest besorgt der Backofen.

Die Garzeit nutzt Heike Seibel, um schnell einen herzhaft-süßen Salat zu zaubern. Dabei erzählt sie, dass sie jüngst erst vegetarische und marokkanische Gerichte für sich und ihre Familie entdeckt hat. Und einen Kochkurs besuchen will. Als es ans Testessen geht, fragt sich der Redakteur: Wofür eigentlich? Schmeckt doch. Und zwar hervorragend.

UND SO GEHT'S

BUNTE FLEISCHROLLE

Das Fett in die Pfanne geben, Zwiebelwürfel, in Ringe geschnittene Lauchzwiebeln oder Porree, in Streifen geschnittenen Weißkohl und in Viertel geschnittene Champignons dünsten, bis alles etwas in sich zusammenfällt. Pfanne vom Herd ziehen, etwas abkühlen lassen. Die Goudawürfel mit dem Hack und dem Inhalt der Pfanne mischen. Ein Ei hinzufügen, mit Salz, Pfeffer und Sojasoße großzügig würzen. Die Mischung auf die Mitte des Blätterteigs legen. Beide Seiten des Teiges um die Rolle legen, dabei den Rand mit Eiweiß als Kleber bestreichen. Schließen, mit Eigelb bepinseln und anschließend mit einer Gabel mehrmals einstechen. Bei 220 Grad Ober- und Unterhitze oder 200 Grad Umluft backen.

REINGESCHMECKT

DIE BUNTE FLEISCHROLLE

ist ein sehr leckeres Gericht, die Zubereitung geht selbst Ungeübten gut von der Hand. Man oder frau braucht vielleicht eine knappe Stunde. Und mit etwa zehn Euro ist es auch noch sehr preiswert.

Zeitaufwand: ★★☆☆☆
Schwierigkeitsgrad: ★★☆☆☆
Preis: ★☆☆☆☆

Heike Seibel bereitet mit dem WAZ-Redakteur die Zutaten vor.

MEINE ZUTATENLISTE

1 Paket Blätterteig, 25 g Fett, 1 EL Zwiebelwürfel, 1 Stange Porree oder 1 Bund Lauchzwiebeln, 150 g Weißkohl, 250 g Hackfleisch halb und halb, 150 g Champignons, 150 g Goudawürfel, 2 Eier, Sojasoße, Salz, Pfeffer

Genuss pur: Heike Seibel kredenzt zur würzig-pikanten Fleischrolle nebst Salat mit süßen Erdbeeren auch noch einen guten Merlot.

PFEFFER-POTTHAST

Foto: © Martin Möller

DAS SAGT DER PROFI

Kenneth O'Shaughnessy

FRISCH GEMAHLEN WÜRZT'S BESSER

Salz, Pfeffer – das sind die Basics bei den Gewürzen, aber mittlerweile wird ein großes Geschäft mit Spezialitäten gemacht. Doch darf man sich sicher mal fragen: Von wie weit her muss es kommen? Müssen wir Salz aus dem Himalaya haben? Oder Mineralwasser aus Hawaii? Vieles ist Glaubensfrage. Ich denke, gerade beim Salz kann man über den Gesundheitsfaktor diskutieren. Meersalz schmeckt sicher intensiver, es gibt auch Indizien dafür, dass es besser sei. Dann haben wir Ursalze mit unterschiedlichen Farbtönen. Doch letztlich, wenn man es im Mund hat, schmeckt alles eben nach Salz. Nur mal mehr und mal weniger. Beim Pfeffer gibt es wie bei allen Gewürzen sicher größere Qualitätsunterschiede. Da ist für mich vor allem wichtig: Frisch aus der Mühle muss er kommen. Das schmeckt man sofort.

SÜNDENFAKTOR

MITTEL

Schmalz, Fleisch und Co. bleiben natürlich nicht ohne Wirkung, aber dafür kommt das Gericht komplett ohne schwere Soße aus. Und Beilagen wie Rote Bete und Kürbis reißen manche Kalorie locker wieder raus.

Los geht's: Sabine Lorenz in ihrer Küche mit den Zutaten für den Pfefferpotthast.

DER POTT FÜRS HEIMSPIEL

Sabine Lorenz ist ambitionierte Hobby-Köchin. Anregungen holt sie sich gern im Internet. Doch ihr Pfefferpotthast-Rezept hat ihr Mann mit in die Ehe gebracht

Ihr Gericht für den Fotografen drapiert. Kartoffeln, Schmalz, Gurken, süß-sauer eingelegter Kürbis, die Gewürze. Im Mittelpunkt des Arrangements: ein Prachtstück Rindfleisch, schön marmoriert. „Ich nehme Rinderkamm, also ein Nackenstück. Das bestelle ich immer extra an der Fleischtheke. Rinderkamm ist leicht durchzogen. Fett ergibt eben einen guten Geschmacksträger." Damit ist die Basis bereitet – für Pfefferpotthast.

Sabine Lorenz' Mann Friedrich hat das Rezept mit in die Ehe gebracht. Aus Dortmund, seiner Geburtsstadt. Dort reklamiert man die „Erfindung" des Pfefferpotthast für sich. Nun, er schmeckt als Klassiker westfälischer Küche mittlerweile auch in Gelsenkirchen. Bei Familie Lorenz in Heßler ist es das traditionelle Gericht, das Heiligabend aufgetischt wird. Wenn die vier Kinder mit Partnern und Enkeln kommen „sind wir zwölf Personen". Pfefferpotthast, findet die 55-Jährige, könne man da wunderbar und halbwegs stressfrei vorbereiten. Auch in größeren Mengen.

Sabine Lorenz kocht gerne und durchaus ambitioniert, verfeinert durch diverse Kochkurse. Bei Björn Freitag hat sie sich schon Anregungen geholt, bei TV-Kochduellen hat sie bereits ihr Können gezeigt. Chichi oder Schaum an irgendwas sind dennoch nicht ihr Ding. Sie bevorzugt „Hausmannskost", kocht gerne „frische, deutsche Küche", bereitet aber auch mit Vorliebe Süßspeisen „und Kuchen aller Art. Wenn wir essen gehen, dann aber querbeet, da reizt mich die Küche von Italien bis Asien." Gegen drohendes Hüftgold und wenig Bewegung im Bürojob geht Sabine Lorenz dabei buchstäblich an: als Walkerin. Beim Vivavest-Marathon ist sie jüngst noch über die Halbdistanz gegangen.

Der „Pott" köchelt der Vollendung entgegen. X-mal zubereitet, ist das Rezept Routine. Will sie Neues entdecken, studiert Lorenz gerne Kochseiten im Internet. „Da hole ich mir Anregungen. Ich lese Rezepte wie andere Leute Bücher. Beim Lesen weiß ich in der Regel schon, ob das was werden könnte."

Der Esstisch ist stilvoll eingedeckt. Kunst ziert die Wände im Essbereich, darunter bildlich beste Aussichten auf die Kehrseite von Herkules, dem Skulpturenriesen auf dem Nordsternturm. Lorenz findet das Kunstwerk hoch über Horst klasse. Es liegt sozusagen in Verdauungsspaziergang-Entfernung. Auch nach einem leckeren Pfefferpotthast.

REINGESCHMECKT

DIE VORBEREITUNGEN

sind schnell erledigt, doch als flottes Gericht zwischendurch ist der „Pott" ungeeignet. Die Garzeit erfordert Geduld. Aber gut Ding will ja Weile haben. Und das Warten lohnt sich, garantiert.

Zeitaufwand: ★★★☆☆
Schwierigkeitsgrad: ★★☆☆☆
Preis: ★★☆☆☆

Ein Prachtstück: Für ihr Gericht bevorzugt Sabine Lorenz Rindernacken.

MEINE ZUTATENLISTE

1 kg Rinderkamm, 500 g Zwiebeln, 70 g Schmalz, 1 TL Salz, 10 Pfefferkörner, 1 Lorbeerblatt, 2 Nelken, 1 l Fleischbrühe, 1 EL Kapern, Saft und geriebene Schale einer Zitrone, Mehl zum Andicken

UND SO GEHT'S

SABINE LORENZ' PFEFFERPOTTHAST

Das Fett in einer Kasserolle erhitzen. Das in grobe Würfel geschnittene Fleisch wird unter häufigem Wenden nur kurz (und nicht so kräftig wie Gulasch) angebraten. Man gibt die Zwiebeln zum Gelbrösten dazu, löscht mit Brühe ab und würzt den Pott. Die Pfefferkörner zerstößt Sabine Lorenz im Mörser. Die entsprechende Menge Pfeffer aus der Mühle tut es natürlich auch. Das Fleisch muss rund anderthalb Stunden schmoren, bis es weich ist. Die Soße wird mit dem angerührten Mehl abgebunden und würzig mit Zitronenschale bzw. Zitronensaft und Kapern abgeschmeckt. Eine Prise Zucker macht den Potthast lieblicher. Dazu schmecken Gewürzgurken, rote Bete, eingelegter Kürbis und Kartoffeln.

Prost: Zu ihrem Essen, findet die Köchin, „passt besonders gut ein Bier". Der WAZ-Redakteur kriegt ein alkoholfreies Pils. Sie selbst wählt lieber Weißwein.

GELSENKIRCHEN

SPARGEL MIT PILZEN

DAS SAGT DER PROFI

Foto: © Thomas Schmidtke

Sarah Geil

EXTRA-GESUND, ABER OHNE SAUCE

Das Spargelrezept ist ein wahrer Genuss. Wie gut, dass das Gemüse zusätzlich auch extragesund ist. Durch den hohen Wasseranteil von über 90 Prozent liefern die „schlanken Stangen" pro 100 Gramm gerade einmal 20 kcal. Außerdem liefern sie reichlich Kalium und regen so die Nierenfunktion an. Nicht ganz so günstig ist dagegen der hohe Fettgehalt der Sauce Hollandaise. Mit fast 700 kcal pro Portion sollte die üppige Sauce eher die Ausnahme während der Spargelsaison sein. In Butter, Sahne und Eigelb steckt neben viel Fett auch noch Cholesterin. Der Fettbegleitstoff schädigt das Gefäßsystem des Körpers und kann Mitverursacher verschiedener Erkrankungen, etwa Arteriosklerose, sein. Um das leckere Gemüse ohne Reue genießen zu können: die Stangen im Ofen garen, mit wenig Olivenöl, etwas Zitrone, Salz und Pfeffer – zum Beispiel in Pergament. So bleiben auch die wertvollen Vitamine und Mineralstoffe erhalten.

SÜNDENFAKTOR

MITTEL

Gerichte mit Spargel sind sehr leicht und fettarm und gerade die Variante ohne Schinken macht's noch gesünder. Doch die Sauce Hollandaise ist dafür umso fettreicher. Besser: Nur etwas Olivenöl.

Das Brötchen kommt in den Kochtopf, um die Bitterstoffe des Spargels herauszuz

KASTNER, DIE KOCHENDE KÜNSTLERIN

Die Malerin hat vier Kinder und einen Mann. Am liebsten kocht sie alleine, denn schnell muss es gehen. Aus der Tüte gibt's aber nichts, stattdessen viel Gemüse

Die Künstlerin Jennifer Kastner (44) hat als berufstätige Mutter von drei Jungs und einem Mädchen im Alter zwischen drei und 18 Jahren in der Küche ganz schön viel zu tun. „Zählt man meinen Mann und mich dazu, koche ich jeden Tag für sechs Leute. Wenn ich den Tisch decke, denke ich manchmal, ich arbeite im Hotel. Trotzdem mache ich immer alles frisch und nichts aus der Tüte", betont die Köchin des Tages.

Für das heutige Show-Kochen hat sie sich für eines ihrer saisonalen Lieblingsgemüse entschieden: Spargel. Die 44-Jährige wandelt den Klassiker mit Sauce Hollandaise, Schinken und Kartoffeln leicht ab und bereitet eine vegetarische Variante zu, mit gebratenen Champignons statt Wurst. „Ich versuche, nur ein bis zwei Mal die Woche Fleisch zu machen. Außerdem experimentiere ich gerne in der Küche. Champignons sind sehr deftig und, wie ich finde, ein optimaler Fleischersatz." An dieser Mahlzeit gefalle ihr überdies, dass sie gesund und fettarm ist.

Saisonales Gemüse gehört bei ihr täglich auf den Tisch. „Und dazu geht es auch noch schnell und schmeckt eigentlich immer allen gut. Zumindest dann, wenn man guten, sehr frischen Spargel nimmt. Da achte ich immer drauf."

Am liebsten kocht die Kreative alleine. „Ja, das bleibt ganz klassisch an mir hängen", lacht sie, doch das mache ihr nichts aus. „Ich mache alles immer zackig, da stört es manchmal nur, wenn jemand dazwischen wuselt." Am Wochenende würden ihr Mann und die Jüngste aber durchaus mal beim Schnibbeln helfen.

In der Woche isst die Familie am Nachmittag zusammen, das ist Jennifer Kastner wichtig.

Für ihr Spargel-Gericht hat sich die Vierfach-Mama den Spargel vorher schälen lassen, das mache sie immer so, und auch bei der von vielen gefürchteten, schnell klumpenden Sauce Hollandaise macht sie es sich einfach. „Ich mache die Soße immer im Thermomix, einfach alle Zutaten rein, Zeit einstellen und fertig." Zu ihrer gesunden und fettarmen Ernährung passt die Soße aus Butter, Sahne und Eigelb ja nicht gerade optimal, oder?

„Ich mache sie immer etwas dünner, als man sie normalerweise kennt. Und kleine Sünden für den guten Geschmack sind natürlich auch bei mir erlaubt."

Sagt sie und richtet alles sauber auf großen Tellern an, dann kann in der gemütlichen, offenen Küche in der Galerie-Wohnung der Familie Kastner geschlemmt werden.

REINGESCHMECKT

DIE VORBEREITUNGEN

sind schnell erledigt und die Zubereitung nimmt auch nicht viel Zeit in Anspruch. In etwa 30 Minuten steht das Essen auf dem Tisch.

Zeitaufwand: ★★☆☆☆
Schwierigkeitsgrad: ★★☆☆☆
Preis: ★★★☆☆

Pilze schmecken zum Spargel hervorragend.

MEINE ZUTATENLISTE

1 kg frischer Spargel,
500 g Champignons,
2 Zwiebeln,
500 g Kartoffeln,
100 g Butter, 70 g Sahne,
4 Eigelb, etwas Muskat,
Salz, Pfeffer, Zitrone,
Kräuter der Provence,
Zucker, Crème Fraîche,
ein Brötchen

UND SO GEHT'S

JENNIFER KASTNERS SPARGEL MIT PILZEN

Kartoffeln schälen und in einem Topf mit kochendem Wasser und etwas Salz etwa 25 Minuten köcheln lassen. Zwiebeln schälen, klein hacken und in einer Pfanne mit etwas Olivenöl anbraten, Champignons in mundgerechte Stücke schneiden und dazu geben. Mit Salz, Pfeffer und Kräutern der Provence würzen. Nach kurzer Zeit zwei Löffel Crème Fraîche dazu. Spargel in einen Topf mit kochendem Wasser, etwas Zitronensaft, einem Stückchen Butter, Zucker, Salz und einem Brötchen vom Vortag geben, etwa 15 bis 20 Minuten kochen. In der Zwischenzeit Champignons aus der Pfanne nehmen und zur Seite stellen. Für die Sauce alle Zutaten in den Thermomix und bei 80 Grad sechs Minuten kochen lassen.

Einfach lecker. An dem Spargel-Gericht gibt es nichts zu beanstanden. Dazu gibt es erfrischendes Wasser und im Anschluss noch einen Kaffee.

VEGETARISCHE WRAPS

DAS SAGT DER PROFI

Foto: © Martin Möller

Kenneth O'Shaughnessy

EIN PLÄDOYER FÜRS SELBERMACHEN

Viel hilft nicht immer viel – manchmal wird man dann einfach vom dominierenden Geschmack eines Krauts oder eben einer Mischung geschmacklich erschlagen. Apropos dominant. In den Fleischtheken der Supermärkte und Discounter liegt ja gerade zur Grillsaison dieses marinierte Fleisch. Alles ist knallrot und schmeckt gleich. Ich kaufe nichts fertig Mariniertes. Vor allem, weil Marinade ja nicht schwer hinzukriegen ist. Ich mache die generell mit Olivenöl, etwas Knoblauch und Kräutern aus dem eigenen Garten, gerne Thymian und Rosmarin. Ein paar Stunden vor dem Grillen reichen aus, aber je länger man mariniert, desto intensiver wird der Geschmack natürlich. Es gibt nur einen Fall, in dem ich vor einer fertigen Gewürzmischung aus dem Handel nicht zurückschrecke: wenn ich ein ganzes Hähnchen zubereite.

SÜNDENFAKTOR

GERING

Viel leichter kann man kaum essen. Nun ja, Salat pur ohne Dressing vielleicht. Aber Tortilla (60 g Stück rund 200 kcal) und Aufstrich schaffen ebenfalls nicht allzu viel auf die Hüften.

Frisch eingerollt: Dominik Kusak bereitet vegetarische Wraps zu.

GESUND UND SCHNELL GEROLLT

Wraps gehören zur leichten Küche. Dominik Kusak richtet sie vegetarisch an

Es gibt Kinderfotos von Dominik Kusak, da trägt er schon als sechsjähriger Knirps Kochschürze und Kochmütze. „Ich habe schon als kleiner Junge immer gerne zugeguckt, wenn meine Mutter gekocht hat", erzählt der 19-Jährige.

Nun, das Gericht, das er für die WAZ-Aktion „Das isst der Pott" in der Lehrküche des Berufskollegs Königstraße zubereitet, hätte er sicher auch als Grundschüler schon auf die Reihe bekommen: Tortilla-Wraps vegetarisch, gefüllt mit frisch gehackten Tomaten, Gurke und Salat – simpel, gut. Und allemal zum Nachmachen empfohlen.

In seinem Alltag stellt sich Kusak weit diffizileren kulinarischen Herausforderungen. Der 19-Jährige ist Jungkoch in der Gastronomie Schloss Berge. Anfang Juni hat er seine praktische Prüfung bestanden, ein paar Wochen zuvor die Theorie im Berufskolleg. Für sechs IHK-Prüfer hat er sein Drei-Gänge-Menü geschrieben, Zutaten eingekauft und gekocht – als Vorspeise karamellisierten Ziegenkäse mit Portweinfeige und Wildkräutersalat zu mediterranen Brötchen. Als Hauptgang tischte er Doradenfilet mit Wok-Gemüse und Kartoffeln Musselin (mit untergehobener Sahne) auf. Ein Glanzstück: das Dessert, Baileys Schoko-Mousse mit Himbeer-Orangensalat. Zur vierstündigen Prüfung gehört übrigens auch „ein gastorientiertes Gespräch mit den Prüfern", erklärt Kochlehrer Heinrich Wächter. Köche sollen nicht nur am Herd glänzen, sie sollen auch „Verkaufsgespräche" führen und beraten.

Als Geselle ist Dominik Kusak nun von Schloss-Patron Klaus Geissler übernommen worden. „Ich werde hier erst einmal einige Zeit Erfahrung sammeln. Später möchte ich noch die Welt entdecken", sagt Kusak. „Ich will auch gerne in anderen Ländern kochen. Das kennen zu lernen wird interessant." Im Schloss Berge hat der Jungkoch vor seiner Ausbildung nach dem Realschulabschluss zunächst zwei Wochen zur Probe gearbeitet, drei Ausbildungsjahre später steht für seine Lehrmeister fest: „Wer hier die Ausbildung überstanden hat, der kann überall arbeiten."

Gute Perspektiven also, auch wenn Köche zunächst sicher nicht zu den Gut-Verdienern zählen. Im 3. Lehrjahr hat Kusak 655 Euro monatlich an Ausbildungsvergütung bekommen, nach der Gesellenprüfung verdienen Köche im „Schnitt im ersten Jahr nicht viel mehr als 1000 Euro netto", rechnet Wächter. „Dazu muss man natürlich die Verpflegung im Betrieb hinzurechnen." Lecker zu essen hat Dominik Kusak schon als Kind „Spaß gemacht. Ich koche auch sehr gerne für mich alleine und probiere neue Sachen aus." Für seine Leidenschaft bringt er eine gute Voraussetzung mit: „Ich kann essen, was ich will. Ich werde nicht dick."

UND SO GEHT'S

DOMINIK KUSAKS BUNTE WRAPS

Nun ja, große Hexerei ist die Rezeptur für die vegetarischen Wraps wahrlich nicht. Selbst mit minimalem Küchen-Sachverstand kriegt man das hin. Sei es als Sommersnack zwischendurch, als leichtes Abend- oder Mittagessen oder für eine gesellige Freundesrunde (gern mit Wraps selber drehen und belegen). Gurke und Tomate würfeln (Kusak entfernt dafür das wässerige Innere), Eisbergsalat klein schneiden, die Tortillas mit Frischkäse bestreichen, mit Salat, Gurke und Tomate belegen, würzen. Dann fest einrollen. Wraps schräg in Stücke schneiden, anrichten, mit Frühlingszwiebelröllchen garnieren. Natürlich lassen sich die Wraps auch mit Lachs, Schinken, Hühnerfleisch etc. variieren.

REINGESCHMECKT

SCHNELL

gemacht sind Wraps allemal – das Rezept ist natürlich eher eine Basiskreation. Variieren und experimentieren Sie ruhig mal. Je nach Füllung kann natürlich auch der Preis in die Höhe gehen. Aber es muss ja nicht gerade Kaviar sein ...

Zeitaufwand: ★☆☆☆☆
Schwierigkeitsgrad: ★☆☆☆☆
Preis: ★☆☆☆☆

Die Füllung ist knackig – und simpel mit Salat, Gurke, Frühlingszwiebel und Tomate. Aber die Variationsmöglichkeiten sind natürlich riesig.

MEINE ZUTATENLISTE

1 Packung Tortillas mit 6 Stück aus dem Supermarkt, 150 g Frischkäse; ¼ Eisbergsalat, Tomaten, Frühlingszwiebeln, Salatgurke, Salz, Pfeffer

Für kleines Geld zu kaufen: die gesundenWrap-Zutaten.

KÖNIGSBERGER KLOPSE

DAS SAGT DER PROFI

Foto: © Martin Möller

Kenneth O'Shaughnessy

KALT DARF ES JETZT GERNE MAL SEIN

Eigentlich ist ja jetzt die Zeit für leichte Sommerküche. Doch bei dem Wetter? Montag habe ich für unsere Gäste Wirsing gekocht, da waren alle froh. Ansonsten gibt es im Juni, Juli natürlich mehr Salat und Obst. Oder beides zusammen. Viele Obstsorten passen zu Salat. Gut kann man jetzt auch eine Erdbeer-Kaltschale machen. Was viele ja gar nicht mehr kennen, ist eine Gurkensuppe, gerne auch kalt. Oder eine Kressesuppe. Die sind gesund und zum Beispiel als Mittagessen leicht verdaulich. Was natürlich immer geht im Sommer, ist Eis. Das kann man auch ganz ohne Maschine leicht herstellen, aus Fruchtsaft, oder aus frischen, pürierten Früchten, vermischt mit Joghurt. Einfach in ein kleines Plastikgefäß geben, Stäbchen rein und ab damit ins Tiefkühlfach. Das schmeckt besser als manches, was man so kauft.

SÜNDENFAKTOR

MITTEL

So ein Königsberger Klops bringt pro 100 Gramm 183 kcal und 12,3 g Fett (=110,7 kcal) auf den Teller. Hört sich viel an? Zum Vergleich: 100 g Chips, für viele ein Happen am Abend zwischendurch, haben laut Nährwerttabelle 530 kcal und 33 g Fett.

Probieren geht über studieren: Jan Ehmke schmeckt die Soße für seine Klopse „à la Mutti" ab.

FAMILIENKLASSIKER GUT IN FORM

Königsberger Klopse kocht Jan Ehmke. Bei ihm sehen sie auch angerichtet gut aus

Wenn es ums Essen geht, ist Jan Christoph Ehmke durchaus für Experimente zu haben. Klar, gutbürgerliche Küche mag er, aber eben auch gerne asiatische Gerichte aus dem Wok oder Speisen aus dem Smoker. Ehmke, wie Bruder und Vater passionierter Angler, probiert entsprechend „viel Fisch und da zunehmend auch das indirekte Garen".

Zuletzt war die Familie gemeinsam in Schweden. Mal wieder „Lachse angeln". Zumindest in der Theorie. Denn gebissen hat diesmal keiner. Einen Prachtkerl hat Ehmke nach längerem Kampf vom Haken verloren. Der Fisch bekam seine Freiheit zurück, der Angler musste sich mit gekaufter Ware begnügen. Petri Heil, für den Lachs ...

Für „Das isst der Pott" hat Ehmke allerdings einen Klassiker aus dem Familienrepertoire gewählt: Königsberger Klopse. „Das hat meine Mutter sehr oft gekocht, wenn ich von der Schule kam. Und sie hat wiederum das Rezept von ihrer Mutter", erzählt Jan Christoph Ehmke. Seine Version der Königsberger Klopse nennt er deshalb mit einem Augenzwinkern „à la Mutti. Da freut sie sich."

Ehmke, 28, hat für die Kochaktion der WAZ zudem die elterliche Küche gekapert. Er wohnt im Obergeschoss des Einfamilienhauses in Bulmke-Hüllen, hat dort sein eigenes Reich – aber eben keine größere Küchenzeile. Die Übernahme am Herd probt er übrigens häufiger: „Wir kochen auch im Alltag, auch viel mit Freunden zusammen", sagt der 28-Jährige. „Ich finde, viel zu wenig Menschen beschäftigen sich mit gutem Essen."

Ab und an ist er auch mit Kochlehrer Heinrich Wächter aus Buer zusammen „auf Events. Mein Onkel ist auch Küchenmeister. Zusammen waren wir fünfmal auf dem Bundespresseball in Berlin, um dort die Küchencrew zu unterstützen. Das war sehr interessant." Entsprechend professionell geht Ehmke die Sache mit den Klopsen an. Für die Schneidarbeiten holt er seine Kochmesser aus einem Köfferchen. Rasiermesserscharf. Zack, zack ist die Zwiebel erledigt. Hack, Ei, Brötchen und Zwiebel sind in der Schüssel.

Ehmke wäscht sich die Hände für den etwas klitschigen nächsten Arbeitsschritt: Klopse formen. „Meine Mutter sagt, die müssen klein sein. Ich mache sie aber so", sagt er und formt sechs ordentliche Kugeln, die kurz darauf im Sud gar ziehen.

Als Beilage köcheln derweil die Kartoffeln, Ehmke rührt eine Mehlschwitze an, verfeinert sie mit einem Schuss Sahne. Seine Note für den Geschmack. Aber auch die Optik soll stimmen: Klopse, Soße, halbierte Kartoffeln und Rote Bete arrangiert Ehmke auf dem Teller, tupft mit Küchenkrepp noch mal Tropfen vom Rand ab – Voilà, fertig. Und vom Haken geht da keiner.

UND SO GEHT'S

JAN EHMKES KÖNIGSBERGER KLOPSE

Beim Hackfleisch greift Jan Ehmke zu halb und halb, die Klopse können aber auch aus reinem Schweinehack gefertigt werden. Ei, altbackenes, eingeweichtes Brötchen, Salz und Pfeffer verkneten, Klopse formen, für rund 20 Minuten in den köchelnden Sud aus Wasser, Essig, Lorbeer und Pfefferkörnern geben, evtl. eine Prise Zucker dazu. Butter erhitzen und das Mehl darin anschwitzen. Unter Rühren so viel Brühe dazugießen, bis eine sämige Sauce entsteht. 5 Minuten durchköcheln lassen, dann die Sahne und Kapern hinzufügen. Je nach Geschmack noch mit 1–2 EL Zitronensaft und Muskat abschmecken. Dazu schmecken Salzkartoffeln und Rote-Bete-Salat. Und als Deko eignet sich Petersilie bestens.

REINGESCHMECKT

NICHT ZU FEST

sollte der Königsberger Klops sein und in der richtigen Soße baden. Klar, Kapern, diese eingelegten Blütenknospen, muss man mögen. Für viele sind sie ein Ausschlusskriterium. Kleiner Anreiz: Kapern gelten als Aphrodisiakum ...

Zeitaufwand: ★★☆☆☆
Schwierigkeitsgrad: ★★☆☆☆
Preis: ★★☆☆☆

Die Zutaten: Das Brötchen hat Jan Ehmke eingeweicht, die Zwiebeln gehackt, Rote Bete und Petersilie liegen schon als spätere Beilage und Deko parat.

MEINE ZUTATENLISTE

600 g Hackfleisch (halb und halb), 1 Ei, 1 eingeweichtes Brötchen, 1 kl. Zwiebel, Petersilie;
für Sud und Soße:
1 EL Essig, 1 Zwiebel, 3 Lorbeerblätter, 20 Pfefferkörner, 20 g Butter, 20 g Mehl, Kapern, etwas Sahne, Rote Bete

Sechs ordentlich große Klopse hat Jan Ehmke aus der Fleischmasse gerollt.

GELSENKIRCHEN

LAMM MIT BALSAMICO UND ZIEGEN-KÄSETALER

DAS SAGT DER PROFI

Foto: © Martin Möller

Kenneth O'Shaughnessy

DEFTIGES AUS DER IRISCHEN KÜCHE

Heute kann man in Irland hervorragend essen, aber die Irische Küche war lange eine „arme", eben eine deftige Arbeiterküche. Irish Stew kennt man als Eintopfgericht, auch Beef Stew, das wird häufiger gemacht. Aber im Alltag gab und gibt es eher Sachen wie Bangers & Mash, also Würstchen so dick wie Frankfurter und rund 12 cm lang, die auf Kartoffelpüree angerichtet werden, gerne mit ein paar Scheiben Bacon. Eine Variante ist der Dublin Coddle, eine Art Auflauf, in den gebratene Würstchen, dicke Scheiben Zwiebeln und Bratkartoffeln kommen. Typisch irisch sind auch Eintopf-Kohlgerichte wie Colcannon. Aber wir haben natürlich auch tollen Fisch, Forellen, Lachs oder Aal aus Flüssen oder der Irischen See.

SÜNDENFAKTOR

MITTEL

Eigentlich hätte das Gericht ja eine grüne Ampel verdient. Viel leichter geht es kaum. Aber Ziegenkäse und Gelee weisen Richtung „Gelb".

Kurz angebraten werden die marinierten Lammlachse, dann schiebt sie Renate Bre zum Nachziehen in den Ofen.

LAMMLACHSE LEICHT GEMACHT

Als Sommeressen kommt Renate Breuers Gericht mit Salatbett, Weintrauben und Käsetaler frisch daher. Die 64-Jährige gibt seit 35 Jahren Kochkurse

Keine Frage: Professionalität verliert sich nicht im Alltag der heimischen Küche. Lammlachse mit Balsamico-Birnengelee und Ziegenkäsetalern, dazu einen kandierten Weintraubenspieß kocht Renate Breuer für die WAZ – und erledigt das quasi im Handumdrehen.

Dafür bringt sie allerdings auch die besten Voraussetzungen mit. Die 64-Jährige leitet seit 35 Jahren Kochkurse im Helene-Weber-Haus (Info: www.kefb-bistum-essen.de, s 0209/9331170) in Buer, oft mit ganzen Familien oder Gruppen, die ihr über die Jahre die Treue gehalten haben, in denen sie Nachwuchsköche buchstäblich heranwachsen sah. Zudem ist Renate Breuer Hauswirtschaftsmeisterin. „Und ausgebildete Ikebanameisterin“, fügt sie strahlend hinzu. Von dieser Passion zeugen zahlreiche kunstvoll reduzierte Blumen-Arrangements in ihrer Wohnung an der Zeppelinallee.

In ihrer Küche hat Renate Breuer die Zutaten angerichtet. Das Gelee, das sie zum Lamm reicht, hat sie schon einen Tag zuvor bereitet. Um zu zeigen, wie es geht, kocht sie aber noch mal zwei Gläserportionen neu. Eine Sache von knapp zehn Minuten, wenn man denn so viel Erfahrung mitbringt wie die 64-Jährige. „Beim Balsamico“, verrät sie, „nehme ich keinen für acht, neun Euro. Im Gelee schmeckt man das nicht. Und es wäre mir auch einfach zu teuer.“

Die Lammlachse sehen prächtig aus. „Die sind von einem türkischen Metzger, bei Lamm haben die einfach die größere Auswahl“, erklärt Renate Breuer. „Ich hole mir immer ein Rückenstück und löse sie selber aus. Aber es ist ganz wichtig, dass man die Lachse auch von der Silberhaut und Sehnen befreit, also pariert.“ Die Fleischreste nicht wegzuwerfen empfiehlt sie in ihren Kursen. „Die friere ich einfach ein, um da einen Fond draus zu machen.“ Auch für den Knoblauch gibt's Tipps: Statt die Zehen zu pressen, empfiehlt Breuer, „sie lieber in feine Scheiben zu schneiden. Beim Anbraten verbrennt der Knoblauch dann nicht so schnell.“

Beim Braten der Lammlachse guckt Renate Breuer nicht auf die Uhr. „Ich fühle Fleisch“, sagt sie und macht den Handballen-Drucktest. „Links gleich rosa, rechts medium, in der Mitte durch.“ Im Esszimmer ist derweil alles bestens bereitet. Das Auge isst ja mit. Als Wein-Begleiter hat Renate Breuer einen Rioja gewählt. Das WAZ-Rezept hat sie schon häufiger mit Kursteilnehmern gekocht. Anregungen holt sie sich aus ihrer „Riesen-Kochbuchsammlung, im Internet und in der Stadtbücherei. Da gehe ich gerne mal hin und hole mir einen Stapel von zehn, zwölf Büchern. Die sind gut sortiert.“

UND SO GEHT'S

LAMM MIT BALSAMICO UND ZIEGENKÄSETALER

Das Gericht erfordert etwas Vorplanung, denn das Balsamico-Birnengelee sollte einen Tag zuvor gekocht werden (es hält sich und eignet sich auch gut zu Gegrilltem oder anderen sommerlichen Speisen!). Also Zucker, Saft und Essig verrühren, vier Minuten sprudelnd kochen und in Gläser füllen. Lammlachse parieren, Knoblauch fein schneiden, mit Öl und Rosmarin eine Stunde marinieren. Salbeiblätter auf die Käsetaler drücken, mit Schinken umwickeln und in Backpapierförmchen setzen. Bei 180 Grad 10 Minuten im Ofen backen, Lammlachse in Butterschmalz vier Minuten anbraten, im Ofen nachziehen lassen. Aufgeschnittenes Fleisch auf Salatbett mit den Talern, Gelee und Weintraubenspieß anrichten.

REINGESCHMECKT

LAMM,

Gelee, Käse und Trauben gehen eine herzhaft fruchtige Verbindung ein. Etwas Brot dazu reicht als Beilage im Sommer allemal. Mit den Kosten geht's diesmal aufwärts: Lammlachse haben halt ihren Preis ...

Zeitaufwand: ★★☆☆☆
Schwierigkeitsgrad: ★★☆☆☆
Preis: ★★★☆☆

Frisch gewickelt: Die Käsetaler bekommen zum Salbei eine Schinkenhülle.

MEINE ZUTATENLISTE

250 g Gelierzucker (2/1), 300 ml Birnensaft, 100 ml dunkler Balsamico, 2 Lammlachse, 2 Knoblauchzehen, Öl, Salz, Pfeffer, 1 Rosmarinzweig, 8 Salbeiblätter, 4 Ziegenfrischkäsetaler, Parmaschinken, Weintrauben, etwas Rucola

Festlich gedeckt hat Renate Breuer ihren Esstisch. WAZ-Redakteur Jörn Stender darf es sich als Testesser schmecken lassen.

GLADBECK

HÄHNCHENBRUST-STREIFEN IN SCHARFER PAPRIKA-SAHNE-SAUCE

DAS SAGT DER PROFI

Foto: © Jo Kleine-Büning

David Spickermann

GUTE ZUTATEN FÜR DIE ALLTAGSKÜCHE

Es muss ja nicht immer ein aufwendiges Dreisterne-Menü auf den Tisch kommen! Schon gar nicht im Alltag, wenn die Zeit wie so oft knapp ist. Einfache Gerichte, auch Eintöpfe, die aber gut gekocht werden, müssen sich hinter so manchem Stargericht nicht verstecken. Ganz entscheidend für ein alltagstaugliches Gericht ist aber die Qualität der Zutaten. Gemüse beispielsweise sollte, wie bei dem hier vorgestellten Rezept, möglichst frisch zubereitet werden. Das gilt natürlich ebenso für das Fleisch. Also Finger weg von Lebensmitteln, die aus der Dose kommen. Den Unterschied schmeckt man, garantiert.

SÜNDENFAKTOR

MITTEL

Die Paprika sind gesund und echte Vitaminspender, das Hähnchenfleisch eher mager. Die Tagliatelle sind ok, ganz ohne Kohlenhydrate geht's schließlich nicht. Einziger „Dickmacher“: die Sahne in der Gemüsesauce.

Heike Makowka hat auch schon in der TV-Küchenschlacht ihr Kochtalent bewiesen

MITTAGESSEN IM HAUS MAKOWKA

Bei Heike Makowka kommen seit einiger Zeit fast ausschließlich Bio-Produkte auf den Tisch. Das rechnet sich „und es schmeckt“, sagt Tochter Kyra

Rot und glänzend liegen vier Spitz-Paprika neben zwei scharfen Chilischoten, drei Hähnchenfilets lagern im Kühlschrank: Der Kochtermin im Haus Makowka an der Kampstraße kann starten. Tochter Kyra (14) ist schon ganz neugierig auf die WAZ, die der Mama heute über die Schulter schaut. Heike Makowka (53) dagegen bleibt ganz gelassen. Mit elf Jahren hat sie die ersten Gerichte gekocht, jetzt, nach 44 Jahren Erfahrung am Herd, bringt sie so schnell nichts ins Schwitzen. Außerdem liegt das Kochen den Frauen der Familie im Blut. War doch die Oma Köchin, die Mutter Hauswirtschafterin, und auch Tochter Kyra ist bereits auf bestem Weg, in Mamas Fußstapfen zu treten.

Genug erzählt, die Uhr läuft, in einer Stunde wollen wir am Esstisch sitzen und die „Hähnchenbruststreifen in scharfer Paprika- Sahne-Sauce mit grünem Pfeffer auf Tagiatelle“ kosten. Das Rezept ist eine Eigenkreation, die ein wenig aus der Not geboren wurde. Der Koch eines Restaurants wollte das Rezept des Gerichts nämlich partout nicht verraten. Also hat Heike Makowka selbst ein wenig experimentiert. „Es schmeckt sogar besser“, lobt Kyra. Das heißt schon was, ist die 14-Jährige doch die härteste Kritikerin von Mamas Kochkünsten. Und zwar jeden Mittag, wenn Kyra aus der Schule kommt. „Da muss es oft schnell gehen“, sagt Heike Makowka, die nicht den ganzen Morgen Zeit zum Kochen hat. Aber es gibt ja Geräte, die Zeit sparen.

Wie diesen praktischen „Nicer-Dicer“ (Netter Würfler), der die Paprika, Chili und die Zwiebeln ratzfatz in exakte Würfelchen hackt. Während das Gemüse in Öl andünstet (bis auf eine Handvoll Paprikawürfel, die später erst in die Sauce kommen) und dann mit etwas Wasser und Salz köchelt, wird das Nudelwasser aufgesetzt, werden die Hähnchenfilets in Streifen geschnitten und in Öl angebraten. Salz gibt Geschmack, Paprikapulver „eine schöne Farbe“.

Übrigens werden in der Küche Makowka fast nur Bioprodukte verwendet. „Ist doch teuer?“ Nicht unbedingt, alles wird bestellt bei einem Bauern, der einmal die Woche liefert. „Seitdem kaufe ich kaum noch in Supermärkten und komme gar nicht in Versuchung, mehr zu kaufen als ich brauche“, sagt Heike Makowka. Unterm Strich gibt sie so sogar weniger für Lebensmittel aus.

Mhhmm, der Hähnchenbratenduft zieht jetzt durch die Küche, die Gemüsesauce, püriert und mit Sahne, Frischkäse und grünem Pfeffer verfeinert, köchelt leise vor sich hin. Sobald die Nudeln „al dente“ sind, werden sie mit der Sauce vermengt, die Hähnchenstücke kommen oben drauf und alles wird mit einem Basilikum-Sträußchen gekrönt. Ach, sieht das lecker aus – und schmeckt auch so!

UND SO GEHT'S

HÄHNCHENBRUST IN PAPRIKA-SAHNE-SAUCE

Paprika, Chilischoten (Kerne entfernen!), Zwiebel würfeln. Hähnchenbrust waschen, trocken tupfen, in Streifen schneiden und in der Pfanne langsam braten, mit Salz und Paprikapulver würzen. In einem Topf Salzwasser für die Tagliatelle erhitzen. Während die Nudeln kochen, Zwiebeln in etwas Öl glasig anbraten, Paprika und Chilischoten hinzugeben und dünsten. Etwas Wasser dazu, mit Salz, Pfeffer, Chilipulver würzen und ca. 5 Min köcheln. 4 EL vom gedünsteten Paprika beiseite stellen, den Rest pürieren und mit Sahne, Frischkäse, grünem Pfeffer und restlichen Paprika verrühren und langsam aufkochen lassen. Sauce abschmecken, mit den Nudeln (al dente) vermengen, die Hähnchenstücke drüber legen, mit Basilikum garnieren.

REINGESCHMECKT

TATSÄCHLICH:

Dieses Gericht ist schnell gekocht. Das Gemüse braucht nicht lang, die Hähnchenstücke sind schnell gegart. Die Nudeln kochen, während Sauce und Fleisch in Arbeit sind. Eine gute halbe Stunde, dann ist alles fertig.

Zeitaufwand: ★★☆☆☆
Schwierigkeitsgrad: ★★☆☆☆
Preis: ★★☆☆☆

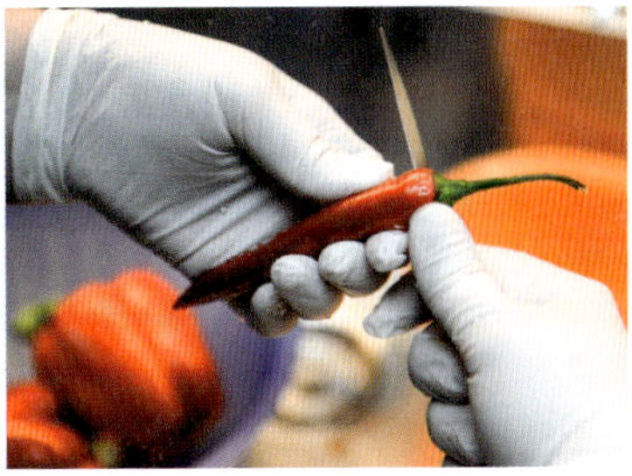

Ein Tipp: Beim Schneiden der Chilischote Handschuhe anziehen, bis die scharfen Kerne entfernt sind. So reibt man sich die Schärfe nicht versehentlich in die Augen.

MEINE ZUTATENLISTE

400 g Hähnchenbrustfilet,
250 g Tagliatelle,
6 rote Spitzpaprika,
2 Chilischoten, 2 Zwiebeln,
8 Basilikumblätter,
2–4 TL eingel. grüner Pfeffer,
200 ml Sahne, 4 EL Frischkäse,
Sonnenblumenöl zum Anbraten,
Paprikapulver, Chilipulver,
Salz, schwarzer Pfeffer

Der Clou: Grüner Pfeffer in die fertige Sauce – das gibt den besonderen Pfiff.

LACHS-SPINAT-ROULADE

DAS SAGT DER PROFI

Foto: © Jo Kleine-Büning

David Spickermann

PROBIEREN SIE DOCH MAL MANGOLD AUS

Das Rezept zur Lachs-Spinat-Roulade kann noch etwas verfeinert werden. Auf jeden Fall sollten Sie frischen Spinat verwenden. Dieser hat deutlich mehr Vitamine und schmeckt intensiver. Noch ein Tipp: Den Spinat durch Mangold ersetzen. Versuchen Sie es ruhig, viele Hobbyköche trauen sich nicht, doch der deutsche Krautstiel, wie er auch genannt wird, ist ein sehr unterschätztes Gemüse. Frisch gehackter Dill kann ebenfalls hinzugemischt werden. Beim Lachs sollten Sie darauf achten, dass er aus nachhaltigen Kulturen stammt. Guter Lachs, z. B. aus Norwegen oder Schottland, kommt direkt vom Fjord. Und die Füllung könnte alternativ von Blätterteig ummantelt werden. So bekommt die Sache mehr „Crunch".

SÜNDENFAKTOR

MITTEL

Ein Schlankmacher ist dieser Partysnack sicher nicht. Dafür hat er zuviel Fett im Doppelrahm, im Lachs und im Käse. Aber man isst ja nicht alles auf einmal, und ein oder zwei Häppchen machen schon ordentlich satt.

Christiane Günthör bei der Zubereitung in ihrer Küche.

GESUNDE KÜCHE ALS LEBENSPRINZIP

Bei Günthörs in Ellinghorst wird lecker gekocht, aber auch auf die Zutaten geachtet. Für die WAZ gibt es die Lachs-Spinat-Rouladen in der üppigen Variante

In Ellinghorst bleibt den Nachbarn wenig verborgen. Als die WAZ zum Kochtermin bei Günthörs klingelt, gucken einige neugierig. Aber Christiane Günthör (47) wiegelt ab. „Die können später kommen." Vielleicht sind dann noch Reste der Spinat-Lachs-Roulade übrig, die ja sowieso kalt gegessen wird. Doch das gilt nur für den unwahrscheinlichen Fall, dass Mark (16) und Christof (16) nicht alles aufessen. Denn erstens zählen diese Rouladen zu ihren Favoriten aus Mamas Küche, und zweitens sind die beiden Heranwachsenden wie alle Jungs in dem Alter „Fressraupen", so der O-Ton der Mutter.

Nun ja, satt werden die beiden auf jeden Fall. Schon die Zutaten lassen das ahnen: Rahmspinat, Käse, Doppelrahm-Frischkäse, Lachs ... Für die überzeugte WWlerin (Weight Watcherin) Günthör ist das eigentlich zu viel des Guten. Wenn sie nicht gerade wie jetzt für die WAZ vorkocht, nimmt sie daher die Light-Variante für Käse und Frischkäse. So sei das eben mit den überzeugten WWlern, erklärt sie uns. Das Prinzip vom gesunden Essen und Kochen kriegt man nicht mehr aus dem Kopf. „Das wird zum Lebensprinzip."

Das Originalrezept der Rouladen stammt von einem Freund der Familie, der den Partysnack zu einer Geburtstagsfeier mitbrachte und einen Hit landete. „Die haben es erst gar nicht bis aufs Büffet geschafft, wurden direkt unten in der Küche verputzt", erinnert sich Christiane Günthör, während sie den Spinat mit den Eiern verrührt, mit viel frisch gemahlenem Muskat, Salz und Pfeffer würzt, auf das Backpapier streicht und mit Käse bestreut. Ab in den Backofen damit – nach zehn Minuten ist der Teig fertig, muss aber abkühlen. Das schafft Zeit, um den geräucherten Lachs klein zu schneiden, gebrauchte Küchengeräte wegzuspülen, schnell einen Smoothie aus Kiwi, Orangensaft, Bananen und Honig im Mixer zuzubereiten ... Hektik? Ach was, Routine. Mark, oder war das Christof?, der gerade hungrig in die Küche guckt, bekommt ein Glas Smoothie in die Hand gedrückt. Essen dauert noch.

Wenn Frischkäse und Lachs auf der Spinat-Käse-Teigplatte verteilt sind, beginnt der knifflige Teil der Zubereitung: Aus der Platte muss eine schöne Rolle werden. Aber Übung hat aus Christiane Günthör eine Meisterin gemacht. Und weil „das Auge mit isst", folgt jetzt die Krönung: Die Rouladenstücke werden auf weißer Tortenspitze platziert, mit grünem Rucola, roten Cherrytomaten und weißen Champignons dekoriert.

REINGESCHMECKT

IDEALER SNACK:

Diese Rouladen sind schnell zubereitet und kosten nicht viel, wenn man bedenkt, dass ein, zwei Stücke gut sättigen. Mit einem Salat dazu serviert ist das auch ein guter Mittagssnack.

Zeitaufwand: ★★☆☆☆
Schwierigkeitsgrad: ★☆☆☆☆
Preis: ★★☆☆☆

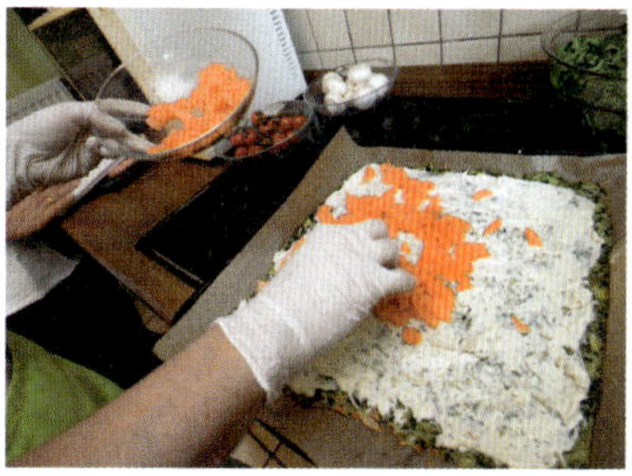

Ein Tipp: Damit die Hände nicht noch Stunden später nach Fisch riechen, wird beim Lachsschneiden und -verteilen mit Handschuhen gearbeitet.

MEINE ZUTATENLISTE

Für vier Personen:
2 Eier,
150 g Käse – gerieben,
125 g Rahmspinat (TK),
Salz, Pfeffer, Muskat,
150 g Doppelrahmfrischkäse,
2 Pakete Räucherlachs – Bio

UND SO GEHT'S

LACHS-SPINAT-ROULADE

Vorbereitung: Für den Rouladenteig den Spinat halb auftauen lassen. Ofen vorheizen auf 180 Grad. Die Eier mit 75 g geriebenem Käse, dem Spinat, Muskat, Salz und Pfeffer verrühren, auf ein mit Backpapier belegtes Blech streichen und ca. 15 Minuten backen. Herausnehmen, den restlichen geriebenen Käse (75 g) darauf streuen und dabei eventuelle Löcher bedecken, für weitere fünf Minuten in den Ofen schieben. Herausnehmen und erkalten lassen. Auf die erkaltete Käse-Spinatplatte den Frischkäse streichen, mit den zuvor in grobe Stücke geschnittenen Räucherlachsscheiben belegen und mithilfe des Backpapiers langsam aufrollen. Kaltstellen, anschließend schräg in Streifen schneiden.

Der Teig kommt fertig gebacken nach zehn Minuten aus dem Backofen.

GLADBECK

HÄHNCHEN-GEMÜSE-KOKOS-SUPPE

DAS SAGT DER PROFI

Foto: © Jo Kleine-Büning

David Spickermann

EIN SEHR GUTES REZEPT!

Die Hähnchen-Kokos-Gemüse-Suppe ist ein geschmacklich hervorragendes Rezept. Die vielen Esslöffel Sahne lassen jedoch die Bikini-Figur in weite Ferne rücken. Diese könnte am besten durch Joghurt oder Kefir ersetzt werden. Dadurch wird das ganze Gericht ein wenig niedrigkalorischer. Besonders gut gefallen mir die Zutaten Zitronen- und Limettensaft. Dadurch wird die Suppe besonders frisch und spritzig. Noch fruchtiger würde es mit Orangensaft werden. Das Gericht passt, mit welchem Saft sie diese auch verfeinern, perfekt zu den aktuellen Frühlingstemperaturen. Die Suppe könnte ebenfalls gut mit Quinoa serviert werden. Quinoa, auch Inkareis genannt, enthält viele gute Nährstoffe. Die Körnchen glänzen mit Geschmack, sind sehr nährstoffhaltig und zudem glutenfrei. Diese Kombination ist auf jeden Fall einen geschmacklichen Versuch wert.

SÜNDENFAKTOR

GERING

Naja, ein wenig Sahne ist drin, auch die Kokosmilch hat mehr Kalorien als normale Vollmilch, aber ansonsten sind nur leichte Zutaten im Spiel. Folgt man dem Vorschlag unseres Profikochs und ersetzt die Sahne durch Joghurt, ist die grüne Ampel vollauf gerechtfertigt. Und schmackhaft ist das Gericht auf alle Fälle!

Marie Schalz-Rothert beobachtet, wie ihr Bruder Constantin (r.) die Suppe abschm

EINE LECKERE SUPPE NEU KREIERT

Mit Hähnchen und Kokosmilch. In der Familie Schalz-Rothert wird gern gekocht

Freudiges Gebell ist bereits zu hören, bevor die Klingel überhaupt ertönt. Familienhund Coco (5) stürmt los, als sich die Tür öffnet, und begrüßt die Gäste schwanzwedelnd. Er ist fester Bestandteil der Patchwork-Familie Schalz-Rothert, die heute eines ihrer Lieblingsgerichte kocht. Das Rezept lautet „Hähnchen-Gemüse-Kokos-Suppe" und wurde von der 15-jährigen Marie mit kreiert, die die Jordan-Mai-Förderschule besucht.

Mit von der Partie sind beim Kochen ihre Stiefmutter Susanne (48) und ihr Stiefbruder Constantin (11). Zur Patchwork-Familie gehören auch noch Stiefbruder Lucas (19), Vater Carsten (54) und zwei Schwestern von Marie, die alle immer gerne mitessen.

„Wir kochen sehr oft zusammen", sagt Marie – ein- bis zweimal die Woche verabreden sie sich. „Seit einigen Jahren machen wir das schon. Wir besprechen, was wir kochen wollen, und gehen dann gemeinsam einkaufen", berichtet Mutter Susanne. „Das gemeinsame Essen ist die beste Möglichkeit, alle an einen Tisch zu bekommen. Das kann bei einer großen Familie ja sonst schon mal schwierig werden", sagt Susanne Schalz-Rothert.

Meistens haben die „Köche" gar kein Rezept, an das sie sich halten, sondern kreieren neue Gerichte. So ist auch das Rezept für die „Hähnchen-Gemüse-Kokos-Suppe" eine Eigenkreation.

Dass die Familie öfter zusammen kocht, sieht man sofort. Die Abläufe sind klar und die Aufgaben von Mutter Susanne schnell verteilt – ein eingespieltes Team. Der erste Schritt beim Kochen ist immer das Händewaschen. Danach wird das Hähnchenfleisch klein geschnitten und angebraten. Das übernimmt Constantin. Währendessen schneidet Marie das Gemüse. „Sie übernimmt meistens die Schnibbelarbeit", sagt ihre Stiefmutter. „Ja, das mache ich immer total gern", bestätigt Marie lächelnd. Die Zutaten sind alle frisch und biologisch, was der Familie sehr wichtig ist. „Bei uns wird immer frisch gekocht, und bei Milch- und Fleischprodukten greifen wir stets zu Bio", sagt Susanne Schalz-Rothert.

Nachdem das Hähnchen angebraten ist, wird es gewürzt und mit einem Schluck Wasser aufgegossen. Constantin beaufsichtigt den Topf und rührt immer wieder fleißig um. Dann kommen das Gemüse und die Kokosmilch hinzu. Für die besondere Note sorgen Limettenblätter und Zitronengras, die nach dem Kochen wieder herausgenommen werden. Ein Schluck Weißwein rundet alles ab, und dann muss die Suppe etwas köcheln, damit auch der Alkohol verfliegt. Zum Schluss wird alles noch sparsam und nach Geschmack gewürzt. Da stehen Constantin und Marie ganz schnell mit einem Löffel bereit, um abzuschmecken. Denn beide wissen: „Wenn man zu viel würzt,wird's schnell zu scharf."

Am bunt gedeckten Tisch sind schließlich alle gespannt, wie schmackhaft das Ergebnis ist. Schon nach dem ersten Probieren sind sich alle einig: „Die Suppe schmeckt echt toll", finden Köche und Gäste ...

UND SO GEHT'S

HÄHNCHEN-GEMÜSE-KOKOS-SUPPE

Die Hähnchenbrustfilets in kleine Streifen schneiden. Dann etwas Öl in der Pfanne erhitzen und die Hähnchenstreifen darin knusprig anbraten. Champignons, Lauchzwiebeln, Zwiebeln (Schalotten), Knoblauch und Möhren klein schneiden und ca. 5 Minuten mitbraten, mit der Brühe und dem Weißwein ablöschen. Kokosmilch, die Stange Zitronengras und die Limettenblätter hinzugeben. Alles 20 Minuten köcheln lassen und dann die Zuckererbsenschoten dazu geben. Zum Schluss nach Geschmack würzen und den Zitronen- und Limettensaft zufügen. Nach Bedarf die Suppe mit einem Spritzer Soja- oder Worcestersoße verfeinern. Vor dem Servieren die Zitronenstange und die Limettenblätter entfernen.

REINGESCHMECKT

SCHNELLE KÜCHE:

In knapp 30 Minuten ist das Essen komplett fertig, rechnet die Familie vor. Ideal also für ein Mittagessen, das auf die Schnelle hergerichtet werden muss. Um gut satt zu werden, wird zur Suppe frisches Baguette gereicht.

Zeitaufwand: ★★☆☆☆
Schwierigkeitsgrad: ★★☆☆☆
Preis: ★★★☆☆

Reichlich gesunde Zutaten stecken in der Suppe.

MEINE ZUTATENLISTE

2 Hähnchenbrustfilets,
2 Dosen Kokosmilch,
5 EL Sahne, 1 Zitrone, 1 Limette,
3 Möhren, 10 kl. Champignons,
10 Zuckererbsenschoten,
2 Lauchzwiebeln, Zitronengras,
5 Limettenbaumblätter,
1 Zwiebel, 1 Knoblauchzehe,
200 ml Gemüsebrühe,
4 EL Weißwein,
Soja- oder Worcestersoße,
Öl, Salz, Pfeffer, Kurkuma,
Chili, Curry, Paprika, Tandoori

Lassen sich die Hähnchen-Gemüse-Kokos-Suppe schmecken (v.l.): Susanne Schalz-Rothert, WAZ-Mitarbeiterin Katharina Zogalla, Marie und Constantin.

GLADBECK

BOHNEN-EINTOPF

Hildegard Herhold kocht den Familien-Klassiker nach eigenem Rezept.

GUT BÜRGERLICH UND DEFTIG

Bei Familie Herhold sind Eintöpfe besonders beliebt

DAS SAGT DER PROFI

Foto: © Jo Kleine-Büning

David Spickermann

DOSENFLEISCH IST DER DINOSAURIER

Dieses Rezept erinnert mich sehr an die Erzählungen meiner Großeltern aus der Nachkriegs-Küche. Vor langer Zeit wurde eben anders gekocht, und die Zutaten mussten preislich im Rahmen bleiben. In dieses Gericht kann ich eigentlich schlecht „reinreden“. Dennoch möchte ich für die eigene Küche empfehlen: Nehmen Sie frisches Fleisch, Dosenfleisch ist ausgestorben wie die Dinosaurier. Verwenden Sie frischen schwäbisch-hällischen Schweinenacken, würfeln Sie das Fleisch, braten es in Butterschmalz an und geben zwei Esslöffel Tomatenmark hinzu. Alle weiteren Zutaten des Rezepts und die Kartoffeln – jedoch ungekocht – beimischen, den Topf mit reichlich Wasser aufgießen, bis der Inhalt bedeckt ist, aufkochen lassen, dann 45 Minuten schmoren.Mit einem Schuss Kräuteressig, wahlweise ein Spritzer Zitrone, und einer Prise Cumin (Kreuzkümmel) verfeinern – fertig ist die frische Variante des Bohneneintopfs. Guten Hunger!

SÜNDENFAKTOR

MITTEL

Ein Schlankmacher ist der Bohneneintopf wahrlich nicht, liegt aber sicher im Mittelfeld, wenn das Fleisch nicht allzu fett ist. Und Kartoffeln und Bohnen sind gut sättigend.

Zugegeben, mit ein wenig Stirnrunzeln bereitet sich der Autor dieses Textes auf seine „Kochaufgabe" in Schultendorf vor. Bohneneintopf steht auf dem Speiseplan. Das klingt zunächst nicht ungewöhnlich, doch die Zutatenliste mit Rind- und Schweinefleisch aus der Dose stößt nicht auf große Begeisterung. Denn „was der Bauer nicht kennt, isst er nicht". Doch das zählt alles nicht: Für die WAZ-Serie „Das isst der Pott" werden auch ungewöhnliche Zutaten probiert. Vorab darf verraten werden: Alles halb so wild, es schmeckt!

Gut bürgerlich wird im Hause Herhold gegessen. Hildegard (79) und Hans-Günther (90) lieben das Deftige. Dass also die Wahl auf einen Eintopf fällt, kommt nicht von ungefähr. „Über 40 Jahre koche ich meinen Bohneneintopf schon", erklärt Hildegard Herhold. Einst bekam die Gladbeckerin das Rezept von der eigenen Mutter beigebracht. „Da war jedoch Schinken mit drin, und das schmeckte nicht." Kurzerhand wurde das Rezept dann mit Dosenfleisch verfeinert. „Sieht aus wie Hundefutter", muss Hildegard Herhold schmunzelnd zugeben. „Aber es schmeckt, am zweiten Tag sogar noch viel besser. Dann ist es besser durchgezogen."

„Bei den Kindern und in der Familie ist dieses Gericht ein echter Klassiker", erklärt Hans-Günther Herhold und zeigt auf ein Familienfoto mit dem Nachwuchs. Die Drei sind mittlerweile erwachsen und wohnen außer Haus: „Mama, machst du mir das grüne Zeug, heißt es dann", erzählt Hildegard. Na klar, da lässt sie sich nicht zwei Mal bitten. Wenn es zum sonntäglichen Familienessen mal nicht den geliebten Bohneneintopf gibt, werden auch gerne die „Filetspitzen indonesisch à la Hans-Günther" oder Rotkohl mit Klößen und natürlich ein wenig Fleisch serviert.

Beim Essen wird indes über allerlei gequatscht. Auch über die WAZ-Vergangenheit der Herholds. Ein dicker Ordner auf dem Küchentisch verrät, dass die Gladbecker einst ein Dauerbrenner in der Lokalsport-Berichterstattung waren. Die Herholds sind herausragende Tanzpioniere. 1984 feierte das Ehepaar im Standardtanz die Westfalenmeisterschaft. „Heute schwofen wir nur noch", blickt Hildegard ihren Mann Hans-Günther noch immer verliebt an. „Mensch, wie die Zeit vergeht, Hans-Günther. Erinnerst du dich noch an diesen Abend?", fragt sie ihren Gatten und zeigt auf eines von hunderten Fotos in der Tanz-Chronik.

Apropos Zeit: Die vergeht bei den Herholds wie im Flug. Weil es zu jedem Bild eine kleine Geschichte gibt, sitzen wir noch lange nachdem der Teller leer gegessen ist. Lecker und heimelig war es bei den Herholds. Von anfänglicher Skepsis gegenüber Zutaten und Speiseplan ist nach diesem wunderbaren Mittag keine Spur mehr.

REINGESCHMECKT

WIE BEI MUTTERN:

Etwas ältere Generationen kennen solche Eintöpfe, die zwar nicht haute cuisine sind, aber gut schmecken und satt machen. Dass Zutaten aus der Dose kommen, war für die Nachkriegsgeneration ganz normal.

Zeitaufwand: ★★☆☆☆
Schwierigkeitsgrad: ★☆☆☆☆
Preis: ★★☆☆☆

Die Zutaten gibt es in jedem Supermarkt.

MEINE ZUTATENLISTE

1 kg Kartoffeln,
1 Dose Brechbohnen,
1 Dose Rindfleisch,
1 Dose Schweinefleisch,
2–3 Zwiebeln,
etwas Brühe,
Pfeffer, Salz,
50 g Margarine,
Bohnenkraut

UND SO GEHT'S

BOHNENEINTOPF (4 PERSONEN)

Kartoffeln schälen und klein schneiden (in Würfel) und in Salzwasser kochen. Zwiebeln ebenfalls klein schneiden und in der Pfanne mit der Margarine goldgelb dünsten. In einen großen Kochtopf die gekochten Kartoffeln, die Brechbohnen, die gedünsteten Zwiebeln, das Rindfleisch (klein geschnitten) aus der Dose, das Schweinefleisch (klein geschnitten) aus der Dose geben und mit etwas Instantbrühe auffüllen. Mit Pfeffer, Salz und Bohnenkraut würzen. Nach Bedarf noch 1–2 Tassen Wasser zugeben (falls die Masse zu wenig Flüssigkeit hat) und alles auf kleiner Flamme noch 20 Minuten köcheln lassen. Hin und wieder umrühren – es kann anbrennen(!).

Während der Eintopf köchelt, muss immer mal wieder umgerührt werden, damit nichts anbrennt.

GLADBECK

UDDIS NUDELAUFLAUF

Hat sichtlich Spaß beim Kochen: Uta Misia an der Bratpfanne.

SPORTLERIN MAG DEFTIGE PASTA

Uta Misia begeistert auch viele Freunde mit „Uddis Nudelauflauf“

DAS SAGT DER PROFI

Foto: © Jo Kleine-Büning

David Spickermann

WENIGER DOSE, MEHR KOCHEN!

Mit einem Nudelauflauf machen Sie nichts verkehrt. Die Zutaten aus der Dose sind jedoch nicht allzu berauschend. Das leckere Mexiko-Gemüse sollten Sie auf jeden Fall selber kochen. Nehmen Sie ein wenig Erbsen, Mais und alles, was Ihnen gefällt. Avocado empfehle ich hierzu sehr gerne. Eine Frucht, die nur so vor Vitaminen strotz und super gesund ist. Proben Sie mal den Käse durch eine Sour-Cream zu ersetzen. Dadurch wird das Gericht noch cremiger. Wahlweise ist auch Cheddar-Käse eine herzhafte Alternative.

SÜNDENFAKTOR

HOCH

Nudeln geben Sportlern verbrauchte Energie zurück – Lauffaulen bescheren sie Zusatzpolster, die zudem durch fetten Käse, Crème fraîche und Schlagsahne weiter angereichert werden.

Ein Sprichwort sagt: „Nudeln machen nicht nur satt, sondern auch glücklich." Bestes Beispiel ist Uta Misia, die für unsere WAZ-Serie ihren geliebten Nudelauflauf kocht und zeigt, was ihre überbackene Spezialität so besonders macht.

ALLTAGSTAUGLICHES REZEPT

Gesund, sportlich und alltagstauglich – so beschreibt die Hobby-Köchin „Uddis Nudelauflauf". Was zwar nicht ernährungsphysiologisch, aber zumindest für ihre bewegungsfreudige Familie stimmen mag. Für Uta Misia geht es mit ihrem Mann regelmäßig auf die Marathonbahn. Joggen oder Nordic Walking stehen auf dem Plan. Gemeinsam mit den Lauffreunden des TV Einigkeit wird gelaufen.

Mit ihrem Rezept konnte Uta Misia schon bei der einen oder anderen „Nudelparty" vor einem Wettbewerb glänzen. Auch wenn heute nicht mehr die ganz großen Strecken auf dem persönlichen Programm stehen – Uta Misia lief schon mehrere Marathons –, sagt sie: „Wir sind immer noch viel unterwegs." Und die Gladbeckerin betont stets dazu, wie praktisch der Auflauf ist: Nicht nur, dass er kinderleicht zubereitet werden könne. Vielmehr reiche dieser für die vierköpfige Familie auch mal über den Tag hinaus. „Dann nimmt mein Mann tags darauf noch etwas mit zur Arbeit. Wir haben aber auch oft genug Freunde der Kinder zu Gast, die mit uns essen." Spontaner und hungriger Besuch ist also kein Problem im Hause Misia. Während die Nudeln samt Zutaten im Backofen zur Hochform auflaufen, schaut Uta Misia immer mal wieder aus dem Fenster. Dabei hat sie stets ein Lächeln auf den Lippen. Ihr Stadtteil Rentfort ist für sie zweifelsfrei etwas Besonderes. „Er hat etwas Ländliches. Es ist sehr grün hier. Die Menschen sind entspannt und nett", erklärt die Gladbeckerin, die an der Gildenstraße in Stadtmitte am Rande des Stadtwaldes groß geworden ist. Natürlich zieht es sie dort noch oft hin. „Rund um Schloss Wittringen gehen wir oft spazieren."

GROSSES GAUMENKINO

Am schön gedeckten Küchentisch wird dann endlich gegessen. Heiß ist der Auflauf. Naturgemäß ist die Verbrennungsgefahr für den Gaumen bei mit Käse Überbackenem hoch. Doch einmal abgekühlt, lässt sich zweifelsfrei sagen: Perfekt! Dieser Auflauf ist großes Gaumenkino. Viel Fleisch und reichlich Käse mit traditionellen Nudeln lassen nicht nur das Herz von Pasta-Liebhabern höher schlagen.

UND SO GEHT'S

UDDIS NUDELAUFLAUF

Nudeln gemäß der Anleitung auf der Packung in Wasser kochen, während der letzten fünf Minuten die in Scheiben geschnittenen Möhren mitkochen. Das Hackfleisch mit Zwiebeln in einer Pfanne anbraten. Das Ganze mit Salz, Pfeffer und China-Gewürz abschmecken. Tomaten hinzugeben und alles kurz miteinander köcheln lassen. Danach Nudeln, Möhren und Hackfleisch in eine große Auflaufform geben. Die flüssige Sahne, ordentlich Ketchup und Tomatenmark hinzugeben. Ein wenig Crème fraîche und Oregano zusätzlich unterrühren. Der Auflauf wird mit geriebenem Käse bestreut, ehe er anschließend bei 180 Grad in den Backofen (Ober- und Unterhitze) gestellt wird. Er ist fertig, sobald der Käse zerlaufen ist. Guten Appetit!

REINGESCHMECKT

STANDARD:

Der Nudelauflauf wurde von Uta Misia selbst kreiert. Problemlos lässt sich das Gericht morgens vorbereiten und Abends in den Ofen schieben. Perfekt für Berufstätige!

Zeitaufwand: ★★★☆☆
Schwierigkeitsgrad: ★★☆☆☆
Preis: ★★☆☆☆

Das sind die Zutaten für Uddis Nudelauflauf.

MEINE ZUTATENLISTE

300 g Nudeln (Fussili),
500 g gemischtes Gehacktes,
1 Dose Mexiko-Mais,
1 Glas Champignons,
1 rote Paprika,
2 Möhren (in Scheiben geschnitten),
1 Zwiebel (in Stücke geschnitten),
200 g H-Sahne,
200 g geriebener Käse (Gouda)

Lecker, aber so steigt freilich auch der Sündenfaktor: Mit reichlich flüssiger Sahne wird der Nudelauflauf verfeinert.

POMMES, FLEISCH, GEMÜSE – ZUM HIER ESSEN BITTE!

DAS SAGT DER PROFI

Foto: © Jo Kleine-Büning

David Spickermann

AB INS EIGENE KRÄUTERPARADIES!

Der Burger auf Roggenbrot, der Spargel und auch die Grillpommes hören sich super an. Ich würde den deftigen Burger jedoch durch etwas Leichteres ersetzen. Wie wäre es zum Beispiel mit einem Lachsfilet in Kräutern gedünstet? Dafür einfach das Filet portionieren und mit Senf, Olivenöl und Kräutern, wie Dill und Petersilie, in Alufolie einwickeln. Das Ganze bei indirekter Hitze von 140 Grad Celsius eine Viertelstunde grillen. Mein Tipp: Pflanzen Sie doch einmal selbst ein paar Kräuter im Schatten ein. Sie werden sehen, dass diese schnell und ergiebig wachsen. Frische Kräuter sind nicht nur leckerer, sondern auch gesünder als die trockene Variante. Passend zu den Grillpommes lässt sich mit Kräutern aus dem eigenen Anbau – perfekt zur warmen Sommerzeit – ein herzhafter Kräuter-Zitronen-Quark servieren.

SÜNDENFAKTOR

GERING

Das Bio-Rindfleisch mit geringem Fettanteil, der knackige Spargel mit Zitronenvinaigrette und die Grill-Pommes aus frischen Kartoffeln belasten wenig. Der Käse kann auch weggelassen werden.

Bertram Lettow (r.) zaubert das komplette Gericht am neuen Gasgrill..

FEUER UND FLAMME FÜR GEGRILLTES

Bertram Lettow grillt leckere Bio-Burger mit Spargel und Pommes

Sobald die Sonne scheint und angenehme Temperaturen ins Freie locken, liegt auch in vielen Gärten in Gladbeck ein ganz besonderer Duft in der Luft. „Im Pott lieben es halt viele, in netter Gesellschaft den Grill anzufeuern und was Leckeres zu brutzeln", sagt Bertram Lettow. Für den 28-jährigen Hobbykoch stand so nach kurzer Überlegung fest, für „Das isst der Pott" ein Freiluftgericht zuzubereiten.

„Wir sind eine Multikulti-Gesellschaft, essen gerne Pommes-Currywurst, mögen es aber auch, wenn das ein bisschen schöner zubereitet wird", erklärt Lettow. Ein bisschen schöner heißt bei ihm letztlich: „Pommes, Fleisch, Gemüse – zum hier Essen bitte!" Was nach einer schnöden Bestellung in der Pommesbude klingt, entpuppt sich als Grill-Gaumenschmaus mit besonderem Pfiff, denn der Alt-Rentforter setzte sich das ambitionierte Ziel, Bio-Burger auf Roggenbrot begleitet von grünem Spargel mit Schinken in Zitronenvinaigrette und Grillpommes auf den Teller zu zaubern. Feuer und Flamme für die Outdoor-Variante zu sein habe wohl auch ein bisschen mit seinem Geburtstagsgeschenk zu tun, einem transportablen Gas-Grill.

Dass ihr „Berti" damit ebenso Schmackhaftes zaubert wie auf dem Elektroherd in der Küche, davon ist zumindest schon mal Ehefrau Moni fest überzeugt. Beide ergänzen sich prima in der Küche. Derweil Bertram gerne in Töpfen rührt und Pfannen schwenkt, ist Monika Lettow die Küchenchefin in Sachen Nachtisch. „Ich backe halt gerne" – sicher auch zur Begeisterung des Nachwuchses, des niedlichen Töchterchens Lotta (2).

MIT GAUMENFREUDEN PUNKTEN

Dass die Liebe mit Gaumenfreuden punkten kann, will Monika Lettow auch nicht abstreiten. „Berti hat bei unserem dritten Treffen für mich gekocht, das fand ich schon cool", verrät die Erzieherin mit einem Lächeln.

Jetzt soll es auf dem Grill aber heiß hergehen. Schnell habe festgestanden, dass er für die Pott-Serie ein Burger-Gericht zubereiten wolle, erzählt Bertram Lettow. Denn er selbst liebe es auch, sich bei Reisen von besonderen Burger-Varianten überraschen zu lassen. Ein Geheimtipp des angehenden Pädagogen für New-York-Reisende: „Der Burger-Joint, da bekommt man den besten Burger der Stadt." Ein heißer Tipp, der nicht so leicht zu finden sei. „Das kleine Restaurant liegt versteckt, man erreicht es nur über die Lobby des Le Parker Meridien Hotel an der 56. Straße."

Bertrams Burger hätte dort sicher gute Chancen, auf die Speisekarte zu kommen. Das leckere mit Worcestersoße verfeinerte Biofleisch, ergänzt mit der knackigen Spargel-Grünkost und den fettarmen Grillpommes ist ein wunderbar leichtes Grill-Sommergericht!

UND SO GEHT'S

BIO BURGER MIT SPARGEL UND GRILL-POMMES

Halbierte Zwiebel in Streifen schneiden, in Pfanne dünsten, mit Zucker karamellisieren und salzen. Brotscheiben mit Butter bestreichen. Hackfleisch in einer Schüssel mit 2 EL Worcestersoße, 1 TL Salz und Pfeffer vermengen, daraus sechs Burger formen. Vinaigrette aus 2 EL Apfelessig, 1 EL feingewürfelter Schalotte, 2 TL geriebener Zitronenschale, 1 TL Senf und 4 EL Olivenöl mit Schneebesen zu einer Emulsion anrühren, mit Salz und Pfeffer würzen. Harte Enden abbrechen, Spargel mit der Vinaigrette beträufeln. Kartoffeln schälen und in Streifen schneiden, mit Öl und Salz/Pfeffer vermengen. Pommes wie Burger, Speck und Spargel bei geschlossenem Deckel grillen. Speck über Spargel bröseln.

REINGESCHMECKT

LECKER:

Getoastetes Roggenbrot und deftige Zwiebeln geben dem Burger einen herzhaften Biss, der Emmentaler eine besondere Note. Herrlich erfrischend dazu der knackige Spargel mit leichtem Zitronenaroma und die Grill-Pommes ohne Fett.

Zeitaufwand: ★★★☆☆
Schwierigkeitsgrad: ★★★☆☆
Preis: ★★★☆☆

Frischer grüner Spargel und Bio-Rindfleisch ergänzen sich prima bei dem leichten Sommer-Grillgericht.

MEINE ZUTATENLISTE

900 g Bio-Rinderhack (6 Pers.), 12 Scheiben Roggenbrot, 2 große Zwiebeln, 60 g weiche Butter, 120 g Emmentaler, Worcestersoße, Zucker, Salz, Pfeffer, Dijon-Senf, Apfelessig, Olivenöl, Paprikapulver, Schalotte, geriebene Zitronenschale, 750 g grüner Spargel, 4 dünne Scheiben Prosciutto, 500 g Kartoffeln (festkoch.)

Mit ganz persönlichem Grill-Utensil: „Bördis BBQ-Zange".

GLADBECK

TÜRKISCHES SOMMERGERICHT

Ein leichtes türkischisches Sommergericht kocht Fehri Ergün.

TYPISCH TÜRKISCH UND LECKER

Fehri Ergün kocht ein Sommergericht, für das jede Familie ein eigenes Rezept hat

DAS SAGT DER PROFI

Foto: © Jo Kleine-Büning

David Spickermann

PERFEKT ZUM WARMEN SOMMER

Dieses türkische Gericht passt perfekt zu warmen Sommertagen. Eine tolle Kombination aus Gemüse und Fleisch. Die Kräuter sind hervorragend ausgewählt. Hier gibt es nichts zu verbessern. Als Beilage für einen leckeren Grillabend könnte dieses Gericht auch ohne Hack auskommen. Der Reis könnte vielleicht noch durch Couscous oder Bulgur ersetzt werden. Dadurch wird das Ganze ein wenig leichter. Dazu empfehle ich entweder ein Stück Lammkotelett vom Grill oder probieren Sie doch auch einmal Fisch aus. Dorade lässt sich sehr gut auf den Grill werfen. Mit etwas Olivenöl und Salz einmal beidseitig angrillen und dann noch etwas bei indirekter Hitze gar werden lassen. Am besten gelingt dies bei einem Kugelgrill. Die Dorade bleibt fest und sorgt für ein ganz besonderes und mediterranes Grill-Flair.

SÜNDENFAKTOR

GERING

Alles im grünen Bereich. Das Gemüse sowieso, aber auch das Rinderhack hat naturgemäß nur wenig Fett, und die frischen Kräuter tun der Gesundheit gut.

Ach, diese Minze! Die duftet so intensiv, dass man gleich eine Ahnung bekommt von Fehri Ergüns (54) Kochkünsten und der Basis türkischer Küche: Kräuter und Gemüse kommen frisch in den Topf! „Und natürlich koche ich für die WAZ ein typisch türkisches Gericht", hat sie versprochen. Was ein Glück ist, denn so lernen wir jede Menge darüber, was typisch ist und gern gegessen wird in vielen Gladbecker Familien, die den Geschmack der Heimat nach Deutschland mitgebracht haben. Das „Sommergericht", das es bei Familie Ergün am Sigismund-von- Radecki-Weg für uns gibt, „wird im Sommer in jeder türkischen Familie mindestens einmal in der Woche gekocht", sagt Fehri. Doch es schmeckt immer etwas anders, denn jede Familie hat ihre eigene Art, die mit Reis und Rinderhack gefüllten Paprika, Zucchini oder Weinblätter zuzubereiten. Je nachdem, wie Mutter oder Großmutter es gemacht haben, und wie es in der mündlichen Überlieferung von den Töchtern übernommen wurde.

Die besondere Geschmacksnote bei den Ergüns: Die meisten Zutaten wachsen im eigenen Garten. Die Kräuter sowieso, aber auch die Weinreben mit den essbaren Blättern ranken schon an der Pergola. Und wenn die Paprika reif sind, kauft Fehri Ergün auch diese nicht mehr im türkischen Supermarkt.

„Ich koche leidenschaftlich gern", sagt die 54-Jährige. Wer sie in der Küche werkeln sieht, braucht keine weitere Bestätigung. Was die Mutter zweier mittlerweile erwachsener Kinder sich selbst in vielen Jahren angeeignet hat, davon profitiert übrigens nicht nur die eigene Familie, jetzt meistens Ehemann Cahit (57). Die Nachbarn in der Siedlung freuen sich, wenn Fehri bei Geburtstagsfeiern die Büffets mit türkischen Spezialitäten anreichert. Und sie gibt ihr Wissen auch noch anders weiter. „Frische Zutaten sind viel besser und gesünder", vermittelt die Mitarbeiterin des Mädchenzentrums Kindern in regelmäßigen Kochkursen, und in den Kochgruppen mit Kita-Müttern im katholischen Kindergarten St. Marien und in der Awo-Kita an der Marienstraße in Brauck.

Die Gruppen gründeten sich vor acht Jahren, als es in Brauck das Projekt „Soziale Stadt" gab. Das ist abgeschlossen, Ergün trifft sich jedoch weiterhin regelmäßig mit den Kita-Müttern zum Kochen. „Dabei geht es ja um viel mehr", sagt sie. Die Frauen lernen sich besser kennen, es entsteht Nähe, und am Ende lernen alle voneinander und viel übereinander, denn das Menü bestimmt jede Woche eine andere. Fehri Ergün selbst gibt diesen Treffen zusätzliche Würze durch Referate über Vitamine, saisonale Küche und Länderkunde. „Wir kochen auch deutsche Gerichte, Königsberger Klopse zum Beispiel."

UND SO GEHT'S

TÜRK. SOMMERGERICHT FÜR VIER PERSONEN

Zwiebel, Minze, Dill, Petersilie klein schneiden, Knoblauch pressen, 2 halbierte Tomaten reiben, 1 TL Salz, 1 TL Pfeffer, je 1 TL mildes und scharfes Paprikapulver, Tomaten- u. Paprikamark, Saft einer halben Zitrone und den gewaschenen, ca. 5. Min vorgegarten Reis miteinander mischen. Paprika aushöhlen, Zucchini halbieren u. aushöhlen, das Innere mit etwas Salz und Pfeffer würzen, dann zu zwei Dritteln füllen, mit einem Stück Tomate bedecken. Gemüse in eine Kasserolle setzen. Die Weinblätter ca. 10 Min. in heißes Wasser legen, dann ausbreiten, mit etwas Füllung belegen und rollen, ebenfalls in die Kasserolle setzen. 1 Glas Wasser, etwas Öl und Salz hinzufügen. Zugedeckt aufkochen, dann ca. 45 Min köcheln lassen. Währenddessen den Joghurt mit der in Scheiben geschnittenen Gurke, Minze, Dill, Salz, Pfeffer und etwas Knoblauch mischen.

REINGESCHMECKT

SCHÖN SCHARF UND ETWAS MILD:

Das scharfe Paprikapulver und -mark geben dem Gericht die nötige Würze, die aber durch den milden Joghurt-Dip als Beilage wieder „entschärft" wird. In Kombination schmeckt genau das wunderbar.

Zeitaufwand: ★★★☆☆
Schwierigkeitsgrad: ★★☆☆☆
Preis: ★★☆☆☆

Die Weinblätter mit dem Hackgemisch belegen, rollen und mitkochen.

MEINE ZUTATENLISTE

300 g Rinderhack, 300 g Reis, 4 hellgrüne Paprika, 3 Spitzpaprika, 1 Zucchini, Weinblätter, 3 Tomaten, 1 Zwiebel, 1 Zitrone, je ein Bund Petersilie, Minze, Basilikum, Dill, 1 Knoblauchzehe, je 1 EL Tomatenmark, Paprikamark mild und scharf, Salz, Pfeffer, Paprikapulver (mild und scharf), Olivenöl.

Für den Joghurtdip:
1 Pfd. türk. oder griech. Joghurt (10 %), 1 kleine Gurke, Kräuter.

Sehr lecker! WAZ-Redaktionsleiterin Maria Lüning schmeckt das Sommergericht von Fehri Ergün.

MEDITERRANES GLADBECKER ART

DAS SAGT DER PROFI

Foto: © Jo Kleine-Büning

David Spickermann

STRAUSSENBRUST STATT LAMM

Für dieses hervorragende Gericht fehlt derzeit leider ein wenig die Sonne. Zweifelsfrei ist es ein Sommer-Gericht. Es ist schön frisch und die ausgewählten Kräuter sprechen mich an. Das Tzatziki sollte auf jeden Fall selbst hergestellt werden. Ich empfehle hier als Alternative einen Kräuter-Quark mit frischer Minze, der ist ebenfalls sehr einfach eigens herzustellen und perfekt zum Lamm. Dieses ist bekanntlich Geschmackssache. Wem das Lamm nicht zusagt, der sollte es mal mit einem Stück Straußenbrustfilet ausprobieren. Dieses wird gebraten wie ein Steak. Kurz vorher das Fleisch salzen und dann auf dem Grill oder in der Pfanne scharf anbraten. Das Gericht erhält somit einen leicht-wilden Anstrich. Das Straußenbrustfilet kann auf dem Teller noch ein wenig mit Kräutern verfeinert werden: Knoblauch und Thymian passen hervorragend. Wer mag, darf auch Chili ausprobieren!

SÜNDENFAKTOR

GERING

Keine fetten Soßen belasten das leichte Sommergericht, das mit bekömmlichem Oliven- oder Erdnussöl, Kräutern, viel Gemüse und magerem Fleisch auf den Teller kommt.

Ein herrlicher Duft aus der Pfanne, der Appetit auf Sommerurlaub in Italien macht.

LA DOLCE VITA IM GLADBECKER SÜDEN

Wiebke Neumann kocht eine mediterrane Gemüsepfanne Gladbecker Art

Zeitlich sei sie ganz schön eingespannt und oft gut verplant, berichtet Wiebke Neumann: der Vollzeitjob als Industriekauffrau, das berufsbegleitende Studium zur Betriebswirtin, das Kümmern um ihre Familie, die tägliche Pflege ihres Ponys und dazu das Interesse an Kultur- und Konzertveranstaltungen, zählt die 28-Jährige auf. Daheim, in ihrer gemütlichen Wohnung am Rosenhügel, sei so in Sachen Kochen auch eher schnelle Küche angesagt. „Ich koche gerne spontan, also frei Schnauze mit dem, was ich im Kühlschrank habe. Bevorzugt leichte Kost, mit frischem Gemüse und Fleisch“, lacht die attraktive Hobbyköchin.

Klaro, denn sich selbst mit schweren Sattmachern auszubremsen, das ist bei ihrem ambitionierten Terminplan wohl auch nicht angeraten. Inspirieren lasse sie sich bei ihren Gerichten von ihrer Vorliebe für die Küche des Mittelmeerraumes. Für „Das isst der Pott“ hat Wiebke Neumann so in diesem Sinne ihr Rezept „Mediterrane Gemüsepfanne Gladbecker Art“ zusammengestellt.

Ein ideales Gericht für einen Sommerabend, um vom Urlaub in der Sonne Italiens zu träumen. Und eine gute Portion Urlaubserinnerung ist wohl auch in das Rezept eingeflossen, wenn man der 28-Jährigen beim Zucchini- und Paprika-Schnibbeln und Erzählen zuhört.

ITALIENISCHE GASTFREUNDSCHAFT

Sie habe vor zwei Jahren einen ganz tollen Toskana-Urlaub verlebt, von da wurde als „Souvenir“ auch schwer duftender Aceto Balsamico sowie Oliven- und Erdnussöl mitgebracht, das jetzt gerne zum Einsatz kommt. In einem kleinen Dorf habe sie damals Quartier gemacht und zum Abendessen die Gaststube der örtlichen Fattoria aufgesucht. Zur Überraschung feierte die Dorfgemeinschaft, etwa 20 Leute, dort eine Hochzeit. „Die Mamas haben köstliche regionale Küche gekocht und wir sind da ganz herzlich aufgenommen worden und haben sogar ein Stück von der Hochzeitstorte abbekommen.“

Wie appetitlich es in der Fattoria nach toskanischen Köstlichkeiten geduftet haben mag, lässt sich erahnen, als Wiebke Neumann den in ihrem Ofen erhitzten Schafskäse herausholt, die Alufolie öffnet und ein wunderbar-intensives Thymian- und Olivenölbouquet die Nase umschmeichelt, mit denen der Käse zuvor eingepackt wurde. Eine tolle Beilage zur zarten Geflügel- und Lamm-Kombination und dem knackig angebratenen Gemüse, das letztlich appetitlich auf dem Teller liegt. Ein Hauch von italienischem „dolce Vita“ (süßem Leben) weht durch den Gladbecker Süden, das sich alle Pott-Nachkocher nach Hause holen können – und zu dem hervorragend ein kühler, frisch-fruchtiger Pinot-Grigio im Weinglas mundet. Salute!

UND SO GEHT'S

MEDITERRANE GEMÜSEPFANNE GLADBECKER ART

Das Gemüse in große Stücke schneiden. Zunächst die Zucchini und Zwiebeln mit Erdnussöl anbraten und leicht dünsten, später die Paprika hinzugeben. Die Kartoffeln ebenfalls in grobe Stücke schneiden und in Salzwasser kochen. Das Geflügel- sowie Lammfleisch separat mit einer frischen mediterranen Kräutermischung (ggf. Tiefkühlware), klein gehacktem Knoblauch in Olivenöl zuvor einige Stunden (oder Vorabend) marinieren. Das Fleisch dann mit etwas Olivenöl zunächst scharf in der Pfanne anbraten und bei geringer Hitze etwas weiter brutzeln lassen. Den Schafskäse portionieren, mit Thymian und Olivenöl in Alufolie bei etwa 170 Grad 20 Minuten in den Backofen schieben. Mit Tzatziki servieren.

REINGESCHMECKT

LECKER LEICHT:

Knackiges Gemüse, dezent gewürzt, dazu eine schmackhafte Variation von Geflügel und Lamm füllen den Magen mit Genuss. Zudem belastet das fettarme Ensemble auch bei höheren Temperaturen den Kreislauf nur in Maßen.

Zeitaufwand: ★★★☆☆
Schwierigkeitsgrad: ★★★☆☆
Preis: ★★★☆☆

Bunte Beilage: Dreifarbiger Paprika, in Stücke geschnibbelt.

MEINE ZUTATENLISTE

400 g Geflügel und 300 g Lamm in Kräuter-Knoblauch-Marinade, 600 g Kartoffeln, 2 Zucchini, 3 Paprika (Farbvarianten), 1 Gemüsezwiebel, 250 g Schafskäse (Salzlake), 200 g Tzatziki, Erdnuss- oder Olivenöl, Thymian, Salz, Pfeffer, Chili

Leckerer Anblick: Wiebke Neumann mit ihrer „Mediterranen Gemüsepfanne Gladbecker Art“, die mit oder ohne Fleisch gereicht werden kann.

Foto: © Jo Kleine-Büning

David Spickermann

Elfie Liedtke kocht eine schmackhafte Frühlingssuppe.

FRÜHLINGSSUPPE NACH MUTTERS ART

Alles, was der Garten zu bieten hat, kommt in die leckere Frühlingssuppe von Elfie Liedtke. Die Rentforterin kocht leidenschaftlich gern

DAS SAGT DER PROFI

MACHEN SIE ES VEGETARISCH!

Ich bin ein großer Liebhaber von Suppen und Eintöpfen. Mir gefällt dieses Gericht daher sehr gut. Für eine rauchige Note empfehle ich Mettenden in die Suppe zu schneiden. Das kann zusätzlich zu dem Schweinebauch erfolgen oder optional, ganz wie Sie es mögen. Die Variante ohne Fleisch bietet sich ebenfalls an. Mit einem Löffel saurer Sahne peppen Sie das Ganze ein wenig auf. Es wird so cremig und frisch. Warum ich als Koch Eintöpfe liebe, liegt auf der Hand: Es muss gar nicht immer das große Fleisch- oder Fischgericht zum Mittag sein. Ich bin dafür, dass Fleisch und Fisch etwas Besonderes sind bzw. bleiben. Suppen und Eintöpfe in vegetarischer Version bieten sich als Mahlzeit im stressigen Alltag hervorragend an und sind dazu auch noch gesund. Mein Rat: Machen Sie den großen Kochtopf mit Ihren Rezepten ruhig etwas voller. Am nächsten Tag schmeckt der Inhalt bekanntlich noch besser. Genießen Sie Ihre gesunden Gerichte!

SÜNDENFAKTOR

GERING

Alles im grünen Bereich. Zwar wird die Brühe mit Rind- und Schweinefleisch gekocht, doch wird danach nur das magere Fleisch abgesucht. Etwas Fett in der Suppe bringt aber erst den Geschmack. Der große Anteil Gemüse macht die Frühlingssuppe leicht.

Elfie Liedtke hat in ihrem kleinen Küchenparadies schon so manch vorzügliches Menü gezaubert. Die 75-jährige Ur-Rentforterin kocht aber ebenso gern bodenständig und nach alter Hausfrauensitte. So auch beim WAZ-Besuch: Die gelernte Köchin versammelte in ihrem Eintopf so ziemlich alles, was der Garten zu bieten hat, und kredenzte eine schmackhafte „Frühlingssuppe" – nach Mutters Rezept, wie sie betonte.

Einmal quer durch den Garten – „meine Mutter hat immer nur Frisches in diese Suppe getan, und daran halte ich mich noch heute", sagt Elfie Liedtke, die an der Josefstraße zu Hause ist. Was nicht aus dem Garten kommt, holt sie frisch vom Markt. Das Fleisch für die Brühe – „das kaufen wir immer bei einem Ökometzger".

Apropos Brühe: Für die, die es gern einfach haben – die Brühe (vielleicht für mehrere Portionen) vorkochen, eventuell auch konzentriert, um sie – und das dazu gehörige Suppenfleisch – eingefroren immer griffbereit zu haben. „Dann ist die Frühlingssuppe in weniger als einer Stunde auf dem Tisch", erklärt die Rentforterin, die sich als wahre Meisterin im Schälen und Schnibbeln des Gemüses erweist. Kartoffeln, Möhren, Kohlrabi, Bohnen, Blumenkohl, Porree – alles ist in wenigen Minuten geschält, geputzt, klein geschnitten.

„Früher kamen bei uns zu Hause auch dicke Bohnen rein, aber die mag ja nicht jeder." Deshalb lässt Elfie Liedtke sie weg. Aber nicht die Wiener Würstchen: „Die gehören für mich dazu, sie ergänzten einst die Suppe, als die Kinder klein waren und die Würstchen dem Fleisch vorzogen." Alternativ können auch etwas Baguette oder ein Brötchen gereicht werden.

Und als der dampfende Suppenteller vor Köchin und Gast steht, werden die Sinne gleich mehrfach verwöhnt: Der Suppenteller sieht nicht nur prächtig mit seinem vielen Gemüse darin aus, es duftet auch so vorzüglich, dass einem das Wasser im Mund zusammenläuft. Und als der erste Löffel den Mund erreicht – eine Wonne, es schmeckt kräftig und würzig, einfach lecker, zumindest für Eintopfliebhaber.

Für Eilige hat die Köchin einen Tipp: Die Brühe, die sie mit Suppenfleisch vom Rind und Schweinebauch kocht, kann man alternativ auch mit einer gekörnten Rinderbrühe aus dem Glas herstellen. „Aber das ist nicht das Gleiche und nicht so gut", so Liedtke, „von der Brühe hängt entschieden der Geschmack der Frühlingssuppe ab." Tipp für Vegetarier: Auf gekörnte Gemüsebrühe zurückgreifen.

UND SO GEHT'S

FRÜHLINGSSUPPE FÜR 4 BIS 5 PERSONEN

Für die Brühe 3 l Wasser aufkochen, Fleisch, Suppengrün und Gewürze (Salz, Pfeffer, Maggikraut) hineingeben, 1½ Std. schwach kochen lassen. Danach das magere Fleisch lösen und würfeln, die Brühe durchsieben. Das Gemüse waschen, schälen und putzen, danach klein schneiden. Kartoffeln, Möhren, Bohnen, Kohlrabi und Porree in die Brühe geben und kochen lassen. Nach 5 Minuten Blumenkohl, Erbsen und Maggikraut dazu geben und weitere 15 Minuten auf mittlerer Stufe kochen lassen. Zuletzt das Maggikraut entfernen, die Suppe mit Salz und Pfeffer abschmecken. Die Würstchen und das (vorab gar gekochte) Suppenfleisch hinzugeben, die Petersilie waschen, klein hacken und zur Suppe geben. Fertig!

REINGESCHMECKT

LEICHT UND LECKER:

Viel Gemüse gibt der Suppe eine äußerst frische Note – und füllt den Magen auf leichte Weise. Dampfend heiß serviert, macht der bunte Eintopf Appetit auf einen zweiten Teller.

Zeitaufwand: ★★★☆☆
Schwierigkeitsgrad: ★★☆☆☆
Preis: ★★☆☆☆

Alle Zutaten – viel frisches Gemüse aus dem eigenen Garten – für den Eintopf „nach Mutters Rezept" auf einen Blick.

MEINE ZUTATENLISTE

Für die Brühe:
Je ein Pfund Suppenfleisch vom Rind und Schweinebauch, ein Bund Suppengrün, Maggikraut (Liebstöckel), Salz und Pfeffer.

Für die Suppe:
Je ein Pfund Kartoffeln und Möhren, ein Kohlrabi, je 200 g grüne Bohnen und Erbsen, ½ Blumenkohl, ½ Porreestange, Maggikraut, Salz und Pfeffer, Petersilie, Wiener Würstchen

Viel Handarbeit ist angesagt: Hier das Zerkleinern der Petersilie.

BRATHERINGE NACH SCHWIEGER-MUTTERART

DAS SAGT DER PROFI

Foto: © Volker Speckenwirth

Dirk Eggers

BEIM MEHL IST WENIGER MEHR

Beeindruckend, dass so ein Rezept noch Freunde findet. Der Klassiker der ganz alten Küche hebt sich wohltuend und wohlschmeckend vom Tomaten-Mozzarella-Überbacken-Einerlei ab. Dass der Brathering hier noch paniert wird, dürfte anderswo gar nicht mehr anzutreffen sein. Ich selbst mache das – bei allem Respekt vor Nostalgie – auch nicht mehr. Mein Tipp: Den Fisch statt in Paniermehr einfach nur in Mehl wälzen und leicht anbraten. Dann ist hinterher auch nur eine leichte Mehlschicht drauf und keine dicke Panade. Und der Fisch schmeckt mehr nach Fisch. Der Sud ist wunderbar. Hier rate ich dazu, die Zwiebeln nicht gleich hineinzuwerfen, sondern vorher in Öl anzuschwitzen. Dann geht der Geschmack stärker in den Fond über. Sellerie und Möhren wären auch nicht verkehrt. Das macht alles noch gehaltvoller. Und das Gemüse kann man ja mitessen.

SÜNDENFAKTOR

MITTEL

Wer das Paniermehl weglässt und sich mit Mehl begnügt, lebt gesünder. Wenn auf Süße geachtet werden soll, sollte man mit Rübenkraut vorsichtig umgehen und dafür lieber ein paar Spritzer Süßstoff nehmen.

Den Sud für ihre Bratheringe nach Schwiegermutterart verfeinert Bärbel Sch mit Rübenkraut.

SCHWIEGERMUTTERS BRATHERING

Mit einer Vorbereitung schlägt Bärbel Scholtz aus Bredenscheid zwei Mittagessen mit einem Kochlöffel. Dazu gibt es Pellkartoffeln

STADTSIEGER

Zwei bis drei Mittagessen in einem Rutsch und Arbeitsgang bereitet Bärbel Scholtz (73) vor, wenn sie ihre Bratheringe nach Schwiegermutterart kocht. Denn die ersten Heringe aus der Pfanne isst sie mit ihrem Mann Horst (77) immer gleich mit einer Scheibe Brot zum Mittagessen. Bei schönem Wetter am liebsten auf der Terrasse.

Die anderen Fische legt sie dann in Sud – und hat damit das Mittagessen für in zwei, drei Tagen schon fertig. Zu den eingelegten Bratheringen serviert sie dann einfach Pellkartoffeln. Und die Nachbarn bekommen auch noch immer Heringe ab. „Nach Schwiegermutterart" entspricht übrigens der Wahrheit. Denn von ihrer Schwiegermutter hat sie das Rezept. „Etwa ein Jahr, nachdem ich meinen Mann kennengelernt hatte, ging ich mit zu seinen Eltern. Seine Mutter hat mich dann gleich in die hohe Kunst des Kochens eingeweiht, damit ihr Junge später weiter gut versorgt wird", erinnert sie sich schmunzelnd. Von ihrer eigenen Mutter hat sie nicht viele Rezepte: „Nur Bohnendurcheinander und Möhrengemüse", ergänzt sie.

Genau erinnert sie sich daran, wie sie zum ersten Mal Fisch ausnahm – mit dem Messer. „Da hatte ich alles auf der Bluse", berichtet sie, während sie die Reste der geschlagenen Eier, in denen sie eben die Heringe gewälzt hat, Hündin Nele serviert, die artig wartet, bis unter dem Napf auch ein Papiertuch liegt.

Inzwischen rückt Bärbel Scholtz den Heringen mit der Küchenschere auf Flossen, Bauch und Kopf – und beherzigt dabei den Tipp: „Immer schön vom Körper weghalten." Was, sagt sie, außerdem beim Zwiebelschneiden gegen tränende Augen hilft.

Auch die Heringsmilch, also die Innereien, verarbeitet Bärbel Scholtz: „Einfach kurz in Mehl, Ei, Paniermehl wälzen, braten, lecker." Übrigens empfiehlt sie, den Fisch in der Pfanne nicht zu oft zu wenden. „Sonst löst sich die Panade." Fertig gebraten ist der Fisch, wenn er schön braun ist. Fällt Heringsrogen an, bekommt den der Hund. „Den mögen wir nicht so."

Nach einem Rezept arbeitet Bärbel Scholtz nicht. Sie hat alles im Kopf und im Gefühl, ergänzt beim Abschmecken noch einen Schuss Essigessenz hier, ein Löffelchen Rübenkraut da. Ihre Tochter wohnt weiter entfernt, ruft ein Mal pro Woche an, fragt nach einem Rezept. Ihre drei Enkelinnen bescheinigen ihr, dass sie die „beste Köchin der Welt" ist, und freuen sich, wenn ihre Großmutter sie bekocht.

UND SO GEHT'S

BRATHERING NACH SCHWIEGERMUTTERART

Heringe putzen: Kopf abschneiden, mit der Küchenschere von den Bauchlappen vom Schwanz zum Hals hin fünf Millimeter abschneiden, so dass die Innereien leicht hinauszuschieben sind. Unter fließendem Wasser waschen, abtropfen lassen. Innen mit Salz und Pfeffer einreiben. Heringe erst in Mehl, dann in Ei, dann in Paniermehl wälzen und in der Pfanne knusprig braten. In einen großen Topf legen. Zwei Liter Wasser mit einer Viertel Flasche Aceto Balsamico, Lorbeerblättern, gemahlenen Wacholderbeeren, Pfefferkörnern, Piment und Nelken sowie den nicht gemahlenen Senfkörnern, Rübenkraut, Essigessenz und Salz eine Stunde köcheln lassen, noch mal süß-sauer abschmecken. Die in grobe Scheiben geschnittenen Zwiebeln nur kurz am Ende mit aufkochen lassen, dann mit dem Sud über die Fische schütten. Topf abdecken, kühl stellen, zwei Tage ziehen lassen.

REINGESCHMECKT

KLASSE:
Ein Mal kochen und gleich für zwei oder mehr Mittagessen ausgesorgt haben – dazu noch so schmackhaft. Wer den Fisch schon ausgenommen kauft, ist noch schneller bei einer herrlichen Mahlzeit.

Zeitaufwand: ★★☆☆☆
Schwierigkeitsgrad: ★☆☆☆☆
Preis: ★★☆☆☆

Zwiebeln und leckere Gewürze dürfen bei diesem Gericht nicht fehlen.

MEINE ZUTATENLISTE

15 grüne Heringe,
2 Lorbeerblätter,
je 10 Wacholderbeeren,
schwarze Pfefferkörner,
Piment, 5 Nelken, Rapsöl,
3–4 Eier, 10 Zwiebeln,
3 Esslöffel Senfkörner,
4 Esslöffel Rübenkraut,
Salz, gemahlener Pfeffer,
Essigessenz,
Mehl, Paniermehl,
Aceto Balsamico

Auf Bratheringe nach Schwiegermutterart stoßen Köchin Bärbel Scholtz (mitte), ihr Ehemann Horst und Redakteurin Liliane Zuuring an.

HATTINGEN

APFELBRATWURST MIT STAMPF-KARTOFFELN

Foto: © Volker Speckenwirth

Dirk Eggers

DAS SAGT DER PROFI

APFELSAFT ZUM ABLÖSCHEN

Sehr lobenswert, dass es in der heutigen Wegwerfgesellschaft noch ein solches Rezept gibt, bei dem die Grillwürstchen vom Vortag nicht im Müll landen, sondern zu einem wohlschmeckenden Gericht weiterverarbeitet werden. Bei der Zubereitung der Soße rate ich, zunächst etwas durchwachsenen Speck in der Pfanne auszulassen und ein, zwei frische Thymianzweige (aus dem Balkonkasten) dazu zu geben. Erst dann sollte man die Zwiebeln und die Äpfel mit anbraten. Und fürs Ablöschen empfehle ich auf Wasser zu verzichten und besser Apfelsaft, etwas Sojasoße und einige Spritzer Calvados zu verwenden. So erhält die Soße, die mit Speisestärke abgebunden wird, noch mehr Pfiff.

SÜNDENFAKTOR

HOCH

Aufgepasst: Bratwurst hat einen sehr hohen Fettanteil. Doch es gibt gute Zubereitungs-Alternativen: Anstatt der Bratwurst kann man auch Hähnchen- oder Putenbrust in Streifen schneiden, das ist gesünder.

Daniela Sührer aus Winz-Baak kocht eine Apfel-Zwiebel-Soße zur Bratwurst.

APFELBRATWURST FÜR DIE FAMILIE

Daniela Sührer kocht gern – oft auch zwei Mal am Tag warm. Ihr Mann ist Experte für Gegrilltes. Mit Freunden veranstalten sie Kochabende

Dass das Kochen Daniela Sührer Spaß macht, sieht man ihrer Küche an, von der aus sie in den Garten blickt. Der Herd ist in einen großen Mittelblock integriert, an dem auch Zuschauer sitzen können. Der Esstisch bietet Platz für mehr als eine Familie. „Wenn ich meine Ruhe dabei habe und nicht mehrere Sachen nebenher machen muss", sagt Daniela Sührer, dann koche sie gern. Sogar zwei Mal am Tag warm, weil ihre Familie nicht so gerne klassisches Abendbrot isst. Abends schenkt sie sich zum Kochen ein Gläschen Wein ein – und dann „geht für mich der Abend los".

Das Rezept für die Apfelbratwurst mit Stampfkartoffeln hat die aus Stuttgart stammende 44-Jährige von einer Freundin. „Wir waren dort mal zum Grillen, es blieben Würstchen über, da hat sie gesagt, dass das nichts macht, dann gebe es eben am nächsten Tag Apfelbratwurst mit Stampfkartoffeln." Letztere übrigens stampft zumeist ihr Mann. „Dann werden sie feiner", erzählt sie, während sie die Äpfel und die Zwiebeln schält. Die Bratwurst liegt schon gebraten auf einem Teller. Ihre Kinder, Emma (10) und Paul (13), freuen sich immer auf dieses Gericht, das auch bequem einfach nur mit dem Löffel gegessen werden kann.

Kochabende zu besonderen Themen mit Freunden genießen Daniela Sührer und Andreas Busch ebenso wie das alltägliche Familienabendessen mit ihren Kindern. Für diese Mahlzeit nimmt sich das Quartett Zeit, tauscht sich aus. Dass Daniela Sührer gern kocht, liegt seit Generationen in der Familie. Gern bereitet sie auch Gerichte aus ihrer Heimat zu – wie dort angebaute Linsen mit Spätzle, „unser schwäbisches Arme-Leute- Nationalgericht", flachst sie.

Andreas Busch ist der Grillspezialist, berichtet die Köchin, er probiert am Feuer gern Neues aus. Und er ist es auch, der die Messer am japanischen Schleifstein schärft. Denn ordentliches Werkzeug ist für Daniela Sührer wichtig.

Was sie kocht, entscheidet sie häufig spontan beim Einkaufen. „Das ist in Frankreich auf den Märkten toll. Wenn man viele gute Sachen hat, ist es einfach, etwas daraus zu machen", erzählt sie, während sie einen riesigen vermeintlichen Baseballschläger von der Wand nimmt – und mit ihm ihre Apfelbratwurst pfeffert. Das Rezept ist übrigens variabel: „Mag man es süßer, fügt man mehr Äpfel zu, hat man weniger Wurst, ist das auch nicht schlimm, dann schneidet man die Stückchen eben kleiner", verrät sie verschmitzt.

REINGESCHMECKT

PERFEKT:

Simples Rezept, geringer Zeitaufwand – da dauert das Kartoffelschälen glatt am längsten. Preiswert ist das Gericht noch dazu. Und auch wenn es „Resteessen"-Wurzeln hat – keiner merkt's. Einfach lecker!

Zeitaufwand: ★☆☆☆☆
Schwierigkeitsgrad: ★☆☆☆☆
Preis: ★☆☆☆☆

Die Zwiebeln werden in kleine Stücke geschnitten.

MEINE ZUTATENLISTE

4 Bratwürstchen,
3 mittelgroße Zwiebeln,
3 mittelgroße Äpfel (Boskop, Elstar o. ä.),
Bratensoße für 0,5 l Soße,
Salz, Pfeffer, Zucker, Öl,
1,2 kg Kartoffeln,
150 g Butter,
0,5 l Milch,
Muskat

UND SO GEHT'S

APFELBRATWURST MIT STAMPFKARTOFFELN

Kartoffeln schälen und als Salzkartoffeln weich kochen. Würste, sofern nicht vom Vortag vom Grillen schon gegrillt übrig, braten, aus der Pfanne nehmen. Zwiebeln und Äpfel schälen, letztere entkernen, beides in Würfel schneiden und in Öl goldbraun anbraten, 1 bis 2 Esslöffel Zucker unterrühren. Jetzt mit 0,4 Liter Wasser ablöschen und dann so viel Bratensoße einrühren, bis die Soße schön sämig ist. Bratwürstchen in Scheiben schneiden und zu der Soße geben. Mit Salz und Pfeffer abschmecken. Kartoffeln stampfen, dann Milch und Butter zugeben, weiter stampfen, bis das Püree die gewünschte Konsistenz hat. Mit Salz und Muskatnuss abschmecken und dann servieren.

WAZ-Redakterin Liliane Zuuring (r.) hat das regionale Gericht mit der Familie probiert.

HATTINGEN

GRAUPENSUPPE NACH RUHRPOTT-ART

DAS SAGT DER PROFI

Foto: © Volker Speckenwirth

Dirk Eggers

KROSSES FLEISCH, KEINE KARTOFFELN

Ein Top-Rezept ist diese Graupensuppe nach Ruhrpott-Art – nicht nur wegen der Zubereitung der Graupen, die durch das Vorkochen in keiner Suppe schleimig würden. Gut vertragen könnte die Suppe allerdings noch ein paar Zwiebeln: Diese sollte man zunächst in einem Topf anschwitzen und erst danach die Brühe und die übrigen Zutaten dazugeben. Und wer diese Graupensuppe einmal zu ganz besonderen Anlässen servieren möchte, dem empfehle ich folgende Zubereitungsvariante für den Ochsenschwanz: Zwei Drittel des Fleisches in eine Form füllen, die Masse zusammenpressen, dann aus der Form stürzen und in Würfel schneiden – einen pro Person. Die Fleischstücke nun in Mehl, Eiern und Paniermehl wälzen, anbraten und auf die fertige Suppe legen – das peppt das Gericht noch zusätzlich auf.

SÜNDENFAKTOR

MITTEL

Sowohl Graupen als auch Kartoffeln sind sehr kohlenhydratreich. Wer auf seine Figur bedacht ist, sollte daher besser die Kartoffeln weglassen und stattdessen für die Suppe noch mehr Gemüse verwenden. So steigen Vitamin- und Ballaststoff-Anteil.

Leni Thurm bei der Zubereitung der Graupensuppe, die sie später mit Petersilie ga serviert.

GRAUPENSUPPE FÜR „LECKASCHNUTEN“

Leni Thurms Essen nach Ruhrpott-Art basiert auf einem Familienrezept. Die 76-Jährige, die täglich in der Küche steht, hat es allerdings modernisiert

Als Leni Thurm (76) die WAZ an diesem Morgen in ihrem Haus in Sprockhövel willkommen heißt, duftet es schon vielversprechend. „Den Ochsenschwanz für die Graupensuppe", verrät sie, „habe ich schon vorgekocht." Schließlich braucht allein das Fleisch rund 60 Minuten, bis es gar ist …

Doch wie lange sie für ein Gericht am Herd steht, ist für Leni Thurm Nebensache. Hauptsache, es schmeckt ihr, ihrem Mann Kurt (78) und regelmäßig auch ihren Kindern und Enkelkindern. Wie ihre Graupensuppe nach Ruhrpott-Art, übrigens das Lieblingsrezept der leidenschaftlichen Hobbyköchin. „Erst vor zwei Wochen haben mein Mann und ich die zusammen gegessen."

Das Rezept für „leiwe Leckaschnuten", wie Leni Thurm der WAZ geschrieben hat, sei übrigens ein altes Familienrezept, stamme aus einem Kochbuch ihrer Großmutter. Sie selbst habe es dann von ihrer Mutter – „eine Spitzenköchin, von der ich schon als junges Mädchen das Kochen lernte" – übermittelt bekommen „und über die Jahre modernisiert".

Zutaten wie Zubereitung hat sie im Kopf: Wichtiger Bestandteil neben dem klein geschnittenen Ochsenschwanz-Fleisch sind Steinpilze, die in der Thurmschen Wohnküche gerade ein Wasserbad nehmen. Auf einem Ausziehtisch stehen geschälte Kartoffeln, Steckrüben und geputztes Wurzelgemüse. Zutaten, die Leni Thurm gern auf dem heimischen Wochenmarkt besorgt. Und auf dem Herd lässt sie über die Perlgraupen gerade „die Welle laufen": Zwei, drei Minuten hat sie die Körner mittlerer Größe in Wasser köcheln lassen, nun schüttet sie die Flüssigkeit ab und gießt über die Graupen eine frisch angesetzte, leicht gesalzene Gemüsebrühe. „So werden die Graupen in der Suppe nicht schleimig", verrät die Sprockhövelerin, während sie Möhren, Sellerie und Co. klein schneidet. Frei Hand, das eine Gemüsestück so akkurat wie das andere – wie ein Profi.

Nun: Dass sie täglich kocht und viel ausprobiert und dass Kochen für sie „Entspannung bedeutet", daraus hat Leni Thurm schon bei der Begrüßung kein Geheimnis gemacht. Aber dass sie mit ihrer Graupensuppe hier und heute nicht das erste Gericht in einem Wettbewerb präsentiert, sich u. a. schon ihren Herd und eine Küchenmaschine erkocht hat, erzählt sie erst im Verlauf des Vormittages.

Mittlerweile ist die Suppe fertig, muss nur noch abgeschmeckt werden. Ihr Mann darf als erster kosten: „Schmeckt schön würzig."

UND SO GEHT'S

LENI THURMS GRAUPENSUPPEN-VARIANTE

1. Die Graupen fünf Minuten in Wasser kochen, in ein Sieb gießen, abschrecken und abtropfen lassen. 2. Den gewaschenen Ochsenschwanz 60 Minuten in einem Topf kochen, gut bedeckt mit gesalzenem Wasser und gekörnter Gemüsebrühe. Die Suppe gut abschäumen. 3. Den Ochsenschwanz aus der Suppe nehmen, Fleisch von den Knochen lösen, in kleine Stücke schneiden. Brühe durch ein Sieb gießen. 4. Während der Ochsenschwanz weich gekocht wird, die Kartoffeln, das Suppengemüse und die Steckrübe schälen, putzen und in Würfel, Scheiben oder Stifte schneiden. Die Steinpilze etwa eine Stunde in kaltem Wasser quellen lassen. 5. 1,5 Liter Brühe in einen Topf geben, leicht salzen und pfeffern. Graupen, Kartoffeln und Ochsenschwanz zugeben und 20 bis 25 Minuten bei mittlerer Hitze garen. 15 Minuten vor Ende der Garzeit Suppengemüse, Steckrübe und die vorbereiteten Pilze zugeben. Falls die Suppe zu dick ist, etwas Brühe nachfüllen, eventuell nachwürzen. 6. Die Suppe auf vorgewärmte Teller füllen, mit Petersilie garnieren – und genießen. Dazu passt ofenfrisches Baguette.

REINGESCHMECKT

ZUGEGEBEN:

Für diese Graupensuppe müssen Sie ein wenig Zeit einplanen; rund 90 Minuten dauert's, bis das Gericht servierfertig ist. Dafür aber hat es auch das gewisse Etwas. Und schmeckt einfach klasse!

Zeitaufwand: ★★★☆☆
Schwierigkeitsgrad: ★★☆☆☆
Preis: ★★★☆☆

Die Basis der Suppe nach Ruhrpott-Art sind Perlgraupen mittlerer Größe.

MEINE ZUTATENLISTE

1 kg Ochsenschwanz geschnitten,
200 g Perlgraupen (mittel),
500 g Kartoffeln,
1 Paket Suppengemüse
(Möhren, Porree, Sellerie),
150 g Steckrübe,
30 g Steinpilze getrocknet,
Salz, Pfeffer aus der Mühle,
2 TL gekörnte Gemüsebrühe,
2 EL Petersilie, gehackt

Leni Thurm schnibbelt die Kartoffeln, die Möhren, den Sellerie – und zwar alles frei Hand. WAZ-Redakteurin Sabine Kruse schaut zu.

HATTINGEN

EIER-FRIKADELLEN

DAS SAGT DER PROFI

Foto: © Volker Speckenwirth

Dirk Eggers

MEHR PEP MIT SENF UND KRÄUTERN

Für alle, bei denen es in der Küche schnell gehen muss, sind die Eier-Frikadellen ein klasse Rezept, ich habe es selbst sofort nachgekocht. Ich persönlich würde den Frikadellen aber noch etwas mehr Geschmack geben wollen und für den Teig keine rohen Zwiebeln verwenden, sondern diese zuvor glasig anschwitzen. Auch ein Teelöffel Senf bringt zusätzlichen Pep oder auch ein paar frische Kräuter (Schnittlauch oder Petersilie). Und wer Probleme mit der Bindung hat, könnte zusätzlich zu den hart gekochten noch ein rohes Ei für den Teig verwenden und wenn der Teig zu feucht ist, etwas Paniermehl. Statt der Salzkartoffeln passt als Beilage auch gut Kartoffelpüree – wenn man unter dieses kurz vor dem Servieren einige Streifen Eisbergsalat mischt, schmeckt es besonders knackig.

SÜNDENFAKTOR

MITTEL

Eier sind, in Maßen, gesund. 100 Gramm – entspricht zwei Eiern durchschnittlicher Größe – haben nur 11,3 Gramm Fett, 12,8 Gramm Eiweiß, 1 Gramm Mineralstoffe und 0,7 Gramm Kohlenhydrate. Der Hauptbestandteil ist Wasser – rund 74 von 100 Gramm.

Für ihre Eier-Frikadellen benötigt Jutta Gundlach nur wenige Zutaten.

SCHWIEGERMUTTERS EIER-FRIKADELLEN

Kurz nach ihrer Hochzeit 1978 lernte Jutta Gundlach ein Gericht kennen, das sie noch heute oft zubereitet – nicht nur, weil es ihrem Mann so gut schmeckt

Wenn man so will, dann ist dieses Rezept ein verspätetes Hochzeitsgeschenk. Denn kurz, nachdem Jutta Gundlach (58) anno 1978 ihren Horst (67) geheiratet hatte, servierte Schwiegermutter Charlotte ihr erstmals Eier-Frikadellen: „Solltest du kennen, die isst der Horst nämlich gerne." Und Jutta Gundlach? „Auch ich", erinnert sich die Hattingerin an ihren ersten Biss in die vegetarische Frikadelle, „war sofort begeistert." Seitdem wird dieses Gericht bei den Gundlachs regelmäßig aufgetischt.

Die Eier für den heutigen Tag hat Jutta Gundlach dabei in heißem Wasser gerade in acht Minuten hart gekocht und abgepellt, schneidet sie nun in feine Würfel. Horst Gundlach beobachtet seine Frau in der kleinen, aber feinen Küche mit vorfreudigem Blick vom Flur aus. „Mein Mann liebt Eier", verrät die Hattingerin. „Und er isst mittags am liebsten warm."

Doch nicht nur für ihren Gatten steht die 58-Jährige täglich am Herd. Die gelernte Arzthelferin, die gerade erst erzählt hat, dass sie seit vielen Jahren das Obst aus dem Garten ihrer Mutter einweckt, dass sie selbst Liköre ansetzt und ihre eigenen Marmeladen herstellt, kocht auch wirklich gern. „Ich bereite alles stets frisch zu und probiere immer wieder auch neue Rezepte aus", sagt sie.

Die Rezepte müssen dabei übrigens keineswegs nur aus der deutschen Küche stammen; auch türkische und indische Speisen hat Jutta Gundlach schon nachgekocht. Und vor ein paar Jahren hat sie mit ihrem Mann und den zwei erwachsenen Kindern Sebastian und Sabrina im privaten Kreis sogar „Das perfekte Dinner" nachgespielt: „Einmal im Monat hat einer von uns den Rest der Familie zum Essen eingeladen und bei sich zu Hause ein Drei-Gänge-Menü zubereitet. Anfangs haben wir uns sogar Punkte gegeben."

Längst fertig ist der Frikadellenteig inzwischen. Jutta Gundlach formt aus ihm bereits faustgroße Bällchen und bestäubt sie von allen Seiten mit Weizenmehl. „So werden die Frikadellen gleich schön knusprig", sagt sie, während sie in einer Pfanne Ghee auslässt: geklärtes Butterfett. Ghee sei cholesterinarm und stamme aus der ayurvedischen Küche. Seit sie es vor vielen Jahren mal bei einer Freundin kennengelernt habe, „verwende ich es nur noch". Sagt's – und lässt die Eier-Frikadellen einige Minuten in dem Spezialfett kross brutzeln. Wenig später werden diese dann am Wohnzimmertisch verputzt.

Als Wegzehrung für ihre nächste Tour müssen die begeisterten Wanderer sich mal wieder etwas anderes einpacken.

Salzkartoffeln und ein Rote-Bete-Salat ergänzen das Gericht wunderbar, letzteren macht Jutta Gundlach so: Zwei bis drei frische Rote-Bete-Knollen weich kochen, schälen, in kleine Stifte reiben, mit kleingewürfelter Zwiebel vermengen und das Ganze mit Essig, Öl, Salz, Pfeffer und etwas Zucker abschmecken.

UND SO GEHT'S

EIER-FRIKADELLEN

1. Die Eier in siedendem Wasser hart kochen, Dauer: etwa acht Minuten. Anschließend die Eier kurz abschrecken, abpellen und in kleine Würfel schneiden. 2. Die Zwiebeln abziehen und in feine Würfel schneiden. 3. Ein Brötchen erst in warmem Wasser einweichen, anschließend das Wasser wieder ausdrücken. 4. Alle Zutaten in eine Schüssel geben, mit den Händen vermengen. Die eingeweichte Brötchenmasse nicht sofort komplett, sondern nach Gefühl zugeben. 5. Teig mit Salz und Pfeffer würzen, Frikadellen formen. 5. Die Frikadellen von allen Seiten mit Mehl bestäuben und in einer Pfanne in Fett knusprig braten.

REINGESCHMECKT

ORIGINELL: Frikadellen aus Eiern zuzubereiten, das hat etwas – und zwar nicht nur zur Resteverwertung. Die Zutaten sind sehr preisgünstig. Das Gericht geht schnell und ist selbst für Kochanfänger gut geeignet. Und das Beste: Es schmeckt.

Zeitaufwand: ★☆☆☆☆
Schwierigkeitsgrad: ★☆☆☆☆
Preis: ★☆☆☆☆

Die etwa faustgroßen Frikadellen werden vor dem Braten mit Mehl bestäubt.

MEINE ZUTATENLISTE

8 Eier,
2 große Zwiebeln,
1 Brötchen,
Pfeffer, Salz,
etwas Mehl,
Fett zum Braten

Täglich steht Jutta Gundlach in ihrer kleinen, aber feinen Küche am Herd – nicht nur, weil ihr Mann mittags am liebsten warm isst.

„WAS-AUCH-IMMER“-EINTOPF

DAS SAGT DER PROFI

Foto: © Volker Speckenwirth

Dirk Eggers

WIE WÄR'S MAL MIT SAUREN ZIPFELN?

Klasse an diesem Gericht finde ich, dass der „Was-auch-immer“-Eintopf viel frisches Gemüse vom Markt enthält, auch die Fleischeinlage beim Metzger zu kaufen ist eine sehr gute Wahl. Die Grundbasis des Eintopfes lässt sich dabei auf vielfältige Weise abwandeln – nicht nur dadurch, dass man statt Bohnen Linsen oder Erbsen verwendet. Zu der Variante mit Bohnen zum Beispiel passen statt der Mettwürstchen sehr gut auch saure Zipfel (die Frau Klare ja aus ihrer bayerischen Heimat kennen dürfte) – und als Gewürz Bohnenkraut oder Thymian. Wer den Eintopf mit Linsen kocht, kann Lamm verwenden (oder auch Bockwürste) und zum Würzen Kreuzkümmel oder Curry. Und zubereitet mit Erbsen würde ich den „Was-auch-immer“-Eintopf mit Minze und Eisbein verfeinern.

SÜNDENFAKTOR

MITTEL

Der hohe Eisen- und Mineralgehalt der Bohnen, die zudem die Vitamine A und B6 enthalten, macht diesen Eintopf recht gesund. Auch sättigt er lange. Durch die Beigabe von Mettwurst und Bauchspeck ist der Fettgehalt allerdings nicht ganz gering.

Bettina Klare (58) bereitet ihren „Was-auch-immer“-Eintopf dieses Mal mit weiße Bohnen zu.

RUHRGEBIETSEINTOPF EINER BAYERIN

Als Bettina Klare zum Studium aus Würzburg ins Revier zog, wusste sie mit dem Begriff Eintopf wenig anzufange Mit der Zeit hat sie selbst ein Rezept kreiert

Als Bettina Klare die WAZ an diesem Morgen begrüßt, ist ihre Freundin Christiane Ciupka (46) bereits eingetroffen. Mit ihr tauscht sich die 58-Jährige regelmäßig über Rezepte aus, sie wird sie auch bei der Vorbereitung ihres „Was-auch-immer"-Eintopfes unterstützen. Dass sich Bettina Klare bei „Das ist der Pott" dabei ausgerechnet mit einem Eintopf beworben hat, liegt letztlich an: ihrem Mann.

Lange Zeit nämlich wusste Bettina Klare mit dem Begriff Eintopf wenig anzufangen. Bohnen- oder Erbseneintopf, erinnert sich die in Würzburg Aufgewachsene, waren „schon fast Fremdwörter für mich bayerischen Import". Denn in ihrer Heimat, die sie einst des Studiums wegen verließ, „kennt man eigentlich keine Eintöpfe". Sondern nur Suppen. Doch als sie hier, im Revier, ihren Hans-Dieter (61) kennenlernte und der ihr regelmäßig von den Eintöpfen seiner Mutter vorschwärmte, tauchte sie nach und nach in die „Geheimnisse des Ruhrgebietseintopfes" ein: Sie erfuhr, wann Hülsenfrüchte eingeweicht werden, was mit dem Kochwasser passiert, wie Eintopffleisch zubereitet wird. Mit der Zeit entstand daraus ihr selbst kreierter „Was-auch-immer"-Eintopf, heute zubereitet mit weißen Bohnen und in der „Fahr-zur-Hölle"-Variante, also mit drei (!) Chilischoten. „Ich mag's halt gerne scharf", verrät sie augenzwinkernd. Nun denn!

In den folgenden Minuten werden Kartoffeln, Möhren, Zwiebel, ein Viertel Sellerieknolle von Bettina Klare und ihrer Freundin in kleine Würfel geschnitten. Auch Mettwürste, Bauchspeck und die Chilis kommen unters Messer – und bald darauf eine Zutat nach der anderen in einen großen Topf. Deren Inhalt lässt Bettina Klare in den nächsten 30, 40 Minuten vor sich hinköcheln, hebt nur ab und an einmal den Deckel und rührt den Eintopf gefühlvoll um. Wobei dieses Procedere für sie eher untypisch ist, wie sie in ihrer schicken Küche mit Blick aufs Hüttengelände erzählt.

Denn da ihr als freiberuflicher IT-Trainerin oft die Zeit fehlt, stundenlang in Herdnähe zu stehen, hat sie sich vor einiger Zeit einen so genannten Slowcooker angeschafft, ein elektrisches Küchengerät, „das in England schon lange in jedem Haushalt zu finden ist". In diesen Slowcooker nun, erzählt sie, gebe sie spät abends den Eintopf, stelle das Gerät an – „und am nächsten Morgen hat man einen superleckeren Eintopf, der komplett ruhrpöttisch und nicht bayerisch aussieht." – Und der auch genauso schmeckt.

Während der Eintopf vor sich hin köchelte, hat Bettina Klare einen After-Eight-Pudding zubereitet: 2 Packungen Schokopuddingpulver mit 1 L Milch und 2 EL Zucker nach Packungsanweisung zubereiten, in die aufgekochte Masse 2 Eigelb (mit Milch verquirlt) einrühren, 1 Stich Butter und einen Tropfen (zum Verzehr geeignetes!) Pfefferminzöl dazugeben. Zuletzt Eischnee (aus 2 Eiweiß) unterheben und servieren.

UND SO GEHT'S

„WAS-AUCH-IMMER"-EINTOPF

1. Zwiebeln, Möhren und Sellerie in kleine, geschälte Kartoffeln in etwas größere Würfel schneiden, Chilis zerbröseln. 3. Die Mettwürstchen in Scheiben, den Bauchspeck in Querstreifen schneiden. 4. In einem großen Topf Zwiebel, Möhren und Sellerie glasig dünsten, dann die Mettwürstchen und den Bauchspeck dazu geben, alles scharf anbraten. Nun auch die Kartoffeln dazugeben und weiterbraten. Mit Gemüsebrühe auffüllen, zerbröselte Chilis dazugeben, kurz anbraten. 5. Mit heißem Wasser aufgießen – aber nicht zu viel Wasser verwenden, das Gericht muss ja eintöpfig werden. 6. Mit Salz abschmecken. 7. Nach persönlichem Geschmack weiße oder dicke Bohnen, Erbsen, Linsen oder was auch immer dazugeben, die Mischung möglichst lange – mindestens 30 Minuten – auf kleiner Stufe vor sich hin kochen lassen. Dann servieren.

REINGESCHMECKT

VARIANTENREICH: Toll, wie sich aus diesem Rezept durch einen nur kleinen Austausch der Zutaten verschiedenste Eintöpfe zubereiten lassen. Obwohl das nicht nötig wäre: Die Variante mit weißen Bohnen und Mettwurst schmeckt nämlich klasse.

Zeitaufwand: ★★☆☆☆
Schwierigkeitsgrad: ★☆☆☆☆
Preis: ★★☆☆☆

Viele Zutaten für diesen Eintopf stammen vom Markt oder vom Metzger.

MEINE ZUTATENLISTE

Vom Metzger: 2 Mettwürstchen, 1 Scheibe Bauchspeck
Vom Markt: 5 Kartoffeln, 1 Zwiebel, 2 Möhren, ¼ Sellerie
Außerdem: 2 TL Gemüsebrühe, 1 TL Salz, 2–3 getrocknete Chilis, 1 Glas weiße Bohnen (oder Erbsen oder dicke Bohnen oder Linsen ...)

Freundin Christiane Ciupka (schwarzes Shirt) unterstützt Bettina Klare bei den Vorbereitungen.

HATTINGEN

ZUCCHINI-GEMÜSE

DAS SAGT DER PROFI

Foto: © Volker Speckenwirth

Dirk Eggers

NOCH KÖSTLICHER MIT KNOBLAUCH

Lobenswert, dass Frau Lindemann für ihr Zucchini-Gericht das Gemüse frisch aus dem eigenen Garten erntet. Was ich an diesem Essen allerdings vermisse, ist ein wenig Knoblauch. Denn der ist nicht nur gesund, sondern passt auch perfekt zu Zucchini. Und wer Zucchini eher nicht in Form eines Eintopfes zubereiten möchte, dem empfehle ich folgende Variante: Die Zucchini in der Mitte durchteilen und das Kerngehäuse entfernen. Gehacktes mit Zwiebel, Pfeffer und Salz vermengen, Masse in die Zucchini-Hälften füllen. Diese in eine Auflaufform legen, die Soße aus Sweet-Chili, Gemüsebrühe, Ketchup und etwas Olivenöl darüber gießen, mit Käse überstreuen, im Backofen gar schmoren. Dazu Reis servieren.

SÜNDENFAKTOR

MITTEL

Gesünder wird das Zucchini-Gemüse, wenn man den (sehr zuckerhaltigen) Ketchup durch ein, zwei Tomaten ersetzt: Häuten, klein würfeln, mitschmoren. So schmeckt das Gericht noch frischer und nicht ganz so süßlich.

Ursula Lindemann kocht eine Zucchini-Pfanne mit Reis.

REZEPT IST EINE EIGENE KREATION

Ursula Lindemann kocht nicht gern nach Rezept, sie denkt sich lieber selbst Rezepte aus. Als im Garten viele Zucchini wuchsen, ersann sie dieses Gericht

Ursula Lindemann pflanzt gerne Gemüse. Auch Zucchini. Nur: Die wachsen dann oft reichlich. Und so stellte sich ihr die Frage: Was tun mit all den Zucchini? Sie ersann ein eigenes Rezept, denn „die Zucchini werden im Garten oft sehr groß, will man sie füllen, passen sie gar nicht in die Pfanne".

Eine Schürze trägt die 67-jährige Blankensteinerin, die in einem schon „1780 erwähnten Haus" über der Blankensteiner Straße wohnt, beim Kochen nicht. Ihre Schwiegermutter hatte noch Planung und Bau der Straße miterlebt, berichtet sie, während sie die Zucchini schneidet, in eine Schüssel gibt und mit Gemüsewürzfond begießt.

Das, was jetzt ihre Wohnung ist, war früher der Lebensmittelladen ihrer Schwiegermutter. In der Küche ist der Gasherd von drei Seiten zugänglich, Smileys grinsen der Köchin fröhlich entgegen.

„Ich koche sehr, sehr gerne", sagt Ursula Lindemann. Das ist zu spüren. Ordentlich und dekorativ bewahrt sie Nudeln in Gläsern auf, die wohnliche Küche ist liebevoll ausgestattet und überlegt gestaltet, das Gewürzregal gut gefüllt. Die Reiswürze mit u. a. Röstzwiebeln, Kurkuma, Knoblauch und Curry hat sie aus einer Apotheke. „Die gibt es aber auch auf dem Weihnachtsmarkt, in Gewürzläden. Sie macht den Reis schön gelb."

Auf das Rezept kam Ursula Lindemann, die bei Frankfurt aufwuchs, weil sie dachte: „Was mit Paprika geht, muss auch mit Zucchini funktionieren. Weil die aber nicht viel Eigengeschmack haben, nehme ich den Gewürzfond und die Gewürze", berichtet sie und ergänzt: „Mit Kürbis geht das Rezept übrigens auch. Oder mit Thunfisch, dann muss man nur das Chili weglassen, finde ich." Oder: Statt des Gehackten hat sie auch schon mal Leber verwendet.

Zudem ist das Gericht schnell zu kochen. Abgesehen davon, dass die Zucchini eine gute Stunde in dem Gemüsewürzfond liegen, ist ab da alles in maximal einer halben Stunde fertig. Gegessen wird bei Ursula Lindemann am Küchentisch auf der gemütlichen, selbst bezogenen Ecksitzgelegenheit.

Wie viel Chilisauce und Tomatenketchup und Gewürze sie nutzt, weiß sie gar nicht so genau: „Ich mache das nach Gefühl. Man kann das Gericht auch variieren. Manche mögen es lieber mit mehr Gehacktem, andere essen lieber schärfer, dann nehmen sie eben mehr Chilisauce", sagt die Hobbyköchin, die im Garten auch u. a. Mangold, Brokkoli, Salat, Kürbisse und Kräuter zieht.

REINGESCHMECKT

IDEENREICH.

Aus der Zucchinischwemme-Not eine schmackhafte Tugend hat Ursula Lindemann gemacht: lecker, schnell, günstig. Pfiff gibt die süße Chilisauce dem Gericht, das am Folgetag auch kalt schmeckt.

Zeitaufwand: ★☆☆☆☆
Schwierigkeitsgrad: ★☆☆☆☆
Preis: ★☆☆☆☆

Das Gemüse wird kleingeschnitten und dann mariniert.

MEINE ZUTATENLISTE

1 EL Sonnenblumenöl,
350 g Gehacktes halb und halb,
1 Zwiebel,
750 g Zucchini,
1 Tasse Reis,
4 EL Tomatenketchup,
3 EL Süße Chilisauce,
Crème fraîche,
Wasser,
Gemüsewürzfond,
Reiswürze

WAZ-Redakteurin Liliane Zuuring berichtet Ursula Lindemann, dass sie Zucchini gern in ihrem eigenen Garten erntet.

UND SO GEHT'S

ZUCCHINI-GEMÜSE

Die Zucchini in kleine Stücke schneiden. Sind sie sehr groß, die Zucchinikerne und die Schale entfernen. Etwa eine Stunde in Gemüsewürzfond einlegen. Sonnenblumenöl in einer großen Pfanne erhitzen. Das Gehackte darin anbraten, dabei salzen und pfeffern. Die Zwiebel in ruhig grobe Schnitze schneiden, in die Pfanne geben. Auch das Zwiebelgrün kann dazu. Ketchup und Chilisauce zugeben, abschmecken. Eine Tasse Reis einrühren, dann zweieinhalb Tassen Wasser zugeben. Mit Reiswürze nach Belieben abschmecken. Gemüsefond der Zucchini abschütten, die Zucchini in die Pfanne geben, anschließend nach Belieben etwas Crème fraîche einrühren. Sind die Zucchini bissfest, ist das Essen fertig.

DAS SAGT DER PROFI

Foto: © Volker Speckenwirth

Dirk Eggers

DIE ROSE ZUR ROULADE MACHEN

Tja ... Ich habe das Wirsingrosen-Rezept nicht nachgekocht. Zwar finde ich gut, die Kohlart vegetarisch zuzubereiten. Aber: Manchem Rezept merkt man schon beim Durchlesen an, dass es nicht wirklich gut schmecken kann. Mein Tipp: Machen Sie aus der Wirsingrose eine Roulade! Das geht so: Entfernen Sie die äußeren Wirsingblätter, die mittleren werden wie im Rosen-Rezept kurz blanchiert. Dann schneiden Sie das Herz des Wirsingkopfes in kleine Streifen, garen diese, heben die Äpfel unter und würzen alles mit Salz, einer Prise Curry und Crème fraîche bzw. Kräuter-Joghurt. Die Masse streichen Sie auf die Wirsingblätter, rollen sie zu Rouladen (mit Gemüsebrühe im Ofen bei 170 Grad etwa 30 Min. schmoren). Zu den Country-Potatoes sage ich indes lieber nichts.

SÜNDENFAKTOR

GERING

Gedanken um seine Figur braucht sich kein Wirsingrosen-Esser zu machen. Außer dem bisschen Butter, das für die Zubereitung der Äpfel verwendet wird, sind in dem Gericht allerdings auch wenig Geschmacksträger enthalten.

Ursula Ohliger beim Dekorieren der Wirsingblätter für ihr Gericht namens „Wirsingrose“.

VEGETARISCHES KOHLGERICHT

Leicht und schnell zuzubereiten muss ein Gericht für Ursula Ohliger sein – so wie ihre Wirsingrosen. „Etwas Besonderes für Auge und Gaumen“

Dass Ursula Ohliger eine Blumenfreundin ist, nein, das kann sie nun wirklich nicht verheimlichen. Allerlei Blühendes hat sie vor ihrem Haus in der Südstadt gepflanzt, und auch in ihrem 1200 Quadratmeter großen Garten gibt es viele Blumen zu bewundern. Darunter inmitten vieler Kunstobjekte auch eine Ecke mit Rosen. Die regten die 80-Jährige wohl einst an zu ihrem Wirsingrosen-Gericht („etwas Besonderes für Auge und Gaumen"), auch wenn sie sagt, dass sie sich an dessen Ursprung nicht mehr genau erinnert. „Ich bin ein sehr kreativer Mensch. Auch beim Kochen."

Leicht und schnell zuzubereiten muss ein Gericht für die Südstädterin dabei sein, „höchstens 30 bis 45 Minuten" dürfe die tägliche Zubereitung des Mittagessens für sie und Ehemann Günter (88) dauern. Mehr Aufwand, findet sie, lohne nicht. „Ist doch sowieso alles in wenigen Minuten aufgegessen."

Gegessen im Hause Ohliger wird übrigens stets „pünktlich um 12 Uhr", und da es an diesem Tag, da die WAZ zu Besuch ist, nun schon nach elf Uhr ist, muss die Köchin sich sputen. Was für Ursula Ohliger indes kein Problem darstellt.

Die Wirsingblätter hat sie am Herd ihrer kleinen, durchdachten und (natürlich) selbst entworfenen olivfarbenen Holzküche im Nu bissfest gegart, auch die Äpfel sind flugs geschält, entkernt, geachtelt. Eine leicht säuerliche Apfelsorte, sagt Ursula Ohliger, passe am besten zu dem Wirsingkohl – und dass sie am liebsten Früchte vom Baum im eigenen Garten verwende. „Aber die Äpfel, die dieser im vergangenen Herbst getragen hat, sind schon längst alle aufgegessen."

Also verwendet sie für die Wirsingrosen an diesem Morgen Obst aus dem Lebensmittelladen, dort hat Ursula Ohliger auch die weiteren Zutaten fürs heutige Mittagsmahl eingekauft. Darunter die vegetarischen Gyros-Filetstreifen, die sie nun in einer Pfanne anbrät.

Sie sei keine strikte Vegetarierin, betont sie. „Aber ich esse so wenig Fleisch wie möglich." Und dies nicht zuletzt aus ethischen Gründen, wie die Mitbegründerin des Tierschutzhofes im Ruhrtal erklärt.

Mittlerweile ist es kurz vor zwölf, Zeit zum Anrichten. Ursula Ohliger platziert erst die Wirsingblätter, dann die angebratenen Apfelstücke, pardon, die „Rosenpollen", zuletzt die vegetarischen Filetspitzen („die Staubgefäße") auf Tellern, würzt das Ganze kräftig, füllt flugs noch die Beilage – „Country Potatoes" aus der Packung, die sie im Backofen hat knusprig werden lassen – in eine Schale und bittet sodann zu Tisch: „Guten Appetit!"

UND SO GEHT'S

WIRSINGROSEN

1. Die Mittelrippen der Wirsingblätter von hinten flach schneiden und die Blätter – nicht zu weich – in Wasser garen. Dann abtropfen lassen. 2. Die Äpfel schälen, entkernen und achteln. 3. Äpfel in etwas in der Pfanne ausgelassener Butter anbraten. 4. Die vegetarischen Filetstreifen (aus der Packung) in etwas Fett anbraten.
5. Die Wirsingblätter auf dem Teller dekorieren. Dabei darauf achten, dass sich diese so wie die Blütenblätter einer Rose überlappen.
6. Fertig dekorierte Wirsingblätter dick mit Curry bestreuen, außerdem ganz leicht salzen. 7. In der Tellermitte die geschmorten Apfelstücke anrichten, darauf die gebratenen Filetstreifen platzieren.
8. Jedem Wirsingblatt einen Teelöffel (oder mehr) Frischella Kräuter-Joghurt oder Crème fraîche gönnen, servieren. Dazu empfiehlt Ursula Ohliger „Country Potatoes".

REINGESCHMECKT

PFIFFIG:
Ein Gericht, das aus Wirsing Rosen zaubert – darauf muss man erst einmal kommen. Auch, dass die Zubereitung ebenso wie das Anrichten simpel sind, wird ganz gewiss nicht nur Vegetariern schmecken.

Zeitaufwand: ★☆☆☆☆
Schwierigkeitsgrad: ★☆☆☆☆
Preis: ★★☆☆☆

WAZ-Redakteurin Sabine Kruse (li.) und Günter Ohliger dürfen probieren.

MEINE ZUTATENLISTE

Für zwei Personen:
10–12 nicht zu große Wirsingblätter,
2 Äpfel,
200 g vegetarische Filetstreifen,
½–1 Packung Frischella Kräuter-Joghurt,
(alternativ: ½–1 Becher Crème fraîche light),
Curry, etwas Salz,
etwas Butter

Die geschälten und klein geschnittenen Apfelstücke brät Ursula Ohliger in etwas Butter an.

HATTINGEN

GEBRATENE BLUTWURST MIT BRATKARTOFFELN UND MANGOLD

DAS SAGT DER PROFI

Foto: © Volker Speckenwirth

Dirk Eggers

MANGOLD ALS MINIKOHLBALLEN

Das ist ein richtig leckeres Gericht, das Herr Spartmann da vorstellt. Und es ist auch wirklich gut gekocht – mit den Zwiebeln, dem Knoblauch und Co. Genau so würden wir es auch machen. Optisch noch etwas aufpeppen lässt sich dieses Gericht dabei, indem der Mangold in Form von Minikohl-Ballen serviert wird. Hierzu werden nur die Mangoldstile wie im Rezept angegeben zubereitet, die Blätter dagegen nur kurz blanchiert. Dann wird ein Blatt in eine Suppenkelle gelegt, etwas der Mangoldmasse hineingefüllt und das nun gefüllte Blatt zum Minikohlballen geformt. Sieht toll aus. Und wer Mangold partout nicht mag: Alternativ kann man auch gut Spitzkohl, Wirsing oder Rotkohl verwenden.

SÜNDENFAKTOR

HOCH BIS SEHR HOCH.

Dieses Gericht Reingeschmeckt geht in die Vollen, ist mit Zutaten wie Blutwurst, Bauchspeck, saurer Sahne, Jägerschmalz sehr fett- und kalorienhaltig. Aber es ist ja auch ein Rezept für den Winter, das einen gut durch diesen bringen soll. Also am besten auch erst dann nachkochen.

Willi Spartmann wäscht Mangold und zerkleinert das Gemüse.

STÜTERANER ENTDECKT REZEPT WIEDER

Willi Spartmann bereitet gebratene Blutwurst mit Bratkartoffeln und Mangold in Specksoße mit saurer Sa mit Augenzwinkern „nach Gustaf in der Nacht" zu

Ein altes Stüteraner Rezept nach „Gustaf in der Nacht“ kocht Willi Spartmann (61) gerne in seinem Haus im malerischen Niederstüter. Kochen, das ist für ihn Entspannung, dafür nimmt er sich Zeit.

Mangold, den hat er früher sogar im eigenen Garten angebaut. Dafür fehlt ihm inzwischen die Zeit. Beim Schnippeln setzt sich der Schuhmachermeister, der ein Geschäft in Sprockhövel hat, vor den Fernseher, lässt Sendungen laufen. Kater Timmy – der übrigens nicht nur Zimmertüren, sondern auch die Kühlschranktür öffnen kann – ist dabei mit von der Partie. Die Zwiebeln haben es ihm weniger angetan, eher schon die Speckstücke.

Gekocht hat Willi Spartmann schon immer gerne, früher sogar seiner Mutter, die sich auf Hausmannskost spezialisiert hatte, gezeigt, wie man chinesische Gerichte oder Pizza zubereitet. „Und durch Freunde aus Indonesien bin ich dann ein Fan der indonesischen Küche geworden.“ An Töpfen mangelt es ihm nicht: Es gibt sie reichlich in allen Größen, geschickt gelagert auf dem Balkon, weil sie in die Küche nicht alle passen wollen.

Gerne besucht Willi Spartmann auch Kochkurse der Volkshochschule, um sich „Anregungen zu holen“. Die kreolische Küche möchte er in naher Zukunft ausprobieren. Kochbücher liegen reichlich auf seiner Fensterbank und im Wohnzimmerschrank, aber die konsultiert er inzwischen nur noch selten. Manche Anregung holt er sich auch aus dem Internet.

Willi Spartmann ist Stüteraner durch und durch. Und darum hat er seinem Rezept auch den Namen „Gustaf in der Nacht“ gegeben. „Das macht die Leute neugierig – und man kann eine Geschichte dazu erzählen.“ Die Geschichte von einem Kotten, „auf dem Gustaf lebte, der Vater arbeitete auf der Zeche Johannessegen in Bredenscheid, machte nur Nachtschichten. Er fuhr nachts ein, auf seinem Grundstück war ein Luftschacht, da stieg er aus, arbeitete auf dem Hof und pflügte seine Felder – und ging dann kurz vor Schichtende wieder in den Stollen. Irgendwann flog er auf und hieß nur noch Gustaf in der Nacht, sein Sohn hieß Gustaf, der ganze Hof hieß dann so.“

Das Schnippeln macht Willi Spartmann, der auch für Freunde kocht, nichts aus, „auf der Arbeit schnippel ich ja auch viel rum“, scherzt er. Viele Öle stehen bei ihm im Regal. Sojaöl nutzt er für die asiatische Küche, Rapsöl zum Anbraten der Blutwurst – und Erdnussöl für Bratwürstchen und Steak. „Die werden dann schön braun.“

REINGESCHMECKT

LOHNENSWERT:

Zwar dauern die Vorbereitungen etwas, denn es muss reichlich geschnippelt werden, doch dafür lohnt sich das Ergebnis. Regionale Küche, die schmeckt.

Zeitaufwand: ★★★☆☆
Schwierigkeitsgrad: ★★☆☆☆
Preis: ★★☆☆☆

Umrühren, schon ist das Gemüse mit Soße fertig.

MEINE ZUTATENLISTE

1 kleiner Beutel Kartoffeln (festkochend),
eine halbe Blutwurst,
1 dicke Scheibe geräuchertes Bauchfleisch,
2–3 Stauden Mangold,
10 Zwiebeln,
Knoblauch, Salz, Pfeffer,
Mehl, Hühnerbrühe,
Jägerschmalz, Rapsöl,
1 Becher saure Sahne

UND SO GEHT'S

REZEPT NACH „GUSTAF IN DER NACHT“

Die Zwiebeln putzen und für die Kartoffeln grob, für die Specksauce fein schneiden. Mangold waschen, Blätter von den Stielen zupfen, Stiele in Zentimeter-Stücke schneiden. Die geschälten Kartoffeln und das Bauchfleisch in Würfel schneiden. Die Kartoffeln in Jägerschmalz mit Zwiebeln, Knoblauch, Salz, Pfeffer, später Salbei anbraten, schmoren lassen. Mangold in Hühnerbrühe blanchieren. Achtung: Die Stiele brauchen etwas länger als die Blätter, also zuerst in den Topf geben. Das Bauchfleisch mit Zwiebeln und Knoblauch auslassen, mit Hühnerbrühe ablöschen, Mehlschwitze zugeben, kurz aufkochen, saure Sahne und Mangold dazugeben. Die Blutwurst in Scheiben schneiden, in Mehl wenden und in Rapsöl leicht anbraten.

Leser Willi Spartmann hat für WAZ-Redakteurin Liliane Zuuring und einen weiteren Gast gebratene Blutwurst mit Bratkartoffeln gekocht.

HATTINGEN

ZITRONENLACHS MIT ROSMARIN-KARTOFFELN

DAS SAGT DER PROFI

Foto: © Volker Speckenwirth

Dirk Eggers

MACHT LUST AUF SOMMER

Ein schönes Gericht hat Frau Böckenhüser da zubereitet. Der in Kräuter und Zitronenscheiben marinierte Lachs, die Rosmarinkartoffeln, der Salat mit der Himbeervinaigrette ... – das macht richtig Lust auf Sommer. Bei der Zubereitung der Vinaigrette sollte man allerdings darauf achten, die Himbeeren nicht zu lange zu mixen, da sonst die Kerne aufplatzen, die Bitterstoffe enthalten. Es empfiehlt sich, die Himbeeren nur durch ein Sieb zu streichen. Durch Zugabe von etwas Geflügelbrühe oder Rotwein wird die Vinaigrette zudem etwas leichter, und statt der rohen Zwiebel würde ich etwas Schnittlauch verwenden. Zuletzt noch ein Wort zu den Kartoffeln: Die kann man auch roh in den Backofen schieben – und dann etwa 45 Minuten garen. So zieht der Geschmack von Kräutern und Meersalz noch besser durch.

SÜNDENFAKTOR

MITTEL

Auch wenn Fisch grundsätzlich als gesund gilt: Lachs ist ein Fettfisch, er gehört zur Familie der so genannten „Salmonidae“ – wie zum Beispiel auch die Forelle oder der Saibling.

Ina Böckenhüser bereitet den Salat zu, derweil garen Lachs und Rosmarinkartoffe im Backofen.

ESSEN WIE IM URLAUB

Ina Böckenhüser hat ihr Lachsgericht erstmals vor Jahren im Sardinien-Urlaub zubereitet. Die 55-Jährige kocht nie nach Rezept, sondern stets intuitiv

Wäre sie jetzt auf Sardinien, sagt Ina Böckenhüser, hätte sie fangfrischen Lachs verarbeitet. Doch an diesem Tag, da sie im Rahmen der Aktion „Das isst der Pott" in ihrer Wohnung in der Südstadt Zitronenlachs mit Rosmarinkartoffeln zubereitet, verwendet sie Tiefkühl-Fischfilets – aus Überzeugung, dass deren Qualität keineswegs schlechter sein muss. Ihr Lachsgericht hat die 55-Jährige dabei erstmals vor Jahren bei einem Urlaub auf der Mittelmeer-Insel kreiert – und weil es allen schmeckte, wird seither regelmäßig auch zu Hause gegessen wie im Urlaub.

Wobei Ina Böckenhüser nie nach Rezept kocht. Die Lehrerin an der Weiltor-Grundschule kocht vielmehr stets intuitiv; und kreativ. „Ich schaue, was an Lebensmitteln alles zusammenpasst, aber auch, was von den Vorräten, die ich habe, weg muss und kombiniere das dann", verrät die Südstädterin.

Wenig Arbeit nur hat Ina Böckenhüser an diesem Mittag noch, bis sie das mediterran anmutende Essen servieren wird, fast alles hat sie bereits am Vorabend vorbereitet. Hat die Lachsfilets mit Zitronenscheiben belegt, mit Kapern, Meersalz, Pfeffer, Knoblauchscheiben sowie frischem Rosmarin und Thymian aus Kräuterkübeln auf ihrem Balkon bedeckt und geschmacklich durchziehen lassen. Auch die Kartoffeln sind vorgekocht, kommen jetzt zusammen mit dem Fisch in den Ofen. Und von der Himbeervinaigrette ist auch noch eine halbe Flasche im Kühlschrank. Einzig der Salat muss noch angemacht werden.

„Ich bin ein Fan der schnellen Küche, aber keiner von Fast Food", gesteht die Mutter dreier (inzwischen erwachsener) Kinder, die zeit ihres Lebens berufstätig war und diesen dennoch täglich eine selbstgekochte warme Mahlzeit zubereitete: „Man muss dafür nur bestimmte Techniken entwickeln."

Ina Böckenhüser indes hat auch schon ganz andere Koch-Herausforderungen gemeistert. Regelmäßig kocht sie für Freunde, zaubert sogar schon mal für 30 Personen mehrgängige Menüs oder auch ein Buffet – „man darf mich nur nicht fragen, ob man mir helfen kann. Ich möchte alles alleine machen", sagt sie lachend. Und nimmt sich flugs der Zubereitung des Wildkräutersalats an, um diesen kurz darauf punktgenau mit Zitronenlachs und Rosmarinkartoffeln bei schönstem Sonnenschein am liebevoll gedeckten Balkontisch zu servieren. – Selbst das Wetter passt heute zum „Urlaubs"-Essen.

Den Salat bereitet Ina Böckenhüser aus 250 g Wildkräutern, einer Hand voll Walderdbeeren und 4 Kirschtomaten zu, bestreut mit 30 g angerösteten Pinienkernen und übergossen mit Himbeervinaigrette. Diese wird wie folgt zubereitet: 1 walnussgroßes Stück Ingwer und 1/2 Zwiebel grob würfeln. Mit 1 EL Zwiebelconfit, 1 EL Honig, Salz, Pfeffer, 50 ml Himbeeressig und 100 g Himbeeren fein pürieren, zuletzt 100 ml Olivenöl untermixen.

UND SO GEHT'S

ZITRONENLACHS MIT ROSMARINKARTOFFELN

1. Lachs am Vorabend waschen, in eine Auflaufform geben. 2. Aus der Mitte einer Zitrone sechs dünne Scheiben schneiden, gegebenenfalls entkernen. Rest der Zitrone auspressen, Saft über den Lachs geben.
3. Lachs mit Kapern, Meersalz, frisch gemahlenem Pfeffer und Knoblauchscheiben würzen, Kräuterzweige dazulegen, Lachs mit den Zitronenscheiben bedecken und mit Zitronenöl übergießen. Abgedeckt im Kühlschrank über Nacht ziehen lassen. 4. Kartoffeln am Vorabend mit Schale kochen, ebenfalls in eine Auflaufform geben. 5. Knoblauch in dicke Scheiben schneiden, mit dem Meersalz und den Rosmarinzweigen zu den Kartoffeln geben, diese mit Olivenöl begießen und abgedeckt über Nacht ziehen lassen.
6. Etwa 20 Minuten vor dem Servieren Kartoffeln zusammen mit dem Lachs in den Backofen schieben, 15–20 Minuten bei 170° Heißluft backen.

REINGESCHMECKT

EIN TOLLES GERICHT

(nicht nur) für Berufstätige. Jede einzelne der Komponenten lässt sich nicht nur unkompliziert vor- und zubereiten, alles passt auch geschmacklich bestens zusammen – super-lecker.

Zeitaufwand: ★★☆☆☆
Schwierigkeitsgrad: ★☆☆☆☆
Preis: ★☆☆☆☆

Frisches Rosmarin vom Balkon verwendet Ina Böckenhüser.

MEINE ZUTATENLISTE

Für den Fisch:
ca. 500 g Lachs-Filet, frisch oder TK, 1 Zitrone, 1 EL Kapern (vorzugsweise in Meersalz), 1 Knoblauchzehe, je 3 Stiele Rosmarin und Thymian, grobes Meersalz, frisch gemahlener Pfeffer, 100 ml Zitronenöl.

Für die Kartoffeln:
600 g französische Drillinge, 3 Stiele Rosmarin, 2 Knoblauchzehen, grobes Meersalz, 100 ml Olivenöl

Es ist angerichtet: Ina Böckenhüser und WAZ-Redakteurin Sabine Kruse freuen sich schon auf das mediterran anmutende Essen.

BAUERN-OMELETT

DAS SAGT DER PROFI

Foto: © Volker Speckenwirth

Dirk Eggers

EINFACHES ESSEN MIT TRADITION

Das Bauernomelett mit dem durchwachsenen Speck und den angebratenen Zwiebeln ist ein echter Küchenklassiker. Bei der Zubereitung dieses Gerichtes lässt sich wenig falsch machen. Die Veggi-Variante – mit Gemüse und Tofu – ist übrigens auch mal lecker. Und wer Geschmacks-experimente mag, für den bieten sich sogar noch viele andere Variationen der Zubereitung an. So etwa könnte man das Bauernomelett statt mit Speck auch einmal mit Räucherlachs zubereiten – und es kurz vor dem Servieren noch mit ein paar Shrimps bestreuen. In diesem Fall empfiehlt es sich zudem, Sahnemeerrettich als Dip zum Essen zu reichen.

SÜNDENFAKTOR

HOCH

Viele Eier, Kartoffeln, Speck: Nein, ganz gesund ist es nicht, ein Bauernomelett zu essen. Aber: Es hat alles, was man zum Leben braucht.

Gisela Brodersen mit den Zutaten für ihr Bauernomelett, das sie in zwei Varianten zubereitet: klassisch und als Veggi-Version.

EIN KLASSIKER AUS KINDHEITSTAGEN

Klassisch mit Speck und als Veggie-Kreation mit Gemüse und Räuchertofu

Als Gisela Brodersen (66) die WAZ an diesem Morgen in ihre Küche führt, stehen die Zutaten für ihr Bauernomelett bereits fast alle pfannenfertig vorbereitet neben dem Herd. Eine gute halbe Stunde, verrät sie, habe sie für die Aktion „Das isst der Pott" schon Gemüse klein geschnibbelt ...

Gemüse? In einem Bauernomelett? Küchenkennern, die sich dies jetzt fragen, sei verraten: Die Südstädterin begnügt sich bei der Zubereitung dieses Gerichtes, das sie schon seit Kindheitstagen kennt („das gab's bei uns ganz oft"), nicht etwa mit der klassischen Variante – mit Ei, Kartoffeln, Speck und Zwiebeln. Sie serviert auch eine Veggie-Kreation – mit Gemüse und Räuchertofu. Selbst kreiert hat sie diese, als ihr (heute längst erwachsener) Sohn vor Jahren Vegetarier wurde und zumal sie Paprika, Zucchini und Co. ohnehin seit jeher mag.

Wie, natürlich, auch Kartoffeln, die sie fürs heutige Bauernomelett („einfache, regionale Kost") frisch gekocht hat. Früher, erinnert sich die langjährige Leiterin der Nikolaus-Groß-Grundschule, wurden derweil vom Vortag übrig gebliebene Erdäpfel verwendet: „Bei uns zu Hause wurde nicht viel weggeworfen." Und so hat sie früh erfahren, dass sich auch aus Essensresten Leckeres kochen lässt. Zum Beispiel ein Bauernomelett, „das in Hessen übrigens Hoppel-Poppel heißt".

Ebendort, genauer gesagt in der Koch-AG einer Herborner Schule, hat Gisela Brodersen einst Braten, Backen und Co. gelernt – „und von meiner Mutter, die echt toll kochen konnte". Dass die sich damals sehr gefreut habe über ihren AG-Besuch, erzählt die 66-Jährige, während sie die Eier mit einem Schuss Mineralwasser schaumig schlägt – „sie sagte, dann habe sie künftig an jedem zweiten Sonntag kochfrei".

Bodenständige Gerichte, für die früher gern auch Zutaten aus dem Schrebergarten der Großeltern in Essen verarbeitet wurden, aber nur selten Fleisch, hätten ihren Kochstil bis heute geprägt, sagt Gisela Brodersen (mitunter aber kocht sie, die ihre Lebensmitteleinkäufe sehr bewusst plant, auch indisch).

Inzwischen ist die Eimasse in der Pfanne gestockt, die Bauernomeletts sind servierfertig. Genug erzählt, Gisela Brodersen bittet zu Tisch: „Guten Appetit!"

Dazu serviert Gisela Brodersen einen Salat: 1 Romana-Salatherz in mundgerechte Stücke zerpflücken, 1/3 Zucchini, 1/4 Paprika und 100 g Kirschtomate klein schneiden, alles mixen. Mit einer Vinaigrette aus Essig, Öl, Zitronensaft, Salz, Pfeffer und einer Prise Zucker anrichten.

UND SO GEHT'S

BAUERNOMELETT

1. Kartoffeln waschen, mit Schale kochen, pellen, würfeln. 2. Zwiebel schälen und in kleine Würfel schneiden. 3. Lauchzwiebeln putzen, waschen, in Ringe schneiden. 4. Speck würfeln, ebenso den Räuchertofu. 5. Petersilie waschen, trocken schütteln, klein schneiden. 6. Gemüse putzen und klein schneiden. 7. Kartoffeln in Butterschmalz in einer Pfanne anbraten. 8. Speck und Zwiebeln anbraten, salzen und pfeffern. 9. Eier mit Mineralwasser verquirlen, ebenfalls mit Salz und Pfeffer würzen. 10. Die Hälfte der Ei-Mischung über die Kartoffeln gießen, dann die Lauchzwiebeln hinzufügen. 11. Omelett bei mittlerer Temperatur stocken lassen, dann zur Hälfte umklappen, mit Petersilie bestreuen, servieren. 11. Das zweite, vegetarische Omelett wird genauso zubereitet, wobei zunächst der Räuchertofu angebraten wird, dann kommen das Gemüse und zuletzt die Ei-Mischung hinzu.

REINGESCHMECKT

ZUGEGEBEN:
Wer Bauernomelett auf zweierlei Art zubereitet, hat viel zu schnibbeln. Doch der Aufwand lohnt sich – weil beide Omeletts a) recht verschieden und b) lecker schmecken.

Zeitaufwand: ★★☆☆☆
Schwierigkeitsgrad: ★☆☆☆☆
Preis: ★☆☆☆☆

Die Eier werden mit Mineralwasser verquirlt und mit Salz gewürzt.

MEINE ZUTATENLISTE

Für 4 Portionen:
4–6 Eier, 2 Zwiebeln, etwas krause Petersilie, ca. 100 ml Mineralwasser, 200–300 g Kartoffeln, Schnittlauch, Salz, Pfeffer, Butterschmalz

Für zwei Omeletts klassisch zusätzlich:
100 g durchwachsener Speck

Für zwei vegetarische Omeletts zusätzlich:
100 g Räuchertofu, 1–2 Lauchzwiebeln, Zucchini, ¼ Paprika, 100 g Kirschtomaten

Ihr Bauernomelett serviert Gisela Brodersen WAZ-Redakteurin Sabine Kruse an ihrem schönen Holztisch – fast 100 Jahre alt ist der.

WIRSING-FLEISCHWURST-RAGOUT

DAS SAGT DER PROFI

Foto: © Michael Korte

Urs Bischof

BESONDERE NOTE DURCH BÄRLAUCH

Der frische Bärlauch verleiht diesem Gericht die besondere Note. Leider sind die Blätter nur im Februar und März erhältlich. Am aromatischsten sind die ganz jungen, kleinen Blätter. Beginnt die Pflanze zu blühen, sollten die Blätter nicht mehr verwendet werden. Der Bärlauch ist eine altbekannte Gewürzpflanze und seit ca. 15 bis 20 Jahren wieder vermehrt auf Speisekarten und in Rezepten zu finden. Die Pflanze ist komplett essbar, genutzt werden aber vorwiegend die Blätter, frisch als Gewürz, für Soßen, Kräuterbutter und Pesto oder als Gemüse in der Frühjahrsküche. Durch Hitzeeinwirkung verliert der Bärlauch viel von seinem charakteristischen Geschmack. Daher nicht mitkochen, sondern erst kurz vor dem Anrichten unter den Eintopf mischen.

SÜNDENFAKTOR

HOCH

Die Fleischwurst, der Speck und der Schmand sind mit ca. 55 Gramm Fett und rund 590 Kalorien pro Portion große Kalorienspender und haben hohes „Hüftgold-Potenzial".

Sigrid Kuling kocht konzentriert in ihrer Küche. Dort steht sie jeden Tag am H

LECKERES RUHRPOTTDURCHEINANDEF

Sigrid Kuling schwört auf eine einfache, aber frische Küche. Ihr Wirsing-Fleischwurst-Ragout macht die ganze Familie satt

Eine flinke Handbewegung, ein präziser Schnitt. Schnell und routiniert zerstückelt Sigrid Kuling mit dem großen Messer den Wirsingkopf, neben ihr auf der Küchenablage liegen schon die bunten Zutaten für ihr Wirsing-Fleischwurst-Ragout bereit. Sie hat alles vorbereitet, überlässt nichts dem Zufall. Ihr Ragout, sagt sie, sei so einfach – schmecke aber vorzüglich.

„Es entstand wegen unseres knappen Geldbeutels, weil mein Mann vor einigen Jahren seinen Job verloren hatte", berichtet die Hernerin. Damals galt es, die vierköpfige Familie satt zu bekommen. Mit frischen Zutaten und am besten günstig. 9,12 Euro habe der Einkauf für ihr „Ruhrpottdurcheinander" dieses Mal gekostet.

Beim Einkauf achtet die ehemalige Krankenschwester vor allem auf das Preis-Leistungs-Verhältnis, denn Essen, sagt die 53-Jährige, habe einen hohen Stellenwert: „Wir gönnen uns zwar nicht viel, aber gute Zutaten haben für uns höchste Priorität." Uns, das sind Sigrid und ihr Mann Jürgen, die beiden Töchter sind schon ausgezogen. Wenn Mama zum Essen einlädt, kommen sie aber gerne.

An sieben Tagen in der Woche steht Sigrid Kuling in ihrer überschaubaren Küche. „Hier drin ist es so klein, dass selbst ich nicht umfallen kann", scherzt die 1,42 Meter große Frau, während sie die Zwiebeln mit dem Speck in der Pfanne anbrät. Sie stellt sich auf Zehenspitzen, beugt sich über den brutzelnden Speck und atmet tief ein. „Mhm, riecht das gut", zeigt sie sich zufrieden.

KOCHEN IST LEIDENSCHAFT

Andere zu verwöhnen, erzählt sie beim Schnibbeln, mache ihr Freude. Es habe aber auch Zeiten gegeben, in denen ihr das Kochen schwerer gefallen sei, weil sie auf einen Rollstuhl angewiesen gewesen sei. Seit mehreren Jahren macht ihr eine chronische Entzündung des Nervensystems, die mit Muskelschwund einhergehe, das Leben schwer. „Ich war Krankenschwester auf der Neurologie, bis bei mir selbst MS festgestellt wurde", berichtet sie, seitdem verlaufe die schreckliche Krankheit bei ihr in Schüben. Ihrer Lebensfreude und ihrem zufriedenen Lachen, wenn es gut duftet und sie über ihr Essen und das Kochen redet, tut das aber keinen Abbruch.

Während das bunte Durcheinander im Topf köchelt, schmeckt sie vorsichtig ab und stellt fest: „Da fehlt noch etwas Salz." In der kleinen Küche mischt auch Ehemann Jürgen mit, dort ist das Ehepaar ein eingespieltes Team: „Ich bin für die HiWi-Arbeiten zuständig, also fürs Spülen und Aufräumen", gibt Jürgen Kuling zu. Das sei vielleicht auch besser so, denn wenn ihr Mann hinter dem Herd stehe, gebe es öfters Spaghetti mit Frikadellen und kaltem Ketchup, sagt die Köchin des Hauses.

„Wie kann man denn so etwas essen?", fragt Sigrid Kuling und schüttelt sich lachend. „Na ja", fügt sie an, „immerhin würde er nicht verhungern."

REINGESCHMECKT

GUT UND GÜNSTIG:

Das Preisleistungsverhältnis ist kaum zu toppen. Zu dem Ragout können optional Salzkartoffeln, Klöße oder Baguette gereicht werden.

Zeitaufwand: ★★★☆☆
Schwierigkeitsgrad: ★★☆☆☆
Preis: ★☆☆☆☆

Flink geht der Köchin das Schnibbeln von der Hand.

MEINE ZUTATENLISTE

1 Wirsing-Kohlkopf,
300 g Möhren (frisch/Dose),
500 g Fleischwurst,
50 g durchw. Speck (Würfel),
3 EL Öl, 1 Zwiebel,
1 Becher Schmand,
Salz, Pfeffer, Muskat,
Bärlauch,
nach Wunsch Majoran,
Gemüsebrühe, Soßenbinder

UND SO GEHT'S

WIRSING-FLEISCHWURST-RAGOUT

Wirsing putzen, in Streifen schneiden, waschen und blanchieren. Möhren putzen und schräg in Scheiben schneiden bzw. vorgeschnittene Würfel aus der Dose verwenden. Zwiebel würfeln, mit dem Speck in heißem Öl anbraten, Wirsing hinzufügen. Bei Verwendung frischer Möhren auch diese hinzugeben und dünsten, bis der Garpunkt erreicht ist. Mit Salz, Pfeffer, Muskat und Bärlauch würzen, Brühe dazugießen und alles abgedeckt 15 bis 20 Minuten garen. Nun Fleischwurst in Scheiben schneiden und anbraten. Fleischwurst, Schmand und – bei Verwendung von Dosenmöhren auch diese – unter den Wirsing unterrühren. Dann alles abschmecken.

Frische Zutaten sind für Sigrid Kuling ein Muss.

RUHRPOTT-RÖSTI

DAS SAGT DER PROFI

Foto: © Michael Korte

Urs Bischof

EINE RAFFINIERTE KREATION

Ein in der Zubereitung einfaches Gericht, aber eine in der Geschmackskombination immer wieder raffinierte Kreation. Die Ruhrpottrösti, oder auch Reibekuchen genannt, kann man wunderbar durch Röstis aus rohen Kartoffeln ersetzen oder als zusätzliche Variation ergänzen. Die original Schweizer Rösti werden aus gekochten Kartoffeln zubereitet. Hierfür pellt man die bereits am Vortag gekochten Kartoffeln. Dann reibt man sie ganz vorsichtig mit der Bircherreibe. Die Kartoffelmasse würze ich mit Salz, Pfeffer und etwas Muskat. Bei geringer bis mittlerer Hitze brate ich dann aus den geriebenen Kartoffeln in wenig Butter und Öl kleine goldbraune Röstis.

SÜNDENFAKTOR

HOCH

Der Rauchlachs ist ein guter Eiweißlieferant, hat aber leider auch reichlich Kalorien. Zusammen mit den Kartoffeln und der Crème fraîche liefert das Gericht über 700 Kalorien pro Portion.

Teamwork in der Küche: Gilla Rother bekommt Unterstützung von Urs Bischof

RUHRPOTT-RÖSTI NACH OMAS REZEPT

Goldbraun und knusprig: Die Kartoffelpuffer von Gilla Rother sind eine Wucht. Nicht nur als köstliche Beilage, sondern auch als Hauptspeise mit Räucherlachs

An diesen Tag in ihrer Kindheit kann sich Gilla Rother noch ganz genau erinnern: Nach der Städte-Ehe von Wanne-Eickel und Herne kletterte sie als „Wanner Mädel" das neue Ortsschild „Herne" hoch, um wieder dick und fett „Wanne" darauf zu schreiben. Die Heimat der fröhlichen Frau – das Ruhrgebiet – hat auch ihre Küche geprägt: Wenn ihr Mann Jens und sie in der Küche stehen, kommen regelmäßig typische Ruhrpottgerichte auf den Tisch, am liebsten die selbst gemachten „Ruhrpott-Rösti" nach Omas Rezept.

Zu Großmutters Zeiten habe es wenig Geld, aber dafür Kartoffeln „en masse" gegeben, erzählt sie. Durch diese Umstände sei der Ruhrpott-Rösti – eine Kombination aus geriebenen Kartoffeln, Zwiebeln, Ei und Mehl – entstanden. „Die Rösti kommen immer gut als Vorspeise an", als Hauptgang müsse jedoch noch etwas „Richtiges" dazu. „Deshalb habe ich Omas Rezept abgewandelt und serviere noch frischen Räucherlachs, eine Honig-Senf-Dill-Soße und rote Zwiebeln dazu", sagt sie.

„Jetzt geht's los!" Gilla streift die Kochschürze – ein Gastgeschenk der WAZ – glatt und verlässt die kleine behagliche Küche, um eine runde Holzschale randvoll mit Kartoffeln und Zwiebeln zu holen. Das, sagt sie, müsse alles geschält und gerieben werden – „ganz schön anstrengend".

INSPIRATION DURCH KOCHSHOWS

Geschickt vermengt die Hobby-Köchin die Raspeln mit dem Ei und ein wenig Salz. Die Grundlage steht. „Jetzt müssen wir loslegen, sonst werden die Kartoffeln braun." Sie gibt einen Schuss Öl in die Pfanne und dreht den „Herd auf volle Pulle".

Portionsweise bettet sie die Rösti ins heiße Fett und drückt sie mit dem Kochlöffel fest. Tipp von der Köchin: „schön dünn, damit sie gar und knusprig werden". Während die fertigen, goldbraunen Kartoffeltaler bei 80 Grad im Ofen warm gehalten werden, macht sich die Chefin an die Soße. „Da fehlt noch was", sagt sie, als sie sich die Probierportion auf der Zunge zergehen lässt. Und zwar: „noch etwas mehr Dill".

Rezeptbücher gibt es im Hause Rother kaum. Wenn mal nicht „frei Schnauze gekocht wird", lässt sich die Sekretärin beim Feierabend durch Kochshows wie das „Perfekte Dinner" inspirieren. Ihre Schwester hat sie einmal bei der Kochsendung angemeldet. Leider hat es aber nur für die erste Auswahlrunde gereicht. Der Freude am Kochen hat die Absage des Fernsehteams keinen Abbruch getan – ganz im Gegenteil. Wöchentlich kommt ein Drei- bis Vier-Gänge-Menü auf den Tisch.

Auch diesmal gibt die elegant drapierte Kreation auf dem Teller ein gutes Bild ab, wie Spitzenkoch Urs Bischof findet. Auch der Geschmack sei „hervorragend". Gilla lehnt sich nach getaner Arbeit gut gelaunt zurück. „Jens macht jetzt die Küche sauber." Sie lacht – und wendet sich mit einem Augenzwinkern an ihren Mann: „Das machst du ja gerne, nicht wahr, Schatz?"

UND SO GEHT'S

RUHRPOTT-RÖSTI

Die geschälten Kartoffeln und die Zwiebeln kleinreiben. Dann mit einem ganzen Ei und etwas Mehl vermengen. Mit Salz abschmecken. Alternativ kann man mit der Stärke der Kartoffel arbeiten: Die Raspeln in einem Küchentuch kräftig auswringen und ohne weitere Zutaten anbraten. So sind die Rösti zwar noch knuspriger, aber auch etwas instabiler. Kartoffeltaler beidseitig in der Pfanne goldbraun anbraten und im Backofen bei 80 Grad und Umluft bis zum Servieren warmhalten. Für die Soße Crème fraîche, Waldhonig, frischen Dill und Senf nach Belieben verrühren. Den frischen Räucherlachs auf den Rösti drapieren und nach Belieben mit roten Zwiebeln oder Schalotten garnieren.

REINGESCHMECKT

ZUGEGEBEN:

Das Zwiebelreiben ist nichts für sensible Augen. Die restliche Arbeit ist nach einer guten halben Stunde erledigt. Die Röstis schmecken köstlich und sind (eventuell ohne Lachs) auch perfekt für Kinder.

Zeitaufwand: ★★☆☆☆
Schwierigkeitsgrad: ★★☆☆☆
Preis: ★★☆☆☆

Fertig: Diese Soße geht schnell und schmeckt gut.

MEINE ZUTATENLISTE

5 große Kartoffeln,
1 ganzes Ei,
etwas Mehl,
1 große Zwiebel,
2 EL Dillfädchen,
1 TL Senf,
1 Crème fraîche,
Honig,
rote Zwiebeln,
Räucherlachs

Es geht an die Soße: Noch etwas mehr Waldhonig?

HERNE

SAUERKRAUT-AUFLAUF

DAS SAGT DER PROFI

Foto: © Michael Korte

Urs Bischof

DAS GERICHT IST RUNDUM GELUNGEN

Sauerkrautauflauf – harmonisch abgestimmt mit dem Kartoffelpüree und den Schmorzwiebeln. Wie der Name schon sagt, ist Sauerkraut üblicherweise eine eher saure Angelegenheit. Aber der Auflauf mit dem karamellisierten Zucker, dem Kartoffelpüree, dem Käse und den Schmorzwiebeln ist ein rundum gelungenes Gericht. Der karamellisierte Zucker nimmt dem Sauerkraut die dominante Säure. Das Kartoffelpüree, der Käse und die Schmorzwiebeln geben dem Auflauf die Raffinesse. In dieser Kombination erinnert der Geschmack an die elsässische Variante, bei der das Sauerkraut mit Honig und Sahne verfeinert wird und somit auch ein idealer Begleiter zu Fischgerichten ist.

SÜNDENFAKTOR

MITTEL

Das Sauerkraut hat sehr wenig Kalorien, ist reich an Milchsäure, Vitamin A, B, C und Mineralstoffen. Dazu im Winter ein wichtiger heimischer Vitamin-C-Lieferant. In der Kombination mit dem Kartoffelpüree, dem Kasseler und dem Käse liefert der Auflauf ca. 430 Kalorien pro Portion.

Das Schneiden der Würstchen erledigt Peter Kramer mit Konzentration.

SAUERKRAUT MIT PEP UND PÜREE

Peter Kramer und Christine Grefe-Kramer mögen es deftig. Dieses Essen kochen sie immer in Teamarbeit Vor allem an kühlen Tagen ein echter Gaumenschmaus

Beim Ehepaar Kramer wird gekocht, gerne und regelmäßig – vor allem aber im Team. Die Küche glänzt, ist hell und modern. „Wir haben sie noch nicht lange", sagt Christine Grefe-Kramer. „Von donnerstags bis sonntags kochen meine Frau und ich immer zusammen", ergänzt Peter Kramer. Am Montag gibt es meist die guten Reste vom Wochenende.

Beide sind Vollzeit berufstätig, er Musikschullehrer, sie Medizinisch-Technische Radiologieassistentin. „In der Woche bleibt da leider nicht allzu viel Zeit zum Kochen." Doch das Werken in der Küche wird gegen Wochenende in opulenter Form nachgeholt. Dosenessen ist hier tabu, alles wird frisch zubereitet. Mit viel Liebe. Zunächst aber die Frage: Wer von beiden bindet sich heute die Kochschürze um, ein Mitbringsel der WAZ. „Das macht mein Mann", sagt die 55-Jährige und lacht. Das heißt aber noch lange nicht, dass sie sich im Hintergrund hält.

Der Sauerkrautauflauf „Kramersche Art" ist eine Gemeinschaftsproduktion, so wie fast alle Gerichte. „Ideal ist das Essen für kalte Tage", so Peter Kramer. „Und besonders gut, weil man den Auflauf am nächsten Tag noch prima aufwärmen kann." Alles andere wäre auch Verschwendung, angesichts der ordentlichen Portion, die hier in der 16 Quadratmeter großen Küche innerhalb einer Stunde zubereitet wird. Der Sauerkrautauflauf ist keineswegs ein Gericht, das mal eben zwischen Tür und Angel gekocht werden kann. Gutes dauert eben seine Zeit – Zeit, die sich das Ehepaar gerne mit einem Gläschen Sekt versüßt.

BRATENSAFT WIRD NICHT WEGGESCHÜTTET

Während sich Peter Kramer um die Arbeit am Messer kümmert und das Kasseler in Scheiben schneidet („Den Bratensaft vom Kasseler bitte nicht wegschütten. Das wäre Todsünde"), kommt Christine Grefe-Kramer am Induktionsherd ins Plaudern. Sie lässt langsam den Zucker in die Pfanne rieseln. „So karamellisiere ich das Sauerkraut. Das ist der Trick." Tatsächlich gibt das Ganze eine köstlich süße Note. „Einen süß-sauren Effekt", so formuliert es die Hausherrin. Schon vor der Heirat mit ihrem Ehemann war klar: „Erst kommt der Kochkurs, dann der Tanzkurs." Eine weise Entscheidung, die das Ehepaar niemals bereut hat. Verheiratet sind die beiden nun seit über 30 Jahren.

Gegessen haben sie das Gericht zum ersten Mal, natürlich gemeinsam, im Elsass. Gerne reichen sie noch Mettwürstchen dazu. „Die koche ich vorher kurz ab, damit sie nicht so salzig werden", so Grefe-Kramer am Herd. Der besondere Pep am Ende: Der geriebene Käse sowie die in Butter geschmorten Zwiebeln auf dem Auflauf. Alles natürlich auch hier erstellt: in Teamarbeit. Echt lecker!

REINGESCHMECKT

EINE WUCHT:

Ein Gericht vor allem für kalte Tage, deftig und reichhaltig. Und auch Vegetarier könnten es ohne Fleisch zubereiten, denn das karamellisierte Sauerkraut spricht für sich.

Zeitaufwand: ★★☆☆☆
Schwierigkeitsgrad: ★★☆☆☆
Preis: ★★☆☆☆

Das Kasseler muss unbedingt mit Knochen sein.

MEINE ZUTATENLISTE

1 kg Kasseler,
2 Zwiebeln,
5 Pfefferkörner,
750 g Sauerkraut,
100 ml Weißwein
oder Apfelsaft,
5 EL Zucker,
1,5 kg Kartoffeln,
300 ml Milch,
Butter, Salz,
Muskatnuss

UND SO GEHT'S

SAUERKRAUTAUFLAUF „KRAMERSCHE ART"

Kasseler mit Knochen knapp mit Wasser bedecken, eine Stunde langsam köcheln. Fleisch vom Knochen lösen und in Scheiben schneiden. Sauerkraut: Ein Esslöffel Schmalz auslassen, darin Zucker karamellisieren lassen und 750 Gramm Sauerkraut anbraten, mit Weißwein ablöschen. Die Brühe vom Kasseler hinzufügen. Kartoffeln in Salzwasser kochen, zerstampfen, warme Milch hinzufügen, abschmecken. Kasselerstücke in eine Auflaufform geben und mit Sauerkraut bedecken, das Püree auf dem Sauerkraut verstreichen. Garzeit: 175 Grad, ca. 20 Minuten. Nach 15 Minuten geriebenen Käse auf den Auflauf streuen. Geschmorte Zwiebeln anrösten und oben dazugeben. Mettwürstchen auf Wunsch dazu.

Guten Appetit: Familie Kramer mit WAZ-Mitarbeiterin Jimena Salloch (Mitte). Dazu reichen die Gastgeber einen Wein.

ESSIG-EIER

DAS SAGT DER PROFI

Foto: © Michael Korte

Urs Bischof

TIPP FÜR DIE LEICHTE NOTE

Das Originalrezept ist etwas sättigend. Wer es etwas leichter mag, aber das Gericht dennoch nachkochen möchte, pochiert die Eier in Essigwasser und kocht aus einer Mehlschwitze mit Milch und Balsamico eine Balsamicosoße. Aus der Mehlschwitze und der Milch koche ich eine Béchamelsoße und verfeinere diese mit dem Balsamico. Die Eier koche ich in Essigwasser. Reichlich Wasser in einem breiten Topf zum Kochen bringen, einen guten Schuss Essig zugeben. Dann schlage ich die Eier in Tassen auf, lasse sie langsam hineingleiten. Bei kleiner Hitze (das Wasser darf nicht köcheln) pochiere ich die Eier vier bis sechs Minuten. Die Eier können in warmem Wasser warmgehalten werden. Beim Anrichten übergieße ich sie mit der Balsamicorahmsoße.

SÜNDENFAKTOR

HOCH

Das Fett, das Mehl, die Eier und die Kartoffeln liefern über 700 Kalorien pro Portion. Zudem enthalten die Eier und das Fett über 800 mg Cholesterin pro Portion.

Monika Träger (l.) bekommt Unterstützung von WAZ-Experte Urs Bischof. Mit im Bild: WAZ-Mitarbeiterin Tabea Beissert.

„SAURE EIER“ AUS TRADITION

Monika Träger kocht gerne „frei Schnauze“. Bei diesem Gericht muss die Rentnerin aber gut aufpassen, damit es gelingt. Ihre Küche sieht sie als Atelier

Monika Träger tut viel, um ihre Figur in Schuss zu halten. Sie geht regelmäßig ins Fitnessstudio und verzichtet abends auf größere Mengen an Kohlenhydraten, weil das die Fettverbrennung anregt. Über einen Eiweißmangel muss sich die Hernerin jedenfalls keine Sorgen machen – zumindest nicht, wenn „saure Eier" auf der Speisekarte stehen. Mehlschwitze, Brühe, Essig und jede Menge Eier landen hierfür im Kochtopf – eine Mischung, die erst einmal befremdlich klingt, geschmacklich aber durchaus überrascht.

Mit ihrer feurigen Art flitzt die rothaarige Frau durch die großräumige, knallgrüne Küche. Dabei plaudert sie munter und sucht die Zutaten fürs Kochen zusammen. Die Küche ist Monika Trägers Atelier, in dem sie sich austobt. „Ich lasse meiner Fantasie freien Lauf", erklärt sie, „auch Reste kommen manchmal in den Kochtopf."

Auch bei den traditionellen „sauren Eiern" hält sich die Köchin nicht mit lästigen Maßangaben auf: „Ich koche immer frei Schnauze." Monika Träger greift beherzt in die Margarine, um eine Mehlschwitze zu machen, „eine Handvoll, oder auch zwei". Das Mehl kommt dann pi mal Daumen dazu. „Eins, zwei, drei", sie hält kurz inne und fügt noch einen vierten Esslöffel hinzu. Das Ganze werde jetzt geröstet, bis „es fast schwarz" werde, anschließend mit Brühe aufgekocht und mit Essig abgeschmeckt.

Die Rentnerin – die sich selbst lieber als „freischaffende Künstlerin" bezeichnet und ihr Alter partout nicht verraten möchte – genießt es sichtlich, für den Besuch zu kochen. „Ich koche leidenschaftlich gerne, aber ich habe oft nicht genügend Esser. Als es noch Hotel Mama gab, war das anders ", bedauert sie.

EIER BLANCHIEREN: NICHT SO EINFACH

Langsam lässt Monika Träger die rohen Eier in die heiße Flüssigkeit gleiten. Wichtig dabei ist, dass sie genügend Abstand zueinander haben, um nicht zu verklumpen, weiß sie aus langjähriger Erfahrung. Gerade will sie nach Salz und Pfeffer greifen, da schreitet Sternekoch Urs Bischhof ein. „Warum salzen wir erst zum Schluss?", will er wissen und hält die Antwort auch schon parat: „Weil Salz die mit Essig gebundenen Eier wieder auflösen würde – genau das wollen wir vermeiden." Als Spitzenkoch hatte er es schon mit diversen Gerichten zu tun, von „sauren Eiern" hatte er bislang aber noch nicht gehört. Die Konsistenz der blanchierten Eier sei „auf den Punkt perfekt", für seinen Geschmack hätte es aber etwas weniger Soße sein dürfen. „Frei Schnauze" ist eben nicht jedermanns Sache.

Die Köchin lässt sich ihr Abendbrot zusammen mit einer Flasche Bier schmecken. Kohlenhydrate am Abend zählt sie erst morgen wieder.

REINGESCHMECKT

ZUGEGEBEN:
Der Name des Gerichts klingt befremdlich, und die saure Note ist sicherlich nicht jedermanns Sache. Für experimentierfreudige Köche allemal einen Versuch wert.

Zeitaufwand: ★★☆☆☆
Schwierigkeitsgrad: ★★★☆☆
Preis: ★☆☆☆☆

Für die Mehlschwitze nimmt Monika Träger reichlich Fett.

MEINE ZUTATENLISTE

Saure Eier für vier Personen:
12 Eier, 150 g Fett, 4–6 EL Mehl, 1 l klare Brühe, 5 EL Essig (dunkel), 3 EL Balsamico di Modena, Salz, Pfeffer

UND SO GEHT'S

SAURE EIER MIT SALZKARTOFFELN

Fett im Topf erhitzen, Mehl beifügen und anschwitzen, bis es braun wird. Alternativ: Zuerst das Mehl leicht anrösten und anschließend das Fett hinzufügen. Die Mehlschwitze mit der Gemüsebrühe ablöschen und kurz aufkochen lassen. Den Essig dazu geben und abschmecken. Vorsichtig die Eier in die Flüssigkeit geben und ca. 20 Minuten auf niedriger Stufe mit Deckel köcheln lassen. Erst jetzt mit Salz und Pfeffer würzen (Achtung: wenn das Salz zu früh dazu gegeben wird, können sich die Eier wieder auflösen). Parallel dazu Salzkartoffeln kochen. Drei Eier pro Portion und die Salzkartoffeln mit dem Balsamico di Modena verzieren. Passend dazu: ein kühles Pils.

Das Auge isst mit: Die sauren Eier und die Salzkartoffeln werden schön mit Balsamicoessig angerichtet.

HERNE

MÖHREN-EINTOPF MIT BRATWURST

Hobby-Köchin Anne Filler schwört auf ihren Möhreneintopf. Über ihre Schulte gucken WAZ-Experte Urs Bischof (re.) und WAZ-Redakteur Michael Muscheid.

DAS SAGT DER PROFI

Foto: © Michael Korte

Urs Bischof

KRAUT IST SEHR AROMATISCH

Beim Andünsten darauf achten, dass die Zwiebeln und Lauchzwiebeln nur glasig dünsten. Wenn sie zu braun werden, werden sie sehr schnell bitter – und das Gericht erhält eine unschöne braune Farbe. Liebstöckel ist ein sehr aromatisches Kraut und verleiht dem Gericht die raffinierte Note. Den Liebstöckel kurz vor dem Servieren an den Eintopf geben, dann entfaltet das Kraut sein frisches Aroma und behält zudem die satte grüne Farbe. Übrigens: Der Liebstöckel stammt ursprünglich aus dem Orient. Man kann das frische Kraut, aber auch die Samen zum Würzen verwenden.

DAS ESSEN IHRER KINDHEIT

Anne Filler bekam in ihrer Jugend Erntefrisches aus dem Garten auf den Teller. Ihr Lieblingsessen Möhreneintopf hat sie von ihrer Mutter. Und die von ihrer

SÜNDENFAKTOR

MITTEL

Die Bratwurst und die Kartoffeln liefern ca. 390 Kalorien pro Portion. Die Möhren liefern Vitamine und Mineralstoffe.

In ihrer Kindheit hat Anne Filler „viel aus dem Garten gelebt". Ihre Eltern und und vor ihnen ihre Großeltern hatten einen Gemüsegarten, und da wurde oft und reichlich erntefrisch gekocht. Ein Genuss! Auch der Möhreneintopf, auf den die 65-Jährige schwört, stammt aus ihrer Jugend. Das Rezept für ihr Lieblingsessen, sagt Anne Filler, habe sie von ihrer Mutter – „und die hatte es von ihrer Mutter".

Möhren durcheinander – ein Essen auch für Kinder? Jawohl, sagt die ehemalige Lehrerin der Hauptschule Jürgens Hof. Den Karotten im heimischen Garten habe sie damals beim Wachsen zugeschaut. Und das orange Gemüse nach der Ernte schnell verputzt, am liebsten eben als Eintopf, von Mama oder Oma mit Bratwurst serviert.

Nun wohnt sie alleine, die Söhne sind in den 30ern und aus dem Haus, doch den Eintopf macht sie noch immer. Für sich oder den Jüngsten, wenn er vorbei schaut: „Auch den kann ich damit beglücken." Einen Garten hat Anne Filler, die in einer Wohnung im Dichterviertel in Herne-Mitte wohnt, nicht, die Zutaten für den Kochabend mit der WAZ deshalb aus dem Supermarkt. Für den Liebstöckel musste sie zwei, drei Supermärkte abklappern. Doch auf den, bekennt sie, hätte sie auch verzichten können. Dazu später mehr.

Das Gericht ist keine Hexenkunst, auch schlägt sie für die Zutaten nicht in den Familien-Annalen nach. Und die Mengenangaben seien „pi mal Daumen". Die Kartoffeln sind schnell geschält, die Karotten schnell geschabt, der Lauch schnell zerkleinert. An die Zwiebeln geht sie ungern: „Die schneide ich gar nicht gerne", gibt sie zu. Ein paar Besonderheiten und „No goes" hat sie aber doch. Die Möhren-Kartoffel-Masse zerkleinert sie mit dem Kartoffelstampfer. „Nicht mit einem Mixstab", stellt sie klar: „Das ist zwar etwas mehr Arbeit, aber so wird die Masse nicht zu cremig, sondern es bleiben noch kleine Möhren- oder Kartoffelstückchen erhalten." Lorbeerblätter, Nelken und Pfefferkörner gibt die Hobby-Köchin nicht in den Topf, sondern in ein Teesieb, das sie an den Topfrand hängt. Urs Bischof, Herner Sternekoch und WAZ-Experte, beim Kochabend mit Anne Filler dabei, lobt: Auf diese Weise müssten die Gewürze später nicht mühsam herausgefischt werden. Zum Essen gibt es dann Bratwurst. Oder auch nicht, sagt die 65-Jährige, immer gerade so, wie der Appetit es möchte. „Es muss ja nicht immer Fleisch sein", betont die Rentnerin. Diesmal ist die Bratwurst mit von der Partie, denn die gehörte zu Omas Rezept, und zwar in Scheiben geschnitten, zum Schluss schön auf dem Eintopf drapiert.

EIN LOB FÜRS MAGGI

Vorher geht's aber noch an den Liebstöckel. Der wird gewaschen, zerkleinert und vor dem Servieren ins Gericht gestreut. Nötig, betont Anne Filler, sei das Kraut nicht. Viel lieber, gibt sie zu, nehme sie Maggi: „Liebstöckel kommt an Maggi nicht heran." Urs Bischof, der Spitzenkoch, zuckt bei diesem Bekenntnis zusammen. Und freut sich um so mehr, dass die Köchin diesmal dem Liebstöckel den Vorzug gegeben hat. Sein Urteil: rundum gelungen. Auch ohne Maggi.

UND SO GEHT'S

MÖHRENEINTOPF MIT BRATWURST

Zwiebel klein schneiden, in einem großen Topf in der heißen Margarine anbraten. Lauchzwiebeln klein schneiden und dazugeben. Möhren und Kartoffeln zerkleinern, zur Zwiebel und den Lauchzwiebeln in den Topf geben, kurz mit andünsten und dabei umrühren. Nach und nach Gemüsebrühe dazugeben und Lorbeerblätter, Nelken und Pfefferkörner hinzufügen. Alles zum Kochen bringen und ca. 25 Minuten auf kleiner Flamme köcheln lassen. Anschließend Gewürze entfernen und die Möhren-Kartoffelmasse mit einem Kartoffelstampfer zerkleinern. Zum Schluss mit Salz, Pfeffer und Liebstöckel würzen. Während der Kochzeit des Eintopfs, wenn gewünscht, die Bratwürste in einer Pfanne braten.

REINGESCHMECKT

HAUSMANNSKOST, wie wir sie mögen: Der Möhreneintopf ist lecker, nicht zu fest und nicht zu cremig, ist ohne Sperenzchen und in jeder Jahreszeit geeignet. Toll mit Liebstöckel!

Zeitaufwand: ★★☆☆☆
Schwierigkeitsgrad: ★☆☆☆☆
Preis: ★☆☆☆☆

Hier hört der Spaß (kurz) auf: Zwiebeln schneiden mag die Köchin nicht.

MEINE ZUTATENLISTE

1 EL Margarine,
1 rote Zwiebel,
1 Bund Lauchzwiebeln,
ca. 1 kg Möhren,
ca. 500 g Kartoffeln,
2–3 Lorbeerblätter,
2–3 Nelken,
2–3 schwarze Pfefferkörner,
Salz, Pfeffer,
Liebstöckel, Bratwurst

Liebstöckel kommt ganz zum Schluss in den Eintopf. Anne Filler bekennt: Sonst nimmt sie viel lieber Maggi.

FRIKADELLEN MIT WIRSING

DAS SAGT DER PROFI

Foto: © Michael Korte

Urs Bischof

FRIKADELLE ERLEBT EINE WIEDERGEBURT

Die Frikadelle erlebt eine Wiedergeburt. Nicht in Form der bekannten Frikadelle, sondern als Burger in allen Variationen. Ob vom Rind, vom Schwein, vom Maishuhn, von der Ente, vom Lamm: Es gibt ihn in allen Variationen. Eines haben sie gemeinsam, sie sind immer pures Fleisch – immer ohne Brötchen. Damit ein Burger, auch Hacksteak genannt, gelingt und gut schmeckt, sollte das Fleisch nicht zu mager sein, zehn bis 15 Prozent Fettanteil dürfen es ruhig sein, man kann auch mageres Entenfleisch mit fetterem Schweinefleisch mischen. Beim Würzen kann man sehr kreativ sein, vom puristischen Salz und Pfeffer bis zu exotischen Varianten mit Curry, Chili, Fenchelsamen etc. ist alles erlaubt.

SÜNDENFAKTOR

HOCH

Die Frikadellen, die Kartoffeln, der durchwachsene Speck und die Sahne am Wirsing liefern ca. 680 Kalorien pro Portion.

Eine echte Frohnatur: Bea Voß. Kein Wunder, bei diesen Kochkünsten.

FRIKADELLEN MIT SCHMACKES

In der Küche von Bea Voß wird kräftig gearbeitet: Da wird paniert, geschnibbelt, gebraten und gestampft bis das perfekte Mittagessen sitzt

So, meine Damen und Herren, jetzt muss mal Platz gemacht werden: Hier kommt Mutti! Und wenn sie eines so richtig gut kann, dann ist das Kochen. Das muss mal in aller Deutlichkeit gesagt werden. Bea Voß braucht kein Klimbim, kein Trara und erst recht kein Chichi: Echtes Handwerkzeug muss her, schließlich wird hier gearbeitet. Frikadellen gibt es heute, schön deftig, mit Wirsinggemüse und Speck – und frischem Kartoffelstampf mit warmer Milch, ordentlich „guter Butter". Hungrig soll niemand nach Hause gehen.

DREI HUNGRIGE MÄULER ZU FÜTTERN

Täglich steht die Mutter von zwei Söhnen in der Küche und kocht meist für drei hungrige Mäuler. Der älteste Sohn ist gerade ausgezogen. Dafür aber ist der Ehemann täglich von der Partie – so auch heute. Und bevor es überhaupt losgeht, betont der 56 Jahre alte Familienvater sofort: „Meine Frau kann wirklich großartig kochen."

Doch vor dem Vergnügen kommt ja bekanntlich die Arbeit: Also ab in die rustikale gemütliche Küche Wanne-Eickels und ran an den Speck. Im wahrsten Sinne des Wortes: „Den schneide ich in kleine Würfel für das Wirsinggemüse", so die charmante Hausfrau. Ob sie täglich kocht? „Aber natürlich", betont sie. Und: „Ich probiere immer wieder was Neues aus." Kochshows schaut sie gerne, und gerne holt sie sich neue Inspirationen. „Am Wochenende hatten wir Roastbeef, nach einem Rezept im Internet. Das war hervorragend." Nun aber zurück zur „Frikadüse", wie Familie Voß sie nennt. Erst einmal geht es dem Hackfleisch an den Kragen. „Ich nehme nur reines Rindermett", betont sie und zieht die Einweghandschuhe über. „Soll ja alles hygienisch sein." Zum Fleisch gesellt sich ein aufgeweichtes Brötchen, „aber nur Roggen", Zwiebeln, Knoblauch — und ein kleiner Schuss Maggi. „Das gibt dem Ganzen noch eine ganz besondere Note", so die Küchenchefin. Dann wird geknetet, gerollt, geklopft und paniert, „natürlich alles per Hand".

Der Hausherr hat es sich derweil im Wohnzimmer auf dem Sofa gemütlich gemacht. „Ich will ja nicht stören", sagt er und lacht. Nein, diese Küche, das ist einfach ihr Reich. Hier hat Bea Voß alles unter Kontrolle. Nun geht es weiter mit dem Püree. Wenn die Kartoffeln gar sind, kommen sie durch die Kartoffelpresse, noch etwas warme Milch, Butter: „Und vor allem geriebene Muskatnuss. Die darf auf keinen Fall fehlen", betont Bea Voß und holt die kleine Muskatreibe. Anschließend wird das komplette Püree noch einmal umgerührt. Nun schneidet sie noch den Wirsing in feine Streifen und brät ihn mit durchwachsenem Speck in der Pfanne an: „Das Gemüse, das muss schön knackig blieben", so die 58-Jährige. Gelernt hat sie das Kochen von Mama und der Oma.

Eingekauft wird übrigens überall: bei Discountern, Supermärkten, am liebsten aber auf dem Markt. „Hin und wieder fahre ich nach Düsseldorf auf den Karlsplatz." Umwerfend sei das Angebot. „Und am Ende noch ein Alt. Das ist ein echtes Erlebnis", sagt sie lachend. Ein Erlebnis auch ihre Frikadellen: herzhaft und knusprig. Ganz wie bei Mutti.

UND SO GEHT'S

FRIKADELLEN MIT WIRSINGGEMÜSE

Die Kartoffeln schälen und in kleine Stücke schneiden. Ich gare sie ca. 15 bis 20 Minuten über Dampf. Danach durch die Kartoffelpresse drücken und nur mit dem Holzlöffel umrühren. Mit Salz, Butter, Milch und frischer Muskatnuss abschmecken. Während die Kartoffeln kochen, den durchwachsenen Speck mit etwas Butter in einem Topf auslassen, den gewaschenen, klein geschnittenen Wirsing dazugeben und mit Deckel zehn Minuten schmoren. Sahne dazugeben und mit frischer Muskatnuss abschmecken. Zutaten für die Frikadellen in eine Schüssel geben und mit dem aufgeweichten Brötchen vermengen. Frikadellen formen und ringsum in Semmelbröseln wenden. In Öl goldbraun ausbacken.

REINGESCHMECKT

HAUSMANNSKOST PUR:

Der Wirsing knackig frisch und dank des durchwachsenen Specks mit viel Geschmack. Die Frikadelle perfekt: Knusprig von außen und saftig von innen.

Zeitaufwand: ★★★★☆
Schwierigkeitsgrad: ★★★☆☆
Preis: ★★☆☆☆

So sieht eine richtig gute Frikadelle vor dem Panieren aus.

MEINE ZUTATENLISTE

1 kg Rinderhack, ein Brötchen, 1 Ei, 2 EL Senf, 1 EL Tomatenmark, 1 große Zwiebel, schön feingehackt, 1 kl. chin. Knoblauchknolle, durch die Knoblauchpresse gedrückt, Salz, Pfeffer, Curry, Paprikapulver, Muskatnuss (frisch), Semmelbrösel, 1 mittelgroßer Wirsing, 125 g durchwachsener Speck, 50 ml flüssige Sahne, 1,5 kg vorwiegend festkochende Kartoffeln, Milch, Butter, Salz, fr. Muskatnuss

Auf die richtige Mischung des Hackfleischs kommt es an. WAZ-Mitarbeiterin Jimena Salloch (re.) schaut Bea Voß beim Kochen über die Schulter.

HERNE

ZUCCHINI-PUFFER

DAS SAGT DER PROFI

Foto: © Michael Korte

Urs Bischof

EINE KÖSTLICHE ALTERNATIVE

Die Zucchini und der Gouda machen aus diesen Puffern eine sehr köstliche Alternative zu den bekannten Kartoffelpuffern. Das Hinzufügen von Petersilie gibt dem Gericht die gewisse Raffinesse, daher darf man davon ruhig auch etwas mehr verwenden. Beim Braten der Puffer verwende ich eine beschichtete Pfanne und benötige daher nur ganz wenig Fett. Damit die Puffer nicht anbrennen, brate ich sie bei mittlerer Hitze aus. Dadurch werden sie trotz des wenigen Fetts nicht zu dunkel, bleiben maximal saftig und schmecken auch ohne einen Dip oder Crème fraîche richtig gut.

SÜNDENFAKTOR

GERING

Durch die Zucchini haben diese Puffer wenig Kalorien, und wenn man beim Ausbacken wenig Fett verwendet, hat eine Portion insgesamt weniger als 200 Kalorien.

Maria Laftsidis-Krüger bei der Zubereitung ihrer köstlichen „Zucchini-Puffer"

DIE CHEFIN DER MEDITERRANEN KÜCHE

Maria Laftsidis-Krüger hat schon im TV gekocht, für die WAZ bringt sie Zucchinipuffer auf den Tisch. Selbst Vater Beimer (s)aß schon bei ihr

Es gibt Menschen, die haben einfach Talent – sie können eine Sache, ohne sie großartig erlernt zu haben. Zu diesen Personen gehört ganz offensichtlich Maria Laftsidis-Krüger, wenn es ums Thema Kochen geht. Auch was die Medientauglichkeit anbelangt, macht dieser Frau so leicht keiner etwas vor – oder in diesem Fall eben nach. In der Serie „Das Perfekte Dinner" auf Vox hat sie bereits mitgemacht, gleiches gilt für die ZDF-„Küchenschlacht".

Den ersten Platz belegte die Tochter einer deutschen Mutter und eines griechischen Vaters dann beim „Wohnlokal" auf Vox, einem Format, bei dem man mehrere Gäste in den eigenen vier Wänden bekochte und bediente, ganz wie in einem Restaurant. „Gewonnen habe ich mit meinen Zucchini-Streifen mit Tomatensoße gefüllt sowie einem griechischen Fleischeintopf, dem Stifado." Und auch Vater Beimer, der mit bürgerlichem Namen Joachim Hermann Luger heißt, verließ im Rahmen seiner WDR-Kochsendung die Lindenstraße für einen Tag und besuchte Maria Laftsidis-Krüger in Wanne-Eickel. Was sie für ihn kochte? Natürlich Zucchinipuffer. „Eigentlich wollte er nur einen probieren, putzte dann aber doch eine ganze Portion weg", erinnert sich die 51-Jährige und lacht.

Das Kochen ist der Halbgriechin, die als Bankkauffrau arbeitet, in die Wiege gelegt worden. Kindheitserinnerungen kommen in ihr hoch, wenn sie an das Rezept „Arme Ritter in Olivenöl" denkt. Damals, als kleines Mädchen, in den Ferien in Griechenland, hat sie der Oma beim Kochen nur allzu gerne über die Schulter geschaut. Und auch bei der Mutter daheim in Wanne-Eickel holte sie sich Tipps, was die deutsche Küche anbelangt.

Dass diese Frau längst nicht nur hobbymäßig in der Küche unterwegs ist, lässt sich bereits nach dem ersten Blick in die Küche erahnen. Wirklich kein Werkzeug, das es dort nicht geben würde. Und der neidische Blick eines jeden Kochs fällt umgehend auf den Steinofen im Garten. Der ist direkt von der Küche aus zugänglich. „Im Ofen backe ich regelmäßig frisches Brot", erklärt Maria Laftsidis-Krüger. Das hat sie auch diesmal vorbereitet und reicht es zu den köstlichen Zucchini-Puffern, die sie in Nullkommanichts zubereitet.

Das frische Kürbisgewächs hat sie bereits gewaschen und geraspelt. „Es gehört einfach zu meinem Lieblingsgemüse, weil es so unglaublich vielseitig ist", sagt sie und gibt noch geriebenen Gouda dazu, bevor sie alle Zutaten mit den Eiern vermengt, bis ein geschmeidiger Teig entsteht. Frittiert wird in einer extra Frittierpfanne, so bleibt der Herd schön sauber. Und weil das Kochen mehr als ihre Leidenschaft ist, gibt sie auch regelmäßig Kochkurse an der VHS: „Mir macht das Spaß." Das gilt auch für die Teilnehmer. Was es bei ihr gibt? „Griechische Küche natürlich." Längst schrieb sie auch ein Buch mit dem herrlichen Titel: „Ich kann mehr als nur Feta." Sie ist eben ein echtes Multitalent.

UND SO GEHT'S

ZUCCHINIPUFFER À LA MARIA

Zucchini waschen und nicht zu fein raspeln, Gouda raspeln (oder direkt fertig geriebenen Gouda nehmen). Anschließend die Zwiebeln und den Knoblauch klein hacken. Mit den restlichen Zutaten, also den Eiern und der Petersilie, vermengen. Etwas Mehl und Backpulver unterheben, bis ein geschmeidiger, nicht zu flüssiger Teig entsteht. Mit Salz, Pfeffer und etwas Muskat abschmecken. Anschließend mit dem Löffel kleine Portionen nach und nach in reichlich Öl frittieren. Wichtig ist, dass das Fett richtig schön heiß ist, bevor man den Teig hineingibt. Wenn die kleinen Taler fertig sind, auf einer Lage Küchentücher abtropfen lassen. Dazu passt frisches Brot und natürlich Zaziki.

REINGESCHMECKT

NICHT NUR FÜR VEGETARIER:

Die Zucchini-Puffer eignen sich für alle Anlässe. Einfach köstlich und sicherlich auch eine Speise für Kinder. Ein Genuss dank des frischen Zaziki mit jeder Menge Knoblauch.

Zeitaufwand: ★☆☆☆☆
Schwierigkeitsgrad: ★☆☆☆☆
Preis: ★☆☆☆☆

Auch das isst der Pott: Zucchini-Taler in Öl frittiert.

MEINE ZUTATENLISTE

6 kleine Zucchini,
1 TL Salz, Pfeffer,
2 Zwiebeln,
4 kleine Eier, Mehl,
1 Knoblauchzehe,
Petersilie,
½ Paket Backpulver,
200 g Gouda,
Öl, etwas Muskat

WAZ-Mitarbeiterin Jimena Salloch (l.) gemeinsam beim Essen mit Maria Laftsidis-Krüger am Esstisch. Das Fazit: einfach nur lecker!

HERNE

BROKKOLI-AUFLAUF

DAS SAGT DER PROFI

Foto: © Michael Korte

Urs Bischof

EINE KLEINE KÖNIGSDISZIPLIN

Die Zubereitung der Sauce Hollandaise ist schon eine kleine Königsdisziplin. Frau Thiemann wählt hier eine einfachere Variante. Bei der Zubereitung der klassischen Hollandaise muss man darauf achten, dass man das Eigelb mit der Reduktion aus Schalotten, Pfefferkörnern, Weißwein und Wasser wie bei einer Sabayone bis zur richtigen Temperatur auf dem Wasserbad schaumig schlägt. Beim Unterschlagen der geklärten, lauwarmen Butter darf man anfangs nach und nach nur wenig Butter zugeben und immer wieder gut unterschlagen, damit die Soße nicht gerinnt. Am Schluss würze ich die Sauce Hollandaise mit etwas Zitrone, Salz und Pfeffer.

SÜNDENFAKTOR

HOCH

Durch die Sauce Hollandaise und den Käse hat dieser Brokkoli-Nudelauflauf über 1000 Kalorien.

Knackig-frischer Brokkoli kommt bei Ilse Thiemann in den Ofen.

KNACKIG UND GESUND

Ilse Thiemann kocht mit Liebe und isst mit Genuss. Für die WAZ präsentiert sie einen Klassiker ihres Haus ihren Brokkoli-Auflauf. Mit Möglichkeiten zur Variation

Blitzeblank ist die Wohnung von Ilse Thiemann. „Ich könnte jederzeit die Königin Elisabeth bei mir empfangen“, sagt die 72-Jährige mit einem Rundumblick durch ihre Räume. Daran mag wohl keiner zweifeln, der die elegante Frau daheim besucht. Das bedeutet aber noch lange nicht, dass der Ofen, die Töpfe und das Geschirr nur zur Dekoration da sind. Mitnichten: Ilse Thiemann kocht gerne, täglich, für sich allein, aber auch für die Familie. Denn auch die Kinder und die Enkeltochter kommen regelmäßig gerne zum Essen vorbei. „Organisation ist alles“, weiß die flinke und pfiffige Frau. „Erst wenn ich den Haushalt in Ordnung habe, beginne ich mit dem Kochen.“ Dafür steht sie täglich sehr früh auf: „Wenn andere die Jalousien noch unten haben, dann bin ich längst mit der Hausarbeit beschäftigt.“

Diesmal hat sie frisches Gemüse besorgt, steht doch ein Klassiker des Hauses Thiemann auf dem Programm: der Brokkoli-Auflauf. „Wahlweise können statt Brokkoli auch Champignons oder Blumenkohlröschen verwendet werden.“ Nur Vorsicht: Die Champignons müssen im Gegensatz zu den anderen beiden Gemüsesorten nicht zuvor blanchiert, sondern roh in die Auflaufform gelegt werden. Natürlich hat Ilse Thiemann die Nudeln und das Gemüse bereits vorgekocht. Da bleibt mehr Zeit zum Essen. Denn – das betont sie stets: „Beim Essen muss man sich Zeit nehmen!“ Zu den Hektikern gehört sie nämlich nicht, arbeitet mit Ruhe und Bedacht. Vor allem aber lässt sie sich niemals beim Essen treiben: „Ich esse nicht nur in aller Ruhe, ich genieße es auch.“ Ob sie sich hin und wieder auch mal eine kleine Sünde gönnt, etwa Schokolade? „Ja sicher“, sagt die schlanke Frau. „Aber eben mit Genuss.“

Genuss wird vor allem dann groß geschrieben, wenn sie ihre köstlichen Maultaschen zubereitet: Ein traditionelles Familienrezept, stammen doch ihre Vorfahren aus dem Schwabenland. Sie selbst lebt seit 1966 in Herne, davor in Bochum. „Beim Zubereiten der Maultaschen stehe ich über drei Stunden in der Küche. Was übrig bleibt, kann am nächsten Tag noch hervorragend angebraten werden.“ Aber weil sie für die ganze Familie kocht, bleibt meist nicht viel übrig, trotz der großen Portionen.

Auch heute warten wir gebannt auf das Fertigstellen des Auflaufs, von dem am Ende des Tages auch nicht viel überbleiben wird, so viel sei vorab verraten. Und während Ilse Thiemann die selbst zubereitete Sauce zur Seite stellt, schneidet sie den Schinken in Würfel, der ebenfalls zu den Nudeln und dem Brokkoli in die Auflaufform kommt. „Statt Schinken können auch Hähnchenstreifen genommen werden.“ Das Besondere an dem selbst kreierten Rezept ist eben auch, dass es so variabel ist. Am Ende noch die Sauce Hollandaise und die Käsescheiben obenauf – und ab in den Ofen. Guten Appetit!

REINGESCHMECKT

EINE VARIABLE SACHE:

Das Gericht hat mehrere Vorteile. Es ist relativ schnell gemacht und kann individuell mit anderen Gemüsen variiert werden. Und: Das Ganze ist auch am nächsten Tag noch lecker!

Zeitaufwand: ★★☆☆☆
Schwierigkeitsgrad: ★★☆☆☆
Preis: ★☆☆☆☆

Langsam schmilzt der Käse auf dem Auflauf im Ofen.

MEINE ZUTATENLISTE

1 Pfund Nudeln,
2 Pfund Brokkoli,
400 g Kochschinken
für die Hollandaise:
4 EL Mehl,
5 EL Butter oder Margarine,
Salz, Pfeffer, Milch,
1 Pfund Käse (Gouda- oder Edamerscheiben)

UND SO GEHT'S

BROKKOLI-AUFLAUF NACH THIEMANN-ART

Nudeln bissfest kochen, abschütten und in eine große Auflaufform geben. Brokkoliröschen vom Strunk schneiden und in heißem Wasser blanchieren, das Kochwasser auffangen. Kochschinken in Streifen schneiden. Die Sauce Hollandaise zubereiten: Dafür fünf Esslöffel Butter auslassen und mit vier Esslöffeln Mehl verrühren. Etwas Sud der Brokkolibrühe hinzufügen, nach Bedarf etwas Milch. Mit Salz, Pfeffer und Muskatnuss abschmecken. Die fertige Sauce über die Zutaten in der Auflaufform geben, die Käsescheiben dazugeben und die Form für 20 bis 30 Minuten bei 200 Grad in den Backofen stellen.

Lecker und vor allem auch gesund. WAZ-Mitarbeiterin Jimena Salloch (l.) probierte den Auflauf von Ilse Thiemann.

HERNE

AMSTERDAMER FLEISCHTOPF

DAS SAGT DER PROFI

Foto: © Michael Korte

Urs Bischof

AM BESTEN MIT FRISCHEM MAJORAN

Majoran verleiht diesem Schweinefilet-Auflauf die besondere Raffinesse, daher nicht zu sparsam damit sein – und idealerweise frischen Majoran verwenden. Aufläufe sind auch immer ein ideales Gericht, wenn man Gäste hat. Den Auflauf kann man sehr gut vorbereiten, und wenn die Gäste da sind, muss man den Auflauf nur noch backen. So kann man sich ganz der Kommunikation mit seinen Gästen widmen. Spaß macht es auch, immer wieder neue Varianten auszuprobieren, der Fantasie sind hier nahezu keine Grenzen gesetzt – nach dem Motto: Es schmeckt, was Spaß macht.

SÜNDENFAKTOR

MITTEL

Das Gericht für eine Portion hat etwa 750 Kalorien. Der geriebene Käse für den Amsterdamer Fleischtopf, aber auch die Sahne und die Butter schlagen hier natürlich zu Buche.

Tanja Kehne zeigt eines ihrer liebsten Gerichte: den Amsterdamer Fleischtopf

FLEISCHTOPF – GARANTIERT GLUTENFREI

Tanja Kehne kocht täglich frisch. Beim WAZ-Besuch präsentiert sie eines ihrer Lieblingsgerichte. Das verlie nicht ganz unfallfrei

Was das jetzt alles mit unserem geografischen Nachbarn, also den Niederländern, und mit Amsterdam zu tun hat, das vermag auch am Ende des Tages niemand so recht zu beantworten. „Ich habe das Rezept mit dem Namen ‚Amsterdamer Fleischtopf' in einem Kochbuch gesehen, und da hieß es eben so", sagt Tanja Kehne und lacht. Ist ja auch egal. Das Gericht ist relativ schnell zubereitet und, so viel sei vorab verraten: Es schmeckt auch noch. Vor allem aber ist der Fleischtopf verträglich für Menschen, die an Zöliakie, also Glutenunverträglichkeit, leiden. Diese chronische Erkrankung ist nämlich ein Thema im Hause Kehne. „Da unser Sohn diese Krankheit hat, koche und backe ich nur noch ganz ohne Gluten", sagt die Mutter eines 16 Jahre alten Sohnes.

Früher sei es noch schwierig gewesen, an die Spezialprodukte zu kommen. „Mittlerweile bekommt man die Lebensmittel in allen gut sortierten Supermärkten sowie in den Drogeriemärkten", so Tanja Kehne mit Blick auf die Nudeln. „Selbst habe ich irgendwann auch gemerkt, dass es mir viel besser geht, wenn ich auf Gluten verzichte", sagt sie und schneidet sich doch glatt mit dem scharfen Messer in den Finger. Nun muss also erst einmal ein Pflaster her, bevor es mit dem Kochen weitergehen kann.

Nach kurzer Verarztung und dem Verlust einiger Tropfen Blut zeigt die 46-Jährige aber wieder ihr schönstes Lächeln. Das kann sie auch, denn mit strahlenden Zähnen kennt sie sich aus, arbeitet sie doch als zahnmedizinische Fachangestellte in Bochum-Eppendorf.

Gekocht wird bei Familie Kehne täglich – immer frisch. „Allerdings muss ich zugeben, dass ich viel lieber backe", sagt sie. Kuchen, Brote, alles natürlich mit glutenfreiem Mehl. Ob das Essen mit den Spezialprodukten anders schmeckt? „Ja", sagt Tanja Kehne begeistert. „Es schmeckt mir besser." Früher bestellte die Wahl-Hernerin das Spezialmehl über einen Versand im süddeutschen Raum. Und daran hält sie bis heute fest. Warum? „Weil mir das Mehl von dort einfach am besten schmeckt."

Apropos Getreideunverträglichkeit: Wie sieht es denn hin und wieder mit einem Bierchen aus? Ist das erlaubt, so als Allergiker? „Auch da gibt es mittlerweile Alternativen – ganz ohne Getreide." Und schmecken sollen sie laut Aussage von Tanja Kehne auch noch sehr gut.

Sicher passen die Kaltgetränke auch ganz hervorragend zu ihrem Fleischtopf, den sie mittlerweile, trotz des kleinen Unfalls mit dem scharfen Messer, fertig zubereitet hat. „So, gleich können wir essen", sagt sie und schiebt die Form in den Ofen. Während der Auflauf bei 200 Grad gute 20 Minuten vor sich hin schmort, trinken wir erst einmal einen schönen Schluck kühles Wasser: garantiert glutenfrei.

REINGESCHMECKT

VERTRÄGLICH

für Menschen mit Zöliakie, ist der Amsterdamer Fleischtopf trotzdem ein Essen für die ganze Familie, das auch ohne weiteres Gästen angeboten werden kann. Auch Ungeübte können nicht viel falsch machen.

Zeitaufwand: ★★★☆☆
Schwierigkeitsgrad: ★★☆☆☆
Preis: ★★★☆☆

Der gekochte Schinken muss für das Gericht in feine Streifen geschnitten werden und kommt anschließend mit in die Auflaufform.

MEINE ZUTATENLISTE

250 g Bandnudeln,
150 g geriebener Käse,
500 g Schweinefilet,
100 g gekochter Schinken,
40 g Butter,
1 Becher Sahne,
125 ml Gemüsebrühe,
Salz, Pfeffer, Majoran.

UND SO GEHT'S

AMSTERDAMER FLEISCHTOPF

Die Nudeln kochen und abschrecken, mit 50 Gramm geriebenem Käse mischen und in eine Auflaufform geben. Das Schweinefilet in ca. zwei Zentimeter dicke Scheiben schneiden und mit Salz, Pfeffer und Majoran würzen. Die Butter in einer Pfanne erhitzen und das Fleisch von beiden Seiten anbraten. Das Filet aus der Pfanne nehmen und auf die Nudeln legen. Den Bratensatz mit Brühe und Sahne aufgießen. Die Soße etwas einkochen lassen und mit Salz, Pfeffer und Majoran abschmecken. Die Soße über das Fleisch gießen. Den gekochten Schinken in Streifen schneiden und ebenfalls in die Auflaufform geben. Am Ende noch etwas geriebenen Käse drüber streuen. Im Backofen bei 200 Grad 20 Minuten überbacken.

Das Schweinefilet wird in der Pfanne angebraten.

HERNE

SPAGHETTI MIT RUCOLA UND ZWEIERLEI KÄSE

DAS SAGT DER PROFI

Foto: © Michael Korte

Urs Bischof

SEHR LECKERES SOMMERGERICHT

Der Rucolasalat und der Frischkäse machen aus diesem Pasta-Gericht ein sehr leckeres Sommergericht. Das Pesto mit Tomaten und Schafskäse ist eine sehr leckere Alternative zum klassischen Basilikumpesto und ist in der Grillsaison ein willkommener Begleiter für Fleisch- und Fischgerichte vom Grill. Parmaschinkenscheiben, die ich im Backofen bei 180 Grad Celsius sechs bis acht Minuten lang backe, so dass sie knusprig werden, aber nur wenig Farbe annehmen, sind als Parmachips eine willkommene Abwechslung zum Bacon.

SÜNDENFAKTOR

MITTEL

Für absolut Kalorienbewusste sicherlich nicht das Rezept auf Platz 1, hat es der Käse doch in sich. Und natürlich kommen dank Öl und Pinienkernen noch einige Kalorien dazu. Dafür aber ist es lecker und gesund.

Yvonne Renschin kocht Spaghetti mit rotem Schafskäsepesto und Rucola. Ga
wird das Gericht am Ende noch mit frischem Hüttenkäse. Wem das zu vegeta
der packt noch gebratenen Bacon drauf.

KNACKIG, WÜRZIG UND TOMATIG

Yvonne Renschin aus Baukau kocht regelmäßig frisch und niemals aus der Dose. Ein absoluter Hit sind ihre Spaghetti mit Pesto, Rucola und zweierlei Käse

Spaghetti gehen immer, das ist wohl in den meisten jungen Haushalten der Fall. So auch bei Yvonne Renschin und ihrem Freund Ibo Unger. „Pasta schmeckt immer", sagt er und sie stimmt nickend ein. Doch während vielerorts nur die Dose Pesto aufgeschraubt und zur Begleitung der Nudeln eingesetzt wird, ist das in diesem Baukauer Haushalt undenkbar. „Wir kochen immer frisch", so die Kundenbetreuerin einer Immobilienfirma. So viel Zeit, da sind sich beide einig, muss trotz Alltagsstress einfach sein. „Dosenessen mag ich nicht", sagt Yvonne Renschin.

Jeder, der selber kocht, weiß genau, welch Einsatz es bedarf, täglich eine frische Mahlzeit auf den Tisch zu zaubern. Da ist das Einkaufen, Einräumen, Kochen, Abspülen, Abräumen. Eine perfekte Organisation ist da Pflicht, und wenn Yvonne Renschin etwas besonders gut kann, dann ist es offensichtlich das Einteilen. „Bereits sonntags setze ich mich hin und mache den Wochenplan", sagt sie mit Blick auf die Tafel im Flur. In dieser Woche wird gegrillt, auch der ewige Klassiker Toast Hawaii steht auf dem Speisenplan ebenso wie Spargel mit Kartoffeln. „Nur samstags, da bleibt die Küche kalt."

Glücklicherweise ist heute nicht Samstag sondern Dienstag und es gibt die köstlichen Spaghetti mit Tomatenpesto, Rucola und zweierlei Käse. „Das Rezept habe ich aus dem Internet." Nach und nach habe sie es ein wenig abgewandelt, so lange, bis es perfekt auf ihren Gaumen abgestimmt war. Das Besondere dabei ist natürlich der Schafskäse. Wird Pesto meist mit Parmesan zubereitet, hat sie sich für diese Variante entschieden. „Schafskäse bindet besser", sagt die 36-Jährige und püriert die getrockneten Tomaten (nicht eingelegte Tomaten in Öl, das ist sehr wichtig bei dem Rezept) zusammen mit dem Schafskäse, dem zerdrückten Knoblauch und dem Öl. „Von der Einweichflüssigkeit muss so lange etwas dazugegeben werden, bis die Masse schön cremig wird", sagt sie. Anschließend röstet die Hernerin noch die Pinienkerne aus der Tüte in einer kleinen Pfanne. „Aber ganz langsam auf kleiner Flamme, sonst werden die Pinienkerne bitter", weiß die Expertin. Am Ende gibt sie die Kerne ebenfalls zur Masse und püriert erneut. Das Ergebnis ist ein herrlich würziges Pesto, schön tomatig und dank des frischen Rucola herrlich knackig. Wem das alles zu vegetarisch ist, der kann am Ende noch Bacon braten und über die Nudeln und den Rucola geben. „Für die meisten Männer ist Essen ja kein Essen, wenn das Fleisch fehlt", sagt sie lachend.

REINGESCHMECKT

WÜRZIG:
Dieses Gericht ist der absolute Hit für alle Pasta-Freunde. Lecker und würzig, auch für jene, die nicht den allzu intensiven Geschmack von Käse mögen.

Zeitaufwand: ★★☆☆☆
Schwierigkeitsgrad: ★★☆☆☆
Preis: ★★☆☆☆

Nicht zu heiß in der Pfanne rösten: Die Pinienkerne.

MEINE ZUTATENLISTE

120 g getrocknete Tomaten (nicht eingelegt), 2 Knoblauchzehen, 120 g Schafskäse, 3 EL Pinienkerne, 4 TL Olivenöl, Pfeffer, Spaghetti, Rucola, körniger Frischkäse, Tomaten, Bacon

UND SO GEHT'S

SPAGHETTI MIT ROTEM PESTO UND KÄSE

Tomaten in Gemüsebrühe einweichen, Flüssigkeit später auffangen. Pinienkerne rösten und zusammen mit dem Schafskäse, den eingeweichten Tomaten, dem zerdrückten Knoblauch, dem Öl und etwas von der Einweichflüssigkeit pürieren. So lange Einweichflüssigkeit dazugeben, bis die Masse schön cremig ist. Anschließend mit Pfeffer abschmecken. Nun können die Spaghetti gekocht und anschließend mit dem Pesto im Topf vermengt werden. Die Spaghetti mit dem Pesto auf Teller servieren und den Rucola dazugeben. Auf Wunsch noch mit körnigem Frischkäse garnieren. Wer mag, kann das Gericht zusätzlich mit gebratenem Bacon und Cocktailtomaten servieren.

So sieht die perfekte Organisation aus. Bereits sonntags steht in diesem Haushalt der Essensplan für die komplette Woche fest.

MÜLHEIM

KOPFSALAT MIT KARTOFFEL UND EI SOWIE PFANNKUCHEN

DAS SAGT DER PROFI

Foto: © Oliver Müller

Peter Henzek

DAS ULTIMATIVE GLÜCKS-REZEPT

Mit welchem Gericht kann man möglichst viele Menschen glücklich machen? Na klar, mit Wurst plus Currysauce und Brot zum Dippen. Ein Gericht hat Kultstatus in einer Region, wenn fast alle Menschen es kennen, Lieder darüber gesungen und Bücher geschrieben werden. Die Qualitätsspanne aber ist riesig – vom Fertiggericht bis zur Wurst vom Wollschwein mit Curryschaum aus Madras. Mein ultimatives Glücks-Rezept: Feine Bratwurst vom Metzger in Stücken (oder ganz) knusprig braten. Frische Tomaten (1000 g) waschen, klein schneiden. Oder Dosentomaten nehmen, da sie reif geerntet werden. 200 g Zwiebeln schälen, würfeln und in einem Topf in Olivenöl anschwitzen, 3 EL braunen Zucker dazu geben und karamellisieren lassen, mit den Tomaten ablöschen. Mit 200 ml Sahne auffüllen, zur Hälfte einkochen lassen. Mit 3 EL Senf, 2 EL Currypulver, Honig und Salz abschmecken. Zum Schluss pürieren und durch ein Sieb passieren.

SÜNDENFAKTOR

GERING

Ein ausgewogenes Mahl aus Kohlenhydraten, Vitaminen und Ballaststoffen. Noch ein Tipp vom Meisterkoch: Die Kartoffeln erst nach dem Kochen pellen, weil die Mineralstoffe und die Stärke so erhalten bleiben.

Christa Dorn (re.) und WAZ-Redakteurin Deike Frey beim fröhlichen Salatzupf

WAS EINST DIE MUTTI KOCHTE

Für Christa Dorn ist Kochen pure Entspannung. Sie probiert viel Neues aus. Doch auch die Kost aus den 50ern hat einen festen Platz in ihrer Küche

Mutti hatte viele Rezepte, die einfach waren und lecker." Christa Dorn (71) aus Saarn erzählt beim Kochen gern von ihrer Kindheit in den 50ern, „von der Zeit, in der kaum was da war, und wir trotzdem keinen Hunger hatten". Im Garten hinter dem Siedlungshaus am Oemberg war immer etwas Gutes zu finden: Obst, Gemüse, Kartoffeln. Gerichte, die einst schon Mutti zubereitete, serviert Christa Dorn bis heute gern ihren vier Kindern, den elf Enkeln. Ein Klassiker aus dem Rezeptblock: Kopfsalat mit Kartoffelwürfeln und gekochten Eiern sowie Pfannkuchen.

Beim Zupfen des Kopfsalates – „bitte in mundgerechte Stücke und die welken Blätter weg" – erzählt sie vom Vater, der hart arbeitender Schlosser war und als einziger auch werktags Fleisch bekam. Die Kinder mussten auf den Sonntagsbraten warten, „wir waren aber nicht neidisch, gönnten es ihm".

Aus Sparsamkeit habe die Mutter kaum etwas weggeworfen. Was von einer Mahlzeit übrig blieb, wie Bratkartoffeln oder Reibekuchen, nahm Christa am nächsten Tag „auf Brot" mit in die Schule. Die Stullen waren begehrt. „Mädchen aus reicherem Haus mit feinen Wurstwaren auf dem Brot haben gerne mit mir getauscht."

Den Salat samt den Pfannkuchen gab es oft montags. Die Kartoffeln vom Braten am Vortag fanden so noch Verwendung. Und auch Hobbyköchin Dorn bereitet die Knollen am liebsten vorab zu; „am besten schmecken sie, wenn sie noch lauwarm sind". In Würfelform landen sie mit den Eistückchen im Salat. Das Dressing aus „zwei Esslöffeln hellem Balsamico-Essig, klein gehackter Lauchzwiebel, Schnittlauch, Senf, etwas Honig und vier Esslöffeln Olivenöl" kommt erst unmittelbar vor dem Essen darüber. Umgerührt werde alles am besten mit bloßen Händen.

Christa Dorn hatte Glück, der Bauch war nie leer, „und meine Mutti war auch noch Schneiderin, hat mir immer schöne Kleider genäht". Nicht nur die Lust am Kochen – „das ist für mich pure Entspannung und ich probiere ständig Neues aus" – lernte die Mülheimerin daheim, auch das Thema Mode blieb ein Begleiter. Bis heute betreibt die 71-Jährige ein Pressebüro, sorgt zum Beispiel dafür, dass die Produkte großer Schuhhersteller ihren Platz finden im redaktionellen Teil von Frauenzeitschriften.

„Beim Pfannkuchen", sagt Christa Dorn noch, sei es vor allem wichtig, „dass sie fast so dünn sind wie Crêpes." Sie nimmt nicht nur Butter zum Anbraten, sondern danach auch immer einen Schuss Olivenöl, „so werden sie goldbraun und extra knackig". Diesen Trick kannte Mutti einst noch nicht.

UND SO GEHT'S

ANLEITUNG FÜR DAS „LEICHTE SOMMERGERICHT"

„Weil das Rezept herrlich leicht ist", kocht Christa Dorn es am liebsten im Sommer. Die Kartoffeln vor dem Kochen schälen, würfeln. Auch die hartgekochten Eier würfeln. Den gewaschenen Salat zupfen. Aus der gehackten Lauchzwiebel, zwei Esslöffeln weißem Balsamico-Essig, vier Esslöffeln Olivenöl, mittelscharfem Senf, einem Spritzer Honig, etwas Wasser, einem Teelöffel Salz, etwas Pfeffer und Schnittlauch eine cremige Sauce rühren. Die Pfannkuchen entstehen aus 300 g Mehl, 600 ml Milch, einem Schuss Sprudelwasser, zwei Eiern, einem Teelöffel Salz. Alles verrühren und den Teig zehn Minuten quellen lassen. Wenn die Butter in der Pfanne heiß geworden ist, den Teig dazugeben und dünne, goldbraune Kuchen ausbacken.

REINGESCHMECKT

IN DEN KNUSPRIGEN PFANNKUCHEN

beißen, den knackigen Salat mit warmer Kartoffel dazu verspeisen: Es war ein Genuss! Und wenn Pfannkuchen übrig bleiben, lassen sie sich – gefüllt mit Spinat – auch noch gut am nächsten Tag essen.

Zeitaufwand: ★★★☆☆
Schwierigkeitsgrad: ★★☆☆☆
Preis: ★★☆☆☆

Per Schöpfkelle gelangt der Teig in die Pfanne; dünn sollten die Kuchen sein.

MEINE ZUTATENLISTE

Für vier Personen:
6 Kartoffeln, 4 Eier, Kopfsalat, 1 Lauchzwiebel, Essig, Olivenöl, Senf, Honig, Salz, Pfeffer, Schnittlauch, 300 g Mehl, 2 Eier, 600 ml Milch, Sprudelwasser, Butter

Geheimtipp von Christa Dorn: Am knusprigsten werden die Pfannkuchen, wenn sie in Butter angebraten werden – und man dann etwas Olivenöl hinzufügt.

MÜLHEIM

„DAS MÜLHEIMER ESSEN“

DAS SAGT DER PROFI

Foto: © Oliver Müller

Thilo Stralkowski

SÜSSES? KOMMT AUFS TIMING AN

Jeder Mensch verspürt hin und wieder Lust auf Süßes – die meisten jedoch bekommen danach ein schlechtes Gewissen. Große Mengen an Zucker fördern das Übergewicht. Wer sich an ein paar „Regeln“ hält, kann kleine Mengen aber ohne große Reue genießen. Die wichtigste Regel beim Sündigen ist, dass man Süßigkeiten nie gegen Hunger essen sollte. Auf das Timing kommt es an: Lieber kleine Mengen als Extra nach einer sättigenden Mahlzeit genießen, dann bleibt der Blutzuckerspiegel im Gleichgewicht. Obst ist eine Alternative für den Süßhunger; ideal für unterwegs ist Studentenfutter oder Trockenobst. Naschkatzen greifen anstatt zu Torten oder Sahneeiscreme lieber zu Süßigkeiten mit weniger Fett wie Butterkekse, Gummibärchen, Lakritz. Schokolade (am besten über 60 % Kakaoanteil) ist Seelennahrung, auf die keiner zu verzichten braucht: Es muss nur nicht eine ganze Tafel auf einmal sein ...

SÜNDENFAKTOR

MITTEL

Keine Frage, das Gericht strotzt vor Kohlenhydraten. Beim Speck darauf achten, dass er ohne Nitritpökelsalz ist, weil das im erwärmten Zustand ungesund ist.

Spiegeleier sind das I-Tüpfelchen auf dem leckeren Kartoffelgericht von Günt

DEFTIGES MAHL FÜR EIN ZÜNFTIGES FEST

Günter Voß kocht eigentlich nie. Nur ein Gericht, das seine Mutter erfunden hat, bereitet er gerne zu. Er brut dann im Gartenhaus für Familie und Freunde

Kochen kann er „eigentlich nicht“, aber ein Gericht kriegt Günter Voß mit Bravour hin: Zwei bis drei Mal pro Jahr verwöhnt er Familie und Freunde mit dem „Mülheimer Essen“, einem deftigen Mahl, das man in keinem Rezeptbuch findet. Seine Mutter hat es in den 50er Jahren erfunden. „Damals, in der Nachkriegszeit, kochte man gehaltvoll, man hatte ja schlimme Zeiten des Hungerns hinter sich“, erinnert sich der Saarner. Das erklärt, warum hier Kartoffeln und Nudeln kombiniert werden. Hauptsache: Kohlenhydrate!

Heute bereitet Günter Voß die mölmsche Familienspeise für uns Zeitungsleute zu, er hat die Kartoffeln schon geschält und stopft sie in die Küchenmaschine, die daraus Pommes-Stifte macht. „Meine Mutter hat die Kartoffeln damals natürlich mit der Hand geschnitten“, sagt er. Auch die Zwiebeln sind schon zu Ringen verarbeitet, der Speck ist ohnehin gewürfelt. Es kann also losgehen mit der Brutzelei. Im Gartenhaus auf einem rustikalen Tisch steht schon die elektrische Pfanne bereit. Hier zaubert der Rentner das „Mülheimer Essen“ meist für acht Gäste – als Überraschung. „Dazu gibt es ein Bier für jeden, denn es dauert schon eine halbe Stunde, bis die rohen Kartoffeln gar sind.“

Wir jedoch schlürfen Sekt mit Erdbeerlikör, während der „Chef“ die köstlich duftenden Kartoffeln immer wieder wendet und uns erzählt, dass dieses Gericht seit 1971 sogar das Weihnachtsessen der Familie ist. „Ich hatte es mir damals für den 1. Feiertag gewünscht. Unserer vierjährigen Tochter schmeckte es so gut, dass sie es jedes Jahr wieder haben wollte.“ Er selber, ein passionierter Jäger, hätte wohl gerne auch mal Wild gespeist, aber „fürs Kind war das nichts“. Tochter Karin schaut auch heute vorbei, kocht mit Mutter Christa in der Küche die Spaghetti. Sie sollen zeitgleich mit den Kartoffeln weich sein. „Meist lasse ich die eingeladenen Damen kosten. Wenn die sagen, dass das Essen gut ist, gebe ich noch fünf Minuten zu. Denn vor Hunger wollen die Gäste nicht mehr abwarten“, so Voß lachend.

Der große Moment ist gekommen: Kartoffeln und Nudeln werden auf die Teller verteilt, der Küchenchef brät noch zwei Spiegeleier für jeden, dazu gibt’s eingelegte Pflaumen, die dem Ganzen eine frische Note verleihen. Wir essen – und nehmen nach, es ist richtig lecker. Plaudern kann man mit Günter Voß übrigens auch ausgiebig – über ferne Länder, über Politik und über das Leben in unserer Stadt.

REINGESCHMECKT

BRATKARTOFFELN

aus rohen Kartoffeln und dazu Nudeln und Spiegeleier – eine ungewöhnliche Kombination. Das I-Tüpfelchen: die eingelegten Pflaumen. Das Gericht schmeckt auch am Folgetag noch gut und deftig.

Zeitaufwand: ★★★☆☆
Schwierigkeitsgrad: ★★☆☆☆
Preis: ★★☆☆☆

Erst den Speck bräunen, dann die Zwiebeln zufügen und die rohen Kartoffeln untermischen. Danach muss alles etwa eine halbe Stunde brutzeln.

MEINE ZUTATENLISTE

Für acht Personen:
4 Pfd. Kartoffeln,
1 Pfd. Spaghetti,
eine Dose (500 g) Trockenpflaumen,
16 Eier,
ca. 450 g Speck (grob),
125 g Speck (mager),
3 Zwiebeln, Schnittlauch,
Pfeffer, Salz, Olivenöl,
Kartoffelgewürz

UND SO GEHT’S

GÜNTER VOSS KOCHT DAS „MÜLHEIMER ESSEN“

Am Tag vorher: Leicht angekochte Pflaumen in Weinbrand mit Vanillezucker einlegen. Am Tag selber: Kartoffeln schälen und in Stifte schneiden. Dann: Grobe Speckwürfel in Pfanne anbräunen lassen, Zwiebeln zufügen und glasig werden lassen, dabei alles regelmäßig wenden. Kartoffeln und etwas Olivenöl dazugeben und alles braten, dabei Deckel auf Pfanne setzen, aber zwischendurch immer wieder Pfanne öffnen und alles wenden – solange bis Kartoffeln weich sind (ca. 30 Minuten). Während des Garprozesses Spaghetti kochen, salzen und mit angeröstetem mageren Speck vermischen. Kartoffeln würzen mit Pfeffer, Salz und Kartoffelgewürz, Schnittlauch untermischen. Zum Schluss schnell Spiegeleier braten.

Günter Voß macht aus den ganzen Kartoffeln Pommes-Stifte.

ENDIVIEN-DURCH-EINANDER

DAS SAGT DER PROFI

Foto: © Oliver Müller

Peter Henzek

MIT VORFREUDE, INTERESSE UND ZEIT

Welche kleinen Tipps gibt es, um das Kochen noch ein Tickchen einfacher zu machen, noch ein Tickchen leckerer? Man nehme: Vorfreude, Interesse und Zeit. Zeit, um Gerichte im Vorfeld auszuwählen, die gut vorbereitet werden können, ohne dass man beim Kochen ständig am Herd stehen muss. Ich denke da zum Beispiel an Eintöpfe. Interesse, um Mahlzeiten zum Beispiel mit einem Wochenplan zu planen. Und um wissbegierig im Internet nach Rezepten zu schauen – oder, ganz traditionell, natürlich in Kochbüchern. Vervollständigen Sie Ihr Wissen darüber hinaus auch durch Weiterbildung, etwa in Kochkursen. Wichtig ist zudem die Vorfreude: auf duftende, intensive, schöne, leckere Gemüse, Früchte und Rohstoffe, bei denen Ihnen schon beim Kauf das Wasser im Mund zusammen läuft ...

SÜNDENFAKTOR

MITTEL

Wer viel von der leckeren Wurst isst, muss danach eine Extrarunde auf dem Sportplatz drehen. Fleischwurst hat einen hohen Fettgehalt. Für Körperbewusste und Vegetarier empfiehlt sich: Das Fleisch einfach mal weglassen!

Ran an die Wurst: WAZ-Leserin Petra Slickers (li.) und WAZ-Redakteurin Deik

KINDER MIT EINTOPF BEGLÜCKEN

„Petra, was gibt's denn heute?" Kindergartenköchin aus Styrum wird morgens stürmisch begrüßt. Oft steht Gutbürgerliches auf dem Plan. Das lieben die Kurzen

Im Kindergarten sind Eintöpfe der Renner. Petra Slickers, Köchin im Familienzentrum „Panama" an der Nordstraße, verwöhnt ihre rund 50 Jungen und Mädchen gern mit Linsen-, Erbsen- oder Kürbissuppe, tischt Gutbürgerliches wie Möhrendurcheinander, Wirsing oder Spitzkohl auf. „Da stehen die total drauf." Genau so wie auf einen Klassiker der mölmschen Küche: auf Endiviendurcheinander. Das Traditionsgericht bietet Slickers in der Kita aber nur mit Geflügelfleischwurst an: „Wir haben viele muslimische Kinder und verzichten deshalb auf Schweinefleisch."

Beim Kochen mit der WAZ am heimischen Herd in Styrum ist das anders: Die 48-jährige Köchin hat Endivien gekauft und einen Sack Kartoffeln, die Zutaten fürs Dressing bereitgestellt. Daneben liegen, so wie es sich für das Ur-Mölmsche Rezept gehört, ein Stückchen Blut- und ein Stückchen Fleischwurst.

Die Endivie muss zuerst baden gehen; zehn Minuten schwimmt sie in der gefüllten Spüle, „damit die Bitterstoffe verschwinden". Die Kartoffeln kommen derweil in den Topf. „Sobald das Wasser brodelt, lässt man sie 20 Minuten köcheln."

Tipps fürs Werkeln in der Küche gibt sie gern, hat schon Kochkurse für Menschen mit geistiger Behinderung gegeben. Slickers hat selbst eine gehandicapte Tochter, folglich keine Berührungsängste. Damit die zehn Kursteilnehmer, die weder lesen noch schreiben konnten, die Anleitung erfassten, hat sie Bildrezepte entworfen, also Zutaten wie Eier einfach aufgemalt. „Das hat mir viel Spaß gemacht."

Die Kartoffeln sind fertig; Slickers rührt die Salatsoße an. „Das Dressing muss kräftig, fast schon zu salzig sein. Der Endiviensalat kommt ja aus dem Wasser, und sonst wäre das Ganze zu labbrig."

Für die Panama-Kinder, die sie morgens gern empfangen mit der Frage „Petra, was gibt's denn heute?", bereitet sie auch mal Exquisites zu wie Fischragout mit Reis und Gurkensalat oder Bandnudeln mit Lachs. „Sie sollen an viele Dinge herangeführt werden"; das sei zu Hause leider keineswegs immer der Fall. Pommes, Schnitzel und Currywurst, na klar, das sei den meisten bekannt, „deshalb gibt's das bei uns auch nur selten". Hausmannskost dagegen kennen wenige. Und was auch noch auffalle: „Am Montag futtern sie alles leer, vielleicht gibt es am Wochenende zu Hause nicht immer genug."

Eltern, die Slickers Kochkünste ausprobieren möchten, finden einzelne Rezepte in der Broschüre „Lecker, gesund und einfach ... das Beste aus Mülheimer Kitas", die sie mit anderen Kindergarten-Köchen erstellt hat (www.muelheimruhr. de/cms/prima_leben.html).

UND SO GEHT'S

DAS MÖLMSCHE GERICHT À LA PETRA SLICKERS

Endivien (ohne Strunk) säubern und vierteln, die Blätter im Wasser ziehen, dann abtropfen lassen. In Streifen schneiden. Kartoffeln schälen, achteln, in Salzwasser kochen. Die Salatsoße zaubern aus gehackter Zwiebel, anderthalb Teelöffeln Salz, einer Prise Pfeffer, einem Teelöffel Zucker, drei Esslöffeln Apfelessig, einem Teelöffel mittelscharfem Senf und drei Esslöffeln Rapsöl. Die Blutwurst und/oder Fleischwurst fingerdick schneiden. Kartoffeln mit einem halben Liter warmer Milch zu Brei stampfen, Salz, Pfeffer und Muskat dazu. Die Wurst in Mehl wenden, zwei Minuten braten. Das Püree kommt zuerst auf den Teller, die mit dem Dressing vermischten Endivien darüber, dann wird verrührt. Zuletzt die Wurst dazu.

REINGESCHMECKT

SALAT UND PÜREE

lassen sich herrlich verrühren; auch deshalb mögen Kinder das Gericht gern. Gekrönt wird das Durcheinander von den knusprigen Wurstscheibchen. Der Tipp mit dem „Mehlieren" ist einfach, aber wirkungsvoll. Lecker!

Zeitaufwand: ★★★☆☆
Schwierigkeitsgrad: ★★☆☆☆
Preis: ★★☆☆☆

Zwiebeln schneiden will gelernt sein. In einem internen Wettbewerb hätte Köchin Petra Slickers ganz klar die Nase vorn gehabt ...

MEINE ZUTATENLISTE

Für vier Personen:
1 Endiviensalat,
1 kg Kartoffeln,
½ l Milch,
Muskat, Salz,
Pfeffer,
1 Zwiebel, Essig, Öl,
Senf, Zucker,
1 Kringel Blut- oder Fleischwurst,
Mehl, Öl

Ordentlich stampfen: Selbstgemachter Kartoffelbrei schmeckt großartig.

MÜLHEIM

KASSELER, SAUERKRAUT, PÜREE

DAS SAGT DER PROFI

Foto: © Oliver Müller

Thilo Stralkowski

VOR DEM SPIEL EIN TELLER PASTA

Jede Woche steht für die meisten Spielsportler mindestens ein Punktspiel auf dem Plan. Die Vorbereitung ist die halbe Miete: So spielt die richtige Ernährung in den Tagen vor und am Spieltag eine wichtige Rolle. Sie steht im Zeichen des Aufbaus von Energie und Nährstoffreserven. Für mich bilden in der Vorbereitungsphase Hauptmahlzeiten mit ausreichenden Mengen an Getreide, Kartoffeln, Reis oder Pasta kombiniert mit eiweißreichen Produkten wie Fleisch, Fisch oder Milchprodukten die Grundlage. Am Wettkampftag hat jeder Spieler seine Vorlieben und reagiert aufgrund von Anspannung oder Nervosität durchaus empfindlich auf einige Speisen oder Getränke. Ist der Spielstart nachmittags, bevorzuge ich ein reichhaltiges Frühstück und esse mittags eine Pasta-Mahlzeit mit nicht zu schwerer Soße, die gut verdaulich ist. Und das am liebsten ... traditionell bei Mama. So fühle ich mich stark genug, um 70 Minuten Vollgas geben zu können!

SÜNDENFAKTOR

MITTEL

Dieses Essen tut dem Körper gut, vor allem dem Darm, der durch den Kohl besonders angeregt wird. Das Fleisch dient dem Geschmack, die tierischen Fette aber sind nicht so gut für die Ernährungsbilanz.

Das Kartoffelpüree verfeinert Bernd Lindner mit Butter, Milch und Muskatnus

EIN KLASSIKER DER DEFTIGEN KÜCHE

Wenn Bernd Lindner am Herd hantiert, brutzelt immer auch eine Portion Spaß mit. Der pensionierte Lehrer kocht im Alltag gerne für sich und seine Frau

Eigentlich trägt Bernd Lindner zum Kochen nur selten eine Schürze. Heute macht er für uns eine Ausnahme und erzählt einen Trick, den ihm Profikoch Peter Henzek im Kochkurs verraten hat: „Die Schleife immer unter der Schürze binden – dann sieht man den Bauch nicht so", lacht der sympathische Hobbykoch. An diesem Tag bereitet er einen Klassiker der gutbürgerlichen Küche zu. „Weil es so schön einfach ist": Kasseler mit Sauerkraut und Kartoffelpüree.

Bernd Lindner hat die Allzweckwaffe seiner Küche auf dem Herd in Stellung gebracht: den Schnellkochtopf. „Mit dem geht alles ruckzuck", sagt er, greift zum Messer, drückt den Speck auf ein Brettchen und zerteilt ihn in kleine Würfel.

Aufgetischt wird bei den Lindners in der Küche ihres Einfamilienhauses an der Ruhrstraße. Die letzten Jahre seiner Lehrerlaufbahn hat Bernd Lindner an einer Gesamtschule in Duisburg unterrichtet. Wenn er Feierabend hatte und auch die drei Söhne aus der Schule kamen, wechselten sich Bernd und Elisabeth Lindner wochentags mit dem Kochen ab. „Die Jungs wollten oft Fleisch essen, das hat sich heute, wo sie erwachsen sind, stark gewandelt."

Nun sind die Kartoffeln dran: Mit dem scharfen Schälmesser sind die Knollen flott enthüllt. „Je kleiner die Stücke, desto schneller sind sie gar", sagt Bernd Linder und lässt die Würfel ins Salzwasser gleiten. Deckel auf den Drucktopf – und 20 Minuten warten. Hat Ihre Mutter dieses Gericht auch schon zubereitet? „Ja, meine Eltern waren beide berufstätig, sie haben vorgekocht und wir Kinder haben es dann aufgewärmt." Ohnehin – das Kochen verbindet der 66-Jährige mit schönen Erinnerungen. „Mit meiner Mutter habe ich oft am Wochenende gekocht und mich dabei mit ihr über Gott und die Welt unterhalten." Verfeinert habe er seine Kochkünste aber erst später in der Studienzeit. „Da haben wir in den WGs reihum gekocht."

Der Schnellkochtopf zischt, die Kartoffeln sind durch. Bernd Lindner stampft sie klein und gibt nach und nach einen Schuss Milch sowie ein Stück Butter hinzu. „Dann wird es schön sämig." Das Kasseler hat sich, während es im Sauerkraut ruhte, aufgewärmt und kann nun angeschnitten und serviert werden. Auf warmen Tellern tischt der Gastgeber auf – mmh!

Seit er vor anderthalb Jahren in Pension ging, greift Lindner öfter zum Kochlöffel. Manchmal zusammen mit seiner Frau, „aber nur nach präziser Absprache", lacht er. So oder so – eine große Portion Freude brutzelt bei ihm immer mit. Mit dieser Geheimzutat schmeckt das Essen nämlich doppelt so gut.

UND SO GEHT'S

BERND LINDNER KOCHT DAS „ALLTAGSGERICHT"

„Weil das Rezept so schön einfach ist", kocht Bernd Lindner es am liebsten alltags, wenn's schnell gehen soll. Zunächst würfelt er Speck und Zwiebeln, lässt gleichzeitig Fett im Topf zergehen. Darin werden Speck und Zwiebeln angeschwitzt, dann kommt das Sauerkraut mit 4–5 Pimentkörnern, 2 Lorbeerblättern, Kümmel, Salz und Pfeffer dazu in den Topf. Deckel drauf, ca. 20 Minuten kochen lassen. Die Kartoffeln schälen, in kleine Stücke schneiden und ca. 15 bis 20 Minuten kochen lassen. Wenn das Sauerkraut durch ist, das Stück Kasseler dazu geben und bei kleiner Hitze so lange stehen lassen, bis es heiß ist. Die Kartoffeln werden mit Butter und Milch zu Püree gestampft und mit Muskatnuss verfeinert.

REINGESCHMECKT

KASSELER, SAUERKRAUT, PÜREE –

simpel zu kochen und mundet „wie bei Muttern". Wenn etwas übrig bleibt, lässt sich das Gericht prima am nächsten Tag weiterverwerten, aufgewärmt oder angebraten in der Pfanne schmeckt's ebenso gut.

Zeitaufwand: ★★★☆☆
Schwierigkeitsgrad: ★★☆☆☆
Preis: ★★★☆☆

Die Zutaten: Speck, Kartoffeln, Sauerkraut und Gewürze. Das Kraut kauft Lindner am liebsten vorgekocht – das spart Zeit und schmeckt ebenso gut.

MEINE ZUTATENLISTE

Für vier Personen:
8 Kartoffeln,
1 kg Sauerkraut,
zwei Scheiben Speck,
600 g Kasseler,
1 große Zwiebel,
Salz, Pfeffer,
Kümmel,
Muskatnuss,
Pimentkörner,
Butter, Milch

Kartoffeln schälen ist lästig, geht mit einem scharfen Schäler aber schnell.

MÜLHEIM

HÄHNCHEN IN ESTRAGON-SAUCE

DAS SAGT DER PROFI

Foto: © Oliver Müller

Peter Henzek

WOHLIG WARM MIT HÜHNERBRÜHE

Hühnerbrühe ist gut bei Krankheiten. Sie verleiht dem Körper wohlige Wärme, steigert das Wohlbefinden. Sie sollte selbst gekocht werden, damit keine Zusatzstoffe oder Geschmacksverstärker enthalten sind, sondern nur diese natürlichen Inhaltsstoffe: Cystein ist entzündungshemmend und abschwellend; Zink/Histidin stärkt die Abwehrkräfte; Kollagen/Hydrolysat lässt den Blutdruck sinken. So wird sie lecker: mit einem Suppenhuhn (2800 g), einem Bund Gemüse (Lauch, Möhre, Sellerie, Sellerieblatt), Lorbeerblatt, Wacholderbeere, Nelke, acht Pfefferkörnern und Salz. Zubereitung: Huhn abspülen, im Topf mit drei Litern Wasser bedecken. Gemüse putzen, waschen, schneiden, mit den Gewürzen dazugeben, abgedeckt aufkochen. Hitze reduzieren und die Bouillon 120 Minuten garen, zwischendurch mit einem Schaumlöffel abschäumen. Huhn herausnehmen und Bouillon durch ein Sieb gießen. Das Hühnerfleisch vom Knochen lösen und würfeln.

SÜNDENFAKTOR

HOCH

Sahne, Butter und Crème fraîche sind herrliche Geschmacksträger – aber leider auch massive Kalorienträger. Wer sich vornehm zurückhält, sündigt kaum. Wer stundenlang dippt, muss mit der roten Karte leben ...

Und oben drauf noch Estragon! Linda Deckers (li.) und WAZ-Redakteurin Deik in der Küche.

DIE MÄDELS UND DAS ESTRAGON-HUHN

Wenn Linda Deckers sich mit ihren Freundinnen trifft, geht's mit Vorliebe zusammen an den Herd. Ein Rezept von Tante Christa steht dabei hoch im Kurs

Was kochen wir? Mit dieser Frage beginnt fast jeder „Mädel-Abend" von Linda Deckers und ihren Freundinnen. Patty und Julia gehören dazu – mit ihnen hat sie vor 25 Jahren an der Willy-Brandt-Schule angefangen – und weitere Bekannte. „Früher war es Pflichtprogramm, sich einmal wöchentlich zu treffen." Im Fernsehen lief Ally McBeal oder Sex and the City, die Mädels quatschten und griffen zum Kochlöffel. Heute arbeiten einige, andere haben Kinder, „so sind wir nur noch alle zwei, drei Wochen zusammen", bedauert die 34-Jährige. Dann aber geht's nach wie vor an den Herd. Und immer wieder will eine der Frauen unbedingt „den Knaller schlechthin" zubereiten: Hähnchen in Estragon-Sauce.

Woher das beliebte Rezept stammt? „Wenn mich nicht alles täuscht", so erzählt Linda Deckers, „hat meine Tante Christa, eine begnadete Köchin, das einst kreiert." Linda war zu jener Zeit „vielleicht acht oder neun", und quasi sofort süchtig danach. Das ging der Verwandtschaft ähnlich: „Das Gericht tauchte ab dem Zeitpunkt immer wieder in der Familie auf." Bei Feiern wurden das Hähnchen und die „sauleckere" Sauce einfach auf riesigen Blechen serviert. Und dazu gab es – und gibt's bis heute – Salat und extra viel Brot zum Dippen.

Bevor's ans Dippen geht, geht's in die Küche: Hähnchenschenkel und -brust liegen seit einer Stunde in der wohlriechenden Marinade, die unter anderem mit frischen Estragonzweigen zubereitet wurde. Mitsamt der Sauce und den Zweigen geht das Hähnchen ab in den Ofen: für rund eine halbe Stunde, bei Umluft und 200 Grad.

30 Minuten und ein nettes Pläuschchen später holt Deckers das knackig-knusprige Fleisch wieder hervor. Die Sahne-Knoblauch-Sauce muss ja noch dran. „Mindestens 25 Umdrehungen aus der Salzmühle und 15 aus der Pfeffermühle gehören da rein", dazu Muskat, Paprika und wieder Estragon, diesmal auf gerebelte Art. „Und, weil ich es gern scharf mag, Cayenne-Pfeffer." Linda Deckers hat noch eine Faustformel für die Sauce: „eine Knoblauchzehe pro Person und eine für den Topf". Ein Liter Sahne landet darin, später noch Crème fraîche. Der Auflauf geht weitere 20 Minuten in die Röhre.

„Manchmal", sagt Linda Deckers, während es minütlich besser und besser riecht, „sagen wir beim Mädel-Abend: Jetzt müssen wir diäten." Dann gebe es etwa Lachs mit Rucola, so die Sekretärin. Ihr Freund Massimo (34), den sie vor Jahren als Flugbegleiterin am Dortmunder Flughafen kennen gelernt hat, freut sich übrigens auch immer auf den Mädel-Abend: „Weil ihr mir ja immer etwas übrig lasst ..."

REINGESCHMECKT

„MAMA, KANNST DU DAS MAL WIEDER KOCHEN?",

fragte einst schon die kleine Linda regelmäßig. Verständlicherweise: Das Gericht schmeckt gut und besonders das Dippen gerät zum Vergnügen. Da bleibt man gern etwas länger am Tisch sitzen ...

Zeitaufwand: ★★★☆☆
Schwierigkeitsgrad: ★☆☆☆☆
Preis: ★★★☆☆

15 Umdrehungen aus der Pfeffermühle, so kriegt die Soße ordentlich Pep.

MEINE ZUTATENLISTE

Für vier Personen:
4 Hähnchenteile,
Estragon, Salz,
Pfeffer,
Paprikapulver, Öl,
Sojasauce,
1 l Sahne,
5 Zehen Knoblauch,
Muskat,
1 Becher Crème fraîche,
Brot, Salat

UND SO GEHT'S

NUR NICHT GEIZEN MIT SAHNE UND KNOBLAUCH

Hähnchen-Schenkel mit Haut und Hähnchenbrust gern ohne für rund eine Stunde einlegen: in einer Marinade aus Salz, Pfeffer, Paprikapulver, Olivenöl, Sojasauce und frischem Estragon. Anschließend mit allem drum und dran für 30 Minuten bei 200 Grad in den Ofen. Die Sauce zubereiten aus einem Liter Sahne, viel Knoblauch, Salz, Pfeffer, Paprika, Muskat, gerebeltem Estragon und – bei Bedarf – Cayenne-Pfeffer. Die Sauce langsam übers Hähnchen gießen und den Auflauf noch mal 20 Minuten überbacken. Dann einen Becher Kräuter-Crème-fraîche oben darüber verteilen und eventuell erneut in den Herd schieben. Servieren, Salat dazu reichen und viel Baguette zum Tunken. Wer mag, kann Reis oder Rösti dazu essen.

Erst die Sahnesoße und zu guter Letzt noch einige Löffel Crème fraîche auf die Hähnchenschenkel – dann geht's zum zweiten Mal ab in den Ofen.

MÜLHEIM

BEAMTEN-STIPPE

DAS SAGT DER PROFI

Foto: © Oliver Müller

Thilo Stralkowski

DIE NAHRUNG SINNVOLL ERGÄNZEN

Über die Einnahme von Nahrungsergänzungsmitteln streiten sich die Geister. Wer sich permanent ausgewogen ernährt, kann darauf verzichten – aber wer kann das von sich behaupten? Daher machen Ergänzungsmittel durchaus Sinn – wenn sie medizinisch unbedenklich sind. Fehlt dem Körper Vitamin D, kann dies langfristig zu Knochen- und Zahnproblemen führen und zu Muskelbeschwerden. Normalerweise produziert der Körper durch Sonneneinstrahlung Vitamin D – für Leute mit Bürojob ist eine Extrazufuhr also eine gute Option. Auch ein gesunder Omega-3-Fettsäuren-Haushalt ist wichtig, da sie vom Körper nicht selbst hergestellt werden und wir oft keine ausreichende Menge der Fettsäuren aufnehmen können. Als Sportler mein Tipp: die Einnahme von Aminosäuren. Vor Trainingseinheiten oder Wettkämpfen sorgen sie als Energiespender dafür, dass die Leistungsfähigkeit besser aufrechterhalten werden kann.

SÜNDENFAKTOR

GERING

Mit Kartoffeln, Gurke, Rote Bete wird es ausgewogen. Tipp: Statt Soßenbinder, der Geschmacksverstärker enthält, Kartoffel- oder Maisstärke nehmen.

„Beamtenstippe“: Bärbel Kuhl (re.) erklärt WAZ-Redakteurin Bettina Kutzner, wie es geht.

EIN FAMILIENESSEN, DAS ALLE MÖGEN

„Beamtenstippe“ hat bei Bärbel Kuhl Tradition: Schon in der fünften Generation schmeckt das einfache Gericht. Auch die Enkelkinder greifen gerne zu

Wenn bei Kuhls zu Hause „Beamtenstippe“ auf den Tisch kommt, sitzt gern die ganze Familie um denselben. So ist es auch an dem Tag, an dem die WAZ-Redaktion in Holthausen mit dabei sein darf.

Bärbel Kuhl hat den Tisch für acht gedeckt, und alle lassen es sich schmecken. Der älteste Enkel Jonas (8) sagt zwischen zwei Löffeln: „Das ist viel besser als Pizza!“

Beamtenstippe hat bei den Kuhls Tradition: Ein beliebtes Familienessen, das bereits in der fünften Generation gern gegessen wird. Heute hat Bärbel Kuhl den großen Bräter genommen, um fast drei Pfund Mett und Zwiebeln darin anzubraten. Mit der Soße, die später als Einbrenne – als klassische Mehlschwitze mit Milch und Wasser – gekocht wird, braucht man schon ein größeres Gefäß. „Für vier Personen reicht aber eine einfache Pfanne und etwa drei Viertel Pfund Mett oder Gehacktes“, sagt Bärbel Kuhl, die wie viele Köchinnen mit langjähriger Erfahrung die Zutaten gern „frei Schnauze“, also ohne präzise Mengenangaben, bemisst. Aber die Soße lässt sich ja beliebig „verlängern“ oder eben mit Soßenbinder eindicken. Routiniert sitzt da jeder Handgriff, Bärbel Kuhl ist es gewohnt, für eine große Familie zu kochen.

„Beamtenstippe“ kannte schon Bärbel Kuhls Großmutter, die aus Egeln bei Magdeburg stammte. In der großen Mittagessenrunde am Tisch entsteht eine rege Diskussion, woher das Wort Beamtenstippe denn wohl kommt. „Der Name Beamtenstippe entstand in früheren Jahren, als die Beamten noch mit einem kleinen Salär auskommen mussten“, erklärt die Köchin. „Am Monatsende war ja kaum noch Geld vorhanden.“ Wir essen auch heute dazu Pellkartoffeln, Gurkensalat und Rote Bete. „Das hatte früher jeder in seinem Schrebergarten“, sagt Bärbel Kuhl. „Und im Winter gab es eben eine Gewürzgurke dazu.“ Die uns jetzt auch sehr gut dazu schmeckt.

Bärbel Kuhls Kinder, Sohn Oliver Kuhl und Tochter Meike Hahn, kochen die Beamtenstippe längst selbst für ihre eigenen Kinder, die mit am Tisch sitzen und gut zugreifen. Vor allem bei der Soße, die kräftig gewürzt ist. Richtig lecker ist die, zusammen mit zerquetschten Pellkartoffeln und zwischendurch noch der säuerlich-fruchtige Geschmack von Gurke und Roter Bete. Das Essen ist gehaltvoll, macht gut satt und die Redakteurin konnte problemlos aufs Abendessen verzichten. Das Rezept stammt halt aus der schönen Zeit vor der Erfindung des Kalorienzählens.

UND SO GEHT'S

BÄRBEL KUHL KOCHT „BEAMTENSTIPPE“

Margarine in einer nicht zu kleinen Pfanne zerlassen und das Mett/Hackfleisch aus dem Papier ins Fett zupfen und anbraten. Die klein gewürfelten Zwiebeln zugeben und mitbraten. Bräunen lassen und mit ca. 1 EL Mehl bestäuben. Umrühren und Milch und Wasser zugeben, so dass eine Soße entsteht. Ist sie zu flüssig, kann sie später mit Soßenbinder gebunden werden. Wer mehr Soße möchte, nimmt einfach mehr Milch/ Wasser dazu. Würzen nach Geschmack mit gekörnter Brühe und weißem Pfeffer. Wenn man die Pellkartoffeln aufsetzt und dann mit der Soße beginnt, ist das Essen nach 30 Minuten fertig. Dazu passt Rote Bete und ein Salat aus fein geschnittener Gurke, angemacht mit Olivenöl, Zitrone, Dill, Salz und Pfeffer.

REINGESCHMECKT

EIN EINFACHES GERICHT

aus wenigen Zutaten, das flott zubereitet ist und auch den Kindern schmeckt. Es ist schnell gezaubert, wenn sich überraschend Besuch angekündigt hat. Aufgewärmt schmeckt es auch prima.

Zeitaufwand: ★★☆☆☆
Schwierigkeitsgrad: ★★☆☆☆
Preis: ★★☆☆☆

Bärbel Kuhl brät das Hackfleisch – Mett oder „halb und halb“ – gut an.

MEINE ZUTATENLISTE

Für vier Personen:
¾ Pfund Mett oder Gehacktes halb/halb, 2–3 kl. Zwiebeln, Mehl, Wasser, Milch, Pfeffer weiß, gekörnte Brühe, Soßenbinder dunkel.
Beilagen: Pellkartoffeln, Rote Bete, Gurkensalat

Das traditionelle Familienessen mögen auch die Enkelkinder von Bärbel Kuhl (stehend) gern. Bei der „Beamtenstippe“ greifen alle am großen Tisch zu.

MÜLHEIM

OMIS BAMI

DAS SAGT DER PROFI

Foto: © Oliver Müller

Peter Henzek

FÜR EINE WOCHE VEGAN LEBEN

Was liegt beim Essen im Trend? Vegane Ernährung! Aber muss man sich das wirklich antun? Warum denn nicht? Menschen sind zwar Gewohnheitstiere, aber Gewohnheiten lassen sich durchaus ändern. Trauen Sie sich doch mal, für kurze Zeit Ihren Alltag umzukrempeln. Es gibt genügend Gründe, den Selbstversuch zu wagen: etwa eine Diät oder die Fastenzeit. Ein Selbsttest aus bloßer Neugier. Oder ein Test zum Beweis der eigenen Willensstärke. Vielleicht auch, um mal wieder etwas für die eigene Gesundheit zu tun. Eine Woche ohne Fleisch, Fisch, tierische Fette, Butter, Sahne, Milch, Eier, Honig, aber auch Gummibärchen usw. – dann können Sie mitreden. Egal, ob Sie eine Veränderung an sich feststellen oder nicht. Seien Sie mutig!

SÜNDENFAKTOR

MITTEL

Ein Gulasch mit Chili statt mit Paprika: Das ist ungewöhnlich, aber gesund. Der Verzehr der Schoten wirkt antibakteriell. Nudeln sind Energieträger, aber können auch schwer im Magen liegen.

Gisela Giesen und Redakteur Christoph Husemeyer beim Wirsing-Schneiden.

GROSSMUTTERS SPEZIALGULASCH

Gisela Giesen kocht gerne regionale Hausmannskost für gute Freunde. Seit Jahrzehnten gehört auch „Omis Bami“ zu ihren Lieblingsrezepten

Kompliziert kochen kann heute jeder. Einfach können die Wenigsten, findet Gisela Giesen. Die 70-jährige Holthausenerin will zeigen, dass einfach zugleich auch lecker sein kann. Schwungvoll lässt sie mit dem Messer die ersten Fleischstücke vom Schneidebrettchen in den Kochtopf gleiten. „Man muss nur alle Zutaten klein schnibbeln und das Ganze dann schmoren lassen", erklärt die Gastgeberin ihr Lieblingsrezept. „Omis Bami", Gulasch mit Wirsing und Nudeln, serviert Gisela Giesen heute.

Mit dem asiatischen Bami Goreng – wie viele zunächst vermuten – habe ihr Rezept nichts zu tun, sagt die Hobby-Köchin und teilt wie zum Beweis einen großen Wirsingkopf in handliche Stücke. „Das Rezept ist regional. Woher der Name kommt, weiß ich nicht. Das Gericht heißt ‚Omis Bami', weil meine Großmutter es immer so genannt hat, als sie es mir beigebracht hat." Damals, in den 60er Jahren, sei das Gulasch mit Nudeln etwas ganz Exotisches gewesen, weiß Giesen zu berichten. Aber auch heute staune der eine oder andere nicht schlecht. „Gulasch mit Nudeln? Das passt doch nicht", höre sie zunächst oft, erzählt sie. Bis die Gäste dann probieren.

ZEIT FÜR EIN GLÄSCHEN SEKT

Beim Abschmecken – inzwischen schmort neben Fleisch, Knoblauch, reichlich Zwiebeln, Chili und dem Wirsing nach und nach auch immer mehr Rinderbrühe im Kochtopf – wird deutlich, warum die Gäste ihre Meinung schnell ändern. „Das Rezept ist raffiniert, aber unkompliziert", fasst die Gastgeberin zusammen. Während das Bami im Topf vor sich hin köchelt, muss nur gelegentlich umgerührt werden, damit nichts anbrennt. So bleibt sogar Zeit zum Anstoßen – bei einem Gläschen Sekt mit Ehemann Werner und dem Redakteur.

„Das Bami bereite ich wie die meisten anderen Gerichte alleine zu. Mit der jahrelangen Erfahrung geht das inzwischen wie von selbst", sagt die Küchenchefin über das Rezept. Gegessen wird nach rund einer Stunde Zubereitungszeit. „Eine Viertelstunde für das Schnibbeln, eine Dreiviertelstunde Schmoren im gusseisernen Topf und nebenbei die Nudeln kochen – so war es schon immer", berichtet Gisela Giesen. Und so ist es auch dieses Mal.

Angerichtet wird „Omis Bami" in einer großen Pfanne. Die Nudeln mengt Gisela Giesen einfach unter das Gulasch. Das sieht mittlerweile durch den eingekochten Wirsing fast aus wie ein Eintopf. Einfache, aber sehr leckere Hausmannskost, wie sich beim anschließenden Verzehr herausstellt. „Omis Bami" eben.

REINGESCHMECKT

„OMIS BAMI"

ist einfach, aber nichts für Neulinge. Bis die Zutaten geschnitten sind, dauert es einige Zeit. Danach muss aber nur noch gelegentlich umgerührt werden. Das Gericht ist angesichts des tollen Geschmacks günstig.

Zeitaufwand: ★★★☆☆
Schwierigkeitsgrad: ★★☆☆☆
Preis: ★★☆☆☆

Bei Gisela Giesen schmort „Omis Bami" circa eine Dreiviertelstunde im gusseisernen Topf. Am besten bei geschlossenem Deckel, rät die Köchin.

MEINE ZUTATENLISTE

Für 4–6 Personen:
1 kg Fleisch,
½ kg Zwiebeln,
350 g Nudeln,
1 kg Wirsing,
2 Knoblauchzehen,
3 EL Öl, ¼ l Brühe,
1 getrocknete Chilischote,
Salz und Pfeffer

UND SO GEHT'S

GISELA GIESEN KOCHT „OMIS BAMI"

Das Gulasch (vom Rind, Schwein und/oder Lamm) gemischt mit 500 Gramm gewürfelten Zwiebeln, zwei Knoblauchzehen, einer Chilischote und drei Esslöffeln Öl einige Minuten im Topf scharf anbraten. Anschließend mit einem Viertelliter Rinderbrühe ablöschen. Dann mit Salz und Pfeffer würzen. Anschließend circa ein Kilogramm Wirsing in ein Zentimeter lange Streifen schneiden und im Topf unterrühren. Bei geschlossenem Deckel circa 45 Minuten schmoren lassen, zwischendurch immer wieder Rinderbrühe nachgießen. 350 Gramm Bandnudeln nach Anleitung al dente kochen. Nudeln unter das Bami rühren, mit frischem Pfeffer aus der Mühle würzen und servieren.

Kein Baseballschläger, sondern eine übergroße Pfeffermühle zum Würzen.

MÜLHEIM

„SCHNIEDES-KURRAASCH"

DAS SAGT DER PROFI

Foto: © Oliver Müller

Thilo Stralkowski

ZU VIELE VERSTECKTE FETTE IN SNACKS

Wer kennt das nicht: Man rennt von einem Termin zum anderen oder ist einfach „zu faul", sich etwas Richtiges zu Essen zu machen. Snacks für zwischendurch überwiegen, Hauptmahlzeiten werden kaum noch eingenommen – morgens ein Croissant, mittags ein belegtes Brötchen vom Imbiss, nachmittags Kekse und abends etwas, das schnell gehen muss. So nimmt der Körper zwangsläufig viele versteckte Fette auf, zu wenig Vitamine und Mineralstoffe, Eiweiß und Ballaststoffe. Vor allem beim Sport ist die Folge, dass man sich träge und müde fühlt oder an Konzentrationsmangel leidet. Falls Snacks unumgänglich sind, rate ich zu kleinen Mahlzeiten aus mildem Obst (Banane, Birne etc.), Obstkuchen (ohne Sahne), Roggenbrötchen/Laugenbrezel mit Frischkäse oder Naturjoghurt mit Obst und Haferflocken/Knuspermüsli. Müsliriegel (mit wenig Fett/Ballaststoffen) oder Früchteriegel helfen auch super, den Hunger zwischendurch zu stillen.

SÜNDENFAKTOR

GERING

Der Eintopf, zu 95 Prozent aus heimischem Gemüse bestehend, macht satt und hat, wenn er nicht zu lange kocht, viele Nährstoffe und Vitamine. Ob Speck oder Mettwurst hineinkommt, darf jeder Koch für sich entscheiden.

Franz Firla garniert den Schniedeskurraasch formvollendet mit Petersilie.

FRANZ FIRLA MACHT EINTOPF

Der Experte in Mölmsch Platt kocht „Schniedeskurraas
Im Lied „Frete mack Spaass" besingt der Saarner typisc
Mülheimer Gerichte

Franz Firlas Interesse gilt eigentlich mehr dem Namen des Gerichts als dem Akt des Kochens. „Schniedeskurraasch" heißt das Mölmsche Gericht, auf Hochdeutsch würde man vielleicht sagen: „Schneiders Courage" oder schlicht: Bohnen-, Möhren-, Kartoffeln-Durcheinander.

Gleich beim Schälen der ersten Möhren erklärt er, dass der Name des Eintopfgerichts eigentlich ironisch zu verstehen sei: Ein Schneider galt ja gemeinhin als ängstlich und zurückhaltend, dieses Gericht erfordere aber viel Mut ... vom Schneideaufwand her, findet Firla. Aber abgesehen vom Schnippeln ist die erforderliche Kochkunst nicht ganz so anspruchsvoll. Auch sind die Zutaten nicht teuer, das spreche dafür, dass sich auch ein armer Schneider so ein gutes Gericht leisten konnte.

Franz Firla, der seit seiner Pensionierung gerne seiner Frau Irmgard beim Kochen assistiert und aufpasst, dass „nichts anbrennt", meistert die Zubereitung des Traditionsgerichts vor der Kamera souverän. Gründlich, wie Firla in der Sprachforschung vorgeht, habe er vorab „das Gericht selbst gekocht und recherchiert, was es mit der Courage des Schneiders auf sich hat". Grammatikalische Mundart-Grundlagen gibt er gern dazu. „Es gibt nicht viele Mölmsch-Ausdrücke mit Genitiv", weiß der Deutschlehrer. Außer „Padsfleisch" (Pferdefleisch) und „Müürkeshaundlanger" (Maurerhandlanger) fielen ihm keine weiteren Beispiele ein.

Firla, im rheinischen Raum bei Bonn geboren, hat erst vor 20 Jahren zur Mölmschen Sprache gefunden. „Ganz früher habe ich gedacht, die Kumpelsprache sei die eigentliche Mundart im Ruhrgebiet", gibt der pensionierte Lehrer der Gesamtschule Saarn zu. Dann habe er festgestellt: Es gibt eigenständige Formen des Plattdeutschen. Das Mölmsch hatte es ihm besonders angetan, und so wurde er Mitglied des Stammtisches „Aul Ssaan", zu dem insgesamt 18 männliche Mitglieder zählen.

Gemeinsam mit Hermann-Josef Hüßelbeck und Friedrich-Wilhelm van Gehlen bildet er die Mundart-Gruppe „Jan und Hinnerk", die er nicht nur sprachlich, sondern auch musikalisch unterstützt. Das zeigt er bei einer musikalischen Einlage am Klavier. Beim Singen des mölmschen Liedes „Frete mack Spaass" (Essen macht Spaß) schlägt er den Bogen zur Kocherei: In dem Lied werden alle mölmschen Gerichte genannt. Menschen, die noch mit Mölmsch großgeworden seien, gebe es leider immer weniger, bedauert Firla. Und Nachwuchs ebenfalls. So übten sich allein der Saarner Stammtisch, der Bürgerverein Mausefalle und die Mitglieder eines VHS-Kurses darin, das so selten gewordene Plattdeutsch lebendig zu erhalten.

REINGESCHMECKT

DIE WEISSEN BOHNEN

sollten unbedingt eingeweicht und vielleicht noch etwas vorgekocht werden. Sie werden selten für das gesunde und leckere Gericht gewählt. Eine Variante: frische grüne Bohnen nehmen!

Zeitaufwand: ★★☆☆☆
Schwierigkeitsgrad: ★☆☆☆☆
Preis: ★★☆☆☆

Irmgard Firla lernt ihren Enkel Benjamin in der Küche an.

MEINE ZUTATENLISTE

Für vier Personen:
200 g weiße Bohnen,
900 ml Wasser,
150 g Speck, 1 kg Möhren,
600 g Kartoffeln,
2 Äpfel, 2 Zwiebeln,
Öl, Brühe, Prise Zucker,
schwarzer Pfeffer,
Majoran, Petersilie, Salz

Während der umfangreichen Schnippelarbeiten bleibt WAZ-Mitarbeiterin Cäcilia Tiemann reichlich Zeit, mit Franz Firla über sein Steckenpferd zu reden.

UND SO GEHT'S

FRANZ FIRLA KOCHT „SCHNIEDESKURRAASCH"

Am Tag vorher: Weiße Bohnen über Nacht einweichen. Am Tag selber folgt die Schneide(r)arbeit: Möhren putzen, vierteln und in kleine Stückchen schneiden. Kartoffeln und Äpfel schälen und klein schneiden. Zwiebeln hacken. In einem großen Kochtopf den Speck im Öl andünsten. Zunächst Zwiebeln dazugeben, dann alle anderen Zutaten, die Bohnen mit dem Einweichwasser, dazugeben. Eine Prise Zucker und Majoran oder Thymian hinzufügen, mit Pfeffer und Brühe kräftig würzen. Ca. 20 Minuten kochen lassen. Zum Schluss Petersilie darüber streuen. Wer es mag, kann klein geschnittene Mettwurst oder Wiener Würstchen beigeben. Der Eintopf kann auch mit grünen anstatt weißen Bohnen zubereitet werden.

MÜLHEIM

GULASCH, KARTOFFELN UND BOHNENSALAT

DAS SAGT DER PROFI

Foto: © Oliver Müller

Thilo Stralkowski

BEIM SPORT VIEL LEISTUNGSFÄHIGER

Das Timing spielt bei der Nahrungsaufnahme eine entscheidende Rolle, um die persönliche Leistungskurve (beim Sport, im Beruf etc.) sinnvoll zu unterstützen. Um mögliche Konzentrations- und Leistungstiefs zu vermeiden, empfiehlt es sich, die drei traditionellen Mahlzeiten (Frühstück, Mittagessen und Abendbrot) einzuhalten. Vor einer anstrengenden sportlichen Aktivität ist mein Tipp, spätestens drei Stunden vorher eine fettärmere, eiweißhaltige und kohlenhydratbetonte Hauptmahlzeit einzunehmen. Das kann zum Beispiel ein Reisgericht mit Wokgemüse, ein Putenschnitzel natur gebraten sein oder natürlich eine leichte Pasta. Wen dann doch noch der kleine Hunger packt, der kann rund eine Stunde vor der Belastung problemlos noch einen leicht verdaulichen Snack verzehren. Sie werden schnell merken, dass Sie sich mit einer geschickten Mahlzeitplanung beim Sport deutlich wohler und leistungsfähiger fühlen.

SÜNDENFAKTOR

GERING

Das Schweinefleisch ist mager, wer möchte, kann zudem beim Bio-Metzger einkaufen. Kartoffeln sind nahrhaft, gesund und gar nicht teuer. Auch die Bohnen setzen nicht an und sind außerdem mit wenig Essig angemacht.

Petra Gallert (li.) am heimischen Herd mit Redakteurin Andrea Müller.

HAUSMANNSKOST WIE BEI MUTTERN

Petra Gallert kocht gerne gutbürgerlich. Gulasch mit Kartoffeln und Bohnensalat haben schon ihre Eltern ger gezaubert. Fleisch gab es damals fast nur sonntags

Gutbürgerliche Kost steht bei Petra Gallert oft auf dem Speiseplan, noch aus Kindertagen kennt sie das Gericht, mit dem sie uns heute verzaubern will: Gulasch mit Salzkartoffeln und Bohnensalat.

„Das ist lecker und preiswert", nennt sie gleich zwei Vorteile des deftigen Essens. Als sie noch klein war, wurde sie von ihren Eltern bekocht – der Vater war häufig für das Fleisch zuständig, er wusste aber auch, wie man den Bohnensalat anmacht. Später hat Petra Gallert ihre Söhne mit dem Gulasch nach Art der Familie verwöhnt, heute – beim Kochen für die WAZ – steht sie mit ihrem Mann Bodo am Herd.

Gute Vorbereitung ist alles – das ist ganz sicher ein Leitsatz der Speldorferin. Denn: Alle Zutaten stehen schon auf dem Arbeitstisch, fein säuberlich auf Schüsselchen und Tellerchen verteilt. Auch eingekauft hat sie ganz bewusst, hat Schweine- statt Rindfleisch gewählt, „weil's schneller geht und billiger ist". Erstmal aber gilt es Zwiebeln und Kartoffeln zu schälen. „Das ist Männersache", sagt Petra zu ihrem Bodo. Sie erhitzt das Öl und prüft, ob es heiß genug ist. „Ich halte ein Stück Fleisch rein, und wenn datt schnurrt, dann isset gut", erklärt die gebürtige Essenerin in Ruhrpott-Manier. Ihr Gatte, der aus Sachsen-Anhalt stammt, fügt in seiner Mundart hinzu: „Das sieht jetzt erstmal viel aus, aber das Fleisch schnurzelt ja ein."

Als es eingeschnurzelt und braun ist, fügt unsere Köchin Wasser, Wein und Gewürze hinzu. „Jetzt muss das 45 bis 60 Minuten köcheln. Bei Rindfleisch bräuchte man mehr", sagt sie. Dass Gulasch ebenso wie mancher Eintopf am Folgetag noch besser mundet, ist für die Gallerts klar. Deshalb kochen sie etwas mehr – zu den Resten soll es morgen Nudeln geben.

Heute aber werden Kartoffeln serviert und dazu der Bohnensalat mit Zwiebelstückchen. Die Sauce ist etwas süßlich, sie darf keinesfalls zu sauer sein. Deshalb wird der Essig mit Wasser verdünnt, „so wie bei meinem Papa", sagt Petra Gallert, die als Altenpflegerin arbeitet. Während der Gulasch gart, ist Zeit, ein bisschen zu plaudern. Die Küchenfee erinnert sich an ihre Kindheit und ihr früheres Zuhause. „Wir hatten Obstbäume im Garten, jeden Samstag wurde Kuchen gebacken. Pflaumenkuchen mit Hefeteig, Apfelkuchen mit Streuseln, Kirschkuchen – einfach lecker." Apropos lecker: Unser Essen ist fertig, es wird aufgetischt. Der Gulasch ist richtig gut, butterweich und leicht scharf. Und wer will, darf die Kartoffeln mit der Sauce verknetschen.

UND SO GEHT'S

GULASCH MIT KARTOFFELN UND BOHNENSALAT

Das Sonnenblumenöl erhitzen, Schweinefleischstücke anbraten. Wenn das Wasser aus dem Fleisch weggekocht ist, 1 bis 1,5 Liter Wasser zugeben und aufkochen lassen, dann erst Zwiebelringe dazugeben sowie etwas Salz, den Pfeffer, das Paprikapulver und den trockenen Rotwein. Danach etwa 50 bis 60 Minuten auf mittlerer Stufe köcheln lassen. Zwischenzeitlich den Salat anrichten. Dazu zwei Gläser Brechbohnen und eine große Zwiebel gehackt in die Schüssel geben, etwas Rapsöl, Bohnenkraut, je eine Prise Zucker, Salz und Pfeffer dazugeben sowie Essig (mit Wasser verdünnt). 20 Minuten, bevor der Gulasch gar ist, 1 kg Kartoffeln kochen. Gulaschsaft mit Soßenbinder oder Mehl andicken, dann servieren.

REINGESCHMECKT

DIE ZWIEBELN

sollten nicht mit angebraten werden, sonst werden sie bitter. Das Einreduzieren des Fleischsaftes kann etwas dauern. Nimmt man Rindfleisch statt Schweinefleisch, muss der Gulasch viel länger köcheln.

Zeitaufwand: ★★★★☆
Schwierigkeitsgrad: ★★☆☆☆
Preis: ★☆☆☆☆

Zwiebeln schneiden: Da kamen dem gesamten Küchenteam die Tränen.

MEINE ZUTATENLISTE

Für vier Personen:
1 kg Schweinefleisch (mager),
2 Zwiebeln, Öl,
2 EL Salz, 2 TL Pfeffer,
je 2 EL Paprikapulver süß/scharf,
2 Gläschen Rotwein,
200 g Champignons,
1 kg Kartoffeln,
2 Dosen Brechbohnen

Das Schweinefleisch wird in heißem Öl angebraten. Später muss es dann etwa eine Stunde in der Sauce köcheln.

MÖHREN-DURCH-EINANDER

DAS SAGT DER PROFI

Foto: © Oliver Müller

Peter Henzek

ES FEHLT ZEIT UND LUST ZUM ERKLÄREN

Was unterscheidet das heutige Kochen von früherem? Die Vorteile sind klar: Wir haben bessere Küchengeräte, bessere Lagermöglichkeiten, es gibt unzählige Kochbücher, das Internet, Kochkurse. Auch Gewürze und Rohstoffe sind besser verfügbar. Zu den Nachteilen aber zählen diese: Es gibt in unseren Schulen oder an anderer Stelle kaum mehr Wissensvermittlung an Kinder und Jugendliche zum Thema Kochen und Lebensmittel. Auch Eltern haben selten Zeit, bis jetzt noch vorhandenes Wissen an ihre Kinder weiterzugeben. Die Lebensmittelweltkonzerne, die ihre Fertiggerichte durch massive Werbung verkaufen wollen, sind ein weiterer Nachteil. Ebenso die fehlende freie Zeit, und überhaupt der Wille, Zeit zur Speisenzubereitung zu verwenden. Schade ist auch, dass es immer mehr Single-Haushalte gibt.

SÜNDENFAKTOR

MITTEL

Bliebe es beim Möhrendurcheinander, wäre das Rezept ein Kandidat für eine grüne Ampel. Das Schmalzfleisch aber haut rein. Ein Tipp zur Brühe: Im Reformhaus gibt's eine Instant-Variante ohne Gluten und Geschmacksverstärker.

Das Spiegelei ist die Krönung: Aaron-Matthias Kleine tischt seinen Eintopf au

SATTMACHER MIT TRADITION

Wenn der 25-jährige Aaron-Matthias Kleine am Herd steht, soll es genau so schmecken wie früher. Vegane Küche darf man dann nicht erwarten...

Möhrendurcheinander. Mit diesem Klassiker, den er in warmen Worten preist, bewarb sich Aaron-Matthias Kleine per Mail für unsere Serie „Das isst der Pott". Er verriet auch, dass er gerne, viel und abwechslungsreich koche, immer geleitet von dem Ziel, „dass es so schmeckt wie früher bei Mutter oder Vatter". Dies könnte ein Mann von sich geben, der in den Fünfzigern oder Sechzigern im Ruhrgebiet Kind war. Überraschung dann, als der Broicher seine Wohnungstür öffnet: Aaron-Matthias Kleine ist gerade mal 25.

Doch in seinem Elternhaus, wo häufig der Vater am Herd stand, wurden Traditionen gepflegt: „Es wurde immer frisch gekocht, und zwar wie vor 50 Jahren", berichtet der junge Mann. „Jeden Freitag gab es Fisch, sonntags Braten und Eintopf immer mittwochs."

An seinem Favoriten, Möhrendurcheinander, versucht er sich, seit er einen eigenen Haushalt hat. „Aber erst, seit ich Schmalzfleisch reintue, schmeckt es wirklich wie zu Hause." Den kompakten Klumpen aus der Konservendose, dessen weißliche Bestandteile zu Recht namensgebend sind, legt der Hobbykoch unzerteilt auf die gewürfelten Möhren und Kartoffeln, lässt alles eine knappe Dreiviertelstunde in Brühe schmoren, bis sich das Fett aufgelöst hat.

In der Zwischenzeit serviert Kleine einen kräftigen, gepressten Kaffee, und auch seine Freundin Jana Pape (20) setzt sich mit in die Sofaecke, zum Plausch, während Kätzchen Mia in Knöchelhöhe umherschleicht. Bei ihnen werde fast jeden Abend gekocht, sagt das junge Paar, das seit gut einem Jahr zusammenwohnt. Letztens gab es Rouladen, aber auch Chili con Carne darf es immer gerne sein. Rezepte und Mengenangaben suchen sie sich häufig aus dem Internet, „es gibt aber auch schon mal Tipps von meiner Oma", meint Jana Pape, „oder ich rufe meine Mutter an".

Während sie Heilpädagogik studiert, arbeitet Aaron-Matthias Kleine als Integrationshelfer an der Rembergschule sowie als Mitarbeiter bei der Lebenshilfe e.V., wo er Reisen und Bildungsangebote für behinderte Menschen organisiert. „Ich hatte dort auch lange eine Kochgruppe." In wenigen Wochen will er eine Ausbildung zum Heilerziehungspfleger an einer Duisburger Fachschule beginnen.

Einen Sommerurlaub können sich die beiden vorher wohl nicht mehr erlauben, aber vielleicht ein paar Ferientage. „Wir haben uns gerade ein Wurfzelt gekauft, um spontan zu sein."

REINGESCHMECKT

EIN KLASSIKER,

der durch das eingekochte Fleisch plus gebratenem Ei an Geschmack gewinnt, aber auch an Fett. Falls die Augen größer waren als der Appetit, schmeckt der aufgewärmte Rest auch anderntags.

Zeitaufwand: ★★★☆☆
Schwierigkeitsgrad: ★★☆☆☆
Preis: ★☆☆☆☆

Wenn Kartoffeln und Möhren weichgekocht sind, wird kräftig gestampft.

MEINE ZUTATENLISTE

Für 4 Personen:
1 kg Möhren,
1 kg Kartoffeln,
eine Dose Schmalzfleisch,
ca. ½ l Fleisch- oder Gemüsebrühe (Instant),
evtl. ein Stich Butter,
etwas Zucker, Salz,
Pfeffer, Kreuzkümmel, 4 Eier

Echt lecker: Hobbykoch Kleine und WAZ-Redakteurin Annette Lehmann verspeisen die deftige Mahlzeit. Einen Nachschlag schaffen sie aber nicht mehr.

UND SO GEHT'S

MÖHRENDURCHEINANDER MIT SCHMALZFLEISCH

Möhren und Kartoffeln schälen, mit Wasser abspülen und in Würfel schneiden. Etwa ½ Liter Brühe anrühren. Möhren (leicht gezuckert) mit den Kartoffeln in einen großen Topf geben, man braucht später Platz zum Stampfen. Schmalzfleisch aus der Dose oben drauf legen, nicht umrühren. Gut ¼ Liter Brühe hinzu gießen. Im geschlossenen Topf etwa 20 Minuten kochen, dann den Rest Brühe zugeben und weitere 20 Minuten kochen. Wenn Möhren und Kartoffeln weich sind, alles stampfen. Wer mag, fügt etwas Butter hinzu, dann wird das Gericht cremiger. Beim Würzen das Salz vorsichtig dosieren, wegen der Brühe. Abschmecken mit frisch gemahlenem Pfeffer und Kümmel. Wer mag, krönt das Ganze mit Spiegelei.

OBERHAUSEN

LAUCHREIS

DAS SAGT DER PROFI

Foto: © Fabian Strauch

Tobias Fleckner

FRÜHLINGSVARIANTE MIT SPARGEL

Der Lauchreis liest sich wie eine abgewandelte Variante des italienischen Risotto. Allerdings wird hier mit Langkornreis gekocht. Wussten Sie, dass es weltweit über 100 000 verschiedene Reissorten gibt? Zum Langkornreis gehört unter anderem der Basmati-Reis und der hat mindestens eine Länge von sechs Millimetern. Vollkorn-Reissorten haben einen sehr hohen Ballaststoff-Anteil. Langkornreis ist nach dem Kochen locker und körnig, der Risottoreis wird beim Kochen eher cremig mit einem festen Kern. Das eingereichte Rezept ist wie eine Basis-Variante, die durch viele Gemüsesorten verändert werden kann. Statt Porree anteilmäßig Frühlingszwiebeln und grünen und weißen Spargel in circa zwei Zentimeter große Stücke geschnitten zugeben, schon hat man eine Frühlingsvariante. Oder gelbe, rote und grüne Paprika in Streifen geschnitten unterheben, das macht den Teller farbenfroh.

SÜNDENFAKTOR

GERING

Mit rund 430 Kilokalorien ist das Gericht Lauchreis nun wirklich kein Dickmacher — vor allem da es als vollwertige Mahlzeit gedacht ist. Zudem sind Lauch und Möhren reich an Calcium und Vitamin C.

Umgerührt wird erst am Schluss, ist der Tipp von Dagmar Rickers.

DAS FAMILIENGERICHT

Dagmar Rickers kocht Lauchreis. Ein schnelles und einfaches Essen. Es ist das Lieblingsgericht ihres Mannes und ihrer beiden Kinder

Die Tür öffnet sich und Dagmar Rickers begrüßt die Gäste – mit einem Lächeln. Bei einer Einladung zum Essen ist der herzliche Empfang bei ihr inklusive. Auf dem Speiseplan steht Lauchgemüse – „das absolute Lieblingsgericht" ihrer Familie. Die Kinder sind zwar schon aus dem Haus, aber wenn ihre Mutter dieses Gericht kocht, dann stehen sie meistens auf der Matte. Heute ist nur ihr Mann Jürgen dabei.

Und auch er freut sich über das Essen, das auf den Tisch kommt. „Andere bringen eine Mitgift in die Ehe, sie ihr Essen", scherzt Jürgen Rickers. Im Haus der Familie geht es ungezwungen zu.

Da ist es besonders schön, dass Dagmar Rickers einfache Gerichte mag. Lauchreis ist so eines. Die meiste Arbeit hat man mit dem Waschen und Schneiden der Zutaten. Aber darum kümmerte sich die Gastgeberin schon, bevor die Gäste vor der Haustür standen. Es bleibt viel Zeit, um über Gott und die Welt zu sprechen. Das bedeutet aber nicht, dass Dagmar Rickers nicht mit Herzblut kocht.

Denn für die Erzieherin ist es selbstverständlich, dass alles noch von Hand geschnitten wird. Zwar hat sie schon diverse Reiben und Hobel ausprobiert – eben alles, was es so an Helferlein in der Küche gibt –, aber mit den Ergebnissen war sie nie zufrieden. „Es wird nie so schön wie von Hand", sagt die 56-Jährige.

BODENSTÄNDIGES GERICHT

Ihre Art zu kochen ist ebenso bodenständig wie das Gericht Lauchreis. Deswegen muss es in dem 35 Jahre alten Topf gekocht werden. Die Edelstahltöpfe bleiben im Schrank. Es ist eben ein Essen, das eine Geschichte erzählt.

Als Dagmar Rickers die Berufsschule besuchte, lernte sie das Gericht im Hauswirtschaftsunterricht kennen. Es gefiel ihr. Zuhause kochte sie es nach. „Meine Mutter mochte es nicht", sagt sie.

Als sie ihren Mann Jürgen heiratete und aus dem Elternhaus auszog, konnte sie kochen, was sie wollte. Und das tat sie auch. Lauchreis kam wieder auf den Esstisch. Und ihrer Familie schmeckt er bis heute.

Ihr Mann spricht von „350 Gramm Liebe", die sie dem Gericht beimischt. Und ihre Tochter isst immer zuerst die Möhren: „Erst die Arbeit, dann das Vergnügen", lautet ihr Motto.

Lauchreis duftet und schmeckt eben stark nach Familie. Es ist kein Gericht einer ambitionierten Hobbyköchin, die den kulinarischen Olymp erklimmen will. Kochshows schaut Dagmar Rickers beispielsweise nur selten. „Gut finde ich sie trotzdem", sagt sie. Warum? Sie halten die Leute zum Kochen an. Und das war ihr immer wichtig. „Die Familie sollte etwas Leckeres und Gesundes auf den Tisch bekommen."

REINGESCHMECKT

SCHNELL GEKOCHT:

Lauchreis ist ein Gericht, das schnell gemacht ist, schmeckt und auf jeden Fall satt macht. Einen Nachschlag nimmt man sich gerne. Ein Gericht, das ähnlich ist, das kennt wohl jeder von seiner Mutter.

Zeitaufwand: ★★☆☆☆
Schwierigkeitsgrad: ★☆☆☆☆
Preis: ★☆☆☆☆

Zuerst wird das Hackfleisch angebraten.

MEINE ZUTATENLISTE

500 g Gehacktes,
3 große Stangen Porree,
1 kg Möhren,
250 g Langkornreis,
2 bis 3 TL gekörnte Brühe,
Pfeffer, Salz und Öl

UND SO GEHT'S

RICKERS LAUCHREIS-GERICHT

Das Gemüse muss zunächst gewaschen und geschnitten werden. Gut ist es, so der Tipp der Köchin, es nicht zu klein zu schneiden, sondern in größere Scheiben. So trifft man später den richtigen Garpunkt. Anschließend wird in einem Topf mit Öl das Gehackte angebraten. Gewürzt wird das Fleisch mit Pfeffer und Salz. Anschließend kommt der Porree auf das Fleisch, danach erst die Möhren. Und als letztes ist der Reis an der Reihe. Bei geschlossenem Deckel muss das Gericht zirka 25 Minuten auf kleiner Flamme dünsten. Wichtig ist hier, dass man nicht umrührt, sonst besteht die Gefahr, dass der Reis unten anbrennt. Umrühren kommt zum Schluss.

Der größte Aufwand beim Gericht ist das Waschen und Schneiden. Möhren und Porree müssen in Scheiben zerteilt werden.

OBERHAUSEN

HÜHNER-SUPPE

DAS SAGT DER PROFI

Foto: © Fabian Strauch

Tobias Fleckner

LIEBSTÖCKEL STATT MAGGI NEHMEN

Hühnersuppe mit Einlage, das darf eigentlich bei keinem Sonntagsessen fehlen. Sie ist in jeder Hinsicht ein Meisterwerk: bodenständig, günstig, leicht zu kochen, ein absoluter Munter- und Fitmacher. So enthält Hühnersuppe gesunde Inhaltsstoffe wie Vitamine, Eisen und Zink. Das gibt Power für das Immunsystem. Am besten für eine Hühnersuppe ein ordentliches, gut gewachsenes Bio-Huhn verwenden. Das Fleisch hat mehr Geschmack, weil die Tiere langsamer wachsen als turbogemästete Käfighühner. Im Rezept wird mit Maggi nachgewürzt, dies kann man aber auch natürlich machen, indem man Liebstöckel verwendet. Liebstöckel ist als Maggikraut bekannt und in vielen Geschäften oder auf dem Markt erhältlich. Mal etwas frischen Ingwer in die Suppe reiben, vielleicht mal einen Schuss Sherry zugeben oder die Einlagen variieren lassen: Eierstich, Nudeln, Reis oder Grießklößchen in die Suppe geben oder einfach eine Scheibe gutes Brot dazu reichen.

SÜNDENFAKTOR

GERING

Mit weniger als 1000 Kilokalorien für das gesamte Rezept spielt die Hühnersuppe längst nicht in der Liga der Kalorienbomben mit.

Mittags schwingt Anette Friedhoff täglich den Kochlöffel.

HÜHNERSUPPE WIE BEI MUTTERN

Anette Friedhoff hat das „Kochgen" ihrer Mutter Käthe geerbt. Deren „Essens-Orgien" folgt sie jedoch nicht. Sie mag's lieber schnörkellos

Wenn Anette Friedhoff über den Wochenmarkt geht und sieht saftiggrünen Porree, leuchtend orangefarbige Möhren, dann kommt es schon mal vor, dass sie alle Pläne fürs Mittagessen über Bord wirft und entscheidet: Heute mach ich Suppe. Am liebsten Hühnersuppe.

„Das Kochgen habe ich von meiner Mutter", erzählt Anette Friedhoff. Die habe bis ins hohe Alter regelrechte „Kochorgien" veranstaltet. „Sonntags machte meine Mutter alles in mehrfacher Ausführung: Hühner- und Rindfleischsuppe; Sauer- und Schweinebraten, Kartoffeln und Klöße, Blumenkohl und Bohnen, Gurkensalat, Grünen Salat, Bohnensalat – und für jeden den Lieblingsnachtisch: Vanille- oder Schokopudding."

Familie spielt auch in Anette Friedhoffs Leben eine große Rolle. Liebevoll bekocht sie täglich ihre Tochter und deren Mann, die mit im Haus leben. Nur übertreibt die Osterfelderin es nicht so sehr wie einst ihre Mama Käthe. Heute steht einfach nur Hühnersuppe auf dem Plan. Ohne Schnick und ohne Schnack. Aber sehr lecker.

Schon beim Schnippeln des Gemüses verbreitet sich in der cremeweißen, tipptopp sauberen Küche im modernen Landhausstil der Duft von Mittagessen. Die Osterfelderin muss an den Gemüsegarten ihrer Eltern denken. Jetzt wird das Suppenhuhn, ein Viertel reicht für die dreiköpfige Familie, abgewaschen und mit dem Suppengrün auf den Herd gebracht.

Eine Stunde Zeit hat Anette Friedhoff jetzt. „Ich mache dann meistens mein Sudoku von morgens aus der Zeitung zuende", sagt sie und lacht. Zwischendurch müsse sie aber auch immer wieder einen Blick in den Kochtopf werfen, ob auch alles schön weiterköchelt und nicht überkocht.

60 Minuten sind schnell verplaudert, Anette Friedhoff muss wieder ran an den Herd. Diesmal Reis kochen. „Da mache ich's mir einfach", sagt sie und lässt zwei durchsichtige Beutel ins Wasser plumpsen. Jetzt muss nur noch alles abgeschmeckt werden. „Wenn der Geschmack nicht ganz so kräftig ist, dann nehme ich Brühe", erklärt die ehemalige Sekretärin. Ist heute aber überhaupt nicht nötig.

Bleibt eine Frage: Fleisch drinlassen oder rausholen? Die Tochter mag es mit, der Schwiegersohn ohne. Anette Friedhoff entscheidet sich für Variante C: klein geschnitten auf einem Extrateller anbieten. Dabei fallen ihr noch mehr Familiengeschichten ein. Vom Vater, dem Taubenzüchter, und davon, wie das eine oder andere Tierchen sonntags im Suppentopf landete ...

REINGESCHMECKT

POWER-NAHRUNG:

Die Zutaten für die Hühnersuppe sind günstig und überall erhältlich. Das Gericht macht dabei satt und glücklich. Und soll sogar gesund sein: Es gilt als Hausmittel bei Erkältungen, soll das Immunsystem fit machen und Kraft geben.

Zeitaufwand: ★★★☆☆
Schwierigkeitsgrad: ★★☆☆☆
Preis: ★☆☆☆☆

Sieht nicht nur hübsch aus, sondern duftet auch erstaunlich gut: klassisches Suppengemüse, bestehend aus Möhren, Sellerie und Porree.

MEINE ZUTATENLISTE

¼ Suppenhuhn (Anette Friedhoff nimmt gern Brust), Reis (2 Kochbeutel), Suppengrün (bestehend aus zwei Möhren, 1 Sellerie, 1 dünne Stange Porree), Salz, Brühe/Maggi nach Wunsch

UND SO GEHT'S

ANETTE FRIEDHOFFS HÜHNERSUPPE

Das Hühnerfleisch unter fließendem Wasser abwaschen und in einen größeren Topf mit kaltem Wasser legen. Das gewaschene und klein geschnittene Suppengrün sowie Salz dazugeben. Den Herd auf höchste Stufe stellen. Sobald das Wasser sprudelnd kocht, den Herd so weit herunterschalten, bis es noch gerade eben kocht. Nach etwa einer Stunde den Reis separat kochen. Das Hühnerfleisch herausnehmen und den Reis zur Suppe dazugeben. Fertig. Wer mag, rundet sie mit Maggi ab. Anette Friedhoff schneidet das Hühnerfleisch klein und bietet es zur Suppe an. Ihre Mutter hat es allerdings weiterverwendet und mit Ananas, Pilzen, Spargel und Mayonnaise zu einem schmackhaften Salat weiterverarbeitet.

Guten Hunger: Anette Friedhoff (l.) und Redakteurin Rusen Tayfur legen los.

OBERHAUSEN

TACO-GEMÜSE-AUFLAUF

DAS SAGT DER PROFI

Foto: © Fabian Strauch

Tobias Fleckner

EINFACHE ZUBEREITUNG

Der Taco-Gemüseauflauf liest sich sehr interessant und ich habe ihn schon zu Hause nachgekocht. Ich muss zugeben, dass ich kein Fleisch in diesem Auflauf vermisst habe und es allen sehr gut geschmeckt hat. Interessant ist die Kombination aus deutschen und südamerikanischen Produkten, die zu einem „Crossover Auflauf" verbunden werden. Dieses Rezept zeichnet sich durch eine einfache Zubereitung aus. Es werden frische Produkte wie Paprika und Staudensellerie verwendet und innovativ mit den Tortillachips „getoppt". Diese geben dem Essen den gewissen „Crunch", zu dem lecker gewürzten Gemüse. Wer die Zeit hat, passiert selber ein paar Tomaten, die schon zu weich geworden sind. Eine tolle Idee, die zum Beispiel auch als eine griechisch/südamerikanische Variante mit Oliven, Feta Käse und griechischem Schafsmilchjoghurt zubereitet werden könnte.

SÜNDENFAKTOR

● ○ ○ **HOCH**

Mit knapp 1000 Kilokalorien pro Portion wirkt der Taco-Gemüseauflauf trotz vitaminreicher Paprika nicht schmelzend auf Hüftpolster. Vor allem Tortilla-Chips, Käse und Schmand-Dip machen ihn zur Kalorienbombe.

Andreas Lettau (l.) kocht Taco-Gemüseauflauf und Sohn Felix (r.) hilft mit.

FLEISCHLOS GLÜCKLICH

Als der Sohn entschied, Vegetarier zu werden, musste die Familie sich umstellen. Mit einem Taco-Gemüseauflauf haben die Lettaus eine Alternative gefunden

Es ist knapp drei Jahre her, da stand Diana Lettau (49) vor einer großen Herausforderung. Ihr Sohn Felix (19) hatte gerade verkündet, ab jetzt vegetarisch leben zu wollen. „Eigentlich konnte ihm kein Schnitzel groß genug sein, da musste ich mir etwas einfallen lassen. Zumal: Gemüse war jetzt auch nicht so sein Ding", erzählt die Bankkauffrau und lacht.

Diana Lettau durchstöberte etliche Zeitschriften und Magazine auf der Suche nach passenden Gerichten. Gute Ideen landeten in einem dicken Ordner im Küchenregal. Beim Durchblättern fiel er ihr irgendwann in die Hand: der Taco-Gemüseauflauf. „Das ist Gemüse mit Chips – besser kann man Kindern gesundes Essen doch gar nicht verkaufen", sagt sie. Und nicht nur Kindern!

Erstmals kochten die Lettaus den Auflauf für eine Party. „Das kam super an, mittlerweile ist es unser Familiengericht", erzählt sie. Ihr Mann Andreas (50) erinnert sich: „Als wir vor 20 Jahren Urlaub in Mexiko gemacht haben, haben wir etwas Ähnliches gegessen. Das war auch sehr lecker. Wie das hieß, weiß ich aber nicht mehr."

Weil die Lettaus oft gemeinsam kochen, sind die Handgriffe in der Küche geübt. Felix wäscht das Gemüse, Vater Andreas schnippelt Paprika, Zwiebeln und Knoblauch. „Frauen-Hände müssen ja nicht unbedingt danach riechen", sagt er scherzhaft.

Mutter Diana übernimmt derweil den Staudensellerie, dessen Reste sie fürs nächste Mal portioniert und geschnitten einfriert. Nebenbei behält sie den Überblick, räumt ihren Männern hinterher. „Mein Mann hat Schichtdienst und kocht deshalb viel, aber er ist ein Chaoskopf."

Der hat sich mittlerweile schon der Feuerstelle gewidmet und beginnt mit dem Anbraten des Gemüses. Verfeinert wird alles mit verschiedenen Gewürzen und Kräutern aus dem heimischen Sterkrader Garten. „Da sind wir vom ursprünglichen Rezept abgewichen, das machen wir so, wie wir es mögen", sagt Andreas Lettau.

GEMÜSE KANN NICHT FRISCH GENUG SEIN

Früher gab es bei den Lettaus auch mal Gewürzmischungen aus der Tüte, heute können die Zutaten nicht frisch und die eigenen Gewürze nicht abgeschmeckt genug sein. Selbst bei der Auswahl der Tacos, die eigentlich Tortillachips sind, merkt man das. „Wir essen gerne scharf, nehmen aber nie die ganz extreme Variante – gerade, wenn wir Besuch haben", sagt der Flughafen-Angestellte.

Als Gemüse, Nachos und Käse im Ofen verschwinden, deckt Abiturient Felix schon mal den Tisch. Er ist auch heute noch Vegetarier, „weil einer ja die Welt retten muss". Felix lacht und seine Eltern machen mit. Fleischlos glücklich, sozusagen.

UND SO GEHT'S

LETTAUS TACO-GEMÜSEAUFLAUF

Mais und Kidneybohnen abtropfen lassen. Paprika und Staudensellerie werden gewaschen, die Paprika halbiert und in Streifen, der Sellerie in Scheiben geschnitten. Zwiebeln und Knoblauch werden geschält, die Zwiebeln gewürfelt, der Knoblauch zerdrückt. Beides in Öl andünsten. Genauso Paprika und Sellerie. Hinzu kommen die passierten Tomaten, die man aufkochen lässt. Es folgen: Mais, Kidneybohnen, Zucker, Salz, Kreuzkümmel, Chilipulver und gehackte Kräuter. Danach kommt alles in eine Auflaufform. Tortillachips und der Käse werden verteilt. Ab in den Ofen: Für 30 Minuten, bei 180 Grad (vorgeheizt). Die Frühlingszwiebeln werden in Ringe geschnitten, mit Schmand verrührt und gewürzt

REINGESCHMECKT

VERSTECKTES GEMÜSE:

Der Auflauf ist ein toller Kompromiss für Gemüse-Muffel. Mit wenig Zeitaufwand entsteht ein richtig leckeres Essen für mehrere Personen. Der Zwiebel-Schmand-Dip gibt eine frische Note. Dazu schmeckt Brot oder Reis.

Zeitaufwand: ★★☆☆☆
Schwierigkeitsgrad: ★☆☆☆☆
Preis: ★★☆☆☆

Frische Paprika sind ein Hauptbestandteil des Taco-Gemüseauflaufs. Familie Lettau kocht ihn, weil Sohn Felix Vegetarier ist.

MEINE ZUTATENLISTE

1 Dose Mais,
1 Dose Kidneybohnen (je 425 ml),
3 Paprika (rot, grün, gelb),
2 St. Staudensellerie,
1 Zwiebel, 1 Knoblauchzehe,
2 EL Olivenöl,
1 P. passierte Tomaten (500 g),
½ TL Zucker, 2 EL geh. Kräuter,
60 g Tortilla-Chips, 60 g ger. Käse,
4 Frühlingszwiebeln,
1 Becher Schmand (200 g),
Kreuzkümmel, Chilipulver,
Salz, fr. gem. Pfeffer

Heiß und lecker: So kommt der Auflauf frisch aus dem Ofen.

WARMER KARTOFFELSALAT

DAS SAGT DER PROFI

Foto: © Fabian Strauch

Tobias Fleckner

MIT SÜSSEM ODER SCHARFEM SENF

Der warme Kartoffelsalat mit Endivien ist ein wahrer Klassiker. Auch bei uns zu Hause gab es dieses Gericht oft, da mein Vater Endivien im eigenen Garten angebaut hat. Es ist ein sehr günstiges Gericht. Da Endivien aus Treibhäusern ganzjährig erhältlich sind, kann man den warmen Kartoffelsalat auch gut zum Grillbuffet im Sommer reichen. Geschmacklich variieren kann man, indem man den Salat entweder mit süßem oder mittelscharfem Senf anmacht. Auch die Wahl des verwendeten Essigs ändert den Geschmack. Wem Endiviensalat zu bitter ist, der kann die Blätter kurz in lauwarmes Wasser legen. Dadurch verlieren sie etwas von ihrem herben Geschmack. Aber es gilt generell: „Was bitter dem Mund, ist dem Magen gesund." Die Bitterstoffe regen Verdauungsprozesse an, die Sättigung wird gefördert.

SÜNDENFAKTOR

GERING

Isst man nur den Kartoffelsalat mit Endivien und lässt die Beilage weg, kommt man auf sparsame 300 Kalorien pro Portion. Aber ob man dann satt ist? 100 Gramm Panhas schlagen noch einmal mit 300 Kalorien zu Buche.

Gekonnt ist gekonnt: Hanni Werner in ihrer Küche.

NACH OMA JOSEFINES REZEPT

Warmen Kartoffelsalat mit Endivien kocht Hanni Werne schon seit 30 Jahren. Punkt 12 Uhr steht das Essen bei i immer auf dem Tisch. Die Kinder freut's

Eigentlich wollte Hanni Werner für uns mit frischem, selbstangebautem Endiviensalat kochen. Doch die wilden Kaninchen haben ihr einen Strich durch die Rechnung gemacht. „Die haben alles weggefressen", sagt die 84-Jährige. Zuckt mit den Schultern und schreitet mit gekauftem Grünzeug zur Tat. Eine gestandene Frau mit fünf Kindern und acht Enkeln, die seit 30 Jahren ihr Leben ohne den verstorbenen Ehemann bestreitet, bringt so schnell nichts aus der Fassung.

Bevor sie jedoch mit gekonnten Handgriffen die Arbeit in der Küche beginnt, erzählt Hanni Werner die Geschichte zu dem warmen Kartoffelsalat mit Endivien, den es heute für Sohn, Schwiegersohn und die Reporter geben wird. 30 Jahre liegt es zurück, dass ihre Tante, eine Ordensschwester, im damaligen St. Barbara-Hospital in Duisburg-Hamborn lag. „Sie wollte so gerne Kartoffelsalat haben. So wie meine Mutter ihn gemacht hat", erzählt Werner. „Und da hab ich ihr den gebracht. Mit dem Rad." Man kann es sich lebhaft vorstellen.

Ein altes Familienrezept ist dies also, was heute auf den Tisch kommt. „Preiswert und schnell", beschreibt Werner es kurz und bündig. Das war schon so, als ihre Oma Josefine es für ihre Kinder und Enkel kochte. Flink geht die Seniorin nun zu Werke, setzt die Kartoffeln auf und nimmt sich der Endivien an. Das Alter merkt man ihr kaum an. „Beim Kochen fühle ich mich wohl", sagt Hanni Werner. „Putzen ist nicht so meins."

Gelernt hat sie das Essenmachen vor vielen Jahrzehnten. Im heutigen Clemens-Hospital in Sterkrade. „Da war ich 18 und bin von Ordensschwestern in der Küche angelernt worden." Später kam ihr das Wissen zugute: bei ihrer Arbeit als Hausmädchen. „Das habe ich gemacht, bis ich Kinder bekam. Mit 27 Jahren das erste und dann eins nach dem anderen. Das war damals so. Es gab ja keine Pille."

Sich beschweren oder Lamentieren käme Hanni Werner nicht in den Sinn. Sie macht einfach weiter, in tiefster Entspanntheit. Jetzt kommt Speck mit Zwiebeln, Mehl und Brühe in die Pfanne. Für uns hat sie genaue Mengenangaben notiert, doch eigentlich braucht die geübte Hausfrau das nicht. „Ich wiege nix ab, ich mach das alles so."

Die Kartoffeln sind gekocht. Hanni Werner schreckt sie kurz mit kaltem Wasser ab. „Aber die pellen sich dann auch nicht besser", sagt sie lakonisch. „Das stimmt gar nicht. Früher haben die sich besser pellen lassen." Das müsse wohl an den Kartoffeln liegen.

Es ist viertel vor 12 am Mittag. Jetzt muss nur noch der Panhas in die Pfanne. Da klingelt es auch schon und einer ihrer Söhne kommt. Das Essen steht hier immer pünktlich auf dem Tisch. Kinder, Schwiegerkinder und Enkel wissen das zu schätzen. Hanni Werner muss selten alleine essen.

UND SO GEHT'S

WARMER KARTOFFELSALAT FÜR VIER PERSONEN

Als erstes die Kartoffeln in der Schale kochen. Dann pellen und in Scheiben schneiden. In einer Pfanne Speck oder Margarine zusammen mit einer klein geschnittenen Zwiebel auslassen. Jetzt Mehl hinzugeben und mit Brühe auffüllen. Anschließend das Ganze etwas köcheln lassen. Mit etwas Salz, Pfeffer und Essig abschmecken. Die Soße über die Kartoffeln geben. Den Endiviensalat fein schneiden, waschen und mit dem warmen Kartoffelsalat mischen. Dazu schmecken laut Hanni Werner gebratener Panhas, Fisch oder Spiegeleier. Sie richtet sich da ganz nach den Wünschen ihrer Familienmitglieder. Panhas, im Rheinischen auch Pannas, ist übrigens eine Kochwurstsorte, die in unterschiedlichen Varianten verbreitet ist.

REINGESCHMECKT

BODENSTÄNDIG:

Das Gericht löst so ein wohliges Heimat-Gefühl aus – das müssen die Kartoffeln sein. Die Endivien wiederum machen es frisch-gesund und damit modern. Gute Mischung. Und den Salat als Beilage kann man sich sparen.

Zeitaufwand: ★★★☆☆
Schwierigkeitsgrad: ★★☆☆☆
Preis: ★☆☆☆☆

Zwiebelwürfel geben auch diesem Gericht erst die richtige Würze.

MEINE ZUTATENLISTE

1 kg Kartoffeln,
50 g Speck,
25 g Mehl,
1 Zwiebel,
1 kleiner Endiviensalat,
Salz, Pfeffer, Essig

Erst ganz fein schnibbeln, dann waschen und zum Schluss ab in den Topf zu den warmen Kartoffeln. Das ist der Weg, den die Endivien beschreiten müssen.

OBERHAUSEN

STEAK-GESCHNETZELTES

DAS SAGT DER PROFI

Foto: © Fabian Strauch

Tobias Fleckner

LIEBER NICHT IN STREIFEN SCHNEIDEN

Ein schönes, von Natur aus mageres Hüftsteak sollte man nicht in Streifen schneiden. Zu heiß und zu lange angebraten, wird das Fleisch schnell trocken und zäh. Die fette und sehr kalorienhaltige Schmelzkäsesauce soll und kann dies eventuell ausgleichen. Mein Tipp: Es gibt wunderbare junge, kleine feine Kartoffeln, auch Drillinge genannt. Diese in Salzwasser mit Schale kochen, abschütten und in einer Pfanne mit Olivenöl und Rosmarin goldgelb anschwenken, dann im vorgeheizten Backofen warm halten. Die Rinderhüfte vom Metzger in zwei Zentimeter dicke Steaks schneiden lassen. In der für die Kartoffeln genutzten Pfanne einen guten Schuss Chiliöl heiß werden lassen und die Steaks ca. zwei Minuten von beiden Seiten braten. Das Dosengemüse durch junges Gemüse vom Markt ersetzen und in etwas Salzwasser blanchieren. Mit Kräuterbutter servieren.

SÜNDENFAKTOR

HOCH

Der Käse sorgt für einen hohen Fettanteil. Die Deutsche Gesellschaft für Ernährung empfiehlt, täglich maximal 60 bis 80 Gramm Fett aufzunehmen. Schmeckt aber lecker – sparen Sie anderswo.

In knapp 35 Minuten hat Johannes Sowinski sein Geschnetzeltes gekocht.

LECKERES VON DER HÜFTE

Johannes Sowinski liebt Fußball. Sein Rezept ist deshalb eines für schnelle Köche. Das Hüftsteak-Geschnetzelte mit Gemüse hat in seiner Familie schon Tradition

Dass hier ein Feinschmecker wohnt, sieht man sofort. Auf dem Weg in die Küche von Johannes Sowinski führt seine Frau Dagmar die Besucher an einer beachtlichen Sammlung irischer Whiskeys vorbei. Vor der Tür stoppt sie. „Die Küche überlasse ich meinem Mann", sagt die Erzieherin und lacht.

SONNTAGS MUSSTE ES SCHNELL GEHEN

Der Herr der Küche kommt schnell zur Sache. Mit geübten Handgriffen rollt er das Hüftsteak aus dem Papier. „Das ist ein Extra-Papier, damit das Steak die Farbe behält. Fleisch kaufe ich immer frisch vom Metzger", sagt Sowinski. Locker von der Hüfte schneidet er das Steak in kleine Streifen. Ruckzuck brutzelt es in der Pfanne. Da weiß einer, was er tut. „Bei uns musste es sonntags immer schnell gehen", erzählt er, „ich war Jugendtrainer bei Buschhausen 12. Die Spiele waren um 11 Uhr, um 15 Uhr wollte ich wieder das Spiel der ersten Herren-Mannschaft sehen."

Als ihm das Hüftsteak-Rezept – das ursprünglich mit Rinderfilet gemacht wird – in die Hände fiel, war er begeistert. „Es geht schnell und meine Frau und mein Sohn mochten es auch, das war optimal", sagt der 59-jährige Buschhausener.

Knapp 35 Minuten braucht er fürs Kochen dieses Gerichts. „Wenn ich das Essen in der Pause eines Köln-Spiels zubereite, ruft meine Frau mir immer zu, wenn ein Tor gefallen ist", sagt er.

Sowinski ist seit 1962 Fan des 1. FC Köln. „Damals gab es Sammelbücher mit Spielszenen. Da war einer, Hans Sturm, der hatte am gleichen Tag Geburtstag wie ich. Und dann wurde Dortmund knapp vor Köln Meister. Das tat mir so leid, dass ich sofort Fan wurde", erinnert er sich. Mittlerweile ist er längst Dauerkarteninhaber. Auch seine Frau hat er infiziert. „Das Hüftsteak-Geschnetzelte machen wir auch oft, wenn wir von einem Spiel zurückkommen", sagt Sowinski.

In seinen FC-Köln-Puschen huscht er jetzt von der einen Seite der Küche zur anderen. Das Fleisch ist angebraten, Milch und Schmelzkäse kommen in die Pfanne. In einer zweiten brutzeln knusprige Kartoffelwürfel in Rosmarin. Zu schade, dass Geruch sich weder auf Papier, Bild noch Ton festhalten lässt.

Nun fehlen nur noch Erbsen und Möhren. „Für meine Frau mache ich immer eine Extra-Portion", sagt der Industrie-Techniker, „sie mag nicht so gerne Erbsen – deshalb bekommt sie nur Möhren." Gegessen wird allerdings gemeinsam. Ob Köln spielt oder nicht.

REINGESCHMECKT

WENIG ZEIT, VIEL ESSEN:

Für wen an feinstes Fleisch auch schon einmal herzhafte Soße darf, der hat mit diesem Rezept gewonnen. Nach ca. 35 Minuten ist alles bereit. Wer nicht satt wird, hat was falsch gemacht.

Zeitaufwand: ★☆☆☆☆
Schwierigkeitsgrad: ★★★☆☆
Preis: ★★★☆☆

Mit Rosmarin werden die Kartoffelwürfel zum Geschnetzelten gewürzt

MEINE ZUTATENLISTE

600 g Hüftsteak,
400 g Schmelzkäse,
200 ml Milch,
1 Dose Erbsen und Möhren (850 ml),
Pfeffer, Salz, Petersilie,
Kartoffeln,
Rosmarin,
Olivenöl

UND SO GEHT'S

HÜFTSTEAK-GESCHNETZELTES MIT GEMÜSE

Soll das Essen für vier Personen reichen, müssen zunächst 600 Gramm Hüftsteak in schmale Streifen geschnitten werden. Die Fleischstreifen kommen in eine Pfanne und werden in Sonnenblumen- oder Rapsöl angebraten. Nach einiger Zeit gibt man Milch und Schmelzkäse hinzu und wartet, bis letzterer sich aufgelöst hat. Während das geschieht, können die Erbsen und Möhren abgetropft und zum Erwärmen in die Pfanne gegeben werden. Alles wird mit Salz, Pfeffer und Petersilie abgeschmeckt. Als Beilage serviert der Buschhausener Johannes Sowinski Kartoffelwürfel, die er mit frisch gehacktem Rosmarin in einer zweiten Pfanne in Olivenöl knusprig gebraten hat.

Das Steak kommt immer frisch vom Metzger. In Streifen geschnitten wird es in der Pfanne angebraten.

OBERHAUSEN

BANDNUDELN MIT LACHS

DAS SAGT DER PROFI

Foto: © Fabian Strauch

Tobias Fleckner

NUDELN SIND ALLESKÖNNER

Nudelgerichte sind in der Regel schnell zubereitet, in der Herstellung super variabel sowie günstig und schmecken allen, auch den Kindern. Frau Engels italienische Variante mit dem Rucola und den Kirschtomaten könnte mit etwas frisch gehobeltem Parmesan beim Anrichten noch aufgewertet werden. Die „deutsche" Variante wäre, wenn man zum Beispiel den Lachs durch Schweinefilet ersetzt und saisonal ein paar Blätter Bärlauch zupft und unterhebt. Generell kann man Nudeln mit fast allem, was der Kühlschrank oder der Gemüsekorb noch hergibt, kochen und anrichten. Oft entstehen gerade aus der Not heraus neue und tolle Eigenkreationen, wenn man „irgendetwas" zusammenwirft.

SÜNDENFAKTOR

MITTEL

Mit zirka 1300 Kilokalorien (kcal) für alle Zutaten ist das Gericht garantiert keine Sünde. Bei dem Zwei-Personen-Menü entfallen damit auf jeden Gast am Tisch lediglich 650 kcal und gesund sind Lachs und Salat obendrein.

Zusammen kochen ist schön, zusammen essen ist besser: Dagmar Engel und Rusen Tayfur.

GESUNDES „FAST FOOD"

Schnell zubereitet, leicht und schmackhaft: Nudeln mit Lachs und Rucola. Dagmar Engel veredelt ihr Lieblingsessen am liebsten mit feinem Zitronenöl

STADTSIEGER

Ihre wichtigste Zutat stellt Dagmar Engel uns als erstes vor: das kaltgepresste Zitronenöl von der Ölmühle Hartmann im bayrischen Diedorf. Jedes Mal, wenn sie ihre Schwester besucht, die bei Augsburg wohnt, bringt die 68-Jährige sich ein paar Flaschen von dem edlen Tropfen mit. Damit würzt sie dann Salate und verschiedene Gerichte, am liebsten jedoch ihr Lieblingsessen: Bandnudeln mit Lachs, Tomaten und Rucola.

„Ich esse lieber Fisch als Fleisch", sagt Dagmar Engel, „wegen der ganzen Skandale." Huhn zum Beispiel komme ihr gar nicht in die Küche: „Wenn ich im Fernsehen sehe, wie die gehalten werden, wird mir ganz anders." Und so steht auch ein appetitlich aussehendes, frisches Stück Lachs heute im Zentrum des Geschehens. Zur Not tue es auch mal ein tiefgefrorenes, „das hab ich immer im Haus".

Bevor das Fischfilet an der Reihe ist, gibt es noch einen kleinen Plausch zum Thema Bandnudeln. Die dürfen nicht zu matschig gekocht werden, erklärt Dagmar Engel. Und: Es gibt Bandnudeln und Bandnudeln. Heute sollen es mal ganz besondere sein, sie sind über Bronzewalzen gegangen. Ob's was genützt hat, erfahren wir später. Was schon feststeht: Die Rentnerin beschäftigt sich gerne mit allem rund ums Kochen. Rezeptbücher gehören zu ihrer Lieblingslektüre, eine Fachzeitschrift hat sie im Abo.

Los geht's: Dagmar Engel schneidet den Lachs auf ihrem Lieblingsholzbrett. Das ist 40 Jahre alt und hat ihren Eltern gehört. „Das hab ich gerne geerbt", sagt sie. Das ganze Haus, in dem sie im Marienviertel lebt, ist randvoll mit Erinnerungen an ihre Familie. „Meine Großeltern haben es gekauft und unten einen Tante-Emma-Laden betrieben", erzählt Engel. „Ich hab mein ganzes Leben hier verbracht."

Jetzt kommt etwas Olivenöl in die Pfanne und der Fisch dazu. Dagmar Engel, die mit ihrem Hund Perro zusammenlebt, der aus einer spanischen Auffangstation für Straßenhunde stammt, liebt an diesem Rezept besonders, dass es so schnell geht („Ich nenne es mein Fast Food") und, dass man es variieren kann: „Ich nehme auch mal Jakobsmuscheln oder Shrimps."

Der Lachs ist schnell gebraten, nun kommt er mit den Nudeln und Tomaten in die Schüssel. Hinzugekommen sind „nur Salz, Pfeffer und Zitronenöl, sonst nix". Für Frische sorgt eine Schicht Rucola. „Das sieht hübsch aus", sagt Engel. „Es soll ja auch was fürs Auge sein. Dass man Rucola einfach so ungekocht ins Essen mengen kann, habe sie beim Italiener gelernt. Bei jenem, der die Kantine im Arbeitsamt betrieb, in dem sie gearbeitet hat. Jetzt heißt es jedoch: Feierabend! Und einfach nur genießen.

REINGESCHMECKT

FLEISCH-ALTERNATIVE:

Wirklich herrlich, einmal ein Essen mit Fisch statt Fleisch zu genießen. Wenn wir ehrlich sind, können wir es doch alle nicht mehr sehen. Und zur ausgewogenen Ernährung trägt der Lieferant von Omega-3-Fettsäuren auch bei.

Zeitaufwand: ★★☆☆☆
Schwierigkeitsgrad: ★★☆☆☆
Preis: ★★★☆☆

„Etwas Zwiebeliges muss rein", findet Dagmar Engel.

MEINE ZUTATENLISTE

150 g Bandnudeln,
300 g Lachsfilet,
3 Frühlingszwiebeln,
50 g Rucola,
200 g Minitomaten,
3 EL Zitronenöl/Olivenöl,
Zitronensaft

UND SO GEHT'S

NUDELN MIT LACHS FÜR ZWEI PERSONEN

Zunächst die Bandnudeln nach Packungsangabe kochen. In der Zwischenzeit die Haut des Lachsfilets entfernen und den Fisch in etwa zwei Zentimeter große Würfel schneiden. Die Frühlingszwiebeln in Ringe schneiden. Rucola (Frau Engel nimmt am liebsten kleine Blätter) waschen und trocknen. Die Minitomaten halbieren. Dann in einen großen Topf etwas Raps- oder Olivenöl geben, die Frühlingszwiebeln und den Lachs darin anbraten, die Tomaten zugeben. Jetzt die abgetropften Nudeln untermischen, das Ganze nach Geschmack pfeffern und salzen. Den Rucola vorsichtig unterheben. Entweder Zitronenöl hinzugeben oder verquirltes Rapsöl/Olivenöl mit Zitronensaft/Zitronenaroma und sofort servieren.

Tiefgefrorener Lachs geht auch, doch hier haben wir es mit einem herrlich rosafarbigen, frischen Filetstück zu tun.

KÖNIGSBERGER KLOPSE

DAS SAGT DER PROFI

Foto: © Fabian Strauch

Tobias Fleckner

EIN MUSS: KAPERN UND SARDELLEN

Die Königsberger Klopse sind laut einer Forsa-Umfrage das bekannteste Gericht in Deutschland. Das Rezept von Frau Henseleit ist lecker-einfach und eine der vielen Abwandlungen der ursprünglichen Königsberger Klopse. Traditionell wurden die in Ostpreußen erfundenen Klopse aus frisch gewolftem Kalbsfleisch hergestellt. Dabei wurde das Fleisch noch weich geklopft und dann fein geschabt. Unbedingt ein Muss bei den Zutaten sind Kapern und klein geschnittene Sardellenfilets. Abgeschmeckt wird der Fleischteig dann mit fein geriebener Zitronenschale. Dem Salzwasser kann etwas Brühe und Weißwein zugefügt werden, um darin die Klopse ziehen zu lassen. Der Mehlschwitze kann mit Muskat, Butter und Sahne Pfiff gegeben werden, der trockene Weißwein verleiht der Sauce dann eine gewisse Leichtigkeit. Als Beilage ist auch Butterreis passend.

SÜNDENFAKTOR

MITTEL

Mit etwa 670 Kalorien pro Portion ist das Gericht nicht gerade leicht. Es gehört aber auch nicht zu den heftigen Dickmachern. Königsberger Klopse sind einfach deftige Hausmannskost, die man ab und zu genießen kann.

Gekocht von Hannelore Henseleit: leckere Klopse mit Soße.

DAS GEHEIMNIS LIEGT IN DER SOSSE

Hannelore Henseleit kocht das Lieblingsgericht ihres Mannes. Der könnte Königsberger Klopse nach dem Rezept seiner Mutter jeden Tag essen

Es gibt nicht viel, was Manfred Henseleit in der Küche zu schaffen hat. Eigentlich macht er hier nur ab und an mal Kruschkemus, eine süße Milchsuppe mit Birnen aus seiner ostpreußischen Heimat. Ansonsten führt Hannelore Henseleit hier das Regiment. Es sei denn, es gibt Königsberger Klopse, so wie heute. Da darf ihr Mann dann doch kurz mitmischen: als Abschmecker in Soßen-Angelegenheiten. Eine Aufgabe, die er mit großem Ernst erfüllt, wie wir sehen werden.

Auch die Königsberger Klopse sind eine Spezialität aus Ostpreußen. Hannelore Henseleit hat das Rezept von ihrer Schwiegermutter. „Da kommen viele Geschichten hoch", sagt sie. Mehrmals hat sie sich mit ihrem Mann auf die Spuren seiner Vergangenheit begeben, in Tilsit, dem heutigen Sowetsk in Nordwestrussland, direkt an der litauischen Grenze.

Nach mehreren Geschichten von damals müssen wir Manfred Henseleit stoppen. Er darf beim alkoholfreien Bier im Wohnzimmer abwarten, bis seine Frau ihn ruft. Die schreitet gleich zur Tat und knetet Hackfleisch, Zwiebeln und Brötchen. Alles ist bestens vorbereitet. Die Gewürze warten aufgereiht auf ihren Einsatz und die Kartoffeln hat Hannelore Henseleit auch schon geschnibbelt, wie für eine richtige Kochshow im Fernsehen. „Sonst gibt's das ja nur sonntags bei uns", erzählt die 60-Jährige schmunzelnd. Ein Festtag sei dies deshalb heute für ihren Mann. Wenn's nach ihm ginge, müsste sie auch so viel zubereiten, dass es für die ganze Woche reicht. Von seinem Lieblingsessen bekommt der 76-Jährige nie genug.

Zügig geht's voran: Hannelore Henseleit formt die Klöße („Ganz so dick mag ich sie auch nicht") und lässt sie in den Topf mit Brühe plumpsen. „Wenn man gerne kocht", sagt sie, „geht das ruckzuck." Aber dann gibt es doch eine Einschränkung: Bei der Soße, da müsse man aufpassen, „dass die Mehlschwitze, die Brühe und die Buttermilch nicht ansetzen." Das erfordere Fingerspitzengefühl. Ihr Tipp: „Immer schön rühren".

Wenn niemand da wäre, der sie davon abhält, dann würde die Klosterhardterin jetzt ein bisschen lesen. „Australische Sagen, Historisches oder Liebesromane." Nun erzählt sie uns von ihrem Berufsleben. Mehr als 30 Jahre hat sie im Krankenhaus gearbeitet. Erst als Hauswirtschafterin, später als Hilfskraft auf der Station kam sie ihrem Traumberuf Krankenschwester zumindest ziemlich nah. Und lernte so auch ihren Mann kennen: „Das war 1973 im St. Josef. Er arbeitete da als Maler."

Auftritt des Handwerkers im Ruhestand in der Küche. Er darf jetzt abschmecken. Nimmt einen Löffel Soße, schmeckt genau hin, schweigt und nickt dann zufrieden. Sein Lieblingsessen, es ist ihr wieder einmal gelungen.

UND SO GEHT'S

KÖNIGSBERGER KLOPSE FÜR VIER PERSONEN

Einige Zeit vor dem Kochen schon das Brötchen in etwas Wasser einweichen. Das Gehackte (Frau Henseleit nimmt immer halb Schwein, halb Rind) mit dem weichen Brötchen, dem Ei, der Zwiebel, etwas Salz und Pfeffer mischen und aus der Masse kleine Klopse formen (aus 500 Gramm Hackfleisch werden etwa neun bis zehn Stück). Diese dann in Brühe köcheln lassen. Nach 20 Minuten rausholen. Die Brühe nicht wegschütten. Fett und Mehl in der Pfanne zu einer Mehlschwitze bereiten, dann diese mit Brühe von den Klopsen und der Buttermilch zu einer Soße binden. Zum Schluss mit Kapern, Zitronensaft und Salz abschmecken. Dazu gibt es bei Henseleits gerne Salzkartoffeln und Rote Bete.

REINGESCHMECKT

LECKER:

Eins steht fest, Königsberger Klopse schmecken besser als die schwedischen Klöße aus dem Möbelgeschäft. Sie erfordern zwar etwas Geschick, sind dann aber doch gar nicht so schwer herzustellen. Kapern machen's herrlich sauer.

Zeitaufwand: ★★★☆☆
Schwierigkeitsgrad: ★★☆☆☆
Preis: ★☆☆☆☆

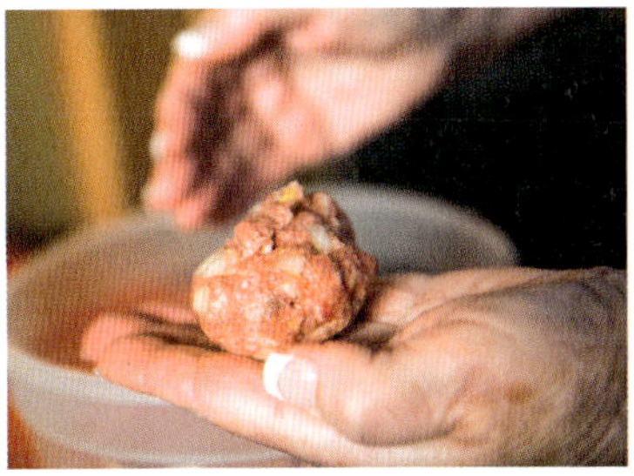

Nicht zu groß und nicht zu klein sollen die Königsberger Klopse sein. Hannelore Henseleit hat Übung darin, sie in die richtige Form zu bringen.

MEINE ZUTATENLISTE

500 g Gehacktes (halb und halb),
1 Brötchen, 1 Ei, 1 Zwiebel,
500 ml Buttermilch,
100 g Mehl,
50 g Butter oder Margarine,
Kapern,
Zitronensaft,
Salz, Pfeffer

„Immer schön rühren", das ist das Geheimnis. Die Soße darf nicht ansetzen.

HIMMEL UND ERDE VOM GRILL

DAS SAGT DER PROFI

Foto: © Kerstin Bögeholz

Stefan Opgen-Rhein

KLASSIKER MIT PFIFF FÜR KALTE TAGE

Himmel und Ähd mit Blutwurst ist seit dem 18. Jahrhundert bekannt und noch heute streiten sich die Kölner und Ruhrpottler über die erste Nennung. Der von Frau Baumann interpretierte Klassiker ist auf jeden Fall eine Geschmacksbombe, aber eher etwas für kalte Tage, an denen man sich nach kalorienhaltiger Kost sehnt. Im Sommer kann man es als Salat reichen: Kartoffeln kochen. Zwiebeln, Äpfel, Kartoffeln und Blutwurst in kleine Stücke schneiden. Mit Salz, Pfeffer, Olivenöl und etwas Balsamicoessig abschmecken und mit frischem Majoran und Oregano würzen. Obenauf etwas Crème fraîche. Die Pilze gebraten dazu geben.

SÜNDENFAKTOR

HOCH

Dieses Grillgericht ist zwar unheimlich lecker und macht auch richtig satt, schlägt aber mit vielen Kalorien zu Buche hin und wieder darf das sein. Als Ausgleich sollte man noch einen kleinen gemischten Salat reichen, denn sonst muss man sich mit den Vitaminen der Äpfel und Champignons begnügen und das ist für den Tagesbedarf eines Erwachsenen ein bisschen zu wenig.

Fabiola Baumann (l.) erklärt WAZ-Mitarbeiterin Melanie Meyer ihr Grillgericht

HIMMEL UND ERDE VOM GRILL

Fabiola Baumann hat eine klare Devise: „Fleisch ist mein Gemüse.“ Mit ihrem Brat- und Blutwurst-Gericht gewann sie schon zwei Meisterschaften

Noch bevor Fabiola Baumann überhaupt die Tür öffnet, hat dieser Ort schon viel erzählt. Zum Kochen ist er nämlich sehr ungewöhnlich: Hinter einem Eisentor liegt der alte Garten von Baumanns Vater. Moderne Küchenzeile? Fehlanzeige. Heute wird gekocht, wo früher eine Theke war.

GRILLTEAM SCHLEUSENHEXEN

Am Eingang zur Gartenlaube gibt es keine Klingel, dafür einen Türklopfer. Ein ehemals prunkvoller Löwenkopf. „Das findet man, wenn man auf den Schrottplatz geht", erzählt sie. Ihr Vater war Schrotthändler, Baumann hat von ihm nicht nur den Garten, sondern auch das Sammelfieber geerbt. „Einmal Schrotti, immer Schrotti", sagt sie und lacht. Neben dem Fenster hängt ein Schild: „Grillteam Schleusenhexen" steht in glitzernden Buchstaben darauf. Die kochende Leidenschaft der 54-Jährigen wäre damit geklärt, was sie servieren wird, irgendwie auch.

In der Gartenlaube hat sich Baumann eingerichtet: mit mobilem Ofen und Gasherd. Die Kartoffeln sind schon gekocht, jetzt geht es um die Wurst. Die Blutwurst. „Den Naturdarm brauchen Sie nicht abmachen, den kann man mitessen", weist sie ihre Aushilfe an. Alles klar, Nachricht angekommen.

„Eigentlich ist das ein Grillgericht", erklärt die Borbeckerin, „wir haben damit zweimal die Bergische Meisterschaft in Odenthal gewonnen." „Wir" sind die Schleusenhexen, das weibliche Grillteam, mit dem Fabiola Baumann seit 2007 immer wieder an Grill-Meisterschaften teilgenommen hat.

„Als wir damals losfahren wollten, hatten wir noch keine gute Beilage. Ich hatte noch eine Blutwurst im Kühlschrank und hab' überlegt, was man machen könnte", erzählt sie beim Zwiebel-Schälen. Die Idee: Himmel und Erde für den Grill. „Das Gericht ist ja im Bergischen genauso bekannt wie im Ruhrgebiet, da haben wir das mal ausprobiert – und in der Kategorie ‚Bratwurst' 2011 und 2012 den ersten Platz geholt", sagt sie stolz.

Während sie spricht, mischt sie in einer Schüssel geraspelte Äpfel, Zwiebeln, Crème fraîche und Blutwurstwürfel zusammen. Das alles kommt in die ausgehöhlten Kartoffeln. Für alle, die der Himmel-und-Erde-Kombination nichts abgewinnen können, gibt es Kartoffeln mit Meerrettich-Füllung. Zusammen mit den mit Senf-Soße gefüllten Champignons kommen die Schiffchen ab in den Ofen. Den hat sich Baumann extra von einer Freundin geliehen. Denn sonst wird im Garten natürlich mehr gegrillt.

Sechs Grills hat Baumann in der Garage – vom Kugelgrill bis zum „Smoker". Doch heute wird sogar die Bratwurst in der Pfanne gebrutzelt. Immerhin stimmt die Grundlage: „Ich brauche kein Gemüse", sagt Baumann, „Fleisch ist mein Gemüse."

REINGESCHMECKT

SCHNELL GEKOCHT:

So hat man Himmel und Erde wirklich noch nicht gegessen! Wer nicht auf Blutwurst steht, ist mit der Meerrettichfüllung gut versorgt. Samt Champignon und Bratwurst ist das Rezept vielseitig, aber trotzdem schnell gemacht.

Zeitaufwand: ★☆☆☆☆
Schwierigkeitsgrad: ★☆☆☆☆
Preis: ★☆☆☆☆

Die Kartoffeln werden ausgehöhlt und gefüllt. Einmal mit „Himmel und Erde" – also mit Blutwurst, Äpfeln und Zwiebeln – und als Alternative mit Meerrettich.

MEINE ZUTATENLISTE

4 grobe Bratwürste,
8 gleichgroße Kartoffeln,
Meerrettich (frisch oder aus dem Glas),
1 Becher Crème fraîche (200 g)
1 Blutwurst, 2 Zwiebeln,
1–2 Äpfel,
4 große Champignon-Köpfe,
250 ml Sauce Hollandaise,
Senf, geriebener Käse,
Salz, Pfeffer

Die grobe Bratwurst kauft Fabiola Baumann immer frisch vom Metzger.

UND SO GEHT'S

FABIOLA BAUMANNS GRILL-GERICHT

Die acht Kartoffeln gar, aber bissfest kochen, die Champignons putzen und den Stiel rausdrehen, die Bratwurst pfeffern und salzen. Von den gekochten Kartoffeln die obere Kappe abschneiden und die Hälften aushöhlen. Vier Kartoffeln werden mit einer Masse aus Crème fraîche und Meerrettich gefüllt, die je nach Geschmack gemischt wird. Weitere vier Kartoffeln werden mit Blutwurstwürfeln, etwas Crème fraîche, gehackten Zwiebeln und Äpfeln gefüllt. Alle Hälften werden mit geriebenem Käse bestreut, die Kappen kommen obendrauf. Mit den Champignons, die mit einer Senf-Sauce-Hollandaise-Crème gefüllt werden, kommen sie in den Ofen (zehn Minuten, 160 Grad). Dabei die Würste braten.

OBERHAUSEN

ÜBERBACKENE GARNELEN

DAS SAGT DER PROFI

Foto: © Kerstin Bögeholz

Stefan Opgen-Rhein

BESSER AUS DEM KALTEN WASSER

Garnelen waren früher ein absolutes Luxusessen. Mittlerweile bekommt man sie schon bei allen Discountern. Aber Vorsicht, es gibt riesige Qualitätsunterschiede. Meistens werden Warmwassergarnelen aus den Tropen oder Subtropen angeboten (Tiger Prawn). In der Vergangenheit gab es bei den Tieren häufiger Probleme mit giftigen Rückständen. Geschmacklich intensiver und aromatischer sind die Kaltwassergarnelen. Sie werden meist in den Gewässern vor Norwegen, aber auch im tiefen Mittelmeer oder vor Chile gefangen. Diese Art ist allerdings auch etwas teurer. Meine Rezept-Variante: Schneiden Sie grünen Spargel in Stücke, die Sie noch halbieren. Anschließend braten und mit Balsamico ablöschen. Garnelen ebenfalls braten und in der Pfanne würzen. Cocktailtomaten und Basilikum mit dazu geben und Parmesan in Späne hobeln. Halbierte Baguettescheiben in Olivenöl braten und mit zum Salat geben. Vermengen, mit Salz, Pfeffer, Zucker und Olivenöl abschmecken.

SÜNDENFAKTOR

GERING

Überbackene Garnelen sind ein leichtes Gericht. Es hat nur knapp 270 Kalorien. Das ist nur ein Bruchteil des Tagesbedarfs. Durch die Tomaten und Meeresfrüchte ist das Gericht reich an wichtigen Nährstoffen.

Maria und Werner Scheimann stehen häufig gemeinsam in der Küche.

GEMEINSAME LEIDENSCHAFT

Kochen und Essen zelebrieren Maria und Werner Scheimann. Steif geht es bei dem Ehepaar aber nicht zu – sehr zur Freude der Gäste

Die Tür in Klosterhardt ist kaum ins Schloss gefallen, da wechselt man bei Familie Scheimann schon vom „Sie" zum „Du". Förmlich ist anders. Aber wer mag schon eine stocksteife Tischgesellschaft. Maria und Werner Scheimann bestimmt nicht. Die lockere Art springt direkt auf die Gäste über.

So macht Kochen Spaß. Und Kochen ist auch die gemeinsame Leidenschaft des Ehepaares. „Wer für seine Gäste nicht selber kocht, der schätzt sie nicht wert", sagt Maria Scheimann. Der Satz stammt so oder so ähnlich von Alfred Biolek. Er beschreibt aber sehr gut, was für ein Typ Gastgeber die Scheimanns sind.

Der Tisch ist bereits gedeckt und dekoriert. Feines Tischtuch, Blumenbouquets, Stoffservietten, Besteckablage und Untersetzer für die Teller zieren ihn. Maria Scheimann spricht von der „kleinen Version", wenn sie richtig los legt, dann dauert es über eine Stunde, bis der Tisch perfekt aussieht. Aber die „kleine Version" verleiht der Tafel schon eine Eleganz, die bei anderen Familien nicht einmal an den Weihnachtsfeiertagen erreicht wird. „Der Tisch ist das A und O eines schönen Essens", sagt Maria Scheimann. Das Auge isst eben auch mit.

Die Liebe zum Detail und guten Lebensmitteln findet sich ebenso in der Küche wieder. Die Flasche mit Olivenöl stammt aus Sizilien. „Der Vater von einem alten Arbeitskollegen hat dort einige Olivenbäume und presst das Öl selbst", erzählt Werner Scheimann. Ihren Ketchup besorgen sie sich bei einem Bio-Hersteller aus der Toskana. Und natürlich sind sie auch viel in der Region unterwegs, um bei örtlichen Bauern Eier oder Spargel zu kaufen.

Häufig steht in der Küche Werner Scheimann vor dem Herd. Der 65-Jährige ist Rentner, arbeitete früher als Betriebsschlosser in einer Baufirma. Maria ist 61 Jahre alt und arbeitet als Verkäuferin. Oft ist sie erst nach 20 Uhr zurück. So schafften es auch die überbackenen Garnelen, sich einen festen Platz auf ihrem Speiseplan zu erobern. „Wenn Maria so spät nach Hause kommt, dann ist das ein schön leichtes Gericht", sagt Werner Scheimann. „Das liegt abends im Bett auch nicht wie ein Stein im Magen."

Das Paar kocht aber ebenso gerne gemeinsam. Dass viele Köche den Brei verderben, bewahrheitet sich allerdings nicht. Maria und Werner Scheimann diskutieren trotzdem gern. „So, das reicht jetzt mit dem Käse", sagt der Küchenchef. Seine Liebste entgegnet: „Das halte ich für ein Gerücht." Und streut noch ein paar Krümel über die Auflaufform, in der schon die Garnelen liegen. Beide lachen. „Wenn ich neue Gerichte ausprobiere", sagt Werner Scheimann, „dann muss meine Frau auch immer mit abschmecken."

REINGESCHMECKT

SCHNELL UND SIMPEL:

Überbackene Garnelen sind selbst für unerfahrene Köche keine große Herausforderung. Auf ein paar Dinge muss man achten, aber die gehören zum Küchen-Einmaleins. Das Ergebnis schmeckt dafür fantastisch, sofern man Meeresfrüchte mag.

Zeitaufwand: ★★★☆☆
Schwierigkeitsgrad: ★★☆☆☆
Preis: ★★★☆☆

Kurz anbraten, das ist bei den Garnelen wichtig.

MEINE ZUTATENLISTE

600 g Garnelen,
2 Zwiebeln,
1 Knoblauchzehe,
½ Bund glatte Petersilie,
100 ml Olivenöl,
1 TL Oregano,
400 g Tomaten (Dose),
200 g Fetakäse

UND SO GEHT'S

ÜBERBACKENE GARNELEN

Die Garnelen mit Zitrone und einer handelsüblichen Fischgewürzmischung würzen. Zwiebeln, Knoblauch und Petersilie fein hacken. Olivenöl im Topf erhitzen. Die Zwiebeln darin glasig anschwitzen. Den Knoblauch etwas später dazu geben. Danach kommen Petersilie, Cayennepfeffer und Oregano in den Topf. Zum Schluss gibt man die geschälten Tomaten aus der Dose hinzu und schmeckt mit Salz und Pfeffer ab. Auch der Zucker kann jetzt unter die Tomaten gerührt werden. Die Soße muss jetzt 20 Minuten auf kleiner Flamme köcheln, bis sie dickflüssig wird. Jetzt werden die Garnelen kurz in Olivenöl angebraten. Danach gibt man sie in eine Auflaufform. Die Tomatensoße gibt man anschließend über die Garnelen. Der Fetakäse wird in groben Stücken über der Auflaufform verteilt. Anschließend muss alles noch für 15 bis 20 Minuten in den vorgeheizten Backofen.

Ein bisschen Schnippelei gehört dazu. Neben der Petersilie müssen auch Zwiebeln und Knoblauch geschnitten werden.

OBERHAUSEN

BÄREN-BROT

DAS SAGT DER PROFI

Foto: © Kerstin Bögeholz

Stefan Opgen-Rhein

SCHINKEN AUFS WARME BROT

Wer kennt sie nicht, die Stulle oder den Dubbel für die Schule oder die Frühstückspause. Deutschland ist das Land mit den meisten Brotsorten – und wir verzehren mittlerweile sogar mehr Baguette als die Franzosen. Das es aber auch einfach sehr lecker und zudem noch anschaulich sein kann, zeigt die Zubereitungsweise des Bärenbrotes. Grundsätzlich kann man jedes Brot anrösten, zum Beispiel mit Olivenöl. Wenn es aus der Pfanne kommt und noch warm ist, dünne Scheiben Schinken auflegen, der lauwarm sein Aroma besser entfalten kann. Ich lege nach dem Anrösten am liebsten dünn geschnittenen italienischen Bauchspeck auf das Brot. Dieser schmilzt sofort und bildet ein wundervolles Zusammenspiel von Getreide und Fleisch.

SÜNDENFAKTOR

MITTEL

Ein Bärenbrot hat weniger als 500 Kilokalorien. Deshalb ist die Mahlzeit für den kleinen Hunger keineswegs eine Sünde. Die wird frühestens begangen, wenn eine zweite Scheibe auf dem Teller landet.

Willi Jahreis bereitet sich erstmals das Bärenbrot selber zu.

EINE SPÄTE PREMIERE AM HERD

Willi Jahreis hat das Bärenbrot in seiner Heimat kennen und schätzen gelernt. Mit 87 Jahren bereitet der Witwer sich die Mahlzeit nun zum ersten Mal selber zu

Willi Jahreis' Bekannte aus der Volleyball-Abteilung stutzten. Da hatte der älteste Spieler ihnen erzählt, dass er demnächst der WAZ ein Bärenbrot servieren wird. Jahreis blickte in ratlose Gesichter. Das Bärenbrot war bei den Volleyballern gänzlich unbekannt.

In seiner Wohnung in der Innenstadt erklärt Jahreis, was es mit dieser Mahlzeit auf sich hat. Er kennt das Bärenbrot schon seit über 70 Jahren. In seiner fränkischen Heimat lernte es Jahreis kennen und schätzen. Sein Onkel Heinrich Höllerich brachte ihn in den Dreißigerjahren auf den Geschmack. Der war als Saxofonist ständig mit den „Hofer Tanzsinfonikern" unterwegs. Nach einem Auftritt in Thüringen stärkten sich die Musiker in einem Gasthof. Dieser hieß „Zum Bären", die Hausspezialität entsprechend „Bärenbrot".

„Dem Onkel hat es geschmeckt. Wenn er bei uns zu Besuch war, musste meine Mutter ihm immer Bärenbrot machen. Meine Frau hat das Rezept später übernommen", erzählt Jahreis. Die Gattin servierte ihm unzählige Bärenbrote. Erst in Hof, später in Oberhausen, wo es die Familie 1957 hin verschlug.

Vor fast drei Jahren verstarb Willi Jahreis' Ehefrau. Seit ihrem Tod hat er kein Bärenbrot mehr gegessen. Es ist nicht so, dass der 87-Jährige nicht kochen oder brutzeln kann. Bratkartoffeln mit Speck oder Dicke Bohnen mit Bratwurst – die kommen bei Jahreis nach Feierabend auf den Tisch. Die Termine als Handelsvertreter für Schulbedarf machen schließlich hungrig.

ZWEI LÖCHER IN DER SCHEIBE

Nun wagt sich Jahreis erstmals ans Selbermachen des bärigen Brots. „Gegessen habe ich schon viele, zubereitet noch keins", sagt er. „Dabei ist das doch gar nicht schwer." Für die Premiere ist alles parat. Auf der Anrichte stehen Eier und Graubrotscheiben mit Löchern. „Das Bärenbrot ist immer eine gute Mahlzeit, wenn es mal wieder schnell gehen soll", erzählt Jahreis.

Das Fett in der Pfanne brutzelt. Jahreis legt die erste Scheibe hinein. Nachdem das Brot von beiden Seiten angeröstet ist, schlägt er die Eier auf und lässt den Inhalt in die Öffnung laufen. „Nun kommt das Schwerste an der Zubereitung", sagt Jahreis. Er muss die Scheibe samt Eifüllung wenden. Im zweiten Versuch klappt es und eine Minute später liegt das fertige Bärenbrot auf dem Teller. „Das sieht natürlich nicht so perfekt aus wie bei meiner Frau. Aber für den ersten Versuch ist es gelungen", sagt Jahreis. Ihm schmeckt's gut, aber auf eine zweite Portion verzichtet er. Am Nachmittag steht wieder Volleyball auf dem Programm und da will er sich den Bauch nicht so vollschlagen.

UND SO GEHT'S

WILLI JAHREIS' BÄRENBROT

Je nach Größe der Brotscheibe ein oder zwei Kreise ausstechen. Der Durchmesser soll circa fünf Zentimeter groß sein. Die Scheibe und auch die ausgestochenen Brotkreise in einer Pfanne mit etwas Fett von beiden Seiten goldbraun anrösten. Anschließend das Ei oder die Eier in die Öffnungen geben und mit Pfeffer und Salz würzen. Danach die Eier in der Pfanne etwas stocken lassen. Anschließend die Scheibe umdrehen und noch mal kurz anbacken lassen. Fertig ist das Bärenbrot. Willi Jahreis kalkuliert für die Zubereitung von zwei Scheiben eine Viertelstunde Zeit ein. Es geht auch schneller, wenn nämlich beide gleichzeitig in der Pfanne liegen. Das empfiehlt Jahreis aber nur Fortgeschrittenen, schließlich wird so das Wenden zu einer kniffeligen Aufgabe.

REINGESCHMECKT

PREISWERT

ist das Bärenbrot und der Zeitaufwand hält sich in Grenzen. Wer sich mit einem Bärenbrot stärken will, muss weniger als einen Euro und eine Viertelstunde investieren.

Zeitaufwand: ★☆☆☆☆
Schwierigkeitsgrad: ★☆☆☆☆
Preis: ★☆☆☆☆

Die erste Wende: Willi Jahreis röstet das Graubrot von beiden Seite. Später schließt er die Löcher mit Eiern.

MEINE ZUTATENLISTE

Eine Scheibe Graubrot (Willi Jahreis empfiehlt dafür altbackenes Brot und möglichst dicke Scheiben), ein oder zwei Eier, Pfeffer und Salz

Journalist Denis de Haas und Willi Jahreis kosten das Bärenbrot.

VELBERT

KARTOFFELSALAT

DAS SAGT DER PROFI

Foto: © Heinz-Werner Rieck

Walter und Sascha Stemberg

EIN KLASSIKER MIT VARIATIONEN

Kartoffelsalat ist in allen Regionen Deutschlands sehr beliebt – und man kann ihn der jeweiligen Saison entsprechend verfeinern und ihm so immer wieder ein neues Gesicht geben. Weißer und grüner Spargel bieten sich aktuell an, ebenso Radieschen. Wenn Bärlauchzeit ist, empfehlen wir Bärlauch- oder Basilikum-Pesto, auch getrocknete Tomaten kann man gut unterrühren. Auch mit Essig und Öl und mit Speck lässt sich ein Kartoffelsalat geschmacklich verbessern, auch Brühe und Staudensellerie machen den Klassiker zu einem neuen Geschmackserlebnis. Beim Garnieren mit Petersilie sollte man grundsätzlich Blattpetersilie wählen, die gekräuselte hat deutlich weniger Aroma. Und wenn der Kartoffelsalat mal etwas leichter sein soll, kann man die Mayonnaise weglassen und durch Joghurt ersetzen.

SÜNDENFAKTOR

MITTEL

Abgesehen von der Mayonnaise bietet der Kartoffelsalat Kohlenhydrate, Vitamine und Ballaststoffe. Die Kartoffeln sollte man übrigens erst nach dem Kochen pellen, um die Mineralstoffe zu erhalten.

Gabriele Pohley präsentiert ihren Kartoffelsalat.

NICHT NUR ZUM FEST

Der Kartoffelsalat von Gabriele Pohley entsteht auf Grundlage eines alten Familienrezeptes. Weihnachten gibt's ihn vor der Gans

Als Gabriele Pohley die Tür öffnet, hat sie in ihrer Küche schon alles Notwendige für das gemeinsame Kochen vorbereitet: „Viel ist es nicht, was unser Festtagskartoffelsalat braucht", sagt sie fast ein bisschen entschuldigend, aber das ist es ja eben, was den Charme der WAZ-Kochaktion „Hier isst der Pott!" auch hier in Niederberg ausmacht: das nicht so aufwändige Alltagsgericht aus unserer Region – schmackhaft, einfach, gut.

DEN GIBT'S AUCH MAL ZWISCHENDURCH

Seit die Tochter geheiratet hat und nicht mehr zu Hause wohnt, kocht Gabriele Pohley an normalen Tagen nur noch für sich und ihren Mann Roland, der als Biologie- und Chemielehrer an der Goetheschule in Essen-Bredeney arbeitet. „Den Kartoffelsalat gibt es meistens Weihnachten, bevor dann an den Festtagen die üppige Gans serviert wird", erläutert sie. Da er aber in der Familie seinen festen Platz auf der Beliebtheitsliste hat und auch in überschaubarer Zeit gemacht ist, gibt's ihn auch mal zwischendurch.

Los geht's nun mit knapp einem Kilogramm Kartoffeln, die ungeschält gekocht werden. Das braucht Zeit, und Frau Pohley nutzt die Gelegenheit, alte Fotos von ihrer Familie vorzuzeigen. Gabriele Pohley stammt aus Berlin, und die leicht vergilbten Dokumente zeigen ihre Urgroßmutter, eine stolze Frau, im Kreise ihrer Lieben, ein weiteres die Großmutter mit den Kindern, eines davon Frau Pohleys Mutter. „Die haben die goldenen Zwanziger in Berlin in vollen Zügen genossen", berichtet die Nevigeserin. Und den Kartoffelsalat, nun, dessen Rezept hat sie noch von der Oma aus der Hauptstadt übernommen. „Somit ist der Salat Teil der Familientradition!" Während die Knollen abkühlen, werden Zwiebeln und Gurken in kleine Würfel geschnitten, Äpfel geschält und geschnippelt. „Je nach Geschmack können saure Gurken oder die etwas süßeren Gewürzgurken gewählt werden", sagt Pohley. Wir nehmen kurzerhand von beiden Sorten. Die Mayonnaise könnte man selbst machen, doch heute greift die Dame des Hauses zum Fertigprodukt.

Bei den Gurken legt Gabriele Pohley übrigens Wert darauf, dass sie aus dem Spreewald kommen, da ist die Heimat Berlin nicht weit. Zusammen mit einem Teller Brühwürstchen kommt der fertige Salat auf den Tisch. Roland Pohley unterbricht die Korrekturarbeiten der Abi-Klausuren und gesellt sich dazu: „Ahhh, Kartoffelsalat!", freut er sich.

REINGESCHMECKT

ZUGEGEBEN:
Ein Kartoffelsalat ist nichts für den schnellen Hunger. Es empfiehlt sich, die Kartoffeln Stunden, besser am Tag vorher zu kochen, damit sie abkühlen können. Viel Schnibbelei ist's, kostet aber nicht viel.

Zeitaufwand: ★★☆☆☆
Schwierigkeitsgrad: ★★☆☆☆
Preis: ★☆☆☆☆

Saure Äpfel schneidet Gabriele Pohley in den Salat.

MEINE ZUTATENLISTE

Für vier Personen:
1000 g festkochende Kartoffeln,
1 Glas Gurken,
vier saure Äpfel,
zwei Zwiebeln,
1 Glas Mayonnaise, Senf,
Schnittlauch,
ein Blatt Pfefferminze,
Salz, Pfeffer

UND SO GEHT'S

KARTOFFELSALAT À LA FAMILIE POHLEY

Die für das Gericht gewählte Kartoffelsorte sollte festkochend sein. Nach dem Kochen, wenn sie abgekühlt sind, werden sie vorsichtig gepellt. Sind sie in Stücke geschnitten, wird ein Schuss Essig hinzugegeben und etwas Gurkenwasser eingerührt. Ebenso in kleine Stücke verwandelte Äpfel und Zwiebeln werden hinzugefügt, zuletzt die klein geschnittenen Gurken, damit sie nicht matschig werden. In einer weiteren Schüssel wird in die Mayonnaise Salz, Pfeffer und Schnittlauch sowie eine klein gehackte Blattspitze Pfefferminze mit dem Schneebesen eingerührt, bevor die weiße Masse behutsam mit Kartoffeln, Zwiebeln, Gurken und Äpfeln vermengt wird. Dazu werden gerne Würstchen gereicht.

Gabriele Pohley und WAZ-Redaktionsleiter Matthias Spruck beim Karoffelpellen. Es gibt Kartoffelsalat nach dem Rezept der Großmutter.

PILLE-KUCHEN

DAS SAGT DER PROFI

Foto: © Detlev Kreimeier

Werner Meuersmorp

VEGETARISCHE VARIANTE

Pillekuchen kennt Werner Meuersmorp natürlich seit seiner Kindheit. Allzu häufig werde dieser Reibekuchen mit Pfannkuchen-Anteil aber von seinen Kunden für Partys und Gesellschaften nicht verlangt, sagt der Heiligenhauser Koch. Allenfalls als kleinere Vorspeisen-Variante sei er noch gern gesehen am Büffet. „Dann gehört darauf noch eine Portion geräucherter Lachs", weiß Meuersmorp. Der Gastronom empfiehlt, den Speck im hier von den beiden WAZ-Leserinnen vorgestellten Rezept einfach mal wegzulassen und eine vegetarische Variante auszuprobieren – mit Rübenkraut und Apfelmus.

SÜNDENFAKTOR

MITTEL

Eier und Kartoffeln sind gesünder als ihr Ruf — doch Fett plus zweierlei Kohlenhydrate, das setzt unter Umständen an. Es sei denn, man hat vorher körperlich gearbeitet und muss die Kalorien wieder reinholen.

DIE TORTILLA AUS DEM BERGISCHEN

Dagmar Haarhaus und Roswitha Habig erklären ihr Rezept für Pillekuchen — einen Reibekuchen mit Pfannkuchen-Anteil, Speck und Zwiebeln

Den flüssigen Teig sollte man vorsichtig über die Kartoffeln gießen und verrü

In Spanien, wo der Anruf der Redaktion Dagmar Haarhaus und Roswitha Habig erreicht, nennt man es „Tortilla“. Im Bergischen, wo die Heiligenhauserin Haarhaus geboren ist, heißt es „Pillekuchen“.

Als Haarhaus erfuhr, dass die WAZ Rezepte aus der Gegend sucht, schwankte sie zwischen Falschem Hasen, Himmel und Erde und Pillekuchen. Warum sie sich für den deftigen Pfannkuchen mit Kartoffelstiften, Speck und Zwiebeln entschieden hat: „Ich bin ein Kind der Nachkriegszeit, wir haben damals viel Pillekuchen gegessen. Meine Mutter musste zusehen, dass sie ihre beiden Töchter durchbringt. Kartoffeln, Eier und Mehl waren immer da. Ein schönes Gericht, sehr sättigend. Wir Kinder haben das gern gegessen und mit Rübenkraut Figuren drauf gemalt.“

Haarhaus und ihre Freundin Habig haben sich vorbereitet. Und legen Wert auf vollendete Gastfreundschaft. In Schürzen und Kochhemden bitten sie in ihr mit Schlichtheit und Formwillen möbliertes Reihenhaus, bieten Getränke an und erzählen. Schon bevor es an die Zubereitung geht, wird über die Freude am Kochen, den Zutaten-Einkauf und gute Ernährung konversiert. Eine kleine Kulturgeschichte des Pillekuchens gibt es dazu. „Piller“ bezeichnet im Bergischen die vier bis fünf Zentimeter langen und zwei Streichholzbreiten dicken Kartoffelstifte, und ferner das von der Form ähnliche männliche Geschlecht, erklärt Haarhaus. Anderswo firmiert der Pillekuchen auch unter dem Namen „Leineweber“, der Überlieferung zufolge, weil auch die Weber nicht viel hatten und ihre Kartoffelspeise mit Leinöl aßen.

Typisch bergisch ist neben dem Namen auch die Hauptzutat Kartoffel, die hier besonders gut gedeihen soll. Mit der spanischen Tortilla hat der Pillekuchen gemein, dass es ein einfaches und schmackhaftes Arme-Leute-Essen ist. Oft lassen sich Reste vom Vortag einarbeiten, „und man kann es vegetarisch oder für Schwerstarbeiter zubereiten“, sagt Roswitha Habig.

Heute gibt es die Schwerarbeiter-Variante: mit durchwachsenem Speck und Zwiebeln im Teig. Dazu einen Romana-Salat mit Honig-Senf-Essig-Öl-Kräuterdressing. Auf dem Tisch stehen die klassischen Beilagen Schwarzbrot, Rübenkraut und stückiges Apfelmus und für die aufgehippte Variante Lachs mit Dill. Weiter-Experimentieren ist möglich. Zu trinken empfehlen Habig und Haarhaus einen Riesling oder ein helles Bier; als Digestif trinkt, wer mag, einen klaren Schnaps hinterher.

REINGESCHMECKT

SCHMECKT

deftig gut, kostet für vier Personen 15 Euro Geld und 45 Minuten Zeit. Die Zubereitung ist einfach. Fehlerquellen sind zu viel Restwasser in den Kartoffeln, zu wenig bindendes Ei oder die Röstzeiten.

Zeitaufwand: ★★☆☆☆
Schwierigkeitsgrad: ★★☆☆☆
Preis: ★★☆☆☆

Den klein gewürfelten Speck in einer Pfanne ohne Fett auslassen. Dann die ebenfalls klein gewürfelten Zwiebeln in die Pfanne zugeben und glasig dünsten.

MEINE ZUTATENLISTE

500 g festkochende Kartoffeln,
100 g durchwachsener Speck,
2 Zwiebeln, 2 Eier,
2 EL Mehl,
2 EL saure Sahne,
Muskatnuss,
Salz, Pfeffer

UND SO GEHT'S

PILLEKUCHEN

Geschälte Kartoffeln gut trocknen und in feine Stifte schneiden (oder mit der groben Reibe reiben, geht schneller). Klein gewürfelten Speck in einer Pfanne ohne Fett auslassen. Klein gewürfelte Zwiebeln in die Pfanne zugeben und glasig dünsten. Kartoffeln unter Rühren mit anbraten. Die Masse mit Salz, Pfeffer und Muskat würzen. Zehn Minuten bei kleiner Hitze garen, Deckel drauf. Eier, Mehl und saure Sahne verquirlen und abschmecken. Den flüssigen Teig über die Kartoffeln gießen, vorsichtig verrühren und zu einem Kuchen andrücken. Bei geschlossenem Deckel stocken lassen, d. h. in der kleinen Pfanne etwa zehn Minuten bei kleiner Hitze. Damit es schneller geht, mehrere Pfannen parallel verwenden.

Dagmar Haarhaus schmeckt das Ganze mit Muskatnuss, Pfeffer und Salz ab

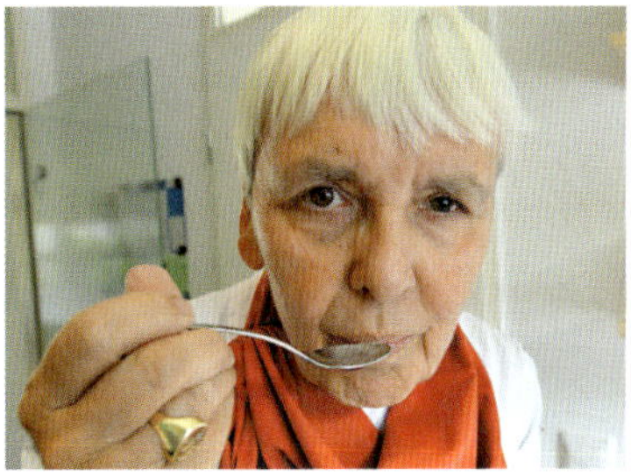

ROTE-BETE-SUPPE

Auch ein Augenschmaus: Julia Knippings Rote-Bete-Suppe.

DAS SAGT DER PROFI

Foto: © Heinz-Werner Rieck

Walter und Sascha Stemberg

ROTE BETE MIT SCHALE KOCHEN

Wir kochen die Rote Bete mit Schale in reichlich Wasser! Dann erst wird sie geschält und klein geschnitten. Unser Tipp: Das Kleinschneiden immer mit Handschuhen erledigen, man bekommt die Farbe nur sehr schlecht von der Haut. Beim Kochvorgang sollten ein bis zwei angeschlagene Stangen Zitronengras mitgekocht und kurz vor Ende des Kochvorgangs noch drei geschnittene Limettenblätter hinzugeben werden. Vor dem Mixen sollten Zitronengras und Limettenblätter entfernt und die Suppe durch ein feines Sieb gegeben werden. Im Anschluss mit Tandooripulver, einer Gewürzmischung der indischen Küche, abschmecken und mit geröstetem schwarzen und weißem Sesam garnieren!

SÜNDENFAKTOR

GERING

Wenn man es mit der süßen Sahne nicht übertreibt, ist die Rote-Bete-Suppe kaum eine Sünde. Aufgrund ihres hohen Vitamin B-, Kalium-, Eisen- und vor allem Folsäuregehalts ist die Rote Bete ein gesundes Gemüse.

ROTE RÜBE AUF DEN TELLER

Julia Nadine Knipping überrascht ihre Gäste gerne mit ihrem gesunden Klassiker Rote-Bete-Suppe. Die Zutaten kommen fast komplett aus ihrem Garten

Bei Julia Nadine Knipping hat die WAZ-Aktion „Das isst der Pott. Alltagsküche in Niederberg" sofort gezündet. Denn Kochen bedeutet für die Nevigeserin Leidenschaft und den Ehrgeiz, auch mal ausgefallene Gerichte auf den Tisch zu bringen. So wie ihre Rote-Bete-Suppe, deren Rezept sie an die Lokalredaktion geschickt hat.

ERNTEZEIT IST IM AUGUST/SEPTEMBER

Rote Bete? Der Durchschnittsesser kennt das tiefrote Gemüse allenfalls eingelegt aus dem Glas oder als irgendeine Zutat beim Heringssalat, damit die Farbe stimmt. Als Suppe – zumindest recht ungewöhnlich. Bei Knippings zu Hause im Holz zeigt die 39-Jährige stolz den großen Garten, der sich hangaufwärts hinter dem Hause bis fast zur Bogenstraße erstreckt. Die Anlage ist sehr gepflegt, im Gehege scharren einige Hühner, in den Randbereichen wachsen Salat, Kräuter und Gemüse, mitten auf dem Rasen stehen prächtig blühende Apfelbäume. Tische, Stühle, eine stilvolle Hütte, die Knippings laden sich gerne Gäste ein. Julia Knipping kocht gerne mit frischen Zutaten, die Rote Bete jedoch gibt es zurzeit noch nicht erntefrisch. „Im August oder September kann ich sie ernten, fürs WAZ-Kochen habe ich sie jetzt eingekauft", sagt sie. Rund ein- bis zweimal pro Monat kommt die Suppe bei Knippings auf den Tisch.

Mit ihrem Mann und zwei Irish Settern bewohnt sie ein geräumiges Haus, die Küche ist mit allem technischen Gerät ausgerüstet für Leute, die sich nicht aus Konserven ernähren oder eine Fertigpizza in den Ofen werfen. „Das Auge isst ja auch mit", kündigte sie an: „Besonders bei Kindern stößt dieser rosarote Farbton der Suppe auf großes Interesse!"

Während sie die grau-roten Knollen schält, läuft ununterbrochen Wasser über ihre Hände. Da Julia Knipping nicht gerne mit Handschuhen arbeitet, verhindert sie auf diese Weise ein zu intensives Einfärben.

Zusammen mit Zwiebeln, Orangensaft, Sahne und Gemüsebrühe köchelt die geschälte und in Stifte geschnittene Rote Bete gut 20 Minuten auf dem Gasherd, bevor später mit Salz und frisch gemahlenem Pfeffer gewürzt wird. Mit brausendem Pürierstab wird nach dem Kochen alles zu einem sämigen Gericht, die Farbe neigt stark ins Rosarot. Ein Tupfer Crème fraîche und natürlich frischer Schnittlauch aus dem Garten – fertig ist die Delikatesse. Julia Nadine Knipping: „Mit vier Euro Materialkosten ist das doch wohl ein Renner!"

REINGESCHMECKT

SCHMECKT

besser als zuerst angenommen! Die Rote-Bete-Suppe von Julia Knipping erweist sich beim Essen als Geschmackserlebnis durch die Kombination von Rübe, Orangensaft, Zwiebeln und Brühe.

Zeitaufwand: ★★☆☆☆
Schwierigkeitsgrad: ★★☆☆☆
Preis: ★☆☆☆☆

Am besten wird der Saft frisch gepresster Orangen verwendet.

MEINE ZUTATENLISTE

1 kg frische Rote Bete,
3 mittelgroße Zwiebeln,
200 ml frischer O-Saft,
800 ml Gemüsebrühe,
200 ml süße Sahne,
2 EL Butter,
Schnittlauch,
Salz, Pfeffer

UND SO GEHT'S

ROTE-BETE-SUPPE

Die Knollen unter fließendem Wasser schälen und in kleine Stücke schneiden. Klein geschnittene Zwiebeln in Butter im großen Topf glasig braten, dann die Rote Bete hinzufügen, beides unter ständigem Rühren andünsten. Danach die Gemüsebrühe einfüllen, die Orangen auspressen und den Saft ebenfalls hinzufügen. Wenn dann die süße Sahne noch hinzugegeben wird, soll alles gut miteinander verrührt werden. Bei geringer Hitze sollen die Zutaten über einen Zeitraum von rund 20 Minuten gekocht werden. Mit dem Pürierstab wird die Suppe püriert, mit Salz und frischem Pfeffer aus der Mühle gewürzt. Ein Schlag Crème fraîche und etwas Schnittlauch geben der Suppe einen zusätzlichen farblichen Reiz.

Gesund und wirklich sehr schmackhaft: Julia Nadine Knipping und WAZ-Redaktionsleiter Matthias Spruck beim Essen der Suppe.

VELBERT

PORREE-NUDELN

DAS SAGT DER PROFI

Foto: © Heinz-Werner Rieck

Walter und Sascha Stemberg

SPARGEL KÖNNTE ALTERNATIVE SEIN

Wir würden den kleingeschnittenen Porree nicht nur in Wasser, sondern in Olivenöl mit etwas Mineralwasser in der Pfanne kurz bissfest anschwenken. Das Olivenöl bewirkt bei dem Gemüse, dass es saftiger bleibt. Wenn man beim Kochen gerne die saisonalen Besonderheiten berücksichtigt, könnte man das Rezept auch mit weißem und grünem Spargel zubereiten. Zu beachten ist dabei, dass der Spargel bissfest vorgegart werden muss. Noch eine Anmerkung zum Rezept von Frau Wittkötter: Vor dem Schichten sollten sowohl die Nudeln als auch der Porree und der Schinken nachgeschmeckt werden. Dann erst entsteht beim Anrichten auf dem Teller ein runder Geschmack der einzelnen Komponenten dieses Rezeptes.

SÜNDENFAKTOR

MITTEL

Porree ist ein wertvoller Beitrag zur gesunden Ernährung. Doch der Kochschinken sollte möglichst wenig Fettrand besitzen. Die angebräunte Butter macht das Gericht geschmacklich zur runden Sache, es ist aber reines Fett.

Ein Mittagessen in Schichtform präsentiert Angelika Wittkötter nach der Zube

GENIESSEN IN SCHICHTEN

Angelika Wittkötter bittet zu Tisch: Ihre Porreenudeln sind in der Familie ein echter Renner und problemlos zuzubereiten

Bei Familie Wittkötter erzählt man sich gerne ab und an die Anekdote von Tochter Elke, die seinerzeit als 15-Jährige mit einer Sportgruppe zwei Wochen lang am Plattensee weilte. Kulinarisch muss der Trip ein Reinfall gewesen sein, denn am Abreisetag rief sie in Velbert an, um ihrem Bruder auszurichten, dass sie zur Heimkehr mit Porreenudeln bewirtet werden wollte. Porreenudeln – bei Familie Wittkötter ein Synonym für heimelige Atmosphäre zu Hause. „Und dabei ist es wirklich schlicht und einfach umzusetzen", betont Angelika Wittkötter, als sie von der WAZ Besuch bekommt. Dennoch hat sie sich entschlossen, gerade dieses Rezept zur Aktion „Das isst der Pott" beizutragen, denn es erfüllt alle geforderten Merkmale der regionalen Alltagsküche: „Porree, den man hier ja auch als Lauch bezeichnet, ist sehr gesund, er wächst in jedem durchschnittlichen Gemüsegarten und ist käuflich heutzutage fast das ganze Jahr verfügbar", sagt sie. „Auch Nudeln geben Energie, Schinken macht das Gericht deftig, der besondere Geschmack kommt durch die gerösteten Pinienkerne."

Angelika Wittkötter arbeitet in der Küche mit der wohltuenden Routine einer Hausfrau, die seit Jahrzehnten ihre Lieben mit ihrer Kunst erfreut. Rasch die WAZ-Schürze umgebunden, die Zutaten hat die Velberterin zuvor schon ordentlich vorbereitet. Der Porree wirkt wunderbar knackig – hellgrün und schneeweiß. Mit der Selbstverständlichkeit eines Chirurgen schlitzt sie die Stangen längs auf, um sie dann unter fließendem Wasser von Erdspuren zu reinigen. „Außerdem lege ich so die Blüte im Stamm frei, die sollte vor dem Verarbeiten entfernt werden", klärt Wittkötter auf. Helfen braucht man ihr nicht, jeder Handgriff sitzt, schon badet das Gemüse in etwas Wasser, die Köchin streut Salz, Pfeffer und etwas gekörnte Gemüsebrühe hinzu, „Nicht zu lange", mahnt sie, „der Lauch sollte schon noch bissfest sein!"

MITTAGESSEN AUF DER TERRASSE

Derweil wird der gekochte Schinkens in kleine Würfel geschnitten, die Nudeln werden abgegossen. Die einzelnen Komponenten für das Schichtwerk sind fertig, als auch die Pinienkerne in einer kleinen Pfanne schön braun geworden sind. Die Reihenfolge der Zusammenstellung im großen Topf: Nudeln, Porree, Schinken, gebräunte Butter, Pinienkerne. Draußen auf der Terrasse des Wittkötterhauses am Kostenberg schauen die Gäste ins satte Gartengrün und bedienen sich mit der Küchenzange. In der Tat: Beim Hineinbeißen in die Porreestücke knirscht es noch leicht – alles noch frisch, alle Vitamine sind erhalten. „Freut mich, wenn es Ihnen schmeckt", sagt die Hausherrin.

UND SO GEHT'S

PORREENUDELN MIT PINIENKERNEN

Die Nudeln, das können nach Aussage von Angelika Wittkötter auch gerne Vollkornprodukte sein, nach Vorschrift kochen, abgießen und eventuell noch nachsalzen, ein Stück Butter zugeben, damit sie nicht zusammenkleben. Den Porree waschen, in Ringe schneiden, mit wenig Wasser unter Umrühren kurz erhitzen, auf keinen Fall zu lange kochen! Den gekochten Schinken klein schneiden, dann die Pinienkerne ohne Zugabe von Fett in einer Pfanne hellbraun rösten. Die Nudeln in eine große Schüssel geben, darauf den bissfesten Porree schütten, als nächste Schicht die Schinkenwürfel darüber häufen. Darüber wird die gebräunte Butter gegossen, den Abschluss bilden die sehr dekorativen Pinienkerne.

REINGESCHMECKT

DER BESONDERE CHARME:

Man braucht keine langjährige Kocherfahrung, um die Porreenudeln von Angelika Wittkötter nachzukochen. Achtung: Die Porreestangen sollten vor dem Kochen längs eingeschnitten werden, um Erde und ggf. die Blüte zu entfernen.

Zeitaufwand: ★★☆☆☆
Schwierigkeitsgrad: ★☆☆☆☆
Preis: ★☆☆☆☆

Empfehlenswert sind Vollkorn-Spaghetti für das Rezept

MEINE ZUTATENLISTE

500 g Nudeln (Spaghetti oder Spiralen),
4 Stangen Porree,
150 g Butter,
300 g gekochter Schinken,
1 Tütchen Pinienkerne,
Salz, Pfeffer, Curry

Für die Serie „Das isst der Pott" bat WAZ-Leserin Angelika Wittkötter in ihre Küche. Hier wird der Porree gedünstet.

VELBERT

SAUERKRAUT MIT BOHNEN

DAS SAGT DER PROFI

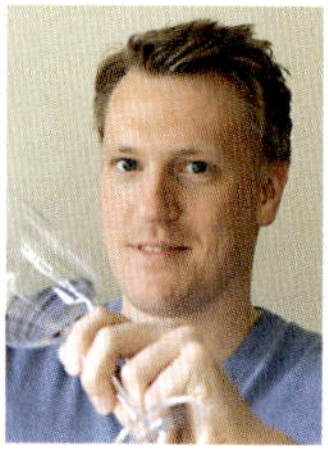

Foto: © Heinz-Werner Rieck

Andreas Fischbach

SCHMECKT AUCH ALS WRAP

Weiße Bohnen mit Sauerkraut ist ein klassisch-deftiges Gericht. Wie die Internetrecherche ergibt, weisen Bohnen aber gesundheitsfördernde Eigenschaften auf, sind ballaststoffreich, enthalten wenig Fett und Kohlenhydrate und unterstützen womöglich sogar die Gewichtsreduktion. Da schmeckt es gleich noch besser. Am besten geben Sie beim Kochen des Sauerkrauts ein Gewürzsäckchen mit Wachholderbeeren, Pfefferkörnern, Kümmel und Lorbeerblättern hinzu. Haben Sie kein Gewürzsäckchen, hilft ein ausgeleerter Teebeutel oder ein Tee-Ei. Butter rundet das Sauerkraut toll ab. Sollten Sie getrocknete Bohnen statt Dosenbohnen verwenden, müssen diese einen Tag zuvor in Wasser eingeweicht werden. Unser Tipp für eine moderne Abwandlung: Bereiten Sie den Eintopf wie beschrieben zu, geben Sie ihn mit dem Fleisch, mit Feldsalat und Tomate auf einen mit Crème fraîche eingestrichenen Tortilla, rollen Sie daraus einen Wrap.

SÜNDENFAKTOR

MITTEL

Sauerkraut und Hülsenfrüchte gehören auf jeden gesunden Speiseplan. Mettwurst und Bauchspeck (beides fettreich) sind dagegen nur in Maßen gesund und nur dann, wenn man die ganzen Kalorien auch verbrennt.

WAZ-Mitarbeiter Fabian May schnippelt mit beim Sauerkraut-Rezept.

GUTES AUS DER HENKELMANN-ZEIT

Renate Jung kocht gern Sauerkraut mit weißen Bohnen. Und kann anhand des Gerichts vier Generationen ihrer Familiengeschichte erzählen

O du mein schönes Heimatland,/wo man das Sauerkraut erfand./ Wir preisen Dich und singen laut/Frieden, Freiheit, Sauerkraut." So heißt es in der Hymne zu einer ZDF-Serie von 1992, die mir nachhaltig im Gedächtnis geblieben ist. Auch im 21. Jahrhundert hat das eingemachte Weißkraut seine Fans. Die italo-germanische „Sauerkraut-Lasagne", für Vegetarier den „Grünkern-Sauerkraut-Auflauf" oder für Experimentierfreudige den „Sauerkraut-Schokoladenkuchen" findet man auf einschlägigen Rezeptseiten.

Renate Jung (69) aus der Oberilp setzt etwas ganz Bodenständiges dagegen: Sauerkraut mit weißen Bohnen. „Es stammt noch aus der Zeit, als mein Papa einen Henkelmann zur Arbeit mitnahm" und alles durcheinander warm gemacht werden musste.

Jung, die gerne für Gäste und gerne gesund kocht, liebt Sauerkraut, sagt sie. Doch man darf es nicht verschweigen: Das Kraut hat auch Gegner. Jungs Mann war einer davon: „Er hat nicht gerne Gemüse gegessen, aber Hülsenfrüchte jeder Art." Doch indem sie beides miteinander verband, war auch er zufrieden und ließ sich gar zu der Aussage hinreißen: „So verpackt, kann man Sauerkraut auch essen", berichtet Jung.

Natürlich verwendet sie frisches Sauerkraut, als wir kochen. Das gibt es im gut sortierten Supermarkt. „Frisch ist es immer noch ein bisschen gesünder", und leckerer, findet Jung. Das Rezept ist ganz einfach: Zwiebeln in Schmalz, dann Kartoffelwürfel und Sauerkraut, wer mag, tut noch einen Teelöffel Kümmel dazu, dann Pfeffer und Brühe, Salz ist nicht nötig, wenn man will, kann man noch Mettwürste und Bauchspeck ergänzen, ganz zum Schluss kommen die Bohnen. Um die 13 Euro kostet das für vier Personen. Und im Schnellkochtopf, auf den Jung schwört, dauert das Kochen gerade mal 20 Minuten.

Als wir später beim Essen in Jungs geräumigem Wohnzimmer sitzen – schon die Durchreiche zeigt an, dass hier Wohnen und Kochen ganz eng zusammenhängen –, kommt die Frage nach Varianten auf. Renate Jung sagt dazu: „Ich finde, dass kann man nicht abändern." Dafür ist das Rezept „Sauerkraut mit weißen Bohnen" zu einfach. Und kommt in seiner traditionellen Form zu gut an: Auch die Kinder und Enkel sind dankbare Abnehmer, wenn Jung einen ganzen Topf voll gekocht hat. Es schmeckt, typisch Eintopf, gleich noch besser, wenn es einen Tag lang durchgezogen ist.

UND SO GEHT'S

SAUERKRAUT MIT WEISSEN BOHNEN

Die Zwiebeln in rustikale Würfel schneiden, die Kartoffeln schälen und in Stücke von etwa einem Zentimeter Kantenlänge würfeln. Die gewürfelten Zwiebeln in Schmalz anschmoren, dann die Kartoffeln, das Sauerkraut, Wurst und Speck dazugeben, mit Pfeffer und Kümmel nach Bedarf würzen. Das Ganze mit Brühe aufgießen und circa 25 bis 30 Minuten auf mittlerer Hitze gar kochen lassen. Im Schnellkochtopf dauert das Garen nur eine Viertelstunde. Nach Ablauf der 15 Minuten das Fleisch herausnehmen, den Rest kleinstampfen und die weißen Bohnen hineingeben. Den Eintopf abschmecken, das Fleisch klein schneiden und den Eintopf servieren. Dazu passt gut ein helles Bier. Guten Appetit!

REINGESCHMECKT

SCHMECKT

deftig, wenn man Sauerkraut und gerne Fleisch mag. Als Alltagsgericht aus der Henkelmann-Zeit ist es günstig (13 Euro), in nur 30 Minuten zubereitet und macht satt. Fehlerquellen gibt es praktisch keine.

Zeitaufwand: ★★☆☆☆
Schwierigkeitsgrad: ★★☆☆☆
Preis: ★★☆☆☆

Das Ganze mit Brühe aufgießen und circa 30 Minuten gar kochen lassen.

MEINE ZUTATENLISTE

1 Pfund Sauerkraut,
800 g Kartoffeln,
2 Zwiebeln,
1 EL Schmalz,
1 Dose weiße Bohnen,
Mettwürste und Bauchspeck,
300 ml Brühe,
Pfeffer, Kümmel

Dies sind die Zutaten für das bodenständige Gericht „Sauerkraut mit weißen Bohnen". Renate Jung verwendet dafür nur frisches Sauerkraut.

BUCHWEIZEN-PFANNKUCHEN

DAS SAGT DER PROFI

Foto: © Heinz-Werner Rieck

Walter und Sascha Stemberg

ETWAS HEFE IN DEN TEIG GEBEN

Wir geben gerne ein wenig Hefe in den Teig und lassen ihn an einem warmen Ort etwa 20 Minuten gehen. Der Pfannkuchen wird dadurch beim Backen viel lockerer und Blini ähnlich. Danach streichen wir sie mit Crème fraîche ganz dünn ein, etwas fein gehackter Dill darüber, ebenfalls fein geriebene Zitronenschale und dann dünn mit Räucherlachs belegen. Buchweizenmehl ist gesünder, die Pfannkuchen sehen schöner aus als jene aus Weizenmehl. Vorsicht: Die Pfanne darf nicht zu heiß sein, sonst werden sie zu dunkel.

SÜNDENFAKTOR

MITTEL

Deftig soll das Gericht sein. Bei zu viel Fett in der Pfanne und zu üppiger Zugabe von durchwachsenem Speck könnte auch der im Prinzip gesunde Buchweizenpfannkuchen zur Kalorienbombe werden. Also Achtung!

Rainer Köster präsentiert seine Buchweizenpfannkuchen.

EIN HOCH AUF BUCKWITZ!

Rainer Köster steht seit seiner Jugend auf Buchweizenpfannkuchen. Und wie sein Großvater einst, zaubert er sie deftig aus der Pfanne

Eine „deftig-würzige Delikatesse aus der niederbergischen Arbeiterküche" hatte Rainer Köster versprochen, als er im Frühjahr sein Rezept für Buchweizenpfannkuchen an die WAZ schickte. Da muss man unwillkürlich schmunzeln: Der gebürtige Velberter und Linken-Politiker mag noch nicht einmal beim Kochen die Politik einmal links liegen lassen.

ENTSPANNEN IM GARTENHAUS

Unkonventionell gestaltete sich dann auch der Mittagstermin mit WAZ am Herd: Hierzu lud Rainer Köster nicht zu sich nach Hause, sondern in das Gartenhaus seines Freundes Wolfgang Plettau ein, das mitten in der grünen Landschaft an den Stadtgrenzen von Velbert, Mettmann und Wülfrath liegt. „Alle paar Wochen komme ich hierhin, um mit Wolfgang und einem weiteren Kumpel, Manfred Babera, zu entspannen", erzählt der pensionierte Gesamtschullehrer. Wenn sich dann mittags der Hunger meldet, „bin ich es in der Regel, der an den Topf muss", scherzt Köster. Glücklicherweise kann er für viele Rezepte auf Rohstoffe aus dem Gartenanwesen Plettaus zurückgreifen – so auch heute: Die Eier für die Buchweizenpfannkuchen kommen direkt von 15 Hühnern, die munter im Hintergrund scharren.

Die Eier sind klein, der Dotter tiefgelb, Köster schlägt sie in das bräunliche Mehl. Einen Elektroquirl benutzt er nicht, „ich verrühre alles noch so, wie es früher gemacht wurde." Die beiden Freunde schauen zu Köster in die Küchenecke herein, wie weit er wohl ist? Draußen haben sich in der Mittagszeit mehrere Bienenvölker aus ihren Stöcken erhoben und schwirren um einen Apfelbaum. „Jetzt sollte man sie nicht stören", sagt Plettau leise, aber die laue Witterung stimmt die Bienen wohl friedlich. Rainer Köster schüttet zu Mehl und Eiern etwas Mineralwasser mit Kohlensäure hinzu, dadurch soll der Teig lockerer werden. In separaten Schüsseln stehen geschnittene Mettwurst und Zwiebeln bereit, die werden später auf den Teig in der Pfanne gegeben.

Mit Buchweizenpfannkuchen verbindet Rainer Köster Episoden aus seiner Kindheit. „Ich kenne das Rezept von meinem Opa", erzählt er. „Mein Opa war Schleifer in Velbert und Freizeitsportler und ich war viel mit ihm zusammen." Noch im hohen Alter von 80 Jahren kam es vor, „dass er zwei- bis dreimal pro Woche zu mir jungem Spund in Velberter Platt sagte: Jung, kuom ropp, wie maken ens wi-er Buckwitzpannekuoken!" Dann sei der kleine Rainer zum Konsumladen Jahnstraße/Ecke Poststraße gelaufen, um die nötige Menge Buchweizenmehl zu kaufen.

Der Teig ist fertig. Köster greift mit der Suppenkelle tief hinein, lässt die Masse langsam ins zischende Sonnenblumenöl in der Pfanne gleiten. Verteilen, Zwiebelringe und Wurststücke hineindrücken, warten bis zum Wendemanöver. „Das ginge auch mit Äpfeln", hebt Köster an. „Nein!", rufen die Kumpels. „Lieber schön deftig!"

UND SO GEHT'S

RAINER KÖSTERS BUCHWEIZENPFANNKUCHEN

Das Buchweizenmehl in eine Schüssel geben, die Eier aufschlagen und zwei bis drei Prisen Salz, etwas Milch und einen Schuss Sprudelwasser zugeben. Mit einem Elektroquirl oder mit Rührbesen verrühren. Dann nicht zu viel Teig in die heiße Pfanne mit genug Öl geben und bald drei bis vier Zwiebelscheiben und vier bis fünf Speck- oder Mettwurstscheiben eindrücken. Nach mehrfachem Einstechen den Pfannkuchen mittelbraun anbacken lassen und dann vorsichtig wenden. Den fertigen Buchweizenpfannkuchen sollte man möglichst schnell servieren und warm essen: Eine deftig-würzige Delikatesse aus der niederbergischen Arbeiterküche verspricht der Kommunalpolitiker.

REINGESCHMECKT

PFANNKUCHEN

sind eigentlich in der Herstellung ziemlich unkompliziert, und die Mengenberechnung fast nicht nötig: Eierzahl, Mehlmenge und auch Milchzufuhr können je nach Geschmack verändert werden.

Zeitaufwand: ★☆☆☆☆
Schwierigkeitsgrad: ★☆☆☆☆
Preis: ★☆☆☆☆

Warten auf das Wendemanöver in der Pfanne.

MEINE ZUTATENLISTE

300 g Buchweizenmehl,
etwas Milch,
etwas Sprudelwasser,
pro Pfannkuchen 1 Ei,
Zwiebeln,
durchwachsener Speck/Mettwurst,
Salz, Öl/Bratfett,
nach Möglichkeit eine gusseiserne Pfanne

Wolfgang Plettau, WAZ-Redakteur Matthias Spruck, Rainer Köster und Manfred Babera genießen die fertigen Buchweizenpfannkuchen.

VELBERT

KARTOFFEL-GURKEN-GULASCH

DAS SAGT DER PROFI

Foto: © Heinz-Werner Rieck

Rainer Schulte

FETT SORGT FÜR DEN GESCHMACK

Das Rezept klingt sehr lecker. Obwohl mir zwei Bund Dill sehr viel erscheinen. Man sollte das Gericht nach Gefühl und dem eigenen Geschmack mit Dill würzen. Fisch harmoniert einfach am besten damit. Ich persönlich würde Kabeljau oder Seelachs empfehlen, die schmecken paniert einfach super. Ich bin auch dafür, Gerichte, die lecker sind, so zu lassen und das Rezept nicht groß zu verändern. Man sollte nicht dem Schlankheitswahn folgen und Sahne durch Light-Produkte ersetzen. Fett ist nun einmal Geschmacksträger. Es ist ein klassisches Rezept, bei dem die Sahne gut harmoniert. Außerdem bringt Light nichts. In den Produkten ist zwar weniger Fett, dafür aber mehr Zucker. Das ist eines der großen Kunststücke der Lebensmittelindustrie, denn aus der Sicht der Kohlenhydrate ändert sich bei Light nicht viel.

SÜNDENFAKTOR

MITTEL

Gurken gehören zu den absoluten Leichtgewichten, wenn es um Kalorien geht. Auch Fisch und Kartoffeln sind keine Sünde. Was sich allerdings an die Hüften setzt, sind die goldgelbe Fisch-Panade und die Sahne.

Sieht nicht nur lecker aus: Christel Karl kocht leidenschaftlich gern für die Fami

KÜCHENCHEFIN IM „HOTEL MAMA“

Christel Karl schätzt die Einfachheit des Kartoffel-Gurken-Gulaschs. Der Dill verleiht dem Gericht die besondere Note

Mom's Kitchen. Open 24 hours." Das hölzerne Schild über Christel Karls Arbeitsplatte verrät nicht nur, dass sie leidenschaftlich gerne kocht, sondern auch, dass ihre mittlerweile erwachsenen Kinder gerne zum Essen ins „Hotel Mama" kommen. „Meistens äußern sie sogar einen Essenswunsch, bevor sie zu uns kommen", weiß Jürgen Karl. Zu den Leibspeisen der Familie zählt auch das Kartoffel-Gurken-Gulasch, das nun in der Pfanne vor sich hin köchelt.

Nur um es direkt vorweg zu sagen: Wenn es ums Kochen geht, habe ich zwei linke Hände. Das nicht vorhandene Talent an der Seite von Christel Karl vertuschen zu wollen ist zwecklos. „Ich probiere vieles aus. Ich koche gerne ganze Menüs und die eine oder andere Spitze für meine Familie", erzählt sie. Ehemann Jürgen Karl überlässt seiner Frau nur zu gern das Feld. „Ich bin der Genießer", witzelt er und blickt der Küchenchefin beim Kartoffelschälen über die Schulter. Blitzschnell ziehen die braunen Knollen blank, während ich die Frühlingszwiebeln enthaupte.

In der Küche hat die Heiligenhauserin immer einen Schlachtplan parat. Und der sieht vor, dass die Zwiebeln nun ins Schwitzen kommen. Gemeinsam mit dem Knoblauch werden sie angedünstet, bevor die Kartoffelwürfel dazu stoßen. „Man muss auf die verschiedenen Garzeiten achten. Kartoffeln brauchen viel länger als Gurken und kommen deshalb zuerst in die Pfanne", gibt Christel Karl den Tipp. Das was im Topf landet, kauft sie oft auf dem Heiligenhauser Wochenmarkt. Ein frisches Angebot und gute Qualität locken Karl zweimal in der Woche aus der Oberstadt auf den Rathausplatz.

Auch das Bündel Dill duftet wie frisch aus dem Garten. „Es ist das Herzstück des ganzen Gerichts. Der muss dran, sonst schmeckt es einfach nicht", betont die Heiligenhauserin. Klein gehackt landet fast das ganze Büschel zum Schluss in der Pfanne. Fingerspitzengefühl ist geboten, damit der Dillgeschmack das Gericht nicht dominiert, sondern verfeinert.

GOLDBRAUNER KABELJAU

Ob ich direkt aus der Pfanne kosten möchte? Klar. Seitdem meine Großmutter mir den ersten Gurkensalat mit Kondensmilch und Dill auftischte, liebe ich diese Kombination. Besonders schön harmoniert das vegetarische Gulasch mit dem Kabeljau. Der hat bereits einen Gang durch die Panierstraße hinter sich und brutzelt in der Pfanne, bis die Semmelbrösel goldbraun sind. Wenn Christel Karl ihre Kinder kulinarisch immer so verwöhnt, kann ich gut verstehen, warum das Hotel Mama stets ausgebucht ist

REINGESCHMECKT

SCHMECKT

dank der Gurken auch im Sommer erfrischend. Die Panade hält den Fisch in der Pfanne saftig. Das Gulasch der etwas anderen Art ist in knapp 60 Minuten gar und kostet (je nach Fischpreis) 16 Euro.

Zeitaufwand: ★★★☆☆
Schwierigkeitsgrad: ★★☆☆☆
Preis: ★★☆☆☆

Dill ist der Star des Gerichts. Er verbindet alle Komponenten miteinander.

MEINE ZUTATENLISTE

5 große Kartoffeln (ca. 1 kg),
2 Schlangengurken,
1 Bund Frühlingszwiebeln,
1 Knoblauchzehe,
2 Bund Dill,
5 EL Olivenöl,
etwas Butter zum Anbraten,
250 g Sahne,
Salz und Pfeffer

UND SO GEHT'S

KARTOFFEL-GURKEN-GULASCH MIT FISCH

Die rohen Kartoffeln schälen und in mundgerechte Würfel schneiden. Den beiden Gurken droht dasselbe Schicksal. Vor dem Würfeln müssen die Hälften allerdings noch entkernt werden. Am einfachsten geht das mit einem Teelöffel. Die Frühlingszwiebeln und die Knoblauchzehe klein schneiden und in einer großen Pfanne in Fett andünsten. Nach ein paar Minuten die Kartoffelwürfel hinzugeben, mit Salz und Pfeffer abschmecken und mit der Hälfte der Sahne ablöschen. Deckel drauf und circa zwölf Minuten garen lassen. Anschließend die Gurken und den Rest Sahne für weitere zwölf Minuten mitschmoren. Währenddessen das Fischfilet panieren und in der Pfanne goldbraun braten. Zum Schluss den Dill unter das Gemüse rühren und alles anrichten.

Nach gut einer Stunde Vorbereitungs- und Garzeit kann aufgetischt werden. Die Zubereitung ist auch für Kochanfänger kein Problem.

VELBERT

SCHWEINEFILET ÜBERBACKEN

DAS SAGT DER PROFI

Foto: © Heinz-Werner Rieck

Walter und Sascha Stemberg

FLEISCH UND SPECK VORHER ANBRATEN

In diesen Tagen würden sich neue Kartoffeln mit Schale als Beilage zu diesem Gericht gut eignen! Unser Verfeinerungsvorschlag setzt beim Schweinefilet an. Sowohl die Medaillons als auch den durchwachsenen Speck könnte man kurz in der Pfanne anbraten, das bringt ein besseres Aroma, als wenn man beides im Ofen unter Zwiebeln und Crème fraîche nur kocht. Beim Speck kommt hinzu, dass er beim Anbraten einiges von seinem Fett verliert und somit Kalorien verloren gehen, die nicht sein müssen. Um noch mehr Aroma und auch Farbe ins Essen zu bringen, können wir zu Filet und Speck noch Zwiebeln zufügen. Und über die Soße gestreut macht sich vor dem Ofengang gut Parmesankäse.

SÜNDENFAKTOR

HOCH

Ganz wesentlich kommt es bei diesem Rezept darauf an, was als Beilage gewählt wird. Sind das Pommes frites, die da zu Crème fraîche und dem üppigen Speck hinzugefügt werden, sind Genuss und Sünde groß.

Cornelia Dill hat ihr sagenhaftes überbackenes Schweinefilet angerichtet.

ZAUBER AUS DER ROTEN KÜCHE

Cornelia Dill ist Köchin aus Leidenschaft. Die Kripo-Mitarbeiterin hat für die WAZ-Aktion Schweinefilet überbacken

Auch wenn Cornelia Dill allein lebt – die Lebensumstände haben es bewirkt, dass sie regelmäßig größere Portionen kocht. „Da ist meine Mutter, die ich mit Essen versorge", erzählt die 52-Jährige. Und auf der Dienststelle in Velbert gibt es da noch Kollegen, die gerne Gabel, Löffel und Messer hervorkramen, wenn Kollegin Dill mal wieder in den Pausen ihre Schüsseln auspackt. „Das sind dann Mengen, die sich lohnen", lacht Cornelia Dill.

NICHT NUR ZU HOHEN FEIERTAGEN

Die Küche ist bei der WAZ-Leserin ein wichtiger Bereich ihrer Wohnung. Rot dominiert hier, bei den Möbeln wie auch bei den Geräten. Eine beachtliche Sammlung von Kochbüchern sind in Griffnähe, Kästen mit Rezeptzeitschriften. „Da schau ich immer mal wieder rein und lass mich inspirieren", berichtet die Kripo-Mitarbeiterin.

Schweinefilet zählt im Haus an der Vogteier Straße schon lange nicht mehr zu den Tafelfreuden, die nur zu hohen Feiertagen zubereitet werden. „Es ist ja im Vergleich zu früher deutlich günstiger geworden, das kann man sich öfter leisten", sagt Cornelia Dill.

Gute Köche sind selten Eigenbrötler, und auch Cornelia Dill erweist sich im Gespräch während des Kochens als tief in der Langenberger Gesellschaft verwurzelter Mensch. „Obwohl ich mir das nie vorstellen konnte, habe ich Susanne Martin in ihrer Rolle als Karnevalsprinzessin im Hofstaat gedient", sagt sie, während sie mit großem Messer die langen Filets portioniert. „Das war ein prägendes Erlebnis, diese unbequeme Garderobe", sie schüttelt den Kopf, ist aber eben ein Kumpeltyp, der die Freunde nicht im Stich lässt.

Schon im Elternhaus wurde die WAZ gelesen, Cornelia Dills Vater und auch sie selbst haben früher die Zeitung ausgetragen und das Geld kassiert. „Da war es für mich keine Frage, mich bei der Aktion Das isst der Pott zu bewerben", sagt sie, zumal sie doch zahlreiche Rezepte kenne, die in Frage kommen.

Beim Kochen geht bei der Langenbergerin alles generalstabsmäßig zu. „Ich mag keine Schlachtfelder, alles wird sofort aufgeräumt." Wenn sie Besuch erwartet, hat sie üblicherweise alles fürs Kochen gut vorbereitet. „Wenn es dann an der Tür klingelt, läuft meistens schon die Spülmaschine und alles ist im Ofen." Das ist perfekt.

Ihre Mutter wird sich über eine zu geringe Auswahl am Tisch nicht beschweren können. „Ich sehe schon zu, dass meine Gerichte Abwechslung bringen", sagt Dill. Und für die Mutter tut sie das ja gerne – „schließlich hat sie mich ja damals als Kind auch umhegt und verwöhnt!"

REINGESCHMECKT

ANGEMERKT:

Für das Schweinefleisch sollte man ruhig tiefer in die Tasche greifen und gute Qualität kaufen. Ansonsten gilt die Erkenntnis: So ein leckeres Gericht mit so wenig Aufwand – das ist echt überzeugend!

Zeitaufwand: ★★☆☆☆
Schwierigkeitsgrad: ★★☆☆☆
Preis: ★★☆☆☆

Schweinefilet, durchwachsener Speck, Zwiebeln, Senf und Crème fraîche sind die wesentlichen Bestandteile des Mahls, das Cornelia Dill für die WAZ zubereitet.

MEINE ZUTATENLISTE

800 g Schweinefilet,
8 Scheiben Bacon,
1 EL Butter,
400 g Zwiebeln,
1 EL Weinessig,
200 g Crème fraîche,
4 TL Senf,
Salz, Pfeffer,
Zucker

UND SO GEHT'S

SCHWEINEFILET MIT SENF/ZWIEBEL ÜBERBACKEN

Die Schweinefilets in nicht zu dünne Scheiben schneiden, würzen und die Medaillons dann mit dem Schinkenspeck umwickeln. Diese dann in eine gefettete Auflaufform setzen. Zwiebelringe in Butter andünsten, bis sie glasig sind. Mit Essig ablöschen und köcheln lassen, bis die Flüssigkeit verdampft ist. Crème fraîche und Senf unterrühren, dann mit Salz, Pfeffer und Zucker abschmecken. Die Senf-Zwiebel-Soße nun über die Filets geben und diese komplett zudecken. Im vorgeheizten Backofen bei 200 Grad Celsius überbacken. Wenn es schnell gehen soll, bieten sich Kroketten oder Pommes frites als Beilage an, dazu Salat, Speckböhnchen oder aktuell Spargel.

Breiartig: Das Fleisch wird vor dem Überbacken zugedeckt.

VELBERT

MÖHREN-KARTOFFEL-SUPPE

DAS SAGT DER PROFI

Foto: © Uwe Möller

Giuseppe Golizia

FRISCHKÄSE SOLLTE NIE AUFKOCHEN

Eine leckere Kartoffelsuppe findet auch Giuseppe Golizia immer wieder großartig. „Kartoffeln und Möhren harmonieren sehr gut miteinander", meint der herzliche Italiener. Für das Rezepte hat er jedoch ein paar kleine Vorschläge, wie es noch besser gelingen kann. „Kartoffeln und Möhren würde ich in Wasser und nicht in Brühe kochen. Anschließend sollte das Gemüse angeschwitzt werden mit dem Porree und dann erst mit Gemüsebrühe aufgießen", rät Golizia. Wenn alles ein wenig aufgekocht ist, dann könne man pürieren: „Ich mag es jedoch, wenn man noch ein wenig die Stücke schmeckt. Da eignet sich stampfen besser. Durch die Stärke in den Kartoffeln wird die Suppe so auch schön sämig." Nicht mit aufkochen hingegen, rät der Experte, sollte der Frischkäse: „Den sollte man erst ganz zum Schluss unterheben. Und dann nach Belieben den Lachs und die Krabben hinzugeben."

SÜNDENFAKTOR

MITTEL

In der klaren Gemüsebrühe schwimmen nicht viele Kalorien. Auch Möhren und Kartoffeln erhöhen den Sündenfaktor nicht. Einzig und allein der Kräuterfrischkäse sorgt für Hüftgold mit jedem Löffel.

Nach knapp 40 Minuten können Achim Paeth (r.) und Kirsten Gnoth die Supp auslöffeln.

SUPPE KITZELT GESCHMACKSNERVEN

Achim Paeth fing als Weihnachtsbäcker an. Nun steht er mit einem eingefleischten Männertrupp am Herd in der Heiligenhauser VHS-Küche

Himmel. Bei der ganzen Tötterei habe ich den Porree ganz vergessen", bemerkt Achim Paeth und sprintet in Richtung Arbeitsplatte. Bevor er das Stangengemüse allerdings unters Messer legt, verpasst ihm Paeth eine kurze Dusche. Mit etwas Verspätung landen schließlich auch die feinen Porreeringe im Kochtopf. Während die Suppe vor sich hin köchelt, erzählt Achim Paeth von seinen Anfängen als Weihnachtsbäcker und dem straffen Zeitplan im Männerkochclub der Volkshochschule.

Angefangen hat alles mit dem würzigen Duft von Weihnachtsplätzchen. Bis zu 25 verschiedene Sorten schob Paeths Mutter jedes Jahr in den Ofen. Der Funke sprang über. Mittlerweile ist er es, der Blech für Blech ins Rohr schiebt und seine Mutter mit dem Geschmack hausgemachter Plätzchen überrascht. „Allerdings habe ich mir abgewöhnt, so viele zu machen. Keiner möchte bis Karneval Weihnachtsplätzchen essen", findet Paeth.

Nach den ersten vollen Keksdosen traute sich der Wülfrather immer mehr zu. Mittlerweile kocht er nicht nur leidenschaftlich mit seiner Frau zusammen, sondern auch mit einer eingefleischten Männer-Kochrunde. Seit drei Jahren besucht er regelmäßig den Kochclub der Heiligenhauser Volkshochschule. Ein Schelm mag jetzt denken, dass der einzige Handgriff an diesem Abend zum Dosenöffner führt – weit gefehlt. „Wir kochen ganze Menüs mit mehreren Gängen. Manchmal muss man ganz schön rotieren. Aber dadurch habe ich gelernt, mir die Zeit sinnvoll einzuteilen", so Paeth. Warten die Herren beispielsweise mit dem Eis zu lang, können sie es nämlich genauso löffeln wie die Möhren-Kartoffelsuppe.

ZEITMANAGEMENT IST ENTSCHEIDEND

Mit dem Zeitmanagement hapert es bei mir als Kochanfänger noch ganz gewaltig. Meine einzige Sorge gilt in diesem Moment jedoch nicht der Uhr, sondern dem Sparschäler, der haarscharf an meinem Fingerknöchel vorbei saust und beinahe für mehr als nur eine Lachsbeilage in der Suppe gesorgt hätte.

Die Möhren-Kartoffelsuppe bringt nach einiger Zeit den Topfdeckel zum Wackeln und muss temperaturtechnisch einen Gang runter schalten. Immer wieder drückt Paeth mit der Gabel einzelne Stückchen ein, um zu gucken, ob sie schon weich sind. Sieht gut aus. Blitzschnell macht der Pürierstab mit dem Gemüse kurzen Prozess und verwandelt die klare Suppe in ein sämiges Mus. „Ich bin sehr vorsichtig mit Salz, weil ich den natürlichen Geschmack des Gemüses nicht überwürzen möchte. Vieles ist heute einfach mit Geschmacksverstärkern überladen."

Aus jedem Löffel lässt sich das erdige Aroma der Kartoffeln und die feine Süße der Möhren rausschmecken. Die Lachsstreifen sorgen für eine würzige Überraschung. Selbst als Suppen-Verächter (ja, meine Eltern kamen auf die gute Idee, jeden Samstag meiner Kindheit Hühnersuppe aufzutischen) nehme ich nun gern noch einen Nachschlag.

REINGESCHMECKT

SCHMECKT

durch den Klecks Frischkäse sehr reichhaltig. Die untergehobenen Lachsstreifen sorgen beim Löffeln für eine würzige Überraschung. Die Suppe steht in 40 Minuten auf dem Tisch und kostet unter fünf Euro.

Zeitaufwand: ★★☆☆☆
Schwierigkeitsgrad: ★☆☆☆☆
Preis: ★☆☆☆☆

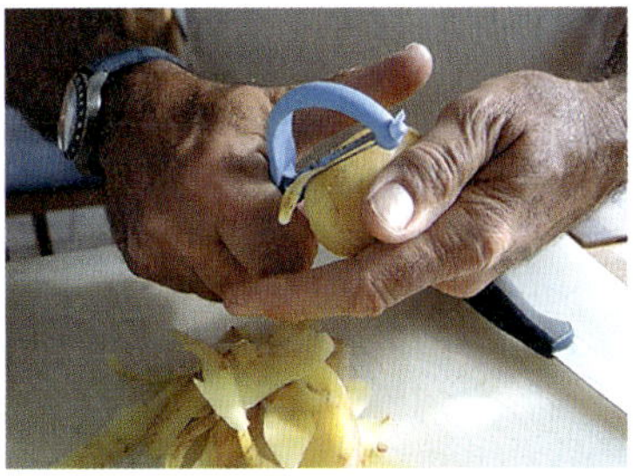

Damit die rohen Kartoffeln nach dem Schälen nicht braun anlaufen, legt AchimPaeth die nackten Erdäpfel in kaltes Wasser.

MEINE ZUTATENLISTE

600 ml Brühe,
400 g Kartoffeln,
250 g Möhren,
1 kleine Stange Porree,
150 g Kräuterfrischkäse,
sowie Räucherlachs/
Nordseekrabben als Einlage

UND SO GEHT'S

MÖHREN-KARTOFFELSUPPE MIT LACHS

Zuerst müssen Kartoffeln und Möhren geschält werden. Anschließend werden die Knollen in kleine Würfel geschnitten. Die Möhren enden ebenfalls unter der Klinge und als Scheibchen im Topf. Nun noch den Porree waschen und in Ringe schneiden. Etwas Wasser im Wasserkocher „anschubsen", dann köchelt das Ganze auf dem Herd schneller. Die Brühe dazu geben und im Topf zum Kochen bringen. Möhren und Kartoffel in die Brühe geben und 20 bis 30 Minuten köcheln lassen. Danach die Suppe nach Belieben mit Wasser oder Brühe aufgießen und das Gemüse pürieren. Mit Salz und etwas Pfeffer abschmecken, dann den Frischkäse einrühren und mit erhitzen. Zum Schluss die Lachsstreifen dazu geben.

DAS SAGT DER PROFI

Foto: © Heinz-Werner Rieck

Walter und Sascha Stemberg

KARTOFFELN WERDEN ZU PÜREE

Wir machen das ein wenig anders, und zwar kochen wir die Kartoffeln in der Schale, pellen sie und rühren mit ein wenig Butter und heißer Milch ein Püree an. Den Speck und die Zwiebel schneiden wir in kleine Würfel und schwitzen diese in Butterschmalz leicht bräunlich an. Dann geben wir den fein geschnittenen Rübstiel unter die Speck-Zwiebel-Mischung und schwitzen diesen ebenfalls kurz an. Das Ganze mischen wir dann mit dem Püree und schmecken mit Salz, Pfeffer und Muskatnuss ab. Dazu servieren wir einen Krustenbraten oder frische Bratwurst mit Apfelsenf.

SÜNDENFAKTOR

MITTEL

Ausgelassener Speck und auch die Sahne, die Dorothea Kollenberg ins Gemüse eingerührt hat, sind deftig, aber auch kalorienschwer. Man kann das weglassen, das Gericht verliert jedoch auch ein wichtiges Aroma.

Es ist angerichtet: Dorothea Kollenberg bringt Eintopf, Mettwürste und Speck zum Tisch.

MIT LEIDENSCHAFT IN DER KÜCHE

Dorothea Kollenberg hat beim Kochen viel von ihrer Schwiegermutter gelernt. Beim WAZ-Termin steht Stielmus auf dem Programm

Dorothea Kollenberg ist freundlich und offen zu jedem, den sie trifft; ein aufmunterndes Lächeln umspielt ihren Mund auch dann, wenn sie mit großem Messer gebündelte Stielmusstrünke in kleine Stücke schneidet. „Ich bin da ganz in meinem Element", kommentiert sie. „Stielmus zählt zu meinen Leibgerichten."

Stielmus, verbreitet ist auch die Bezeichnung Rübstiel, ist vielen jüngeren Menschen gar nicht mehr bekannt. Dorothea Kollenberg lernte es auch erst kennen, als sie, die gebürtige Sauerländerin, einst der Liebe wegen nach Velbert umgezogen war. „Ich hatte das große Glück, eine sehr verständnisvolle Schwiegermutter zu haben", erinnert sie sich. Die beiden Frauen verbrachten viel Zeit zusammen, und die in noch vielen Dinge unerfahrene junge Ehefrau profitierte sehr vom Erfahrungsschatz der Älteren. Einmal erlaubten sie sich einen Scherz mit Dorotheas Ehemann, der zu ihrem Verdruss oft sagte, dass seine Mutter dies und das deutlich besser kochen könne als sie. „So machte meine Schwiegermutter eines Tages einen Topf Stielmus, ich sollte ihn abends als von mir gekocht ausgeben", erzählt Dorothea Kollenberg. Es kam, wie es kommen musste: Nein, der Rübstiel von meiner Mutter schmeckt doch besser, meinte der Gatte abends am Tisch. Da war die Schadenfreude der „Intrigantinnen" groß ...

Es freut sie immer, wenn ihr Stielmus gewünscht wird. Auf den Markt muss sie für das Gemüse nicht gehen, sie schiebt die beiden WAZ-Journalisten kurzerhand in ihren großen Garten, wo neben manchem Kraut auch zwei Reihen mit Rübstiel gedeihen. Sie weist auf die kleine Rübe an jeder Pflanze: „Jetzt sind sie noch nicht reif", befindet sie. Rübstiel aus dem Hause Kollenberg wird es also erst demnächst geben.

Vielen Velbertern ist Dorothea Kollenberg als Vorsitzende, als Baas der Offers-Kompeneï bekannt. Die Liebe der Mitstreiter dort zur Muttersprache Platt findet auch im kulinarischen Bereich ihren Niederschlag: „Unter www.velberterplatt.de gibt es einen Bereich mit alten Rezepten, darunter auch eins mit Stielmus", erläutert Dorothea Kollenberg. Bei monatlich mehr als 2000 Seitenaufrufen der Homepage entfallen allein rund 30 Prozent auf das Stielmus. Während sie nun Speck und Zwiebeln in einer heißen Pfanne auslässt, berichtet sie von ihren Enkelkindern, die früher regelmäßig zu Gast bei der Oma waren. „Die haben immer mit großem Appetit Gemüse bei mir gegessen", sagt Dorothea Kollenberg. Es hängt also von der Art und Weise zu kochen ab, ob Kinder für Gemüseküche begeistert werden können oder – wie so häufig – nicht. Während die Kartoffeln und der Rübstiel sanft kochen, ringt sich Dorothea Kollenberg durch, heute etwas Sahne in den Eintopf zu rühren. „Das hätte man früher, als das Gemüse in Henkelmännern mitgegeben wurde, nicht machen können. Aber heute darf das durchaus mal sein!"

UND SO GEHT'S

STIELMUS

Zunächst werden Speck und Zwiebeln gewürfelt und zusammen in einem Topf ausgelassen, dann wird die Brühe hinzugegeben. Das Stielmus wird nach dem Waschen fein geschnitten und dann hinzugegeben, man lässt es langsam garen. Die gewürfelten Kartoffeln kommen hinzu und werden 20 bis 30 Minuten mitgekocht. Je nach Vorliebe wird das Gericht im Anschluss leicht durchgestampft. Zum Essen werden Mettwürstchen und/oder durchwachsener Speck gereicht. Früher war es Brauch, dazu auch eine Scheibe Schwarzbrot zu essen.

REINGESCHMECKT

ALTE KOCHBÜCHER:
Als Baas und Mitglied des Velberter Mundart-Vereins Offerskompeneï verweist Dorothea Kollenberg auf das viel geklickte Online-Kochbuch auf www.velberter-platt.de.

Zeitaufwand: ★★☆☆☆
Schwierigkeitsgrad: ★★☆☆☆
Preis: ★☆☆☆☆

In der letzten Folge der Aktion „Das isst der Pott" kochte Dorothea Kollenberg mit WAZ-Redaktionsleiter Matthias Spruck Stielmus.

MEINE ZUTATENLISTE

Für vier Personen:
1 kg Stielmus,
1 kg mehlig kochende Kartoffeln,
50 g fetter Speck,
zwei Zwiebeln,
½ l Brühe,
Sahne, Pfeffer und Salz

Das Wintergemüse Stielmus schmeckt auch im Sommer.

KARTOFFEL-LAUCH-SUPPE

DAS SAGT DER PROFI

Foto: © Thomas Nitsche

Bernd Hoppe

SO WIRD DIE SUPPE GRÜNER

Eine Kartoffel-Lauch-Suppe ist gerade im Winter etwas richtig Feines. Bei der Zubereitung kann man eigentlich nichts falsch machen. Im Frühjahr würde ich die Suppe etwas „grüner" gestalten, damit sie besser in die Jahreszeit passt. Dazu gibt es mehrere Möglichkeiten. Variante 1: Vor dem Stampfen einen Teil des Porrees „herausfischen", kühl stellen, die restliche Suppe stampfen, den Lauch später wieder hinzufügen. Variante 2 wäre, die Suppe vor dem Servieren auf dem Teller mit grünen Kräutern zu garnieren. Das muss nicht unbedingt Petersilie sein. Ich empfehle frisch gehackten Kerbel oder Bärlauch. Wenn man ganz zum Schluss dann noch einen Schuss Mineralwasser mit viel Kohlensäure beifügt, bekommt die Suppe einen schönen Schaum. Das ist ein sehr effektvoller Trick.

SÜNDENFAKTOR

MITTEL

Kartoffeln sind durch ihren hohen Stärkegehalt und hochwertiges Eiweiß ideale Kraftspender, gehören mit 77 Kalorien pro 100 Gramm trotzdem nicht zu den Dickmachern. Nur die Sahne hat Hüftspeckpotenzial.

Melissa, Sabine Schmitz-Bracht und John Paul am Herd in der Pestalozzischu

DEFTIGES AUS DER SCHULKÜCHE

Sabine Schmitz-Bracht lehrt Hauswirtschaft in der Pestalozzi-Förderschule. Besonders beliebt ist bei den Schülern die variantenreiche Kartoffel-Lauch-Suppe

Sabine Schmitz-Bracht ist Hauswirtschaftslehrerin – und zwar mit viel Herzblut. Eigentlich könnte sie längst im Rentnerstil die Füße hochlegen, aber die 62-Jährige macht weiter. An der Pestalozzi-Förderschule bringt sie ihren Schülern Alltagspraxis bei. Dazu gehört auch Kochen. Ein Gericht ist seit Jahrzehnten bei den Schülern besonders beliebt: die Kartoffel-Lauchsuppe.

Wer die Förderschule an der Beek besucht, hat seine ganz eigenen Gründe. Eine Auffangstation für Wittens verlorene Kinder, möchte man sagen. Die „Kochtage" hier mag jeder – besonders, weil es hinterher was Gutes auf die Gabel gibt. „Übers Essen erreicht man bei den Schülern viel", verrät Lehrerin Sabine Schmitz-Bracht. Sie möchte eine „Basisversorgung" mit einfachen Gerichten lehren und den Schülern so ein Handwerkszeug fürs Leben mitgeben.

Fünf Zehntklässler haben sich freiwillig zum Mitkochen gemeldet: John-Paul (16), Melissa (17), Yvonne (16), Julian (16) und Igor (17). Morgens steht Einkaufen auf dem Stundenplan. Auch das will gelernt sein: Anfangs kamen sie mit fettreduzierter Margarine wieder, die doch nicht zum Anbraten taugt. Oder mit laktosefreier Milch.

Die wichtigste Zutat für die Schmitz-Brachtsche Suppe finden sie aber auf dem Wochenmarkt: 2,5 Kilo mehlig kochende Kartoffeln der Sorte Bintje gibt es am Kartoffelstand für 2,70 Euro. Lauch, süße und saure Sahne sind dann kein Problem mehr.

Also: Hände waschen, Schürzen an! Gemeinsam werden die Kartoffeln geschält und geschnippelt, grobe Stücke bitte. Eine mehlig kochende Sorte ist Schmitz-Bracht wichtig. „Sonst wird die Suppe nachher zu schleimig." Sie zeigt, wie man Lauch erst längs einritzt, den Schmodder auswäscht, dann in Ringe schneidet und nochmals wäscht. Und den „Pfötchengriff", mit dem man die Stange schneidet.

Ein großer Suppentopf gehört zum Inventar der Lehrküche. In Brühe köchelt die Suppe gut 20 Minuten vor sich hin. Das Stampfen übernimmt dann doch die Chefin. Zackig schnell stampft sie erst unten, dann oben. Es folgt die Sahne, und die Suppe ändert ihre Farbe – von grün nach cremig-weiß.

Derweil decken die Schüler im Nebenraum den Tisch – auch das gehört zum Lehrplan, ebenso wie Wäsche waschen, Bügeln oder ein Loch in einer Tischdecke stopfen. Ihre Lehrerin „zaubert" noch kurz: Sie holt ihre unverzichtbare Muskatreibe aus der Handtasche: „Frischer Muskat gibt den richtigen Pfiff", sagt die 62-Jährige. „Und außerdem harmoniert es gut mit Kartoffeln und Porree." Hmmm, jetzt darf aber gegessen werden. Die Zehntklässler haben ein kleines Buffet aufgebaut – den Suppentopf in der Mitte, drumherum frisch geröstete Brotwürfel, warme Würstchen, Kräuter und Nordseekrabben. Das ist das Beste vom Feste: Dass jeder seine Suppe noch individuell verfeinern kann.

UND SO GEHT'S

KARTOFFEL-LAUCH-SUPPE (4 PERSONEN)

Die Kartoffeln schälen und in Stücke schneiden. Den Lauch putzen, in Ringe schneiden und gründlich waschen. Öl in dem Topf erhitzen und Lauch darin anbraten. Kartoffeln zufügen und mit Wasser und Brühe auffüllen. 20 Minuten kochen lassen. Die Kartoffeln mit dem Stampfer zu Brei stampfen, durchrühren. Die süße und die saure Sahne unterrühren und mit Salz, Pfeffer, Muskat abschmecken. Sabine Schmitz-Bracht schwört auf das Zerreiben frischer Muskatnuss, es darf ruhig ein bisschen mehr sein. Gut dazu passt: geröstetes Toastbrot (Croûtons), gehackte Petersilie, Sonnenblumenkerne, frische Nordseekrabben.

REINGESCHMECKT

DIESES REZEPT IST

schlicht und schnell und es schmeckt richtig gut. Gerade im Winter wärmt sie schön und sättigt tüchtig. Der Clou sind die vielen Variationsmöglichkeiten: So bekommt diese Suppe einen edlen Touch.

Zeitaufwand: ★★☆☆☆
Schwierigkeitsgrad: ★★☆☆☆
Preis: ★☆☆☆☆

Das ist Fleißarbeit: die Kartoffeln schälen und in Stücke schneiden.

MEINE ZUTATENLISTE

1 kg Kartoffeln – mehlig kochend,
1 Stange Lauch,
1 Becher saure Sahne,
1 Becher süße Sahne,
1 Brühwürfel für 1,5 l Wasser,
Öl zum Anbraten,
Muskat, Pfeffer, Salz

Das hat geschmeckt: Sabine Schmitz-Bracht (li.) und WAZ-Redakteurin Susanne Schild sind mit der Suppe zufrieden.

MARTINI-HÜHNCHEN

DAS SAGT DER PROFI

Foto: © Thomas Nitsche

Bernd Hoppe

MIT MAISPOULARDE WIRD'S NOCH EDLER

Das Martini-Hühnchen ist zweifellos ein leckeres Rezept, das auch bei uns zum Standardrepertoire gehört. Häufig haben wir es schon als Personalessen eingesetzt: Eben weil es leicht zu machen ist und gut im Hintergrund kochen kann. Wenn wir es auf die Karte nehmen, dann verwenden wir Maispoularde, um das Gericht aufzuwerten. Da hat man noch einmal eine ganz andere Geschmacksrichtung – es lohnt sich, beim Fleisch da ein paar Euro mehr auszugeben. Und wer noch eine Variante ausprobieren möchte, der kann es mal mit Sherry probieren. Trockenen würde ich empfehlen. Es sei denn, man mag es extra süß ...

SÜNDENFAKTOR

HOCH

Zugegeben: Martini-Hühnchen ist kein Diät-Rezept. Zwar ist das Hühnchenfleisch mager. Dafür hauen Haut, Sahne, Alkohol und Sättigungsbeilage – Brot, Reis oder Nudeln – in der Kalorienbilanz richtig rein.

Viel Spaß hatten Redakteurin Britta Bingmann und Jens Beckmann in der Küc

MIT SCHWUNG UND SCHWIPS

Musikschulleiter Jens Beckmann ist ein wahrer Meister in der Küche. Uns bereitet der Sieger bei Vox ein leckeres Martini-Hühnchen zu

Wenn man Jens Beckmann nach seinem Lieblingsrezept fragt, muss er nicht lange überlegen: „Nun Schätzelein – schmecken muss es!“ Damit ist schon viel gesagt über den 34-Jährigen. Er ist ein unkomplizierter Typ, ein witziger Kerl, ein Genussmensch. Fehlt noch was? Ach ja: Schlagzeuger ist er auch noch und erfolgreicher Leiter der Musikschule an der Ruhr: Ihm liegen also Rhythmus und Organisation – eine seltene Kombination. Doch genau das spürt man, wenn man ihm beim Kochen zusieht. Spielerisch sieht es aus, fast wie Improvisation – „komm, die Flasche machen wir alle“ – dabei sitzt jeder Handgriff.

Sein Können am Herd hat ihm sogar schon Lorbeeren im Fernsehen beschert: Beckmann gewann neulich die Vox-Sendung „Das perfekte Dinner“. Noch heute hängen sein Sieger-Menü und die Fotos der Mitstreiter in der gemütlichen Küche in der Innenstadt. Dass heute für den Zeitungstermin auch ein Video gedreht wird, raubt Beckmann daher nicht die Ruhe. Er spricht in die Kamera, als hätte er die Texte vorher auswendig gelernt, und wendet gleichzeitig entspannt die Keulen in der Pfanne.

Für die Show hat er Schäumchen geschlagen und ein Specknetz geflochten. Aber er kann auch einfacher – so wie beim Martini-Hühnchen. Eine Freundin hat ihm das Rezept verraten, das jetzt zu den Standards bei Beckmann und seiner Liebsten gehört. Warum? „Superlecker und gelingt immer!“ Selbst dann, wenn man den letzten Schluck aus der Martini-Flasche noch dazukippt – „Sauce ist immer zu wenig“ –, dafür aber die Kräuter fast vergisst: Das Martini-Hühnchen ist da nicht so empfindlich. Aber selbst wenn es nicht so wäre: Beckmann ist ein Meister im Improvisieren. „Ich probiere aus, ich wandle ab, ich verfeinere“, erklärt er. Wichtig sei in der Küche ohnehin nur eins: Dass die Zutaten stimmen. „Die müssen frisch und hochwertig sein, dann kann eigentlich nichts schiefgehen.“

Drei- bis viermal die Woche verwöhnt der Wittener seine Freundin Carina mit Küchengenüssen. „Abends nach einem langen Tag in der Musikschule noch in der Küche zu stehen, das ist für mich die totale Entspannung.“ Kochen mache ihn einfach total glücklich. „Und ehrlich gesagt: essen auch.“

REINGESCHMECKT

MHMM, LECKER:

Das Fleisch mit der süß-herben Sauce ist ein Gedicht. Damit kann man gut Eindruck schinden! Dazu passen Brot, Reis oder Nudeln.

Zeitaufwand: ★★☆☆☆
Schwierigkeitsgrad: ★★☆☆☆
Preis: ★★★☆☆

Die Tomaten werden im Ganzen aufs Fleisch gelegt. Ihr Saft zieht ins Fleisch, das Martini-Aroma in die Früchte.

MEINE ZUTATENLISTE

1 Huhn oder vier Keulen,
¼ Liter Martini,
300 g Tomaten,
100 g süße Sahne,
30 g Butter,
Salz, Pfeffer, Paprikapulver,
frische Kräuter

UND SO GEHT'S

BECKMANNS MARTINI-HÜHNCHEN

Das Huhn kurz unter fließendem Wasser abspülen, mit Küchenpapier trocknen und in vier Teile schneiden – oder einfach gleich vier Keulen nehmen. Mit Pfeffer, Salz und Paprikapulver würzen. In einem Schmortopf Butter erhitzen und die Hühnerteile kräftig anbraten. Dann mit dem trockenen Martini (Wermut) angießen. Tomaten im Ganzen auf die Hühnerteile legen. Den Topf mit einem Deckel verschließen und das Huhn zirka 30 Minuten auf mittlerer Temperatur schmoren. Das Huhn wieder herausnehmen und die Sauce etwa zehn Minuten auf hoher Temperatur offen einkochen. Sahne, gepressten Knoblauch, Thymian, Rosmarin und Majoran zufügen. Sauce mit Pfeffer und Salz würzen. Fleisch wieder in die Sauce legen und noch zirka fünf Minuten köcheln lassen.

Martini für die Sauce wird großzügig abgemessen.

WITTEN

ZWIEBELFLEISCH MIT SAUERKRAUT-RÖSTI-TÜRMCHEN

DAS SAGT DER PROFI

Foto: © Thomas Nitsche

Bernd Hoppe

MEERRETTICH GIBT DEN GEWISSEN KICK

Zwiebelfleisch-Gerichte mag ich besonders, da sie geschmacklich so vielschichtig sind: von salzig bis scharf und die Zwiebel gibt zudem noch eine gewisse Süße. Mit einer Sweet-Chili-Soße nachzuwürzen ist gut – das gibt dem Gericht das gewisse Etwas. Bei uns im Restaurant ist das Zwiebelschnitzel sehr beliebt, das letztlich nur eine Abwandlung ist. Eine Idee, die man fürs Zwiebelfleisch übernehmen könnte: Wir schichten erst das Schnitzel, darauf die Zwiebeln und dann Sahne-Meerrettich: Dazu schlägt man Sahne, mischt Meerrettich unter – am besten frisch geriebenen. Das Ganze wird im Ofen überbacken, aber nur sehr kurz. Meerrettich in Verbindung mit Zwiebelfleisch schmeckt besonders frisch. Eine Kartoffelbeilage dazu kann ich empfehlen. Sauerkraut wäre vielleicht nicht meine erste Wahl, eher ein frischer Salat.

SÜNDENFAKTOR

HOCH

Wer sich sonst eher kalorienbewusst ernährt, der wird hier ins Schleudern kommen. Das Fleisch und die Röstis brutzeln in ordentlich Öl oder Butterschmalz. Der Käse in den Puffern macht die Sache nicht leichter.

Claudia Brinkmann und Redakteurin Annette Kreikenbohm (re.) schmeckt es.

REZEPT VON OMA KLARA

Claudia Brinkmann liebt das Familien-Gericht: Zwiebelfleisch mit Sauerkraut-Rösti-Türmchen

Die Fahrt zur heutigen Köchin führt mitten in den Wald, genauer: ins Ardeygebirge. Und wenn man glaubt, jetzt kommt bestimmt kein Haus mehr, dann geben die Bäume den Blick frei auf die Siedlung Kleine Borbach. Ganz in der Nähe der drei Teiche. Idylle pur.

Bis zum 22. Lebensjahr wohnte Claudia Brinkmann (65) hier bei ihren Eltern, seit 17 Jahren ist sie wieder zurück – und genießt die Lage mitten in der Natur. Und seit 1. Februar auch ihr Rentnerdasein, das sie, die bis dahin beim Wittener Finanzamt arbeitete, mit Partner Walter Bunge (67) teilt. Klar, dass sie jetzt auch mehr Zeit für eines ihrer Hobbys hat: „Ich finde Kochen toll. Ich gucke viele Kochsendungen." Doch bei Walter Bunge kann sie mit ihren Gerichten nur bedingt punkten: „Ich esse zwar alles gerne, bin aber nicht so der Genießer." Ratzfatz verschlinge er seine Mahlzeiten, gesteht er. Claudia Brinkmann nickt und trägt's mit Fassung. Schließlich kann sie ja noch ihre Enkelkinder bekochen.

Fürs Rezept, dass sie der Redaktion geschickt hat, benötigte sie allerdings keine Anregungen aus dem TV. Denn das stammt von ihrer Oma Klara „und ich habe es von meiner Mutter übernommen": Zwiebelfleisch mit Sauerkraut-Rösti-Türmchen. Bei der Oma hießen die Rösti noch Reibekuchen. „Ich habe das Rezept etwas modernisiert", erzählt Claudia Brinkmann. Deshalb kommt bei ihr Käse in die Bratlinge. Das alles klingt schön deftig – und das ist es auch.

Als erstes brät sie das Fleisch an. Sobald auch die Zwiebeln in der Pfanne brutzeln, zieht ein köstlicher Duft durch die Küche. Routiniert erledigt die Köchin jeden Arbeitsschritt. „Ich habe das schon tausend Mal gemacht." Zuletzt Ostern, natürlich wieder für die ganze Familie. Sweet-Chili-Soße, die hat ihre Oma bestimmt auch nicht verwendet. Doch sie verleiht dem Gericht das gewisse Etwas, ebenso wie die Leberwurst im Sauerkraut.

Was das Grünzeug betrifft, ist Claudia Brinkmann total flexibel und würzt je nach Jahreszeit. Dazu muss sie nur kurz in den riesigen Garten gehen und sich am Hochbeet bedienen, das Walter Bunge ihr vor einem Jahr gebaut hat. Dort findet sie zum Beispiel Basilikum, Rosmarin und Thymian. Heute entscheidet sie sich für Bärlauch, der nach Knoblauch schmeckt, den Esser hinterher aber nicht unangenehm danach riechen lässt.

Zugegeben: Das Zwiebelfleisch mit Beilage ist kalorientechnisch nicht gerade ein Leichtgewicht. Sonst, sagt Claudia Brinkmann, ernähre sie sich eigentlich auch sehr gesund: „Wir trinken ab dem Frühjahr jeden Morgen einen Saft aus Löwenzahn, Gänseblümchen und Giersch." Kein Wunder, dass sie da manchmal einen geschmacklichen Ausgleich braucht.

UND SO GEHT'S

ZWIEBELFLEISCH MIT BEILAGE (2 PERSONEN)

Das Fleisch kross anbraten, die grob gewürfelten Zwiebeln und die gehackte Knoblauchzehe dazu geben. Bratansatz mit Wasser ablöschen, mit Sweet-Chili-Soße und Senf würzen. Und dann in einem kleinen Bräter bei 180 Grad eine knappe Stunde schmoren lassen. Jetzt eine Zwiebel anschwitzen, Sauerkraut dazu geben und mit Leberwurst, Kümmel und Chili-Salz abschmecken. Für die Röstis zwei Kartoffeln schälen und reiben. Den Gouda in Würfel schneiden, Schinken ebenfalls würfeln und Petersilie (wahlweise Bärlauch, Schnittlauch etc.) hacken. Alles zusammenmengen und in Butterschmalz oder Öl zu kleinen Puffern anbraten. Röstis und Sauerkraut abwechselnd schichten, so dass ein kleines Türmchen entsteht. Nett fürs Servieren: mit Kräutern dekorieren.

REINGESCHMECKT

DIESES REZEPT erfordert einige Arbeitsschritte. Doch die sind nicht kompliziert. Das Ergebnis ist sehr schmackhaft.

Zeitaufwand: ★★★★☆
Schwierigkeitsgrad: ★★★☆☆
Preis: ★★★☆☆

Welche Kräuter ins Gericht kommen, entscheidet Claudia Brinkmann je nach Jahreszeit. Heute ist es der Bärlauch, der im eigenen Garten wächst.

MEINE ZUTATENLISTE

2 marin. Schweinesteaks, 2 Kartoffeln, Sauerkraut, Pfälzer Leberwurst, mittelalter Gouda, gek. Schinken, 3 gr. Zwiebeln, 1 Knoblauchzehe Sweet-Chili-Soße, etwas Senf, Kräuter, Öl zum Anbraten Salz, Pfeffer, Kümmel

Während das Fleisch im Ofen ist, schält Claudia Brinkmann Kartoffeln.

WITTEN

THAI CHICKEN CURRY MIT REIS

DAS SAGT DER PROFI

Foto: © Thomas Nitsche

Bernd Hoppe

NOCH FRISCHER MIT ZITRONENGRAS

Ein wunderbares Rezept – klingt kompliziert, ist aber leicht zu machen. Man muss halt nur ein bisschen Mühe darauf verwenden, die Zutaten zusammenzusuchen. Bei der Zubereitung kann man mit der Schärfe spielen. Es gilt das Ampelprinzip: Grün – gelb – rot, wobei grün die mildeste Curry-Paste ist, rot die schärfste. Achtung bei der Verwendung von Chili – das lernen bei uns auch alle Auszubildenden: Anschließend nicht ins Gesicht fassen. Das brennt! Als zusätzliche Zutat für das Gericht empfehle ich Zitronengras. Das gibt dem Ganzen so eine asiatische Note und ein bisschen Frische. Und – wer es mag – Garnelenpaste. Das würzt noch mal zusätzlich mit einem ganz eigenen Geschmack.

SÜNDENFAKTOR

GERING

Asiatischer Gaumenschmaus zum Abnehmen? Fast: Denn Hähnchenfleisch, Reis und Gemüse haben kaum Kalorien, die Kokosmilch ist mit ihren Fettsäuren ebenfalls gesund – sie soll sogar beim Abnehmen helfen.

Maurice Reinhard (li.) bringt WAZ-Mitarbeiter Philip Raillon das schnelle Schnippeln bei.

THAIKÜCHE AUS LONDON

Maurice Reinhard kocht besonders gerne sein thailändisches Curry. Das Gericht entwickelte er immer weiter – mit unterschiedlichen Gemüsesorten

STADTSIEGER

Viel Platz ist nicht zwischen Herd, Kühlschrank und der schmalen Theke. Auf der Abstellfläche stapelt sich das Gemüse, dahinter warten Basilikum und Koriander in ihren Töpfen. „Ist'n bisschen eng hier, sorry“, sagt Maurice Reinhard. In der schmalen Nische kocht der Student der Ruhr-Uni Bochum mit Elan und Leidenschaft. Kochen, das ist für den Bommeraner Entspannung pur – „genau das Richtige, nach einem langen Tag im Hörsaal“, so der Wirtschaftsstudent.

Auf der Herdplatte dampft schon der Reis. Die Körner werden nicht irgendwie gekocht: „Die bereite ich gerne auf persische Art zu“, erklärt der 21-Jährige, dessen Onkel aus dem Iran kommt. Heißt: Zwei Tassen Reis mit dreieinhalb Tassen Wasser aufkochen, Salz und Butter dazugeben. Den Herd auf die kleinste Stufe stellen, Deckel auf den Topf und den Reis bis zu einer Stunde „ziehen“ lassen.

Rasend schnell klackert das Messer über das Holzbrettchen. Der 21-Jährige schneidet Pilze und Zucchini klein. „Das Schneiden habe ich zusammen mit meinem Opa geübt“, erzählt er. Gemeinsam klebten sie sich Pflaster auf die Finger und lernten den Umgang mit dem Messer – damals war Maurice keine 15 Jahre alt. Überhaupt ist Kochen für den Wittener ein Familienerlebnis: Mit der Oma ging er häufig zu kulinarischen Festen, die Mutter zeigte ihm schon früh die Arbeit in der Küche.

„In meiner Familie spielt Essen eine große Rolle“, sagt er. „Was gibt es Schönere als sich gemeinsam über gutes Essen und eine Flasche Wein zu freuen?“ fragt er und rührt das Gemüse in der Pfanne um. Nun wird es hektisch: Die Curry-Paste muss zum Gemüse, direkt danach die Kokosmilch. Maurice öffnet die Dose, die Milch spritzt überall hin. „Uaah“, ruft er und wischt sich die Milch aus dem Gesicht. „Naja, auch das gehört zum Kochen.“

Woher stammt sein Gericht? „Ein guter Freund aus London, der in Asien geboren wurde, hat mir das Thai Curry beigebracht.“ Es sei das erste Gericht gewesen, was er wirklich verstanden habe. „Ich habe es immer weiter entwickelt – so schmeckt es mir jetzt am Besten.“

Curryduft liegt in der Luft, die Temperatur in der Küche steigt. Fast fühlt man sich in die lauten und stressigen Straßen Bangkoks versetzt. „Fertig!“ sagt Maurice fröhlich und serviert. Und jetzt ein Glas Wein? „Nee, lieber ein Bier“, sagt er: „Am liebsten ein kaltes Tiger aus Singapur.“

UND SO GEHT'S

THAI CHICKEN CURRY (2 PERSONEN)

Zuerst muss der Reis gekocht werden. Parallel wird das Gemüse und Hähnchenfleisch geschnitten. Möhren und Bohnen blanchieren und mit kaltem Wasser abgießen. Das Fleisch wird für etwa vier Minuten in Wasser gekocht und mit Salz und Pfeffer gewürzt. Anschließend Champignons, Zucchini und Zwiebeln mit Olivenöl anbraten und mit der Curry-Paste würzen – Achtung: Paste schön verteilen. Sobald der Currygeruch in der Luft liegt, wird das Ganze mit Kokosmilch und etwas Brühe abgelöscht. Gleichzeitig werden Koriander, Chili, Basilikum und Soja-Sauce separat vermischt und dann der Curry-Sauce hinzugefügt. Dann das Hähnchen, die Möhren und Bohnen mit in die Pfanne und alles noch ein wenig einkochen lassen. Und dann: Guten Appetit!

REINGESCHMECKT

DIESES REZEPT

ist innerhalb von einer Stunde fertig. Zwar sind viele Schritte gleichzeitig zu machen, aber auch ohne viel Erfahrung lässt es sich gut zubereiten. Einmal auf dem Teller, entführt es einen auf eine Gaumenreise ins tiefe Asien.

Zeitaufwand: ★★★☆☆
Schwierigkeitsgrad: ★★☆☆☆
Preis: ★★★☆☆

In heißer Pfanne schmort Maurice Reinhard das Gemüse an.

MEINE ZUTATENLISTE

120 g Basmati Reis,
150 g Hähnchenbrust,
1 Dose Kokosmilch, ein Schuss Soja-Sauce und Gemüsebrühe,
2 TL rote Curry-Paste,
½ Zwiebel, 1 Möhre, ½ Zucchini,
50 g Bambussprossen,
Grüne Bohnen und Champignons,
½ Chili, 1 Bund Koriander,
5 Blätter Basilikum

Vorsichtig rührt Maurice Reinhard die Curry-Paste unter. Mit der roten Creme kommt der besondere Geschmack in die Soße – das Gemüse tut seinen Rest.

WITTEN

BIRNEN-KLÖSSE

DAS SAGT DER PROFI

Foto: © Thomas Nitsche

Bernd Hoppe

KLÖSSE LIEBER SELBST MACHEN

Birnenklöße? Das ist eher ein Gericht für den Herbst, vor allem weil es durch den Zimt ja eine winterliche Note bekommt. Aber man sieht wieder: Salz und süß – das passt immer gut zusammen. Mein Tipp für die Zubereitung: Statt Mehl würde ich Kartoffelmehl – also Mondamin – zum Andicken nehmen. Das macht die Sauce etwas feiner, weniger pappig. Und ja klar: Klöße aus der Packung kommen bei mir nicht in die Tüte! Die sind doch so schnell selbst gemacht: 1 Kilo mehlig kochende Kartoffeln kochen und durch die Presse drücken, abkühlen lassen, dann ein Ei und etwa 100 Gramm zerlassene Butter, schließlich noch etwa 200 Gramm Kartoffelmehl hinzufügen, außerdem Salz und Pfeffer – fertig! So lecker!

SÜNDENFAKTOR

HOCH

Leider. Schweinefleisch ist nicht gerade mager, die Sahne in der Sauce bringt auch ihre Kalorien mit, und die Klöße ... na ja. Aber insgesamt ist es doch eine bekömmliche und nahrhafte Mahlzeit, die lange satt macht.

Die Birnen wurden von Resi Hoffmann und Britta Bingmann erst einmal geschä

SÜSS UND HERZHAFT KOMBINIERT

Resi Hoffmann aus Bommern kocht für uns Birnenklöße mit Schweinefleisch. Und dazu gleich noch ein ganzes Menü – alles frisch aus dem eigenen Garten

Es gibt sie doch noch, die gute alte Zeit. Hier in Bommern, in der Bergheide. Vor 56 Jahren hat sich das junge Ehepaar Hoffmann dort eingerichtet. Seitdem hat sich nicht viel geändert. Nein, Hochglanzküchen haben Resi Hoffmann noch nie gereizt: „Ich mag alles so, wie es ist", sagt die 75-Jährige. Zugegeben: Inzwischen steht da ein Fernseher auf der Arbeitsplatte. Ein Zugeständnis: Schließlich verbringt die Wittenerin viel Zeit in der Küche – die üppige Ernte aus dem großen Garten will Jahr für Jahr, Saison für Saison verarbeitet sein.

Bei Hoffmanns kommt kaum etwas auf den Tisch, was nicht selbst gezogen, gesammelt oder angebaut wurde. „So ein Ei von unseren Hühnern schmeckt doch ganz anders", sagt Resi Hoffmann. „Ach probieren Sie doch auch mal mein Holunderblütengelee."

Sie steht immer noch fast täglich in der Küche, versorgt ihren Mann, kocht aber auch für die Tochter und die Enkel mit, die unten im Haus wohnen. Die herzhaft-süßen Birnenklöße – übrigens ein Rezept von der schlesischen Schwiegermutter – stehen dabei immer mal wieder auf dem Speiseplan. „Die sind schnell gemacht und alle essen sie gern", versichert die Bommeranerin, während sie die Klöße rollt. „Aber kosten Sie doch mal dies: Ich habe Ihnen Porree paniert und gebraten." (Lecker!)

Eine Süße ist Resi Hoffmann nicht: Pellkartoffeln mit Hering, damit kann man ihr eine Freude machen. „Aber eigentlich ess ich alles gerne – das ist ja mein Kummer." Sie isst nicht nur gerne, sie kocht auch mit Leidenschaft. Gelernt ist gelernt – schließlich ist Resi Hoffmann geprüfte ländliche Hauswirtschaftsgehilfin. „Zum Nachtisch mach ich uns noch Quarkklöße."

Bei Hoffmanns muss keiner hungern. „Ich hab immer Vorräte da." „Altmodisch" nennt sie selbst ihren Kochstil, das moderne Zeug „Lasagne und so" überlässt sie der Tochter. Die bezeichnet den Stil übrigens anders: „Einfach lecker."

Das beste Familien-Rezept, da sind sich alle einig, ist die Pfefferkuchensauce mit schlesischer Weißwurst und Sauerkraut. Aber die gibt es nur zu Weihnachten. „56 Jahre lang habe ich die schon gekocht – was anderes kommt bei uns nicht auf den Tisch", versichert Resi Hoffmann. „Aber probieren Sie doch mal unseren Obstwein ..."

REINGESCHMECKT

EIN EINTOPF MIT SÜSSER NOTE:

Das ist sicher nicht für jeden das Richtige. Wer aber die deftige Kombination von Obst, Zimt und Fleisch mag, wird begeistert sein. Ein Tipp: Nicht mit Zucker und Zimt sparen!

Zeitaufwand: ★★★☆☆
Schwierigkeitsgrad: ★★☆☆☆
Preis: ★★☆☆☆

Bei den Hoffmanns kommt das zerkleinerte Fleisch gleich mit auf den Teller zu Birnen und Sauce.

MEINE ZUTATENLISTE

1 Pfund Schweinenacken oder Bauchfleisch,
1 kg Birnen,
1 Packung Klöße,
1 Becher Sahne,
Gewürze, etwas Mehl,
Zimt und Zucker

UND SO GEHT'S

BIRNENKLÖSSE MIT SCHWEINEFLEISCH

Fleisch mit Salz, Lorbeerblatt und Gewürzkörnern garen (ca. 1 Stunde). Fleisch aus der Brühe nehmen und auf einen Teller legen. Birnen schälen und in Stücke schneiden. Stücke dann vorsichtig in der Brühe garen. Kleine, golfballgroße Klöße (aus der Packung, selbst gemachte gehen natürlich auch) formen, auch gar ziehen lassen. Anschließend Birnen, Fleischbrühe und Klöße zusammenmengen, dann mit etwas mit Sahne angerührtem Mehl binden. Danach mit reichlich Zimt, Zucker und gemahlener Nelke abschmecken. Zum Schluss das Fleisch entweder klein geschnitten mit in den Topf geben oder als Extra-Portion auf den Teller legen.

Die Brühe wird mit Sahne und Mehl vorsichtig angedickt.

KAPS IN DER PFANNE

DAS SAGT DER PROFI

Foto: © Thomas Nitsche

Bernd Hoppe

ETWAS KÜMMEL FÜR DEN KAPS

Kaps in der Pfanne, das ist eigentlich eins dieser klassischen Eintopfgerichte, wie zum Beispiel auch Schlabber-Kappes. In den gehört außer Weißkohl noch Gehacktes rein. Das gab es bei uns früher auch immer samstags. Die Kombination aus Kräuteressig und Büchsenmilch sorgt für eine angenehm süß-saure Note. Solche Gegensätze ergeben immer einen guten Geschmack. Vielleicht würde man heute statt Dosenmilch eher Sahne nehmen. Ich empfehle noch, Speck dazuzugeben – und Kümmel. Das ist klassisch westfälisch.

SÜNDENFAKTOR

MITTEL

Da das Gericht sehr deftig ist, lassen sich ein paar Kalorien nicht vermeiden. Aber alles halb so schlimm: Kartoffeln und Weißkohl schlagen nicht so doll zu Buche, nur die Tunke und die Würstchen haben's in sich.

Die Tunke kommt über den Weißkohl: Ulrike Richter (l.) und Redakteurin Anne Kreikenbohm.

KAPS AM ZWEITEN TAG NOCH LECKERER

Ulrike Richters Lieblingsgericht ist was für „echte Pottler": Weißkohl mit Würstchen in der Pfanne. In der Saison kriegt sie das Gemüse aus Papas Garten

Für alle, die jetzt glauben, hier habe sich ein Fehler eingeschlichen: Ulrike Richter beharrt darauf, dass ihr Kohl tatsächlich „Kaps" heißt und nicht Kappes. Basta! Und die 56-Jährige vom Sonnenschein, die in der Verwaltung der Hagener Polizei arbeitet, nennt gleich drei Gründe, die ihr Gericht unschlagbar machen: „Es ist gut, günstig und einfach." Außerdem „schmeckt's am zweiten Tag noch viel besser" – das bestätigen ihre erwachsenen Kinder Tim und Mareike, die wohl gerochen haben, dass Mama heute für die Zeitung ihr Leibgericht zaubert.

Apropos Geruch: „Das stinkt immer so ekelig", sagt Ulrike Richter über den Weißkohl, den sie gerade geschnitten und dann in die Pfanne zu den Kartoffeln gegeben hat. „Das riecht man schon draußen auf der Straße." Dafür kostet der Kaps nicht viel. Und wenn Saison ist, sogar gar nichts. Denn dann stammt er aus dem Schrebergarten ihres 80-jährigen Vaters – wie so vieles, was bei der Wittenerin in die Töpfe und auf die Teller kommt. Jetzt gerade ist Salat-Zeit.

„Ich koche und backe alles", sagt Ulrike Richter. Gelernt hat sie das von ihrer Oma Margarete. Doch das heutige Rezept ist noch von Uroma Klara überliefert. Es passt zu dem, was die ganze Familie am liebsten isst: deftige Hausmannskost. Nur einer schlägt da ein wenig aus der Art: Ehemann Klaus Apolinarski (51), über den die Gattin freiweg sagt: „Ich liebe ihn, aber nicht seinen Nachnamen."

Klaus also, der mag den Kaps in der Pfanne nicht. Aber Klaus stammt aus Ahlen bei Hamm und damit eindeutig nicht aus dem Ruhrgebiet. Logisch, denn das Gericht sei halt nur was für „echte Pottler", sagt Ulrike Richter. Gibt's Kaps, kocht sich ihr Mann Hefeklöße mit Tomatensoße. „Da schüttelt's mich." Dass auch Enkel Lenni der Kohl nicht schmeckt, mag an dessen Alter liegen: Er wird bald drei und isst am liebsten „Bäume", womit er Brokkoli meint.

„Ich glaub', das wird gut." Ulrike Richter kontrolliert, ob die Kartoffeln nicht zu sehr anbruzzeln. Sie ist zufrieden. „Das ging doch ratzifatzi." Und jetzt zieht auch ein köstlicher Duft durchs Haus.

REINGESCHMECKT

IM PRINZIP EIN ARME-LEUTE-ESSEN:

Das Gericht beweist, dass Schmackhaftes nicht teuer sein muss. Auch Anfänger kriegen den Kaps locker hin. Wer's vegetarisch mag, lässt einfach die Wurst weg.

Zeitaufwand: ★☆☆☆☆
Schwierigkeitsgrad: ★☆☆☆☆
Preis: ★☆☆☆☆

Zwiebeln dürfen bei deftigen Gerichten nicht fehlen. Ulrike Richter sammelt den Abfall übrigens immer auf der Zeitung – natürlich nur auf der von gestern.

MEINE ZUTATENLISTE

4–6 Bratwürste (grob/fein),
500 g festkochende Kartoffeln,
1 Weißkohlkopf mittelgroß,
ca. 200 ml Kräuteressig,
200 ml Büchsenmilch (10 %),
1–2 Zwiebeln,
Salz, Pfeffer

UND SO GEHT'S

KAPS IN DER PFANNE (4 PERSONEN)

Bratwürstchen in der Pfanne in Öl braten und herausnehmen. Kartoffeln schälen, in Scheiben schneiden und in den Bratensud legen, mit Salz und Pfeffer würzen. Weißkohl in Streifen schneiden, kurz in kochendem Wasser angaren und auf die Kartoffeln schichten. Nun aus klein gehackter Zwiebel, Salz, Pfeffer, Essig und Büchsenmilch die Tunke rühren. Sollte sie zu sehr eindicken, mit etwas Vollmilch verdünnen. Die fertige Soße über den Weißkohl geben. Bei geschlossenem Deckel 20 bis 30 Minuten dünsten. Die Kartoffeln brennen gern an – ab und zu nachgucken. Nach dem Dünsten die Bratwürste noch einmal auf den Weißkohl legen, damit sie wieder warm werden. Pfanne auf den Tisch und zulangen!

Mit Salz und Pfeffer würzt Ulrike Richter die Kartoffelscheiben.

WITTEN

ROTKOHL-AUFLAUF

DAS SAGT DER PROFI

Foto: © Thomas Nitsche

Bernd Hoppe

AUFGEWÄRMT SCHMECKT'S BESSER

Rotkohl – definitiv nicht das richtige Gericht für Sommer-Temperaturen. Aber im Winter, da schmeckt er gut. Allerdings würde ich ihn auch für den Auflauf immer am Tag zuvor zubereiten — damit der Kohl Zeit hat, richtig durchzuziehen. Aufgewärmt schmeckt er nun einmal besser. Wenn ein etwas feinerer Geschmack gewünscht ist, dann würde ich zur Kalbsbrühe greifen. Und ganz wichtig: Die Zwiebeln nur glasig dünsten, nicht zu dunkel werden lassen, sonst werden sie leicht bitter. Und beim Püree auf keinen Fall die Prise Muskatnuss vergessen.

SÜNDENFAKTOR

MITTEL

Schmand, Sahne, Käse, Butter: Nein, ein leichtes Gericht ist dieser Auflauf sicher nicht. Andererseits – auf die Menge ... Und mit dem vielen Gemüse gehört er sicher dennoch zu den gesunden Mahlzeiten.

Es ist gelungen: Sabine Brasse (re.) und Redakteurin Susanne Schild lassen s den Rotkohlauflauf schmecken.

KINDERESSEN ZUM AUFWÄRMEN

Der Rotkohlauflauf der Familie Brasse ist eine schmackhafte Eigenkreation. Ein WDR-Rezept wurde einfach umgemodelt. Und allen schmeckt's

Auf eines können sich die drei Männer im Hause Brasse verlassen: Mittags gibt es immer ein frisches, warmes Essen. „Und Mama kocht gut", schwärmt Sohn Felix Brasse (16), der seine Freistunden nicht am Albert-Martmöller-Gymnasium, sondern zu Hause verbringt. Obwohl es Kohl gibt!

Der Rotkohlauflauf ist eine Familienerfindung. Und das kam so: Man hörte Helmut Gote im WDR2-Radio über ein Wirsing-Rezept plaudern. Das schien gut, aber nicht ideal. Also wird experimentiert: statt Wirsing Rotkohl, statt Teig Kartoffelpüree. Heraus kam weniger Quiche, mehr Kinderessen. Nur Gotes Grundidee blieb, Kohl mal nicht gekocht als Wintergericht zu essen, sondern als vegetarischen Auflauf. Und: Man kann das Gericht gut wieder aufwärmen, etwa, wenn abends Vater Brasse nach Hause kommt.

GARTENKRÄUTER SELBST GEMISCHT

Natürlich werde nicht jeden Mittag ein solcher Aufwand betrieben, versichert Sabine Brasse, während sie tapfer Zwiebeln schnippelt, einen Berg Kartoffeln und den Rotkohl. Ach, die Gartenkräuter trocknet und mischt sie übrigens selbst, der Bergkäse wird natürlich frisch gerieben (und nicht in der Tüte gekauft)! In einer großen Pfanne brät sie erst die Zwiebeln, dann den Rotkohl an. Familienhund und Autorin nehmen verzückt Witterung auf: Das riecht toll! Sabine Brasse schaufelt und wendet, zwischendurch kochen sich die Kartoffeln püreeweich. Frau Brasse ist der Zwischendurch-Aufräumtyp: schmutzige Pfannen verschwinden, kurz wird gewischt. Ihre üppig dekorierte Küche blitzt schon wieder, als im Ofen Püree und Rotkohl mit der Schmand-Sahne-Sauce überbacken werden. Hm, ob das genauso lecker schmeckt, wie's aussieht?

REINGESCHMECKT

ERSTAUNLICH:

Der Auflauf überrascht total – der Rotkohl schmeckt so anders! Fazit nach dem gemütlichen Probekochen: Interessantes Rezept, gut sättigend und – ganz wichtig: gut für Kinder.

Zeitaufwand: ★★★★☆
Schwierigkeitsgrad: ★★☆☆☆
Preis: ★☆☆☆☆

Die Kartoffeln werden gestampft und mit Salz und Buttermilch vermengt.

MEINE ZUTATENLISTE

Ca. 1,5 kg Rotkohl,
3 kg Kartoffeln,
2 große Tassen Brühe,
eine Drittel Tasse Rotweinessig,
3 größere Zwiebeln,
2 Becher Schmand,
1 Becher Sahne,
250 g geriebener Bergkäse,
1 Ei,
Salz, Pfeffer, Kräuter
300 ml Buttermilch,
½ Stück Butter

Rotkohl und Kartoffeln werden auf dem Backblech geschichtet. Zum Schluss kommt dann der Käse darüber.

UND SO GEHT'S

ROTKOHLAUFLAUF (4 PERSONEN)

Kartoffeln schälen und in kleine Stücke schneiden und weichkochen. Die Zwiebeln schnippeln und in einer großen Pfanne in relativ viel Öl anbraten. Auch den Rotkohl kleinschneiden, zu den Zwiebeln geben und ebenfalls anbraten. Das Rotkohl-Zwiebel-Gemisch in einen großen Topf kippen, Brühe und Essig (nicht zu viel!) zugeben, mit Salz und Pfeffer würzen und köcheln lassen, bis der Rotkohl weich ist. Derweil eine Sauce herstellen aus Schmand, Sahne, der Hälfte des geriebenen Käses, Ei und den Kräutern. Auch der Kartoffelbrei muss vorbereitet werden: Die Kartoffeln stampfen. Sabine Brasse mischt Buttermilch und Butter unter. Anschließend eine Auflaufform mit Backpapier auslegen. Man schichtet hier: Kartoffelpüree, Rotkohl, wieder Püree und erneut Rotkohl, zuoberst die Sauce und den Reibekäse. Bitte darauf achten, dass das Essigwasser des Rotkohls im Topf bleibt.

WITTEN

RINDERZUNGE IN MADEIRA

Foto: © Thomas Nitsche

Bernd Hoppe

DAS SAGT DER PROFI

INNEREIEN SIND AUS DER MODE

Zunge – das ist schon ein Gericht, das nicht mehr ganz so beliebt ist. Innereien sind ja generell aus der Mode gekommen. Aber grundsätzlich ist es eine schöne Sache, vor allem mit der Madeira-Soße. Die Haut lässt sich übrigens leichter abziehen, wenn man die Zunge nach dem Kochen kurz mit kaltem Wasser abschreckt. Damit die Innerei dann nicht austrocknet, während der Rest zubereitet wird, schlägt man sie in Folie ein. Die Mehlschwitze, die hat man früher gern gemacht für Soßen. Man muss nur aufpassen, dass es keine Klümpchen gibt, wenn man Kaltes und Warmes verrührt. In die Brühe würde ich für den besonderen Geschmack noch Lorbeerblätter, Wacholderbeeren oder Pfefferkörner geben. Und als kleiner Schliff kommt zum Schluss ein bisschen saure Sahne in die Soße. Dann aber bitte das Ganze nicht mehr kochen lassen, sonst gerinnt die Flüssigkeit.

SÜNDENFAKTOR

MITTEL

Rindfleisch, Pfifferlinge, dazu Kartoffeln und Bohnen als Beilage – eine Kalorienbombe ist was anderes. Aber für eine grüne Ampel reicht's dann doch nicht: Da hauen Butter und Madeira in der cremigen Soße zu sehr rein.

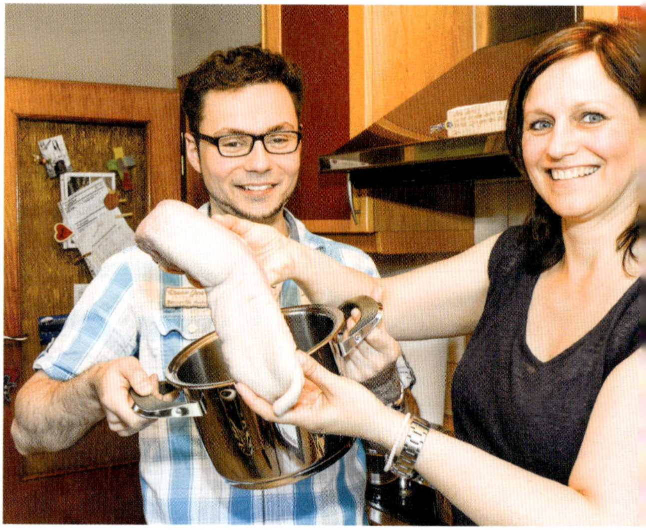

Eine Rinderzunge: WAZ-Mitarbeiter Dennis Sohner testet erstmals Stefanie Fe Leibspeise.

ZUNGE, EINE ZARTE VERSUCHUNG

Was des einen Graus, ist des anderen Schmaus: Seit fast 60 Jahren ist Rinderzunge in Madeira-Soße das Lieblingsgericht von Familie Fehrentz

Alle paar Monate, wenn Annemarie Fehrentz (79) am Herd steht, freut sich die ganze Familie. Das Lieblingsgericht der Rüdinghauser, das die Enkel Frederike (15) und Ari (11) auch gerne alleine verspeisen würden, lässt Sohn Georg (47) auch nach vielen Jahren noch schwärmen: „Da kann ich mich reinsetzen."

Was bei anderen zu gedanklichen Magenschmerzen führt, ist bei Familie Fehrentz nicht mehr wegzudenken: Rinderzunge in Madeira-Soße ist der Renner am Küchentisch der Rüdinghauser. „Was andere im Mund hatten, ess' ich nicht" – den Spruch kennt Annemarie Fehrentz nur zu gut. „Da sag' ich immer: Du isst doch auch Eier. Die kommen hinten raus."

Ihre Familie musste Oma Annemarie nie überreden. Alle lecken sich die Finger nach der Rinderzunge. „Ich habe sie sofort mitgegessen, seit ich Teil der Familie bin", sagt Schwiegertochter Stefanie Fehrentz. Das war vor über 20 Jahren. Die Zungen-Tradition im Hause Fehrentz geht noch deutlich weiter zurück. „Das Gericht gab es zum Todestag meines Opas, also seit den 50er Jahren", weiß Georg. Und später, freut sich der 47-Jährige, immer regelmäßiger: zu Weihnachten, zu Geburtstagen. Nein, dieses Gericht hängt der Familie noch lange nicht zum Halse raus.

BUTTERZART DANK SCHNELLKOCHTOPF

Heute hat Stefanie Fehrentz in die Küche eingeladen. Die Rinderzunge liegt schon bereit: Es ist ein mächtiges Stück Fleisch, das auf dem Schneidebrett darauf wartet, für eine Stunde im Schnellkochtopf zubereitet zu werden. Butterzart soll die Zunge werden, verspricht Köchin Stefanie. So viel sei vorweggenommen: Das Versprechen wird auf jeden Fall gehalten. Doch was wäre eine Rinderzunge ohne Madeira-Soße?

Stefanie Fehrentz schwenkt die Pfanne: zerlassene Butter, Mehl, Zungenbrühe, Pfifferlinge und etwas von dem portugiesischen Wein. Kompliziert sei der cremige Zungen-„Mantel" nicht, meint die 46-Jährige. „Allein bei der Mehlschwitze muss man etwas aufpassen." Ehemann Georg reibt sich den Bauch. Auf einem Weihnachtsurlaub hatte er mal nachts um drei Uhr mit seiner Frau 15 Stücke verputzt. Er hätte dieses Essen gerne häufiger auf dem Teller. Aber andererseits, so ist das mit den kulinarischen Höhepunkten: „Wenn wir es jede Woche essen würden, wäre es kein Highlight mehr."

REINGESCHMECKT

ZÄHE ZUNGE?

Von wegen! Das Fleisch ist nach einer Stunde zart, der Geschmack mild. Mild, das gilt – trotz Wein – auch für die Soße. Aber nachwürzen kann ja jeder. Und je nach Gaumen Champignons nehmen.

Zeitaufwand: ★★★★☆
Schwierigkeitsgrad: ★★☆☆☆
Preis: ★★★★☆

Schnipp, schnapp: Für den richtigen Geschmack kommt etwas Suppengrün mit der Zunge in den Schnellkochtopf.

MEINE ZUTATENLISTE

1 frische Rinderzunge,
1 l Wasser,
½ Esslöffel Salz,
1 Bund Suppengrün,
2 kleine Gläser Pfifferlinge,
Butter (ca. 60 g),
Mehl (ca. 80 g),
100 ml Madeira
Beilagen:
Kartoffeln oder Spätzle, dazu Bohnen, Rotkohl oder Rosenkohl

Ein ordentlicher Schuss: Der Madeira-Wein macht die Soße aus.

UND SO GEHT'S

RINDERZUNGE IN MADEIRA (4 PERSONEN)

Die Rinderzunge (Tipp: beim Metzger vorbestellen) waschen und mit Suppengrün ins gesalzene Wasser im Schnellkochtopf geben. Eine Stunde kochen. Anschließend die Zunge aus der Brühe nehmen und kurz abkühlen lassen. Die Haut an den Seiten mit einem spitzen Messer lösen und abziehen. Für die Madeira-Soße die Butter zerlassen und das Mehl so lange darin anschwitzen, bis es mittelbraun ist. Einen halben Liter Zungenbrühe dazugeben und mit dem Schneebesen schlagen. Die Soße circa fünf Minuten kochen und die Pfifferlinge – je nach Geschmack andere Pilze – hinzufügen. Dann den Madeira-Wein bei leichtem Köcheln unterrühren. Dazu passen Kartoffeln und ein Bohnensalat.

WITTEN

GRAUPENSUPPE MIT LEBERWURST

DAS SAGT DER PROFI

Foto: © Thomas Nitsche

Bernd Hoppe

WENN GRAUPEN, DANN MIT KASSELER

Graupensuppe – das ist kein Gericht, das im ersten Moment besonders fein klingt. Dennoch kann es eine leckere Alternative gegenüber anderen Eintöpfen sein. Ein paar Dinge sollte man unbedingt beachten. Zunächst würde ich einen Graupeneintopf immer entweder mit Kasseler oder mit hoher Rippe zubereiten. Dann ist es wichtig, die Graupen nach dem Einweichen zu entschleimen: Dabei gibt man die Graupenmasse durch ein Sieb. Und dann kommt es natürlich auf den Geschmack an, den die Graupen nicht von selbst mitbringen: Leberwurst sorgt für Aroma, ich würde Mettwürste nehmen. Eine wichtige Regel, die auch jeder Laie kennt, der schon mal einen Eintopf zubereitet hat: Am besten plant man für die Vorbereitung zwei Tage ein. Denn obwohl das Gericht schnell gemacht ist, schmeckt es viel besser, wenn es einen Tag gezogen ist.

SÜNDENFAKTOR

MITTEL

Kartoffeln, Möhren, Radieschen, Lauch, Graupen – eine Kalorienbombe ist etwas anderes. Dennoch: Die fette Leberwurst gibt dem Gericht durchaus Schwere. Für Vegetarier garantiert nichts, auch wegen des Gehackten.

Klaus Tüttelmann kochte mit WAZ-Redakteurin Tina Bucek Graupensuppe.

LEBERWURST GIBT DEN PFIFF

Klaus Tüttelmann verrät ein altes Familienrezept. Für Graupensuppe à la Tüttelmann reisen sogar die Kinder an

In Tüttelmanns gemütlicher Wohnung am Humboldtplatz ist die Küche nicht riesig – dafür die Freude am Kochen und Essen um so größer. „Die Graupensuppe mit Leberwurst", erzählt Klaus Tüttelmann, der uns freundlich in seinem Reich empfängt, „gehört schon lange zur Familientradition." Die damit begann, dass Tüttelmanns Onkel in Annen, Metzgermeister von Beruf, gerne schon mal eine Leberwurst spendierte. „Das war in der Nachkriegszeit: Erst haben wir den Eintopf immer mit Wurstbrühe zubereitet. Aber dann gab's eines Tages keine Wurstbrühe. Da sagte mein Onkel: Klaus, versuch's doch mal mit Leberwurst!"

Schnell fanden Klaus und seine Frau Rita (75) Geschmack an dieser etwas ungewöhnlichen Zusammenstellung für ein in den Augen vieler Gourmets eher gewöhnliches Gericht. „Die Leberwurst gibt der Suppe einen ganz eigenen Geschmack." Sagt's und zerschnippelt nebenbei Möhren, Kartoffeln und Lauch. Ein echter Graupensuppenkasper ist Tüttelmann inzwischen, seit er das Zepter in der Küche gelegentlich von Frau Rita übernimmt.

„Früher hat mein Mann gar nicht gekocht", plaudert die aus dem Nähkästchen. Obwohl er ja ein Konditormeister sei. „Aber zu Hause am Herd? Nix." Doch dann kam der Tag, als der Herr im Haus in den Ruhestand ging – und die Dame noch zur Arbeit. „Es bimmelte das Telefon, meine Firma, ich sollte einspringen", erzählt Frau Rita. „Die Kohlrabi lagen ungeschält auf dem Tisch. Da sagt mein Mann: Soll ich das Essen machen? Ja – und dann hat er das Essen gemacht. Und er hat es gut gemacht!"

Das kann man auch über die Graupensuppe sagen, die inzwischen schon wohlriechend auf Tüttelmanns Herd vor sich hin köchelt. Wobei der Pfiff ja noch gar nicht im Topf ist. „Die Leberwurst müssen Sie aus der Pelle schälen und dann dazugeben." Chefkoch Tüttelmann zeigt's uns, plumps, landet der Fleischklops in der Brühe. Jetzt noch ein bisschen ziehen lassen, Petersilie unterrühren: Fertig. „Dafür reisen sogar die Kinder extra an."

Wir wollen Herrn Tüttelmann beim Tischdecken helfen, höflicherweise, wo wir schon sonst nicht viel tun, außer rumzustehen, zu reden und zu riechen. Aber der Meister tischt alles selbst auf, bis zum Schluss. „So, und jetzt wird gegessen!"

REINGESCHMECKT

LANGWEILIGE GRAUPENSUPPE?

Von wegen! Der Eintopf schmeckt herzhaft und aromatisch, dabei liegt er nicht zu schwer im Magen. Möhren und Lauch geben dem Gericht einen frischen und gesunden Geschmack.

Zeitaufwand: ★★☆☆☆
Schwierigkeitsgrad: ★★☆☆☆
Preis: ★★☆☆☆

100 g Graupen machen die Suppe zu dem, was ihr ihren Namen gibt. Nicht zu groß sollten sie sein und lange genug ziehen.

MEINE ZUTATENLISTE

1 Stange Porree,
1 Möhre,
1 Petersilienwurzel,
¼ Sellerieknolle,
1 große Zwiebel,
1 Knoblauchzehe,
500 g Kartoffeln,
100 g Graupen,
150 g Pfälzer Leberwurst,
500 g Hackfleisch,
1 Bund Petersilie

UND SO GEHT'S

GRAUPENSUPPE MIT LEBERWURST (8 PERS.)

Porree, Möhre, Petersilienwurzel, Sellerieknolle, Zwiebel, Knoblauchzehe und Kartoffeln putzen und würfeln. Alles schneiden und mit den Graupen (mittelfein) in einen Topf geben und mit Wasser auffüllen, bis alles gut bedeckt ist. Etwa 20 Minuten kochen. Danach Pfälzer Leberwurst (ohne Pelle!) in der Suppe auflösen. Mit Salz und Pfeffer abschmecken, eventuell noch ein bis zwei Brühwürfel dazugeben. Sollte die Suppe zu dickflüssig sein, noch entsprechend Wasser zugeben. Von 500 Gramm Hackfleisch mit einem Teelöffel kleine Portionen abstechen und in der Suppe garziehen lassen. Zum Schluss noch ein Bündchen Petersilie fein hacken, und auf die Suppe streuen, wenn diese auf den Tellern angerichtet ist.

Wer nicht gerne Kartoffeln schält, sollte lieber keinen Eintopf kochen.

BOHNEN-GARNELEN-PFANNE

DAS SAGT DER PROFI

Foto: © Thomas Nitsche

Bernd Hoppe

LIEBER VORSICHT BEI DER SCHÄRFE

Bohnenpfanne mit Garnelen hört sich ungewöhnlich an und kann apart schmecken. Die Kombination von Mango Chutney und Sambal Oelek hat Charme. Süßsauer-scharf, das passt. Allerdings sollten Hobbyköche bei der indonesischen Zutat Sambal Oelek beachten, dass es sie in verschiedenen Schärfegraden zu kaufen gibt. Es macht Sinn, sie in einem Schälchen dazuzureichen, damit jeder sie selbst dosieren kann.

SÜNDENFAKTOR

GERING

Da gibt es nicht viel zu meckern: Bohnen sind mit ihrem hohen Eiweißgehalt mehr als gesund, Garnelen liefern hochwertiges, mageres Eiweiß, dazu Zwiebeln und Knoblauch ... Wer auf die schlanke Linie setzen will, kann ja etwas weniger Reis nehmen.

Viel Spaß beim Kochen hatten Elke Kloppenburg (re.) und Redakteurin Britta Bi

GUTES AUS DEM GARTEN

Zum Abschluss unserer Gourmetreise durch 120 Haushalte bereitet uns Elke Kloppenburg Bohnenpf mit Garnelen zu. Kochrezept raffiniert verändert

Keine Frage – in dieser Familie wird offenbar gern gekocht und gern gegessen. Das sieht man auf den ersten Blick: Der große Esstisch mit den gemütlichen Stühlen, die fast schon Sessel sind, der Herd, der so in die eigentlich kleine Küche mit der Dachschräge integriert ist, dass man beim Rühren zu den Gästen am Tisch sehen kann. „Ja, wir kochen gern", sagt dann auch Elke Kloppenburg, während sie geschickt mit den Töpfen und Pfannen hantiert. Sie stehe meist in der Woche am Herd, ihr Mann Christoph eher am Wochenende. „Wenn wir Zeit haben. Und er ist natürlich der Meister am Grill." Höre ich da Spott in ihrer Stimme? Höchstens ein bisschen ...

Schnell musste es bislang also gehen: Wenn sie und ihre beiden Jungs – mit Mann also eigentlich drei – aus der Schule kamen, war die Zeit knapp, der Hunger groß. Inzwischen ist die Familie kleiner geworden: Mattis, der 17-jährige talentierte Handballer, geht in Magdeburg auf ein Sport-Internat, Oskar hat gerade Abi gemacht und ist bald nun auch aus dem Haus.

Vielleicht ist dann ja wieder mehr Zeit für Experimente: „Ich probiere gerne etwas aus Kochbüchern aus, verändere aber nach unseren Vorlieben", sagt die Bommeranerin. Geschmacklich kommt alles querbeet auf den Teller. „Aber gerne saisonal frisch." So wie die Bohnenpfanne, die es jetzt wieder öfter gibt, wenn die Bohnen im eigenen Garten reif sind – und bei der eigentlich Fisch mit im Rezept stand.

Salate, Hühnchen, Spargel – das alles steht oft und gern auf dem Tisch der Kloppenburgs. Grünkohl dagegen nicht – zumindest wenn es nach Mutter Elke geht: „Wenn sie den wollen, müssen die Jungs runter zu meiner Schwiegermutter gehen." Die wohnt mit im Haus und hilft in Sachen Kohl gerne mal aus.

Wobei: So gerne Elke Kloppenburg auch kocht, eigentlich würde sie noch viel lieber backen. „Wenn das Leben aus Gebäck bestünde, dann wäre meine Welt in Ordnung", sagt sie schmunzelnd und dekoriert dabei die scharf-süßen Garnelen fürs Foto routiniert auf dem Teller. Man mag's kaum glauben: Wenn sie das noch besser kann als kochen, dann kommen wir liebend gerne nach Bommern zurück. Vielleicht gibt's ja bald eine Back-Serie ...

REINGESCHMECKT

EIN GEDICHT:

Ein bisschen süß, ein bisschen scharf, frisch und leicht: Einfach nur lecker. Und macht für Gäste noch dazu ordentlich was her.

Zeitaufwand: ★★☆☆☆
Schwierigkeitsgrad: ★★☆☆☆
Preis: ★★★☆☆

Bohnen, Zwiebeln, Knoblauch, Garnelen: Die Zutaten sind einfach und gesund, da fehlen nur noch die Gewürze und der Reis.

MEINE ZUTATENLISTE

750 g grüne Bohnen,
400 g große rohe Garnelen,
Saft von 1 Limette,
3 mittelgroße Zwiebeln,
2 Knoblauchzehen,
ca. 3 EL Speisestärke,
4–5 EL Mango-Chutney,
2 TL Sambal Oelek,
Essig, Öl,
Salz, Pfeffer und Zucker

UND SO GEHT'S

BOHNENPFANNE MIT GARNELEN

Die Garnelen werden in einer Mischung aus etwas Olivenöl, einer zerdrückten Knoblauchzehe und einem TL Sambal Oelek mariniert. Während sie ziehen, werden die Bohnen geschnibbelt und in Gemüsebrühe in gut zehn Minuten bissfest gekocht. Die Zwiebeln in etwas Öl anbraten, die abgetropften Bohnen hinzugeben, für zwei bis drei Minuten unter Rühren kräftig braten. Dann mit einer Sauce aus Stärke, die mit etwa 8-10 EL Wasser glatt gerührt wurde, Mango Chutney, Knoblauch, 2 EL Zucker, 1 EL Essig, dem Saft einer halben Limette, 1 TL Sambal Oelek, Salz und Pfeffer abbinden, für eine Minute köcheln lassen. Die marinierten Garnelen mit Limettensaft beträufeln und mit der Marinade für drei bis vier Minuten braten, dann zu den Bohnen geben. Dazu passt Reis.

Die Garnelen werden kurz mit der Marinade gebraten.

ES LEBE DER BLUTWURSTSTRUDEL

Der große Abschluss der Aktion

Großartige Kulisse beim Abschlussevent in Oberhausen, Nelson Müller (l.) lässt sich von Tine Grasmann (r.) auf der Bühne „ihre" Mettwurst-Quiche (im Bild unten) erklären.

Das Siegergericht aus der WAZ-Aktion „Das isst der Pott" wurde am 1. August 2015 im Oberhausener Centro gekocht. Ausgewählt aus 120 Gerichten: von den Leserinnen und Lesern der Zeitung, per Mail, per Postkarte und schließlich per Beifall am Samstagabend. Da traten drei der zwölf Stadtsieger aus der Aktion auf einer Bühne auf der Centro-Promenade an, um sich zum Sieg zu kochen. Assistiert von Starkoch Nelson Müller, der sich angesichts solcher Ambitionen nach eigenen Worten zum „Handlanger" zurückgesetzt sah und den Kochwettbewerb im weiteren Verlauf mit seinen Sprüchen garnierte: „Viele Köche sind verdorben durch ihren Brei."

Am Ende also „Blutwurststrudel" der Essenerin Karla Wesche-Thomas. „So schwarz wie die Kohle, so deftig wie der Ruhrpottler," so beschreibt die Siegerin ihn. Hang zum guten Essen gehört wohl zur Familie: Die Eltern besaßen eine Bäckerei und Konditorei. Ihre Tochter bringt an diesem

Im Uhrzeigersinn: Begehrtes Objekt, die WAZ Kochschürze, der Kochkurs für Bedürftige kocht Dicke Bohnen mit Mettwurst, Gesamtsiegerin Karla Wesche Thomas kocht mit Nelson Müller.

Abend noch ein Lied mit nach der Melodie des Steigerliedes: „Der Strudel kommt."

Eine Frau will nach oben, das gelingt auch Tine Grasmann aus Bochum. Mit „Quiche mit Spinat und Mettwurst" wird sie Dritte. Tine Grasmann hatte sich nach dem Beginn von „Das isst der Pott" ein paar kulinarische Gedanken gemacht, was das Ruhrgebiet ausmacht – und an der Stelle kam dann die Mettwurst ins Spiel. Das Rezept ist vom Essen der Großmutter inspiriert: Oma Margarete servierte gern Eintöpfe. Auch Grünkohl mit Mettwurst. Das Räucher-Würstchen als Quiche-Belag, der Spinat als Saison-Zutat – Tine Grasmanns Rezept ist die moderne Variation eines klassischen Pott-Themas.

Zwischen den beiden aber stand eine große Gruppe Köche auf der Bühne, die Müller so kommentierte: „Bei welchem Gericht braucht man zehn Leute, um Bohnen zu pellen?" Es war der „Kochkurs für Bedürftige der Evangelischen Sozialberatung Bottrop", der am Ende Zweiter wurde mit „Dicken Bohnen mit Speck". Der Kochkurs entstand im Oktober 2014, nachdem ein Wohnungsloser, der gerade von der Lebensmittelausgabe gekommen war, den Beratern Lauch entgegenhielt mit dem Satz: „Was mache ich denn damit?" Seitdem wird Menschen in schwierigen sozialen Lebenslagen einmal wöchentlich vermittelt, wie sie sich günstig und gesund ernähren. Allerdings läuft der Kurs im Oktober wohl aus, die Gelder enden.

Dem Samstag jedoch beschied er noch einen goldenen Moment. Diesen: Irgendwann guckte Nelson Müller in den Bohnentopf und fragte: „Ist es das jetzt?" Tina aus dem Kurs antwortete: „Normalerweise nehmen wir Teller."

Gruppenbild mit Gewinner-Köchen: Oliver Multhaup (WAZ, r.) präsentiert zusammen mit Sternekoch Nelson Müller (2.v.r.) die Sieger des Kochwettbewerbs.

IMPRESSUM
BILDNACHWEIS

1. Auflage September 2015

LEKTORAT
Hans-Joachim Pagel, Essen

GESTALTUNG/SATZ
Volker Pecher, Essen

UMSCHLAGGESTALTUNG:
Yvonne Pfeiffer, Art Direction,
FUNKE MEDIEN NRW GmbH

UMSCHLAGABBILDUNGEN:
FUNKE Foto Services

DRUCK
Wilco, Amersfoort

Klartext Verlag, Essen 2015

ISBN: 978-3-8375-1542-8

BOCHUM: 1.–10. Ingo Otto;
BOTTROP: 1. Volker Herold; 2. Sebastian Konopka; 3. Sebastian Konopka; 4. Olaf Fuhrmann; 5. Lars Heidrich; 6. Fabian Strauch; 7. Fabian Strauch; 8. Sebastian Konopka; 9. Sebastian Konopka; 10. Thomas Goedde;
DUISBURG: 1. Oliver Müller; 2. Stephan Eickershoff; 3. Stephan Eickershoff; 4. Stephan Eickershoff; 5. Lars Heidrich; 6. Stephan Eickershoff; 7. Stephan Eickershoff; 8. Stephan Eickershoff; 9. Stephan Eickershoff; 10. Stephan Eickershoff;
ESSEN: 1. Stefan Arend; 2. Stefan Arend; 3. Stefan Arend; 4. Stefan Arend; 5. Stefan Arend; 6. Sebastian Konopka; 7. Sebastian Konopka; 8. Sebastian Konopka; 9. Sebastian Konopka; 10. Stefan Arend;
GELSENKIRCHEN: 1. Martin Möller; 2. Martin Möller; 3. Thomas Schmidtke; 4. Martin Möller; 5. Thomas Goedde; 6. Martin Möller; 7. Sebastian Konopka; 8. Thomas Schmidtke; 9. Thomas Schmidtke; 10. Martin Möller;
GLADBECK: 1. Thomas Schmidtke; 2. Stephan Eickershoff; 3. Fabian Strauch; 4. Fabian Strauch; 5. Lars Heidrich; 6. Thomas Schmidtke; 7. Stephan Eickershoff; 8. Lutz von Staegmann; 9. Ralph Bodemer; 10. Martin Möller;
HATTINGEN: 1.–10. Volker Speckenwirth;
HERNE: 1. Olaf Fuhrmann; 2. Thomas Nitsche; 3. Fabian Strauch; 4. Thomas Goedde; 5. Thomas Nitsche; 6. Thomas Goedde; 7. Ingo Otto; 8. Ingo Otto; 9. Ralph Bodemer; 10. Ralph Bodemer;
MÜLHEIM: 1.–10. Oliver Müller;
OBERHAUSEN: 1. Fabian Strauch; 2. Olaf Fuhrmann; 3. Fabian Strauch; 4. Fabian Strauch; 5. Wallhorn; 6. Fabian Strauch; 7. Fabian Strauch; 8. Fabian Strauch; 9. Fabian Strauch; 10. Ute Gabriel;
VELBERT: 1. Uwe Möller; 2. Heinz-Werner Rieck; 3. Heinz-Werner Rieck; 4. Heinz-Werner Rieck; 5. Uwe Möller; 6. Uwe Möller; 7. Uwe Möller; 8. Uwe Möller; 9. Uwe Möller; 10. Heinz-Werner Rieck;
WITTEN: 1.–10. Thomas Nitsche